金诚同达30周年——创始合伙人寄语

乘风奋楫，笃志超越！ ——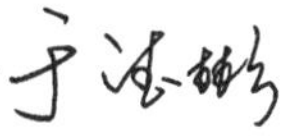

1992年邓小平南方谈话开启了“春天的故事”，那年我们创办律所。30年，须臾之间，我们也将成为律所发展史中的过客。然而，留下的“金诚同达”（JT&N）律所名称、制度、文化，将伴随律所“做久、做强、做大、做出品牌”，直到永远……

——

我一直坚信，人有双手，可取亦可予。从孤独前行到浩浩荡荡，从筚路蓝缕到广大海内，30载朝乾夕惕，半甲子参赞化育，成就了今天的金诚同达。我们在这里奋斗、奉献，也在这里收获、成长。愿以我们这30年的梯山航海，化作一代代金诚同达人英特迈往的灯火航标。最后我想对金诚同达说：浮世三千，吾爱有三，日月与卿，日为朝，月为暮，卿为朝朝暮暮……

——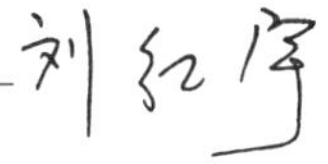

祝贺文集出版！感谢改革开放，给了法律人凭心做事、实现自我并且服务社会的机会。30年，很开心与各位金诚同达人相伴同行。祝福金诚同达！

——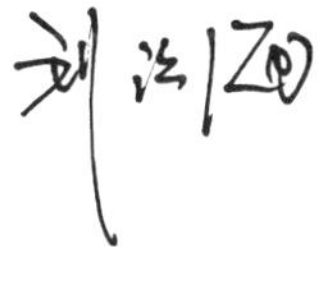

祝贺金诚同达30年！百尺竿头更进一步！ ——

11位创始合伙人30年不离不弃的坚守，铸就了金诚同达今日的辉煌，也成就了律师业界一段传奇佳话。感恩30年风雨同舟的同仁，感恩改革开放的伟大时代，感恩30年一路同行、共同成长的“衣食父母”！祝愿金诚同达明天会更好！

——

30年前，11位创始合伙人中的大部分人是大学老师；在邓小平南方谈话精神的鼓舞下，大家认为法律的更大价值在于实施，中国未来不缺大学教授，缺的是优秀律师，从而投身于律师行业。30年来，身为法律人，我们一只手擎着客户的信任委托，为维护客户权益和增进客户利益殚精竭虑，另一只手托着宪法法律，为法治中国建设不遗余力。未来日子里，希望金诚同达人仍然保持谦逊谨慎、不骄不躁的优良传统，尊崇“进取、合作、诚信、包容、创新”的核心价值观，永远有担当，永远去争先，永远都靠谱！

——

30年前，我们顺应时代召唤，放弃“铁饭碗”投身律师行业，以钻木取火之心寻安身立命之处。30年弹指一挥间，得益于众同仁拾柴添薪，得益于志同道合，当年的星星之火已呈燎原之势。希冀30年后，金诚同达能成为更多法律人愿意“以身相许”，共同砥砺前行的一座永不熄灭的灯塔。

——

30年恍如瞬间，但它是我们最好的青春创业的30年。有赖于不离不弃的11位创始合伙人和诸位同仁戮力工作，金诚同达持续发展壮大；看到年轻同仁的专业著述、重大案例不断涌现，倍感欣慰。祝愿金诚同达行稳致远！

——

三十年过往，如歌，未忘……
卅年后启程，既往，奋扬！ ——梁明

JT&N is not only 30 years old, we are also 30 years stronger, better!
We will be even better and stronger in the next 30 years! ——Lan Lan

JT&N 金诚同达

金诚同达30周年文集

金融犯罪辩点分析与案例释解

黄　云◎主编

ANALYSIS OF DEFENSE POINTS AND CASES ON FINANCIAL CRIMES

法律出版社 LAW PRESS · CHINA | 北京

图书在版编目(CIP)数据

金融犯罪辩点分析与案例释解 / 黄云主编. -- 北京：法律出版社,2023

ISBN 978 -7 -5197 -8232 -0

Ⅰ. ①金… Ⅱ. ①黄… Ⅲ. ①金融犯罪—辩护—案例—中国 Ⅳ. ①D924. 335

中国国家版本馆 CIP 数据核字(2023)第 158728 号

金融犯罪
辩点分析与案例释解
JINRONG FANZUI
BIANDIAN FENXI YU ANLI SHIJIE

黄 云 主编

策划编辑 周 洁 林 蕊
责任编辑 周 洁 林 蕊
装帧设计 汪奇峰

出版发行 法律出版社
编辑统筹 司法实务出版分社
责任校对 王 丰
责任印制 胡晓雅
经　　销 新华书店

开本 710 毫米×1000 毫米 1/16
印张 24 **字数** 352 千
版本 2023 年 12 月第 1 版
印次 2023 年 12 月第 1 次印刷
印刷 三河市龙大印装有限公司

地址:北京市丰台区莲花池西里 7 号(100073)
网址:www. lawpress. com. cn
投稿邮箱:info@ lawpress. com. cn
举报盗版邮箱:jbwq@ lawpress. com. cn

销售电话:010 -83938349
客服电话:010 -83938350
咨询电话:010 -63939796

书号:ISBN 978 -7 -5197 -8232 -0
定价:98. 00 元

凡购买本社图书,如有印装错误,我社负责退换。电话:010 -83938349

编写委员会

主编： 黄　云

委员： 黄　云　吴礼洋　张明珠　李佳恩　杨子琛　曾崑迪　杨婧雨

主 编 简 介

黄云，北京金诚同达律师事务所高级合伙人。第十届、第十一届深圳市律师协会刑事诉讼法律专业委员会主任，最高人民检察院民事行政检察优秀专家，深圳大学法学院校外硕士生导师，广东省法律援助局法律援助（刑事）案件质量评估专家，深圳市律协法律服务援助基金会创始出资人，深圳市南山区看守所特约监督员、广东省第一批辩护律师入库律师，《深圳律师》杂志优秀特约撰稿人。

专注刑事辩护和刑事合规业务。执业至今，办理过数百起刑事辩护案件，其中不乏被央视、广东卫视、深圳卫视等媒体报道过且具有重大影响的案件。办理的某海关官员利用影响力受贿二审改判无罪案件被评为全国十大职务犯罪典型案例，被人民日报、北京青年报、人民网、澎湃新闻等媒体广泛报道。在丰富的刑事辩护经验基础上，提供专业、安全、深入的刑事合规服务，通过切实有效的企业刑事合规计划，助力企业管控、化解刑事法律风险。

独著《有效的辩护》，合著《律师密码——精英律师是怎样炼成的》《刑事辩护策略、技术与案例》《刑辩七人行：有效辩护的智慧》，参编《民营企业合规与法律风险防控读本》《大合规时代：企业合规建设指引与案例解析》。

制度为舟，文化扬帆

——30周年文集代序

2022年，金诚同达成立30周年！

金诚同达过往30年的发展可分三个阶段来概括：第一个10年谋生存，第二个10年求发展，第三个10年上台阶。这三个阶段也是中国社会经济发展脉络的真实写照。1992年，邓小平南方谈话，迎着改革大潮，金诚同达正式创立。进入21世纪，中国加入世界贸易组织，成功举办奥运会，社会经济进入高速发展期，包括金诚同达在内的诸多中国律所也进入快速发展轨道，在和世界的接触与碰撞中，不断突破自我。进入第三个10年，我国继续强化国内法治与涉外法治建设，中国律师行业亦加速变革以适应社会变化带来的机遇和挑战。在这10年间，金诚同达脚步坚实，锐意进取，不仅迈入千人大所行列，也不断夯实律所制度与文化建设，取得越来越多的成绩。

在这30年里，未曾改变的是，金诚同达一直在坚持不懈地修炼内功，其中最关键的有两件事情——一是建设完善我们的制度，二是总结弘扬我们的文化。

金诚同达的制度体系有“四梁八柱”，涵盖了合伙人会议以及管理机构批准通过的100多项规章制度。我们在制度建设和完善的过程中，始终把制度执行放在一个非常重要的位置，也就是一切以制度为准绳，没有人和事可以超越制度。

制度是硬件，文化是软件，两者相辅相成，主要调整和丰富三方面的关系：一是合伙人之间的关系；二是合伙人和律师、职能人员的关系；三是律所和社会的关系。

金诚同达最值得骄傲的事情之一，就是建所30周年了，11名创始合伙人都还在所里，没有一人离开。据我了解，这在有30年历史的综合性中国律所中，可能是唯一的一例。“人和”是合伙文化的基础，深深根植在我们的基因里。“人和”的文化也是靠制度保障的，我们有一套合理的退休制度，其中3名创始合伙人已经在事务所正式退休了。

我们在2019年做管理体制改革时，制度上明确了合伙人参与事务所管理和决策的权力主要通过合伙人会议行使，在律所日常运营中，合伙人也是律所的全职员工，要服从律所的管理，所以合伙人个体与员工个体之间不是老板和雇员的关系，合伙人、律师和职能人员，都是律所的平等一员。基于这个理念，我们倡导并特别注重建设律所平等的工作氛围，并有计划地促进员工之间的互动交流。比如，我们打造一个品牌活动——“文化周”，新冠肺炎疫情暴发前已经举办了两届。在“文化周”期间，我们会密集组织全国同仁进行专业探讨，也会举办多场文体和公益活动，得到了很多员工以及家属的热烈欢迎。我们的培训活动也是全方位、多层次的，针对初、中、高不同年级的律师，有“金石计划”“金鹰计划”“金牌律师计划”，此外还有专门针对合伙人和职能部门的培训。金诚同达研究院在近5年时间里，举办了200多场培训，还有很多线上课程。更重要的是，我们的培训会从拓展活动开始，然后再进行专业领域的互动交流，大家都非常喜欢。

作为一家在社会颇有影响力的品牌律所，我们也很注重加强律所和社会的互动交流，这也是我们文化建设的重要组成部分。比如，我们和上海辅读学校进行结对共建后，律所宣传画用了很多辅读学校孩子们的画。我们还把他们的画在律所相关活动中进行义卖，使孩子们能够感受到自己作品的价值。今年我们还和中国非物质文化遗产保护协会、敦煌研究院签署了公益法律服务合作协议，作为我们30周年庆祝活动的重要组成部分，所以今年律所的宣传画、节日海报等均以非遗文化作品作为背景进行创作。金诚同达参与的其他公益活动还有许多，我们希望金诚同达发展到30周年之际，除了在律所内部继续完善制度、弘扬文化之外，还能够更多地与社会形成互动，更多地展现一家30年律师事务所的社会责任和担当。

物有甘苦，尝之者识；道有夷险，履之者知。当前全球化与逆全球化激烈交锋、国际局势变幻莫测，中国正面临百年未有之大变局。“坚持统筹推进国内法治和涉外法治”是习近平法治思想“十一个坚持”的重要组成部分。中国在向世界展示深化改革开放、积极参与全球多边经贸治理、构建更高水平的制度型开放体系的信心和决心，中国律师行业也正加速改革以适应变化带来的机遇和挑战，沿着专业化、品牌化、规模化、国际化的方向快速推进。

历史长河中，30年转瞬即逝，生命岁月的30年也是骐骥过隙，但对于一家全国领先的综合性律所而言，三十而立，风华正茂，在磨砺中闪耀，在奋斗中升华。

金诚同达将继续遵循“进取、合作、诚信、包容、创新”的核心价值观，加快业务布局、加大人才引进，为持续高质量发展积聚能量，力求“做久、做强、做大、做出品牌”。

金诚同达也将继续坚持“行稳致远”的发展理念，以制度为舟，文化扬帆，乘风奋楫，笃志超越！

金诚同达律师事务所主任 

二〇二二年八月十五日

金诚同达30周年文集序言

一元复始，万象更新，凡是过往，皆为序章。

守望三十载，诗文会今朝
玉筵鸿鹄至，仙音凤凰调
乘风蹈墨海，奋楫动文潮
长歌九万里，月引和青霄

2022年，金诚同达成立30周年。历史长河的30年转瞬即逝，生命岁月的30年也是骐骥过隙。金诚同达，三十而立，经历了中国合伙制律师事务所求生存、谋发展、上台阶的整个历程，从蹒跚学步到意气风发，凝聚着一代人的奋斗与担当。在过去的30年里，金诚同达铸就了自己的文化和底蕴；在未来，文化和底蕴将滋养和成就金诚同达。

金诚同达律师素来重视专业研究和业务探讨，不少律师出版过专著、案例集、文集。为了三十周年所庆，所内专门征集了一批近期完成的新作，统一出版，作为律所知识管理的重头戏——金诚同达30周年文集。

金诚同达在业内有一个故事：创所初期的11位创始合伙人，自1992年至今没有一位离开，其中除了3位已经从所内退休，其他8位还在业务一线。这样一代一代的言传身教，潜移默化地吸引、影响金诚同达人。“进取、合作、诚信、包容、创新”的核心价值观，在金诚同达的文化和制度的相互支持与促进中，得到坚守、传承。

“争做法律服务行业的领航者。”这是金诚同达人的使命。在“守信金诚，励志同达”理念的坚持下，金诚同达必定会在法律服务市场上不断突破创新、稳健向前。

30 周年，是金诚同达的全新开始。

金诚同达三十周年筹备委员会

2022 年 7 月 6 日

序　言

这本书囊括了金融犯罪领域的典型罪名，围绕实务中出现的疑难案例，根据罪名情况展开辩点分析，旨在针对金融犯罪领域出现的新问题给出有效的辩护思路。编者团队在写作的过程中，对所选案例精挑细选，其内容主要来源：最高人民法院公布的指导性案例；最高人民法院“裁判文书网”上刊登的案例；《最高人民法院公报》《刑事审判参考》《刑事司法指南》等，除经久不衰的经典案例与指导案例外，还收集了具备针对辩点特色的专门案例。因此本书既能帮助读者快速了解、掌握金融犯罪各个罪名在司法实践中的新运用、新争议，也能带领读者精准锁定辩点，最终实现有效的辩护。

随着金融体制改革进入深水区，我国金融市场日益扩大和活跃，在带来更多发展机遇的同时，也导致金融领域的犯罪活动数量呈明显增长态势。另外，互联网技术的高速发展，使金融犯罪的互联网化成为可能，因此金融犯罪也表现出更多的形式。在这样的剧变之中，金融犯罪的侵害性和非法得利性增强，给社会秩序稳定和国家金融安全带来极大隐患，也给刑事治理带来新的难题。

作为刑事律师，在面对新兴、复杂的金融犯罪的挑战时，需要打磨自身的技术，以提供更具针对性的解决方案。但对金融犯罪的有效辩护，除了刑法知识的精熟以外，辩护律师往往还需对证券法、票据法等领域有所研究。因此如何在一个综合的法律视野中，针对金融犯罪中遇到的新情况、新问题展开有效辩护、精准辩护，就成为困扰律师们的一大难题。

深圳作为中国南部最重要的经济中心，拥有得天独厚的政策优势和繁荣活跃的金融环境，同时这里也是金融犯罪的重灾区，长期耕耘于深圳的本团队，一直以来奋斗在金融犯罪辩护的第一线。因此这本书，不仅是理论的“知”，而且还是实践的“行”；不仅是团队成员数年以来的研究成果，而且还是我们在长期办案过程中的经验总结。希望通过辩点分析和案例释解，结合实际办案经验，能够为在金融犯罪辩护中遭遇困难的律师同行，提供一定的参考和借鉴。

目录

·一、集资诈骗罪·

·二、操纵证券、期货市场罪·

·三、信用卡诈骗罪·

·四、内幕交易罪·

·五、洗钱罪·

·六、妨害信用卡管理罪·

·七、假币制造类犯罪·

·十二、非法吸收公众存款罪·

·十三、贷款诈骗罪、金融凭证诈骗罪·

·十四、欺诈发行证券罪·

·十五、保险诈骗罪·

·十六、金融从业人员贪污、受贿、背信行为·

一、集资诈骗罪

◇ **集资诈骗罪**

该罪名主要规制以非法占有为目的，违反有关金融法律、法规的规定，使用诈骗方法进行非法集资，扰乱国家正常金融秩序，侵犯公私财产所有权，且数额较大的行为。

（一）相关规定

《刑法》第一百九十二条【集资诈骗罪】① 以非法占有为目的，使用诈骗方法非法集资，数额较大的，处三年以上七年以下有期徒刑，并处罚金；数额巨大或者有其他严重情节的，处七年以上有期徒刑或者无期徒刑，并处罚金或者没收财产。

单位犯前款罪的，对单位判处罚金，并对其直接负责的主管人员和其他直接责任人员，依照前款的规定处罚。

最高人民检察院、公安部《关于公安机关管辖的刑事案件立案追诉标准的规定（二）》第四十四条 以非法占有为目的，使用诈骗方法非法集资，数额在十万元以上的，应予立案追诉。

最高人民法院《关于审理非法集资刑事案件具体应用法律若干问题的解释》第七条 以非法占有为目的，使用诈骗方法实施本解释第二条规定所列行为的，应当依照刑法第一百九十二条的规定，以集资诈骗罪定罪处罚。

---

① 该法条为2020年《刑法修正案（十一）》第15条修订内容，将对基本犯的处罚“处五年以下有期徒刑或者拘役，并处两万元以上二十万元以下罚金”修改为“处三年以上七年以下有期徒刑，并处罚金”，将对“数额巨大或者有其他严重情节”的处罚由“处五年以上十年以下有期徒刑，并处五万以上五十万以下罚金”修改为“处七年以上有期徒刑或者无期徒刑，并处罚金或者没收财产”，删除了数额特别巨大或者由其他特别严重情节的处罚规定，并在第2款增设了单位犯本罪的处罚规定。本书列举的“集资诈骗罪”相关案例及判决结果所引用法律规定皆为《刑法修正案（十一）》修订之前。

使用诈骗方法非法集资，具有下列情形之一的，可以认定为“以非法占有为目的”：

（一）集资后不用于生产经营活动或者用于生产经营活动与筹集资金规模明显不成比例，致使集资款不能返还的；

（二）肆意挥霍集资款，致使集资款不能返还的；

（三）携带集资款逃匿的；

（四）将集资款用于违法犯罪活动的；

（五）抽逃、转移资金、隐匿财产，逃避返还资金的；

（六）隐匿、销毁账目，或者搞假破产、假倒闭，逃避返还资金的；

（七）拒不交代资金去向，逃避返还资金的；

（八）其他可以认定非法占有目的的情形。

集资诈骗罪中的非法占有目的，应当区分情形进行具体认定。行为人部分非法集资行为具有非法占有目的的，对该部分非法集资行为所涉集资款以集资诈骗罪定罪处罚；非法集资共同犯罪中部分行为人具有非法占有目的，其他行为人有非法占有集资款的共同故意和行为的，对具有非法占有目的的行为人以集资诈骗罪定罪处罚。

第八条 集资诈骗数额在10万元以上的，应当认定为“数额较大”；数额在100万元以上的，应当认定为“数额巨大”。

集资诈骗数额在50万元以上，同时具有本解释第三条第二款第三项①情节的，应当认定为刑法第一百九十二条规定的“其他严重情节”。

集资诈骗的数额以行为人实际骗取的数额计算，在案发前已归还的数额应予扣除。行为人为实施集资诈骗活动而支付的广告费、中介费、手续

---

① 最高人民法院《关于审理非法集资刑事案件具体应用法律若干问题的解释》第3条规定：“非法吸收或者变相吸收公众存款，具有下列情形之一的，应当依法追究刑事责任：（一）非法吸收或者变相吸收公众存款数额在100万元以上的；（二）非法吸收或者变相吸收公众存款对象150人以上的；（三）非法吸收或者变相吸收公众存款，给存款人造成直接经济损失数额在50万元以上的。非法吸收或者变相吸收公众存款数额在50万元以上或者给存款人造成直接经济损失数额在25万元以上，同时具有下列情节之一的，应当依法追究刑事责任：（一）曾因非法集资受过刑事追究的；（二）二年内曾因非法集资受过行政处罚的；（三）造成恶劣社会影响或者其他严重后果的。”

费、回扣，或者用于行贿、赠与等费用，不予扣除。行为人为实施集资诈骗活动而支付的利息，除本金未归还可予折抵本金以外，应当计入诈骗数额。

第九条 犯非法吸收公众存款罪，判处三年以下有期徒刑或者拘役，并处或者单处罚金的，处五万元以上一百万元以下罚金；判处三年以上十年以下有期徒刑的，并处十万元以上五百万元以下罚金；判处十年以上有期徒刑的，并处五十万元以上罚金。

犯集资诈骗罪，判处三年以上七年以下有期徒刑的，并处十万元以上五百万元以下罚金；判处七年以上有期徒刑或者无期徒刑的，并处五十万元以上罚金或者没收财产。

最高人民法院、最高人民检察院《关于常见犯罪的量刑指导意见（试行）》

四、常见犯罪的量刑

（四）集资诈骗罪

1. 构成集资诈骗罪的，根据下列情形在相应的幅度内确定量刑起点：

（1）达到数额较大起点的，在三年至四年有期徒刑幅度内确定量刑起点。

（2）达到数额巨大起点或者有其他严重情节的，在七年至九年有期徒刑幅度内确定量刑起点。依法应当判处无期徒刑的除外。

2. 在量刑起点的基础上，根据集资诈骗数额等其他影响犯罪构成的犯罪事实增加刑罚量，确定基准刑。

3. 构成集资诈骗罪的，根据犯罪数额、危害后果等犯罪情节，综合考虑被告人缴纳罚金的能力，决定罚金数额。

4. 构成集资诈骗罪的，综合考虑犯罪数额、诈骗对象、危害后果、退赃退赔等犯罪事实、量刑情节，以及被告人主观恶性、人身危险性、认罪悔罪表现等因素，决定缓刑的适用。

（二）重要辩点及案例释解

1. 集资诈骗罪与非法吸收公众存款罪之间的关系

核心要点：集资诈骗罪与非法吸收公众存款罪在行为人的客观行为表现方面是基本相同的。

相关案例：蓝某、南某集资诈骗案①

➢ **案情介绍：**

2014 年 7 月，蓝某、南某注册成立富某公司，主要从事私募基金的发行和投资业务，蓝某担任公司总经理，负责公司的业务管理；南某担任公司副总经理，分管公司人事、行政、财务等。富某公司于 2015 年 5 月取得了某协会颁发的私募基金管理人资格，并于 2015 年 9 月至 2016 年 8 月分别发行红某定增 1 号证券投资基金等 5 个在某协会备案的私募基金产品。

2015 年 4 ~6 月，蓝某、南某在富某公司尚未取得私募基金资格或未经某协会备案的情况下，虚构投资固某公司的产品，承诺高额固定收益，分别发行了固某 1 号、固某 2 号证券投资基金，向社会公众募集资金。上述两个基金产品到期后，蓝某、南某在无力兑付投资人钱款的情况下，继续采用前述欺骗手段，通过富某公司于 2016 年 2 ~ 7 月分别发行固某 3 号、固某 5 号基金，向 20 名投资人募集资金共计 2853 万元。前述募集钱款被蓝某、南某主要用于兑付固某 1 号、固某 2 号证券投资基金投资人的本息、返还部分投资人投资款以及公司经营、投资和个人花费等，至案发尚未兑付被害人严某等人投资款 2000 余万元。

➢ **法院裁判：**

一审法院认为，富某公司以非法占有为目的，使用虚构经营业务的诈骗

① 河北省石家庄市中级人民法院（2020）冀 01 刑终 507 号。

方法非法募集资金，数额特别巨大，蓝某、南某作为单位的法定代表人和直接负责主管人员，其行为均已构成集资诈骗罪；富某公司违反国家金融管理法律规定，向社会不特定公众吸收存款，扰乱金融秩序，数额巨大，蓝某、南某作为单位的直接负责主管人员，其行为均已构成非法吸收公众存款罪。富某公司、蓝某、南某均犯两罪，应予数罪并罚；蓝某、南某系共同犯罪；富某公司、南某犯罪后能自动投案，并如实供述自己的罪行，虽庭审中就部分事实和罪名作了辩解，但对事实作了如实供述，不影响自首情节，依法可从轻处罚；结合两名被告人在共同犯罪中的地位和具体实施犯罪行为的作用，处刑时分别酌情考量。据此判决：（1）对富某公司犯集资诈骗罪，判处罚金30万元；犯非法吸收公众存款罪，判处罚金10万元，决定执行罚金40万元。（2）对蓝某犯（单位）集资诈骗罪，判处有期徒刑11年，罚金10万元；犯（单位）非法吸收公众存款罪，判处有期徒刑3年6个月，罚金5万元，决定执行有期徒刑13年，罚金15万元。（3）南某犯（单位）集资诈骗罪，判处有期徒刑10年，罚金9万元；犯（单位）非法吸收公众存款罪，判处有期徒刑3年，罚金5万元，决定执行有期徒刑12年，罚金14万元。（4）违法所得应予追缴，不足部分继续追缴或责令退赔后发还各参与投资人。

二审法院认为，富某公司及其直接负责的主管人员蓝某、南某，以非法占有为目的，使用诈骗方法非法募集资金，数额特别巨大，其行为均已构成集资诈骗罪。富某公司、南某犯罪后能自动投案，如实供述主要犯罪事实，依法可认定为自首。原审法院指控的事实和罪名，导致部分事实认定不清，适用法律错误，依法予以改判。判决：（1）蓝某犯集资诈骗罪，判处有期徒刑13年，并处罚金人民币15万元；（2）南某犯集资诈骗罪，判处有期徒刑12年，并处罚金人民币14万元；（3）富某公司犯集资诈骗罪，判处罚金人民币40万元。

辩点分析及案例释解

非法集资，是指单位或者个人，违反法律法规，向社会公众募集资金的行为。对非法集资活动，我国刑法主要设立了两个罪名予以规制，分别是非法吸收公众存款罪与集资诈骗罪。事实上，集资诈骗罪和非法吸收公众存款罪是一种包容、堵截关系,[①] 这一点在2022年3月1日最高人民法院新修改发布的《关于审理非法集资刑事案件具体应用法律若干问题的解释》中也已经体现,即非法吸收公众存款罪与集资诈骗罪,均表现为向社会不特定对象(包括单位和个人)吸收资金。不同的是,在客观方面,非法吸收公众存款罪并不以实施诈骗行为为前提,不要求集资参与人陷入错误认识,从而基于认识错误处分财务。而集资诈骗罪与普通诈骗罪是法条竞合的关系,应当具备诈骗这一共同要素,因而要求行为人使用诈骗方法吸收公众资金,对于集资参与人而言,无论是事实层面的诈骗行为,还是金额价值层面的诈骗行为,均不影响诈骗行为的认定性质,只要该行为足以使集资参与人陷入"该集资企业是经有关机关依法批准的合法机构""行为人对其有保本付息、设置无条件刚性回购、固定收益、预期年化收益等承诺""该集资行为系正规合法的"的错误认识,那么该行为就属于集资诈骗罪中的使用诈骗方法。在主观方面,非法吸收公众存款罪和集资诈骗罪的区别在于是否具有非法占有的目的。申言之,二者在行为人的客观行为表现方面是基本相同的。

就本案而言,关于本案的定性问题,二审法院认为,蓝某、南某在经营富某公司期间,未经许可虚构事实发行固某1号、固某2号基金,向社会公众募集资金。其后,蓝某、南某在上述基金投资人本息无法兑付的情况下,又虚构投资固某公司产品的事实,以保本保息为诱饵向社会不特定公众吸收资金,所得钱款用于归还前期债务、公司经营支出、投资和个人花费等,至案发造成投资人损失2000余万元。上述事实,足以判定富某公司和蓝某、南某在集资后用于生产活动的资金与募集资金规模明显不成比例,且造成集资款不能返还的客观结果,可认定为具有非法占有目的,其行为均已构成集资诈骗罪。综合全案来看,如果有证据证明富某公司和蓝某、南某先行非法吸收公众存款从事经营活动,后因严重亏损而采用欺骗方法非法集资用于还债或挥霍的,根据主观故意内容和客观上的犯罪对象不同,可以分别认定为非法吸收公众存款罪和集资诈骗罪。但是,一审法院依据原公诉机关的指控,仅认定了富某公司通过发行固某3号、固某5号基金非法集资的事实。一审

① 参见叶良芳:《从吴英案看集资诈骗罪的司法认定》,载《法学》2012年第3期。

法院基于一个非法集资行为同时认定构成集资诈骗罪和非法吸收公众存款罪，属于法律适用错误。此外，富某公司、蓝某、南某集资诈骗数额2000余万元，属于《刑法》规定中的数额特别巨大，依法应当对单位判处罚金，对个人判处10年以上有期徒刑或者无期徒刑，并处罚金。南某作为富某公司的股东和副总经理，与蓝某共同经营管理富某公司，共同实施涉案非法集资行为并划转资金，两人均应当认定为单位直接负责的主管人员，且不宜再区分主、从犯。富某公司、蓝某、南某造成被害人损失仍有2000余万元无法挽回，且还涉嫌非法吸收公众存款犯罪，依法应予严惩。因此，对于一审数罪并罚的上诉案件，二审法院在不超过原判决定执行的刑罚，且对刑罚执行也无不利影响的情况下，将其中两个罪名改判为一罪并加重该罪的刑罚，亦不违背上诉不加刑原则。因此，一审法院虽然适用法律错误，但其所判刑罚，并无明显不当。

从上述分析可见，倘若富某公司以及蓝某、南某的行为系在不同的非法集资项目中，通过不同的欺骗手段处理非法集资的财产，则应基于主观故意及客观对象的不同，针对不同的非法集资行为分别进行认定。但本案系基于一个非法集资项目所产生，通过上述分析，如果认定其行为构成集资诈骗罪，首先必须认定其行为属于非法吸收公众存款。在此情况下，原审法院认为一个刑法规范已经不能对此行为进行完全涵盖，必须通过不同的两个规范对其进行适用，势必导致加重行为的法律后果。对此，基于犯罪客体与犯意的重合性，一个集资诈骗罪的构成要件就可以恰当、全面地评价整个犯罪行为，继而二审法院予以改判。笔者认为，这种从一重处断的原则较之数罪并罚来看可以更好地贯彻罪刑法定与罪责刑相适应原则，在我国司法领域内应当被广泛接受和认可。

2. “非法占有目的”司法推定的适用标准

核心要点：虽然“非法占有目的”属于主观心理事实认定的范畴，但是基于相关司法解释与规定，可从三个层面进行认定。

相关案例：陈某、唐某、曾某集资诈骗案①

➢ **案情介绍：**

2013年1月，鼎某公司成立，唐某任法定代表人，并聘请曾某为总经理，后唐某与欣某公司的法定代表人陈某商议，由欣某公司提供项目企业，以企业流动资金借款为名向不特定公众吸收资金。

2013年8月至2014年6月，欣某公司提供项目公司，鼎某公司等三公司作为居间方，通过打电话、发送传单等方式公开宣传，与群众签订理财居间合同，并由欣某公司作为担保方，签订担保函，先后以金某公司等5公司为项目用款方，允诺月息1.5%~1.8%，到期还本付息，吸收群众资金。所吸收资金与其他资金用于欣某公司的资金周转。经司法会计鉴定，以金某公司为项目方通过鼎某公司向20名群众非法集资292万元，已归还投资户本金及利息约31万元；以金某公司项目为项目方通过裕某公司向34名群众非法集资740万元，已支付本金及利息37.39万元；以裕某公司居间的麒某公司项目共集资325万元，已支付债权人本金及利息9.15万元；以奥某公司居间的项目共集资5910万元，已返还投资人利息约120万元。

➢ **法院裁判：**

一审法院认为，欣某公司、鼎某公司违反国家金融管理法律，通过公开宣传，向不特定群众吸收存款，数额巨大，其行为扰乱了金融秩序，已构成非法吸收公众存款罪。其中，欣某公司非法吸收公众存款6972万元，鼎某公司非法吸收公众存款1029万元，陈某、唐某、曾某作为被告单位的直接负责的主管人员，应当以非法吸收公众存款罪予以刑罚处罚。欣某公司以非法占有为目的，使用诈骗方法利用金某公司项目非法集资1032万元，扣除其已归还部分，非法占有集资款950余万元，属数额特别巨大，其行为已构成集资诈骗罪。陈某作为欣某公司的直接负责的主管人员，应当以集资诈骗罪予以刑罚处罚，陈某犯数罪，应予数罪并罚。判决：（1）欣某公司犯集资诈骗罪，判处罚金人民币30万元；犯非法吸收公众存款罪，判处罚金人民币30

① 四川省成都市中级人民法院（2017）川01刑终978号。

万元；决定执行罚金人民币60万元。（2）鼎某公司犯非法吸收公众存款罪，判处罚金人民币15万元。（3）陈某犯集资诈骗罪，判处有期徒刑10年4个月，并处罚金人民币10万元；犯非法吸收公众存款罪，判处有期徒刑3年8个月，并处罚金人民币10万元；决定执行有期徒刑13年，并处罚金人民币20万元。（4）唐某犯非法吸收公众存款罪，判处有期徒刑3年2个月，并处罚金人民币5万元。（5）被告人曾某犯非法吸收公众存款罪，判处有期徒刑2年2个月，并处罚金人民币2万元。将查封、冻结的属于投资人的合法财产返还给投资人，继续追缴本案的犯罪所得返还给投资人。

二审法院认为，关于欣某公司及陈某以金某公司为项目公司非法集资1032万元性质的认定。原公诉机关指控及原判均认为，陈某系金某公司的实际控制人，欣某公司在明知金某公司已停产的情况下，仍欺骗群众向金某公司投资，集资款未用于金某公司经营，至今无法归还，足以认定欣某公司具有非法占有目的，欣某公司成立集资诈骗罪。法院认为，现有证据认定欣某公司及陈某以金某公司为项目公司非法集资1032万元具有非法占有目的，成立集资诈骗罪证据不足，该笔犯罪数额应认定为成立非法吸收公众存款罪。

欣某公司、鼎某公司违反国家金融管理法规，非法吸收公众存款，数额巨大的行为均已构成非法吸收公众存款罪。其中欣某公司非法吸收公众存款8004万元，鼎某公司非法吸收公众存款1029万元。陈某作为被告单位欣某公司直接负责的主管人员，唐某、曾某作为被告单位鼎某公司直接负责的主管人员，应当以非法吸收公众存款罪予以刑罚处罚。欣某公司及陈某成立集资诈骗罪证据不足。判决：（1）欣某公司犯非法吸收公众存款罪，判处罚金人民币50万元；（2）鼎某公司犯非法吸收公众存款罪，判处罚金人民币15万元；（3）陈某犯非法吸收公众存款罪，判处有期徒刑5年6个月，并处罚金人民币20万元；（4）唐某犯非法吸收公众存款罪，判处有期徒刑3年2个月，并处罚金人民币5万元；（5）曾某犯非法吸收公众存款罪，判处有期徒刑2年2个月，并处罚金人民币2万元。

辩点分析及案例释解

刑法意义上的“非法占有目的”是指将公私财物非法转为自己或者第三

人非法所有，系一种永久性占有，由排他支配、利用取得的财物双重意思构成。[①] 在金融犯罪中，“非法占有目的”是区分集资诈骗罪和非法吸收公众存款罪最重要的因素，其本质上是一种行为人的主观心理活动。因此，判断行为人是否具有“非法占有目的”，虽然属于主观心理事实认定的范畴，但必须结合案件的客观事实予以综合判定。

对于“非法占有目的”适用标准的判断，我国相关司法解释和司法文件进行了相应的规定。其中，《全国法院审理金融犯罪案件工作座谈会纪要》规定，“根据司法实践，对于行为人通过诈骗的方法非法获取资金，造成数额较大资金不能归还，并具有下列情形之一的，可以认定为具有非法占有的目的：（1）明知没有归还能力而大量骗取资金的；（2）非法获取资金后逃跑的；（3）肆意挥霍骗取资金的；（4）使用骗取的资金进行违法犯罪活动的；（5）抽逃、转移资金、隐匿财产，以逃避返还资金的；（6）隐匿、销毁账目，或者搞假破产、假倒闭，以逃避返还资金的；（7）其他非法占有资金、拒不返还的行为”。

上述规定中，“非法占有目的”均从行为人取得财物后的归还态度、对资金的使用用途，以及处分行为三个层面进行认定。具体而言，第一个层面系考察行为人的归还能力，这种情况下，行为人意图非法占有他人财物的决定时间一般在其行为实施之前，如明知无归还集资款的能力而仍然骗取他人财物，但若行为人不能归还是由于市场本身的经营风险、公司的决策失误或者其他不可抗力等客观原因所造成，则应当作出非诈骗或者非犯罪化的评价。第二个层面系考察行为人的资金用途，若行为人集资后虽将部分集资款用于生产经营活动，但与其筹集资金的规模明显不成比例，一般可以认定其具有“非法占有为目的”；若行为人在集资行为开始之前或集资初期本是以融资经营为目的，并无非法占有资金财物的故意，但在其后的集资过程中，其主观意图发生改变，所取得的集资款不愿归还或将其用于违法犯罪活动，此情形仍会被认定为具有“非法占有目的”。第三个层面系考察行为人的资金返还

① 参见申云、耿磊：《完善金融诈骗中“非法占有目的”推定规则》，载《检察日报》2016年1月20日，第3版。

能力，即对行为人是否有逃避返还集资款的行为，或为投资人意图追讨集资款设置障碍。前述规定中，冒用他人名义、携款逃匿、肆意挥霍集资款，均是逃避返还行为的具体表现，但对于前述列举性规定不应完全机械性地理解，还应当结合非法集资总数额与个人挥霍使用绝对数额的相对比例进行有度的把握。同时，若行为人生产经营活动的盈利能力不具备支付全部本息的可能性，且主要通过借新还旧归还本息，致使集资款不能返还，或者集资后拒不交代集资款去向的，也可以认定其具有“非法占有目的”。

此外，最高人民法院、最高人民检察院、公安部《关于办理非法集资刑事案件若干问题的意见》对“非法占有目的”中主观故意的认定问题规定，“认定犯罪嫌疑人、被告人是否具有非法吸收公众存款的犯罪故意，应当依据犯罪嫌疑人、被告人的任职情况、职业经历、专业背景、培训经历、本人因同类行为受到行政处罚或者刑事追究情况以及吸收资金方式、宣传推广、合同资料、业务流程等证据，结合其供述，进行综合分析判断。犯罪嫌疑人、被告人使用诈骗方法非法集资，符合最高人民法院《关于审理非法集资刑事案件具体应用法律若干问题的解释》第四条规定的，可以认定为集资诈骗罪中‘以非法占有为目的’”。

可见，司法实践中，认定行为人是否“非法占有目的”，系根据主客观相一致原则，通过外化的行为表现进行推定，避免单纯根据损失结果而客观归罪。作为辩护律师，则应当详细审查在案证据，对案件具体情况进行具体分析，透过现象看本质，包括核查行为人是否使用虚假身份信息对外开展业务；是否订立虚假合同、协议；是否虚假宣传，明显超出经营范围或者夸大经营、投资、服务项目及盈利能力；是否吸收资金后隐匿、销毁合同、协议、账目；是否传授或者接受规避法律、逃避监管的方法等。一般情况下，司法机关对行为人具有“非法占有目的”的主观认知证据收集主要侧重于行为人明知自己的行为具有非法性，包括行为人逃避法律监管；实际推介内容与宣传用语、实际经营状况不一致；故意夸大公司兑付能力；在培训课程中传授或者接受规避法律的方法；财务造假、篡改服务器数据等。同时，在共同犯罪或者单位犯罪中，犯罪嫌疑人或被告人由于层级架构、职能分工、获取收益的方式，以及对全部案件事实的知情程度不同，其犯罪的目的也不同，对此，应当根据全案证据核查具体行为人的“非法占有目的”，从而区别认定集资诈骗罪和非法吸收公众存款罪。

具体到本案，判断单位及行为人是否具有非法占有目的，二审法院认为，欣某公司及陈某隐瞒金某公司的经营情况不足以认定欣某公司具有非法占有集资款的目的。金某公司 2012 年停产搬迁，陈某以金某公司资金周转需要为名吸收资金用于欣某公司资金周转。金某公司真实存在，公司停产等待搬迁，公司名下有土地等资产，陈某虽向集资参与人隐瞒了自己系金某公司实际控制人，金某公司与欣某公司系关联公司，以及金某公司已停产的事实，但结合欣某公司、金某公司系关联公司，金某项目集资款用于了欣某公司周转的事实，此尚不足以认定欣某公司利用金某公司项目集资具有非法占有集资款的目的。与此同时，欣某公司对外有债权约 8000 万元，2014 年 8 月因欣某公司担保借款的项目公司不能及时还款致公司资金链断裂，不能支付集资参与人的本息。其中之前欣某公司为麒某公司担保的民间借款、银行贷款本金就高达 3000 多万元，由于麒某公司不能还款，公司面临代偿压力，资金周转困难。陈某计划用欣某公司有关联的和自己实际控制的金某等公司为项目公司对外借款，用于代偿麒某公司欠款，并解除蜀某实业公司土地的抵押债权，以盘活土地。因此，欣某公司及陈某个人对外享有高额债权，其中对麒某公司的债权仅本金就高达 3000 余万元，陈某辩解称其 2014 年 5 月因欣某公司对外担保借款的项目公司不能及时还款致公司资金周转困难，陈某计划用欣某公司和自己关联的公司为项目公司借款用于公司资金周转的辩解有事实和证据支持，具有一定合理性。此外，集资参与人报案后，陈某积极配合政府主管部门、办案机关协商退赔方案，陈某的家属也代欣某公司进行退赔。本案在二审过程中，欣某公司或陈某个人相关联的公司承诺将名下已查封的土地余值依法用于返还集资参与人，关联公司名下的土地现已查封在案。陈某积极协商退赔事宜，表明欣某公司及陈某具有返还集资款的意愿。

综上分析，金某公司对外吸收公众资金，欣某公司进行担保，虽然金某公司和欣某公司对外集资时隐瞒了金某公司已停产的事实，但欣某公司、金某公司系关联公司，吸收的资金用于欣某公司的资金周转，故指控证据不足以证实金某项目集资时欣某公司部已不具备担保能力，且案发后欣某公司和陈某积极协商退赔方案，具有返还集资款的意愿，现有证据认定欣某公司以非法占有为目的，使用诈骗方法，利用金某公司为项目公司吸收公众资金1032万元成立集资诈骗罪证据不足，该笔数额应认定为欣某公司和陈某非法吸收公众存款罪犯罪数额。

在互联网金融的大背景下，随着P2P、私募基金等金融机构“暴雷潮”的爆发，行为人在资金周转困难以至于不具有相应的经济支付能力下“拒不归还”是否应认定具有“非法占有目的”，亟须一个具体的评判标准。若在案证据能够证实，行为人在历经时代背景与监管政策的变化后无法进行兑付，确实不具备归还能力，则应准确界定集资诈骗罪中“非法占有目的”的适用标准，在严厉打击非法集资行为的同时，也应当保证罪责刑相适应，防止该罪名在司法实践中被泛化适用，逐渐演变为非法集资犯罪体系中的“口袋罪”。

3. 涉众型互联网金融案件中的集资诈骗罪

核心要点：随着互联网技术的发展与普及，诸多互联网金融平台随着国家政策的号召应运而生，判断互联网金融案件中是否涉嫌非法集资犯罪，在从法律、法规角度认定相关事实情节的同时，亦应将其所处的时代背景、监管规定要求等特殊情形纳入考量。

相关案例：董某等人集资诈骗案①

➢ **案情介绍：**

2009年3月，董某成立城某公司，并建立互联网投融资平台。城某公司通过互联网、高速公路户外广告、报纸、新闻媒体等方式宣传城某平台的投融资方式，面向社会招揽不特定集资参与人、融资企业到城某平台进行投融资。董某等人组建服务商团队，让服务商对集资参与人、融资企业进行宣传、沟通。城某平台通过“四方投资协议”方式，以实际控制的盛某公司进行担

① 广东省高级人民法院（2018）粤刑终1266号。

保，承诺给集资参与人投资额年化收益率16%～20%的回报。董某等人通过设计平台内部监管通子系统虚拟账户，进行集资款的流转。融资企业用款时，款项必须经城某平台OA审批通过后才能转出，转出金额由董某等人实际控制。城某平台以对外理财等方式支配、调拨集资的资金，并对部分融资企业截留集资款。此外，城某平台并未完全按照与集资参与人签订的“四方协议”的约定将款项转给融资企业，而是将大部分集资款用于偿还集资参与人到期本金及利息。

2013年9月，董某宣布城某公司将在美国上市，集资参与人可现金申购“融资通权益份额”，等额兑换城某公司上市股权。董某等人通过媒体、报纸、网站平台等发布上市信息，吸引集资参与人现金申购。董某等人向1534人集资4.17亿余元申购“融资通权益份额”。2014年下半年城某公司的资金链出现问题后，董某等人指挥服务商诱导集资参与人将到期未结算的投资项目权益置换成权益份额，并承诺2015年9月之前若未能上市将以每股20元以上的价格回购；2015年3月1日至2016年1月17日，董某等人向920名集资参与人集资1.90亿余元。

➢ **法院裁判：**

一审法院认为，董某等人未经国家主管部门批准，以投资理财、投资入股等方式非法集资，使用自融、“新包还旧包”、截留融资款等方法非法控制集资款，累计向5240人非法集资人民币49.45亿余元，向4544人支付集资款本息36.90亿余元，向132个融资方转出18.81亿余元，融资方转回10.48亿余元，净转出8.32亿余元。向已结清的2017人转出集资款本息19.33亿余元，净转出3.74亿余元；向未结清的3223人支付集资款本息17.56亿余元，造成集资参与人损失共计16.30亿余元。

此外，董某还通过其近亲属非法转移、占有投资人的投资款。2009年4月至2015年8月，董某的妻子李某转给城某公司银行账户投资款共计人民币1300余万元，投资利息合计300余万元。董某通过城某公司银行账户转回给李某及其父母的投资本息共计2200余万元，非法占有集资参与人投资款560余万元。一审法院判决，董某等28人涉嫌犯集资诈骗罪、非法吸收公众存款罪，对董某以集资诈骗罪判处无期徒刑，剥夺政治权利终身，并处没收个人财产人民币 1 亿元；对王某等 27 人以非法吸收公众存款罪分别判处有期徒刑 3 年缓刑 3 年至有期徒刑 10 年的刑期，并处以罚金。赃款由公安机关继续追缴，追缴部分依法分别按比例发还集资参与人；在案扣押、冻结的款项依法分别按比例发还集资参与人；在案查封、扣押的房产、车辆、股权、物品等变价后依法分别按比例发还集资参与人，不足部分责令继续退赔并依法按照同等原则分别发还。

二审法院裁定驳回上诉，维持原判。

辩点分析及案例释解

随着互联网金融时代的到来，金融改革创新进程的不断深入，股权众筹等新型融资模式日趋活跃。与此同时，非法集资类犯罪也进入高发期。本案被评为 2018 年度深圳法院社会十大案件之一。作为新兴的互联网集资模式的案件，案发时系深圳地区破获的涉案投资金额、投资人数、损失金额最大的非法集资案件，因而对于深圳法院近年来审理非法集资犯罪案件具有标杆示范意义。①

首先，本案虽然表现为单位组织形式，所涉业务均系在单位的决策下开展，但并未被认定为单位犯罪，究其原因，审理法院认为，该公司在创立之初即以互联网金融为旗号，以高息为诱饵，诱导和欺骗集资参与者投入大量资金，掩盖非法集资的本质目的，故该公司实质上是为实施违法犯罪活动而成立，具有明确的犯罪预谋，以及严密的组织和实施计划，不构成单位犯罪。

其次，既然本案并不属于单位犯罪案件，而是共有 28 名被告人的团伙犯罪，对于共同犯罪而言，应当根据各被告人在共同犯罪中所处的地位和所起的作用，以及在主观恶性和人身危险性方面的不同，严格区分主、从犯。司法实践中，对于非法集资犯罪，该集团的组织者、领导者，即公司法定代表人、董事、股东等；策划、指挥、授意、批准员工进行集资活动的主要负责人，即公司经理、项目负责人、财务负责人、培训负责人、市场负责人等，

① 深圳市中级人民法院：《2020 年深圳法院典型案例发布！（市中级法院篇）》，载微信公众号“深圳市中级人民法院”2021 年 9 月 10 日，https：//mp. weixin. qq. com/s/zzqEXQBnGdlig，H9NXDPAQW。

作为犯罪计划和方案的制定者、领导者，在共同犯罪中一般认定为主犯。在具体实施集资活动中起重要作用或是对结果影响较大的人员，即单位受聘任、雇佣的负责项目、财务、培训等直接工作的普通职工，在共同犯罪中一般认定为从犯。需要注意的是，根据《关于办理涉互联网金融犯罪案件有关问题座谈会纪要》之规定，对于本身没有相关职业经历、专业背景，且从业时间短暂，在该公司层级较低，纯属执行领导指令的员工，若确无其他证据证明具有主观故意，可以不作为犯罪处理。

最后，本案是一个极富时代意义的案件，因此，对于本案的探讨与反思，不能不结合其时代背景进行分析。随着互联网技术的发展与普及，传统金融行业与互联网企业交织利用互联网技术和信息通信技术，资金融通、支付、投资和信息中介服务的新型业务模式纷纷出现，而迅速兴起的网络信贷、融资担保、互联网信托等金融创新业务也对传统的金融行业造成巨大冲击。值此时期，为顺应时代的潮流，诸多互联网金融平台随着国家政策和号召应运而生，为解决国家正规金融制度不足，为小微企业提供畅通的融资渠道，促进区域经济发展等方面都发挥了积极作用。与此同时，这些企业所迎合的法律政策亦不断地进行调整，企业需要获得足够的生长和容忍空间。然而，互联网金融行业井喷式高速发展的同时，由于没有明确的门槛及规则制约，管理规范尚属于“真空地带”，相关监管相对滞后；并且，由于对非法集资类犯罪的法律规制过于笼统，尚未能建立整合起行政执法与刑事司法的有效衔接机制，难以满足司法活动的需求，不少案件难以准确定性，削弱了社会公众对刑法的认同。自2015年开始，互联网金融行业风险大量爆发，彼时，行业怪乱此起彼伏，卷款跑路者十有八九，涉众型、涉群体性非法集资犯罪案件呈井喷式增长。2016年，以“e租宝”为代表的非法集资案件引发社会各界的关注，由于其涉众面广、资金量大、关系复杂，给投资者的财产安全、社会的金融稳定，以及国家的经济秩序带来新的威胁，[①] 至此，互联网金融行业也被推至时代的风口浪尖。针对此种行业现象，同年，国家相继出台

① 参见胡媛媛、孙文淑、杨维：《互联网金融格局下非法集资危局及其化解》，载《法制与社会》2018年第1期。

《网络借贷信息中介机构业务活动管理暂行办法》《互联网金融风险专项整治工作》等各类法规、文件，旨在开启互联网金融强监督、严监管时代。所谓创新与犯罪往往可能仅有一步之遥，任何新兴的模式在探索初期都必然遭受种种考验，如果互联网金融平台在运营初期能够设计完善的监管机制，采取有效的风险防控措施，不排除平台能够正常、稳定地继续运营的可能。与此同时，作为辩护律师，考量涉案的互联网金融平台是否涉嫌非法集资犯罪，在以时下法律、法规角度认定相关事实情节的同时，亦应将其所处的时代背景、监管规定要求等特殊情形纳入考量，不应只做割裂、静止的评判。

4. 集资诈骗犯罪案件中的资金池问题

核心要点：近年来，“资金池”已然成为新型互联网金融非法集资犯罪的共通特征，但综观最高人民法院出台的《关于审理非法集资刑事案件具体应用法律若干问题的解释》，以及最高人民法院、最高人民检察院、公安部出台的《关于办理非法集资刑事案件适用法律若干问题的意见》中对非法集资犯罪的罪状描述，非法集资行为主要包括非法性、公开性、利诱性、社会性4个特征要件，而“资金池”并非非法集资犯罪的构成要件之一。

相关案例：施某、苏某、洪某集资诈骗案①

➢ **案情介绍：**

施某系云某公司的实际控制人。依托云某公司，施某创建了财某P2P金融理财平台（以下简称财某平台）。自2013年3月开始，其通过其公司的网站展示、微信公众号推送、论坛发布等方式公开宣传，以年利率10.2%～15.9%的高收益作为诱惑，在财某平台上向社会公众推出农业供应链和小额信用贷款等借款标的，并将所推出的借款标的由相应担保公司进行担保，吸引投资者进行投资。集资参与人在平台网站上注册成为会员后，可以选择理

① 广东省高级人民法院（2020）粤刑终842号。

财标的，将投资款转入平台指定的第三方支付平台进行投资。2013 年 3 月至 2018 年 5 月，通过财某平台吸引投资总金额累计人民币约 40 亿元。云某公司收取大量所谓服务费、手续费等多达 8000 余万元。施某通过自己的私人账户及所控制的他人账户进行大量的资金流转，并通过以上账户转出的大量资金无法追回。

施某为收取高额服务费，明知苏某、洪某二人利用空壳公司等在财某平台上发布虚假借款标的吸引投资人投资，并用自己控制的担保公司对借款标的进行自借自保，仍然帮助苏某、洪某在财某平台发布借款标的。苏某以自己控制的万某公司等 6 家空壳公司以及其他以个人的名义在财某平台上向投资者发布借款标的，并利用自己控制的空壳公司厦某公司对所发布的借款标的进行无资产抵押信用担保。这些空壳公司在收到钱后，将大部分资金归集到苏某控制的祺某公司使用。经审计，千某公司共担保借款标的 5742 个，借款金额 2, 379, 391, 870 元，还款 2, 326, 335, 034. 24 元，差额为 53, 056, 835. 76 元。洪某利用自己控制的厦某公司及恒某公司对财某平台上发布的"商户贷"等虚假的借款标的进行无资产抵押信用担保，所收到的资金形成资金池，由施某、洪某使用，或者直接借新还旧。经审计，佳某公司共担保借款标的 2416 个，借款金额 724, 608, 720 元，还款 686, 057, 062. 3 元，差额为 38, 551, 657. 7 元；恒某公司共担保借款标的 5177 个，借款金额 263, 540, 070 元，还款 51, 300, 521. 24 元，差额为 212, 239, 548. 76 元。

2018 年 1 月开始，财某平台资金链断裂，无法兑付集资参与人投资的本金和利息，平台提供的千某公司、佳某公司、恒某公司的所谓信用担保，无法实现对集资参与人投资的担保作用。

➢ **法院裁判：**

一审法院认为，施某、苏某、洪某的行为已构成集资诈骗罪，一审法院判决：（1）施某犯集资诈骗罪，判处有期徒刑 14 年，并处没收个人财产人民币 200 万元。（2）苏某犯集资诈骗罪，判处有期徒刑 11 年，并处没收个人财产人民币 100 万元。（3）洪某犯集资诈骗罪，判处有期徒刑 12 年，并处没收个人财产人民币 150 万元。（4）赃款由公安机关继续追缴，追缴部分依法分别按比例发还被害人；在案扣押、冻结的款项依法分别按比例发还被害人；在案查封、扣押的财物等变价后依法分别按比例发还被害人，不足部分责令被告人施某、苏某、洪某继续退赔并依法按照同等原则分别发还。

二审法院认为，在施某、苏某的集资诈骗共同犯罪和施某、洪某的集资诈骗共同犯罪中，施某、苏某、洪某均起了主要作用，均系主犯，应当按照其所参与的全部犯罪处罚。苏某、洪某自动投案，如实供述犯罪事实，有自首情节，依法可以从轻处罚。苏某部分退赔被害人并取得部分被害人谅解，可以酌情加大从轻处罚的幅度。原判认定事实清楚，证据确实、充分，定罪准确，对施某、洪某量刑适当，审判程序合法；唯对苏某的量刑欠妥，应予纠正。判决：（1）施某犯集资诈骗罪，判处有期徒刑14年，并处没收个人财产人民币200万元；（2）洪某犯集资诈骗罪，判处有期徒刑12年，并处没收个人财产人民币150万元；（3）苏某犯集资诈骗罪，判处有期徒刑9年，并处罚金人民币50万元。

辩点分析及案例释解

本案二审法院认为，施某作为网络借贷信息中介机构的实际控制人，以非法占有为目的，利用网络借贷平台发布虚假信息，非法归集投资人资金建立资金池，所得资金大部分未用于生产经营活动，主要用于借新还旧，导致所募资金无法归还，数额巨大，其行为已构成集资诈骗罪；苏某作为平台借款人，以非法占有为目的，以向虚假借款人提供担保、发布虚假借款标的等形式从平台投资者筹措资金，进行欺诈借款，获取投资人的投资金后挪作他用，大部分用于自己实际控制的公司发展经营，导致数额巨大的投资款不能返还，其行为已构成集资诈骗罪；洪某作为平台借款人，以非法占有为目的，通过发布虚假借款标的、融资项目进行欺诈借款，借款后明知其盈利能力不具有支付全部本息的现实可能性仍继续骗取被害人的投资款，导致数额巨大的投资款不能返还，属于使用诈骗方法非法集资，其行为已构成集资诈骗罪。

近年来，“资金池”已然成为新型互联网金融非法集资犯罪的共通特征，但纵观最高人民法院出台的《关于审理非法集资刑事案件具体应用法律若干问题的解释》，以及最高人民法院、最高人民检察院、公安部出台的《关于办理非法集资刑事案件适用法律若干问题的意见》中对非法集资犯罪的罪状描述，非法集资行为主要包括非法性、公开性、利诱性、社会性4个特征要件，而“资金池”并非非法集资犯罪的构成要件之一。事实上，在司法实践过程中一般认为，“资金池”是非法性构成要件的一种核心表现形式，原因在于根据《商业银行法》之规定，未经国务院银行业监督管理机构批准，任何单位和个人不得从事吸收公众存款等商业银行业务。“资金池”本身即通过归集资金和沉淀资金，效仿银行模式的一种资金组织方式，本质上是银行的存贷模式在网络借贷信息中介平台的复制。由于平台未将该部分资金交由第三方机构进行托管，具有控制资金的能力，继而就存在投资人的资金被挪用或者侵占的重大风险和安全隐患。

实践中，“资金池”往往通过注入资金、滚动募集、债权转让等模式进行运作。注入资金是指企业在无真实借款人的情况下吸纳并注入资金，形成“资金池”，而后将该笔资金用于放贷等资本运作模式。滚动募集是一种回款期限的错配，也就是所谓的“庞氏骗局”，指在没有任何正常的生产经营流入的情况下，以“静态收益”或“动态收益”为投资宣传，通过借旧换新、“拆东墙补西墙”等手段进行资金募集，诱使更多投资资金流入。此时，资金运转极难长期维系，若资金链断裂导致后加入的投资人不能及时获得回款，存在较大的社会危害性。而债权转让则是指行为人或企业先发放借款，形成债权，再将债权“出售”给有购买意向的投资方。对此，最高人民检察院《关于办理涉互联网金融犯罪案件有关问题座谈会纪要》规定了对该种债权转让模式，存在以下两种行为的，应当认定为非法集资类犯罪，一是通过拆分融资项目期限、实行债权转让等方式为自己吸收资金；二是双方合谋通过拆分融资项目期限、实行债权转让等方式为借款人吸收资金的。以上意见同时也为监管规则所印证。在2013年处置非法集资部际联席会议上，中国人民银行在对P2P网络借贷行业非法集资行为界定时，就对“资金池”模式作了说明，提出“一些P2P网络借贷平台通过将借款需求设计成理财产品出售给放贷人，或者先归集资金、再寻找借款对象等方式，使放贷人资金进入平台的中间账户，产生‘资金池’，此类模式涉嫌非法集资”。但若平台仅系通过债权转让的方式开展业务，且不存在债分融资项目期限，或是合谋违反企业不得对外发放贷款等禁止性规定，则不构成非法集资犯罪。

5. 集资诈骗犯罪案件中的司法会计鉴定以及数额认定问题

核心要点：在非法集资犯罪案件中，由于投资者人数众多、集资金额较大，需要委托专业的鉴定机构帮助厘清投资者的实际损失，以及集资款资金流向，鉴定的事项主要包括有确定的犯罪具体数额、集资参与人名单、集资参与人的投资情况、挂包项目的融资情况、犯罪嫌疑人的非法获利情况等。

相关案例：陈某、曾某、丘某、余某等集资诈骗案①

➢ **案情介绍：**

2017年5月，李某欲成立一个消费返利网络平台，后找到陈某商议，由陈某找到吴某帮忙搭建网络平台。在网络平台搭建期间，李某和陈某、曾某、余某、丘某共同商谋成立公司，作为网络投资平台的依托。次月，上述5人注册成立了名称为聚某电子商务有限公司（以下称聚某公司），登记为自然人独资的有限责任公司，法定代表人为余某，经营范围为批发业。实际上，李某和陈某、曾某、余某、丘某均出资，系该公司的股东。2017年7月，吴某开发出“聚某宝”网络投资平台，并交付给聚某公司使用。2017年9月间，李某退出公司，公司由陈某负责管理，曾某、丘某、余某负责采购、财务、开发市场等公司其他事务，并且陆续招聘网络技术员钟某、市场开发员谢某、讲师马某、财务张某等员工。

该公司依托的网络投资平台，将投资者分为会员、加盟商、镇专员和区域代理，变相以高息分红、消费返利为诱饵，发展会员和加盟商。该平台设置的返利模式为：（1）会员级别。会员免费注册，会员向平台充值后，按充值金额1∶5的比例获得积分，在平台消费可另外获得积分。会员获得的积分每天按照一定比例返还，会员所获积分可以在平台按照1∶1的比例购物，达

① 广东省梅州市中级人民法院（2020）粤14刑终62号。

到一定条件后，还可按照1∶1的比例提取现金。（2）加盟商。加盟商免费注册，会员使用积分在加盟商处消费后，加盟商按销售金额的一定比例获得积分，然后上交16%～20%的积分给聚某公司，剩余积分可以获得分红，并按1∶1的比例提现，即加盟商需要向公司上交其销售总额16%～20%的费用。（3）投资平台的镇专员和区域代理。镇专员和区域代理无须向聚某公司缴纳费用，而由陈某和曾某直接任命。镇专员和区域代理的计酬设置模式为：会员和加盟商家进行消费或者销售时，其按照本次消费或者销售所获得的积分进行提成，然后通过积分向公司提现。

2018年3月，该公司出现资金问题，随后公众无法通过网络平台提现，并陆续有投资者到聚某公司要求赔偿损失。在此种情况下，曾某等人竟多次指使技术人员钟某删除相关会员的网络后台数据。2018年7月，公司股东会议决定注销公司，同年10月经某市某工商行政管理局核准公司注销。

经广东百某会计师事务所审计，陈某获利137,450元，曾某获利181,829.45元，余某获利307,537.3元，丘某获利116,606.09元。

➢ **法院裁判：**

一审法院认为，陈某、曾某、丘某、余某成立聚某公司，通过虚假宣传公司的背景，在没有任何具体经营项目的情况下，夸大投资前景，变相承诺高息分红、消费返利，引诱公众投资以该公司为依托的聚某宝网络投资平台，实质上是以借新还旧的方式维持资金链。在获得被害人的投资后，没有设立公司账户及财务制度对投资款项予以管理，亦并未进行任何经营、投资行为，而是以股东分红、业绩奖励、虚假交易获得平台积分后提现等各种方式非法占有投资款。事发后，多次指使技术人员删除相关会员的网络后台数据，并注销公司，导致被害人损失无法查证并追回。

陈某、曾某、丘某、余某以非法占有为目的，使用诈骗方法非法集资，数额特别巨大，其行为均已构成集资诈骗罪。根据被告人的犯罪事实、性质、情节和对社会的危害程度，一审判决如下：（1）陈某犯集资诈骗罪，判处有期徒刑12年，并处罚金人民币30万元；（2）曾某犯集资诈骗罪，判处有期徒刑10年6个月，并处罚金人民币25万元；（3）丘某犯集资诈骗罪，判处有期徒刑10年6个月，并处罚金人民币25万元；（4）余某犯集资诈骗罪，判处有期徒刑9年6个月，并处罚金人民币22万元；（5）继续追缴陈某、曾某、丘某、余某的违法所得返还给被害人（返还金额为被害人的实际损失）。

二审法院认为，原判已根据上诉人的犯罪性质、情节、危害结果、主观恶性及社会危害性等，综合个人的地位、作用及造成的危害结果，在法定刑幅度内对各上诉人作出不同量刑，但鉴于原判对集资诈骗的金额认定有误，应予纠正，在量刑上应予以体现。判决：（1）陈某犯集资诈骗罪，判处有期徒刑11年9个月，并处罚金30万元；（2）曾某犯集资诈骗罪，判处有期徒刑10年3个月，并处罚金25万元；（3）丘某犯集资诈骗罪，判处有期徒刑10年3个月，并处罚金25万元；（4）余某犯集资诈骗罪，判处有期徒刑9年3个月，并处罚金22万元。

辩点分析及案例释解

在非法集资犯罪案件中，由于投资者人数众多、集资金额较大，需要委托专业的鉴定机构帮助厘清投资者的实际损失，以及集资款资金流向，鉴定的事项内容主要包括有确定犯罪具体数额、集资参与人名单、集资参与人的投资情况、挂包项目的融资情况、犯罪嫌疑人的非法获利情况等。可以说，此类案件中司法鉴定意见对于审理法院的定罪量刑均发挥着至关重要的作用。然而，司法实践常常混淆司法会计鉴定和专项审计报告这二者的定义，甚至将专项审计报告取代司法会计鉴定，作为刑事证据种类中的鉴定意见而予以采纳。此举无疑提高了甚至突破了专项审计报告在刑事审判中的证据能力以及证据资格。

事实上，审计是一项为确立受托经济责任关系而产生的社会经济监督、鉴定和评价活动，从此概念中可以看出，审计活动不属于国家法律法规规定的司法鉴定执业类别，审计人员即注册会计师也并非我国刑事诉讼法中所规定的诉讼参与人，更不能将其归入鉴定人的范畴。审计报告是会计财务领域中的一个专有概念。《中国注册会计师审计准则第1501号——对财务报表形成审计意见和出具审计报告》第8条规定："审计报告，是指注册会计师根据审计准则的规定，在执行审计工作的基础上，对财务报表发表审计意见的书面文件。”因此，从刑事证据种类上看，审计报告并非以审计结论为证明案件事实的依据，而是根据财务报表所记载的内容证明案件事实，在证据的种类上属于书证。

《司法鉴定执业分类规定（试行）》第9条规定：“司法会计鉴定：运用司法会计学的原理和方法，通过检查、计算、验证和鉴证对会计凭证、会计账簿、会计报表和其他会计资料等财务状况进行鉴定。”司法会计鉴定报告是通过鉴定结论来证明案件事实，且仅限于对“财务会计专门性”问题发表意见，在证据的种类上属于鉴定意见，对司法会计鉴定报告的质证应当从形式和实质两个方面进行审查。

本案中，关于广东百某会计师事务所出具的鉴定报告及补充鉴定报告能否作为本案证据的问题，二审法院认为，该会计师事务所及其会计师具备会计鉴定的专业知识，具备会计鉴定资格，且该专项审计报告是根据侦查机关依法调取的16个从2017年3月至2019年3月涉案银行账户交易等客观资料，依据相关专业知识进行筛选、归类、统计的，依据的材料来源合法，客观真实，采取有针对性的审计方法，仅对聚某宝公司三个涉案账户进行统计，并剔除涉案人员所属其他账户汇入的金额，客观统计出三个涉案账户直接吸收会员、商户的投资金额。此外，该专项审计报告中还依据涉案人员的资金流水，将交易附言中出现工资、推广费用、业绩奖励等记录的客观信息，结合相关人员关于分红模式的言词证据等，认定能够查明的各上诉人的获利情况。上述两方面系该专项审计的主要部分，采用的依据客观，审计方法合理，审计结果真实，客观反映了能够查实的上诉人集资诈骗的涉案金额。对于限于现有证据不够充分的部分，该报告采取审慎的审计态度，二审法院亦采取严格的刑事证据规则，未予以认定为本案涉案金额。因此，二审法院认为，该鉴定报告及补充鉴定报告可以作为本案证据使用。然而，笔者认为，从形式上看，司法鉴定委托单位聘请广东百某会计师事务所对涉案金额进行鉴定，根据鉴定要求，广东百某会计师事务所作为司法鉴定机构，应当对涉案账目的专门性问题进行鉴别和判断，并提供鉴定意见。然而，广东百某会计师事务所最终出具的系《专项审计报告》，并非依照司法鉴定规范所提供的鉴定意见，而是对涉案的账目进行审计，因此，本案中该报告的刑事证据种类仍有待探究。

至于非法集资犯罪数额的认定问题，二审法院认为，本案查明的50名被害人在案发后所作陈述，证实了其各自的投资聚某宝投资平台的经过及剔除提现和消费金额后损失的款项，并提供了部分转账记录予以证实，根据数额能够相互印证的部分及基于有利于被告人原则，认定涉案金额为三个账户收到的被害人投资的款项合计为2,642,152.16元。

司法实践中，对于非法集资犯罪数额的认定，一般按照犯罪嫌疑人、被告人实际所参与吸收的全部金额进行计算。其中，计入集资诈骗犯罪活动的数额一般包括：其一，在投资结束后，集资参与人利用投资账户中的资金反复进行投资的金额应累加计入犯罪数额，但对于反复投资的数额需要作出说明；其二，向亲友或者单位内部人员吸收资金的过程中，明知亲友或者单位内部人员向不特定对象吸收资金而予以放任的数额；其三，以吸收资金为目的，将社会人员吸收为单位内部人员，并向其吸收资金的数额；其四，向社会公开宣传，同时向不特定对象、亲友或者单位内部人员吸收资金的数额；其五，行为人为实施集资诈骗活动而支付的广告费、中介费、手续费、回扣，或者用于行贿、赠与等费用不予扣除。需要注意的是，虽然集资参与人所收回的本金或是获利后又重复投资的数额不予扣除，但在具体量刑过程中，审理法院一般会作为酌定的情节进行考虑。此外，案发前后已经归还的数额，也可以作为量刑情节；对犯罪嫌疑人、被告人来说，案发后及时清退所有吸收资金对量刑以及羁押必要性方面均有重大影响。不计入集资诈骗犯罪活动的数额一般包括：其一，犯罪嫌疑人、被告人自身及其近亲属所投资的资金数额；其二，记录在犯罪嫌疑人、被告人名下，但其实际上未参与且从未从中受到任何形式的好处的资金数额；其三，有部分借款确实用于单位正常生产经营等合法用途，不具有非法占有的目的的资金数额。

在集资诈骗罪行为定性已经难以改变时，其数额的认定问题相对而言可能赋予辩护人更多的辩护空间。司法机关指控具体犯罪嫌疑人、被告人的犯罪数额，通常过于随意和粗糙，对上述分析中不应当计算在内的数额不能够精准地排除在外。此时，辩护人亟须严把证据关，审慎地对案件证据进行实质审查，包括被告人自身的供述与辩解；涉案单位员工的供述或证人证言；

审计报告、投资合同、银行交易记录、收款收据、会计凭证等书证；司法会计鉴定；以及涉案单位服务器或第三方服务器上存储的电子数据等，发现其中的辩护及解释空间，避免将犯罪嫌疑人、被告人的犯罪数额扩大。

6. 担保型企业涉集资诈骗罪的刑事法律风险

核心要点：典型的“担保型”非法集资犯罪中，行为人通过提供融资性信用担保的方式提供服务，在现有证据无法证明其具有非法集资的主观故意和客观行为的情况下，最终判定其构成非法吸收公众存款罪，该结果值得探讨和商榷。

相关案例：薛某集资诈骗案[①]

➢ **案情介绍：**

江某担保公司成立于2011年5月，薛某系该公司的实际控制人。2015年4月，薛某以江某担保公司的名义与尤某的丹某公司签订《合作框架协议》，约定江某担保公司为丹某公司的信贷客户和项目提供融资性信用担保业务，并按担保标的收取担保费用。丹某公司在未获得相关金融许可的情况下，以高额年化收益率，通过发放宣传资料等方式，向不特定公众销售理财产品。2015年4月至2016年4月，尤某向社会公众非法集资，薛某仍向尤某提供100份空白的担保函，为尤某的丹某公司向社会公众非法集资提供担保。经广某联合会计师事务所审计，查实的编号为×××-DS开头的担保函共62份，担保金额为261万元。

同时，映某公司成立于2015年7月，薛某系该公司的法定代表人。2016年1~4月，薛某伙同黄某等人，在未获得相关金融许可的情况下，以7%~10%的高额年化收益率为诱饵，虚构为安某环保科技有限公司净水器科技开发项目融资，通过发放宣传资料等方式，向社会不特定人员非法集资，并由江某担保公司提供担保。经广某联合会计师事务所审计，薛某利用映某公司

① 浙江省衢州市中级人民法院（2020）浙08刑终27号。

非法集资数额共计 481 万元，截至案发已归还 630, 458. 74 元，未归还 4, 179, 541. 26 元。非法集资资金大部分用于归还之前欠款及转给他人。

➢ **法院裁判：**

一审法院判决：（1）薛某犯非法吸收公众存款罪，判处有期徒刑 4 年，并处罚金 10 万元；犯集资诈骗罪，判处有期徒刑 11 年，并处罚金 50 万元。决定执行有期徒刑 11 年 6 个月，并处罚金人民币 60 万元。（2）责令薛某退赔各被害人的经济损失。

二审法院认为，薛某为尤某非法集资提供担保帮助，但在案证据尚不能证明其明知尤某系在以诈骗方法非法集资，其行为应以非法吸收公众存款罪论处。本案发回重审后，人民检察院没有补充起诉新的犯罪事实，一审法院加重对薛某的罚金刑，处罚不当。判决：薛某犯非法吸收公众存款罪，判处有期徒刑 4 年，并处罚金人民币 10 万元；犯集资诈骗罪，判处有期徒刑 11 年，并处罚金人民币 40 万元，决定执行有期徒刑 11 年 6 个月，并处罚金人民币 50 万元。

辩点分析及案例释解

本案是一起较为典型的“担保型”非法集资犯罪，其中，薛某违反国家金融管理法律规定，为他人非法变相吸收公众存款提供担保，并从中收取担保费，扰乱金融秩序，数额巨大，其行为已构成非法吸收公众存款罪；同时，薛某又以非法占有为目的，使用诈骗方法非法集资，数额特别巨大，其行为已构成集资诈骗罪，且分属共同犯罪。

担保型企业一般分为自保模式和第三方担保模式。采用自保模式的企业极易产生“自融”风险。“自融”并非专门的法律术语，目前相关法律法规及行业规则对其也无清晰、统一的定义。其常见于互联网金融公司暴雷后相关报道。相关业务模式一般系指行为人或企业为解决资金问题，借助互联网金融平台将其吸纳的投资者资金用于自身关联方的经营开支。当前，自融行为是非法集资犯罪中最为常见的一种模式，也是衡量网络借贷信息中介平台、私募基金机构等是否具有违法性的关键红线。鉴于此，最高人民检察院《关于办理涉互联网金融犯罪案件有关问题座谈会纪要》对网络借贷信息中介机构自融行为进行了规定，对以提供信息中介服务为名，实际从事直接或间接归集资金，甚至自融或变相自融等行为的中介机构，应当予以追究刑事责任。然而，私募基金的自融并不等同于互联网金融公司的自融模式，所谓私募基金的自融模式，一般是指私募基金管理人将募集的资金擅自用于关联方的经营。根据《私募投资基金监督管理暂行办法》第23条的规定，私募基金管理人及私募服务机构从事私募基金业务，不得为利用基金财产或者职务之便，为本人或者投资者以外的人牟取利益，进行利益输送。因此，私募基金的自融行为确实违反了相关的管理规定，但并不会单独地导致其构成非法集资犯罪，还需要审查其是否违反“非法性”、“社会性”、“利诱性”以及“公开性”这4项非法集资犯罪的认定标准。

第三方担保模式在实践中普遍存在，《关于促进互联网金融健康发展的指导意见》规定：“个体网络借贷机构要明确信息中介性质，主要为借贷双方的直接借贷提供信息服务，不得提供增信服务，不得非法集资。”其中“不得提供增信服务”即为企业从事担保行为的禁止性规定。中介机构与借款人合谋或者明知借款人存在违规情形，仍为其非法吸收公众存款提供服务的，可能构成非法集资的共同犯罪，如双方合谋通过拆分融资项目期限、采取债权转让等方式为借款人吸收资金；双方在互联网、移动电话等电子渠道以外的物理场所进行宣传或推介融资项目；双方协商通过虚构、夸大融资项目的真实性、收益前景，隐瞒融资项目的瑕疵及风险，或以歧义性语言等其他欺骗性手段进行虚假片面宣传或促销，误导出借人；等等。笔者认为，若担保平台以向投融资双方收取的管理费，即经营资金的方式，为投融资中的一方提供担保，且与双方并无恶意串通等主观故意，则其行为亦不构成犯罪。本案即是如此，二审法院认为，薛某作为担保公司的实际控制人，在案证据尚不能明确证实其明知尤某公司存在非法集资的行为，也未有证据证明其存在与尤某公司合谋的主观故意，薛某仅系通过提供融资性信用担保的方式提供服务，在现有证据无法证明其具有非法集资的主观故意和客观行为的情况下，最终判定其构成非法吸收公众存款罪，该结果值得探讨和商榷。

7. 集资诈骗犯罪“社会不特定对象”标准探析

核心要点：从司法裁判观点展开，讲述我国对社会不特定对象的标准与态度，以及证券法进行管制调整的集资行为运用刑法手段进行规制的相关内容阐释。

相关案例：范某集资诈骗案①

➢ **案情介绍：**

范某在2006～2011年以做稀土生意需要资金周转为由，以高息为诱饵，通过亲友等熟人口口相传（未通过媒体、推介会、传单、手机短信等向社会公开宣传的途径进行宣传），先后向20名亲戚、朋友、生意伙伴非法吸收资金，骗取上述20名被害人人民币1.04亿余元，所骗资金被其用于赌博、支付高额利息等。

➢ **法院裁判：**

一审法院经审理认为，范某以非法占有为目的，采用诈骗方法非法集资1.04亿余元，数额特别巨大并且给国家和人民利益造成特别重大损失，其行为构成集资诈骗罪，判决范某死刑，缓期2年执行，剥夺政治权利终身，并处没收个人全部财产。

二审法院认为，范某在向他人借款时并没有通过媒体、推介会、传单、手机短信、公告等途径向社会公开宣传。同时，本案中20名被害人大多数是范某的亲友、熟人，少数人是范某经其亲友、熟人介绍认识的，都是具体的特定的人，并非社会上不特定的人，即范某没有向社会公众吸收资金。因此，范某的行为不具备集资诈骗罪的构成要件，但其行为特征符合诈骗罪的构成要件，成立诈骗罪，判决范某犯诈骗罪，判处无期徒刑，剥夺政治权利终身，并处没收个人全部财产。

① 江西省高级人民法院（2013）赣刑二终字第00015号。

辩点分析及案例释解

二审法院认为，非法集资的宣传对象应当以不特定对象为限，所谓的“口口相传”，是指行为人通过其亲友，用明示、暗示的方式要求这些人员以口头形式将高息吸收资金的信息传播给这些人的亲友或社会公众，或者行为人在向其亲友宣传信息后，是否要求这些人员将信息再次口头传播给这些人的亲友或社会公众无明确表示。与此相对应的口口相传情形有三种：一是在行为人的授意下，其亲友以口头形式向社会公开宣传；二是未在行为人的授意下，其亲友擅自以口头形式向社会公开宣传，但之后行为人未予制止或予以制止；三是无论行为人是否授意，其亲友自始至终未向社会公众进行口头宣传，仅在亲友之间相互宣传。上述三种情形中，第一种和第二种未予制止的情形应属于向社会公开宣传，第二种予以制止的情形和第三种情形则不符合向社会公开宣传的情形。

向“社会不特定对象”吸收资金是认定非法集资类犯罪罪与非罪的界限标准。最高人民法院出台的《关于审理非法集资刑事案件具体应用法律若干问题的解释》（本案中以下简称《解释》），以及最高人民法院、最高人民检察院、公安部出台的《关于办理非法集资刑事案件适用法律若干问题的意见》（本案中以下简称《意见》）细化了非法吸收公众存款罪的罪状描述。上述规定将“向社会公众即社会不特定对象吸收资金”作为认定非法集资类犯罪的构成要件，对社会不特定对象的人数范围、融资对象、行为方式等都进行了限定。《解释》规定，通过媒体、推介会、传单、手机短信等途径向社会公开宣传，个人非法吸收或者变相吸收公众存款对象 30 人以上的，单位非法吸收或者变相吸收公众存款对象 150 人以上的构成非法吸收公众存款；未向社会公开宣传，在亲友或者单位内部针对特定对象吸收资金的，不属于非法吸收或者变相吸收公众存款。《意见》规定，在向亲友或者单位内部人员吸收资金的过程中，明知亲友或者单位内部人员向不特定对象吸收资金而予以放任的；或者以吸收资金为目的，将社会人员吸收为单位内部人员，并向其吸收资金的，应当认定为向社会公众吸收资金。司法实践中对集资者是否存在吸收资金的主观态度认定，也是围绕吸收的方式进行判断。若集资者通过向社会公众公开宣传的方式吸收资金，就认定其具有向不特定对象吸收资金的主观故意。

虽然《解释》与《意见》对“社会不特定对象”进行了层次化、多维度的解释，但司法实践中仍然存在一些争议。我国以人情关系为纽带，人与人之间的经济往来紧密，由于个体认知和地方背景的差异，实践中难以对“亲”作出一个明确的界定或者划分范围。对“友”和面对多层级化、规模巨大的公司“单位内部人员”的定义更是五花八门，无法从社会常识进行准确判断。对于“亲友”和“单位内部人员”这类模糊性的概念，如果仅采用“一刀切”式的司法认定方式，无法有效限制司法机关的自由裁量权，同时削弱了刑事司法的可预期性，因此，需要一套更为精细的认定标准。

此外，《解释》在“媒体、推介会、传单、手机短信”这些途径之后使用了“等”字，意味着公开宣传的途径并不以此为限，还包括并不限于网络、标语、横幅、宣传册、宣传画、讲座、论坛、研讨会、口口相传等途径。上述这些途径均是当前各类集资案件中非常典型的集资宣传形式，司法机关普遍认为，行为人通过采取这些途径，以明示或者暗示的方式将集资的信息传播给社会公共，以扩大集资范围。然而，这个概念先入为主地认为这种传播行为必然面向社会公众，导致其理所当然地成为一种公开宣传方式，而未结合受众对此接收的集资信息的方式是公共开放的还是特定的，行为人对此是否知情、是否设法加以阻止等主客观因素进行综合认定，如果对上述这些途径采取整体否定的态度，则易导致刑法范围的扩张。笔者认为，对是否属于向社会公开宣传的界定，应当具体案件具体分析。例如，对目前司法实践中争议较大的在朋友圈中推广融资项目是否可以认定为向社会不特定对象公开宣传的问题，事实上，认定行为是否属于“社会公开”本身就是一个复杂的认定过程，需要建立在客观证据的基础上，通过事实情节、证据进行综合判断，并不是简单评判是或否的问题。

目前，我国立法仅以人数的多寡和身份关系作为判断是否为社会不特定对象的标准，将本应由证券法进行机制和调整的集资行为运用刑法手段进行规制，呈现单向犯罪化和活性化的特点。从法的价值考量，刑法以法的安定性为追求实现正义的最高限度，因此在立法上也应当更加明晰、稳定，防止刑罚权的扩张和滥用。

8. 私募基金涉集资诈骗罪的认定标准及救济机制

核心要点：合法私募与非法集资的区别在于私募基金不得变相自融、不得向社会公开宣传、不得承诺资金不受损失或最低收益、不得向合格投资者之外的单位和个人募集资金、单只私募基金投资者累计人数不得超过200人。采取私募基金的形式非法吸收公众存款陷入“爆雷”危机之后要积极清退，虽然司法解释明确规定集资诈骗案发前的数额予以扣除，实践中可能会对“案发前”的时间点进行放宽以鼓励被告人积极退赔。

相关案例：杨某、张某等集资诈骗案①

➢ **案情介绍：**

2013年6月，杨某、张某合伙成立恒某公司。2013年8月，以恒某公司为普通合伙人、张某为有限合伙人协议设立恒某投资基金管理中心（以下简称恒某基金）。恒某基金仅办理了企业名称预先核准登记，并未取得营业执照。与此同时，该公司作为私募基金开始对外募集资金，同时张某利用其亲友在某银行上班的便利，向到该行购买理财产品的客户推荐购买恒某基金理财产品。2015年1月，恒某公司在中国证券投资基金企业协会取得了私募投资基金管理人登记。

2013年12月至2016年6月，张某利用银行营业网点，以6.5%～8.5%的年收益率，向银行存、取款客户施某等21人推介、销售恒某基金，非法募集资金共计16,345,000.00元。杨某、张某将非法募集的资金，以借款的形式投入设立的园某公司，再借出，或者直接以借款形式将资金借出用于个人投资和消费开支，以及将募集资金借给他人使用。截至案发，除已归还的集资本金6,905,000.00元，累计支付利息926,158.57元外，尚有募集资金9,440,000.00元到期后不能偿还。

➢ **法院裁判：**

一审法院认为，杨某、张某明知私募基金不能公开对外募集发售，以不

① 四川省巴中市人民法院（2018）川19刑终135号。

等的年化收益率，向不符合投资者条件的不特定对象，以销售基金产品形式，非法公开募集资金，并将所募集的资金直接用作个人投资及借款，致使投资人的资金不能返还，非法集资数额特别巨大。判决：（1）杨某犯集资诈骗罪，判处有期徒刑 11 年，并处罚金人民币 20 万元；（2）张某犯集资诈骗罪，判处有期徒刑 11 年，并处罚金人民币 20 万元。

二审法院裁定驳回上诉，维持原判。

辩点分析及案例释解

本案是一起私募基金管理人涉集资诈骗罪的案例，近年来，私募基金频频陷入“爆雷”危机，部分私募产品纷纷逾期，无法兑付，经调查发现，相关部分项目产品在宣传过程中，私募基金管理人屡屡以背靠保底收益等为噱头以吸引投资者，极易产生非法集资的刑事法律风险。一般而言，私募基金在募集阶段是涉非法集资类犯罪的“重灾区”，在资金募集过程中任何不合规操作都可能会使基金管理人或基金销售机构陷入刑事犯罪的泥潭，本案即使如此。从二审法院的判决可以看出，本案恒某公司既未经有关部门依法批准取得营业执照，亦向不特定对象公开募集资金，且具有非法占有目的，构成集资诈骗罪。司法实践中，“非法性”、“社会性”、“利诱性”和“公开性”，这 4 项认定标准是私募基金是否构成非法集资类犯罪的判断标准。

“非法性”既是构成要件要素，也是违法性判断的依据，其不仅表现为一般主体的不合法，也可能表现为实体上吸储行为内容和方式的不合法。对于私募基金而言，既包括基金管理人、基金销售机构的不合法，也包括资金募集、推介方式以及合格投资者主体条件的不合法。此外，私募基金的本质属于投资活动，2018 年中国银保监会发布《关于规范民间借贷行为维护经济金融秩序有关事项的通知》指出，“未经有权机关依法批准，任何单位和个人不得设立从事或者主要从事发放贷款业务的机构或以发放贷款为日常业务活动”。因此，私募基金以借贷（存）活动为主业，或投向保理资产、融资租赁资产、典当资产等与私募基金相冲突业务的资产系不合法行为。

“社会性”包括私募基金在募集阶段以各种途径向社会公众传播募集信息，以及明知向社会公众扩散募集信息而予以放任等情形。《私募投资基金监督管理暂行办法》明确规定，“私募基金管理人、私募基金销售机构不得向合格投资者之外的单位和个人募集资金。不得通过报刊、电台、电视、互联网等公众传播媒体或者讲座、报告会、分析会和布告、传单、手机短信、微信、博客和电子邮件等方式，向不特定对象宣传推介”。

“利诱性”在募集阶段一般表现为保本付息承诺、设置无条件刚性回购、固定收益、预期年化收益等。《私募投资基金监督管理暂行办法》规定，“私募基金管理人、私募基金销售机构不得向投资者承诺投资本金不受损失或者承诺最低收益”。相较于行为主体是否合法、宣传手段是否公开以及募集对象是否特定等可能在实务中出现控辩争议的问题，实务中对保本付息承诺这一关键点的核实则会更直接、明确。

“公开性”是指违反私募基金合格投资者要求的行为，向不特定社会公众募集资金。私募基金应当面向合格投资者通过非公开方式对外募集。对合格投资者的要求，应当符合《私募投资基金监督管理暂行办法》的相关规定，具备相应风险识别能力和风险承担能力。同时，单只私募投资基金的投资者人数累计不得超过《证券投资基金法》《公司法》《合伙企业法》等法律规定的特定数量。“公开性”打破了基金募集所要求的封闭性状态，导致行为对象的不特定，具有延散性和不可控性，但并不以社会公众必然“知晓”为前提。司法实践中对“公开性”的认定标准是较为宽泛的，对出罪的审查也十分严格。

基于刑法工具主义的惯性思维，绝大多数私募机构往往是在出现“爆雷”和兑付危机等问题后才被动启动强制退出程序，在此阶段，由于投资人缺乏对基金募集和运作过程的监督，难以通过民事途径进行救济，故而其往往通过推动国家公权力机关的介入以维权追讨，逐步演化成大规模刑事案件，私募基金销售机构也将陷入刑事犯罪的旋涡。然而，在现有的机制下投资人并非仅有一种救济途径，行政监管与行业自律引导，以及前置程序的规范能够帮助私募基金在发生危机后也能够有序退出，维护参与主体的合法权益；同时，私募基金的合理清退也可以作为犯罪嫌疑人、被告人从轻、减轻的量刑情节。最高人民法院《关于审理非法集资刑事案件具体应用法律若干问题的解释》第3条规定：“非法吸收或者变相吸收公众存款……主要用于正常的生产经营活动，能够及时清退所吸收资金，可以免予刑事处罚；情节显著轻微的，不作为犯罪处理。”由此可见，对于非法集资犯罪而言，引导私募基金良性有序退出是可能影响刑事犯罪量刑的量刑情节，在规范和适用刑罚时贯彻轻缓化的刑事政策精神。对积极处置的私募基金管理人或责任人，给予酌定的从轻处罚，如若犯罪情节较轻，可以考虑在审查起诉阶段作出相对不起诉决定，或者在审判阶段作出免予刑事处罚的判决。

对于基金从业人员而言，私募基金的爆雷危机已经屡见不鲜，因此，必须重视刑事法律问题，为其在募资过程中可能涉及的刑事风险提供全方位准备，根本保障私募基金企业合规制度的刚性。

9. 涉众型集资诈骗案中犯罪嫌疑人供述转化为证人证言的效力认定

核心要点：在涉众型集资诈骗案中，侦查终结后未被起诉的犯罪嫌疑人之前做的笔录可以转化为证人证言使用。在司法实践中从证据采信角度来看，证人证言与犯罪嫌疑人的供述辩解相比，法庭一般更倾向于采信证人证言，因为证人应当依法如实作证，否则将同样面临刑事追责。但犯罪嫌疑人在讯问过程中的供述辩解可能为逃避罪责而未尽其实，当其供述辩解直接转化为证人证言使用时，可能导致法庭错误采信虚构、篡改的案件情况。因此，对该部分类言词证据的质证不能掉以轻心。

相关案例：胡某集资诈骗罪①

➢ **案情介绍：**

2015 年 2～12 月，在胡某任博某公司总经理期间，经与施某（另案处理）预谋，以施某名下的云某公司为借款方，博某公司为居间方，通过微信招揽、拨打电话、朋友介绍等方式，承诺年化收益率 12%～16% 的投资回报，吸收公众资金共计人民币 1,568,800 元。

---

① 上海市浦东新区人民法院（2017）沪 0115 刑初 1153 号。

2015 年 12 月至 2016 年 3 月，胡某明知施某因涉嫌非法吸收公众存款罪被司法机关刑事拘留，对投资人隐瞒真相，继续以云某公司名义和上述方法，骗取公众资金近 600,000 元。

➢ **法院裁判：**

法院认为，胡某违反国家金融管理法规，以广告微信等方式，向社会公众募集资金，并承诺高额利息回报，数额巨大，其行为已构成非法吸收公众存款罪；胡某以非法占有为目的，使用诈骗方法非法集资，数额巨大，其行为已构成集资诈骗罪。胡某在判决宣告前一人犯两罪，应予两罪并罚；胡某犯罪后能自动投案，如实供述自己的罪行，系自首，依法减轻处罚。判决，胡某犯非法吸收公众存款罪，判处有期徒刑 10 个月，罚金人民币 4 万元；犯集资诈骗罪，判处有期徒刑 2 年 6 个月，罚金人民币 3 万元，决定执行有期徒刑 3 年，罚金人民币 7 万元。

辩点分析及案例释解

笔者注意到，法院在审理时，将同案被告人施某之供述认定为证人证言，从而证实 2015 年年初，胡某与其商定由博某公司作中介，以云某公司名义向投资者许诺以年化收益率 12% ~16% 吸收资金，用于归还其对外的欠款，以及 2015 年 11 月其被公安机关抓获后，双方终止合作关系等情况。

司法实践中，对于同案被告人之供述能否直接转化为证人证言，学界一直莫衷一是。尤其在涉众型经济犯罪案件中，往往呈现涉案人员众多、案件事实复杂、犯罪手法多样等特点，在此过程中一些案件的犯罪嫌疑人在经侦查后认定与案件无关，不构成犯罪，最终未被起诉；或情节显著轻微，酌定不起诉；抑或对其另案处理。上述情形比较常见，这些情况下犯罪嫌疑人在侦查阶段所作供述仍直接作为证人证言使用，对于辩护人来说，面对此类证据直接转化问题时，同案犯罪嫌疑人之供述直接转化为证人证言的效力问题和证据审查方式，是办理此类案件的难点和重点。

从犯罪嫌疑人和证人的关系来看。在单独犯罪的场合下，犯罪嫌疑人属于单纯的当事人，不可能是证人；然而在共同犯罪的场合中，犯罪嫌疑人均为所涉犯罪的参与者或经历者，即便其中某个犯罪嫌疑人经侦查后被认定没有构成犯罪，其对案件的知情程度，已足以转化成案件的证人，履行做证的义务。

从犯罪嫌疑人供述与辩解和证人证言的性质和特征来看，二者具有如下差别：其一，讯/询问前的告知义务不同。根据《刑事诉讼法》第 120 条之规定，侦查人员在讯问犯罪嫌疑人的时候，应当首先讯问犯罪嫌疑人是否有犯罪行为，让其陈述有罪的情节或者无罪的辩解，然后向其提出问题；《刑事诉讼法》第 125 条规定，询问证人，应当告知其应当如实地提供证据、证言和有意作伪证或者隐匿罪证要负的法律责任。其二，证据收集适用规则不同。收集犯罪嫌疑人的供述适用“不得自证其罪”规则，即侦查人员在讯问犯罪嫌疑人的时候，首先应当讯问犯罪嫌疑人是否有犯罪行为，既让其陈述有罪的情节，也要允许其作无罪的辩解；而收集证人证言则适用“强制作证”规则，即凡是知道案件情况的人，都有作证的义务。其三，证据真实、客观性要求不同。根据上述法律规定，犯罪嫌疑人在供述时，可以进行有罪陈述，也可以进行无罪辩解，因此最终形成的犯罪嫌疑人口供是可能包含不实内容的。对于证人，则要求陈述必须真实，否则将要为有意作伪证或者隐匿罪证的行为承担法律责任。

在刑事诉讼程序中，已被证实“清白”的犯罪嫌疑人能否成为案件的证人，笔者认为从角色转化层面而言是没有问题的。首先，该类主体经过侦查后已证实不是犯罪嫌疑人，其本身已不再是相应刑事诉讼的当事人。根据《刑事诉讼法》的相关规定，凡是知道案件情况的人，都有作证的义务，除非该类主体在生理上、精神上有缺陷或者年幼而不能辨别是非、不能正确表达意志。该类主体作为案件的深度参与、知情人，对案件的了解和掌握程度远超一般情况下的证人，此时将其作为证人而取得的证人证言具有较强的证明力，在认定同案其他被告人是否构成犯罪方面有不可替代的作用。因此，从角色转化方面而言，经侦查后认定不构成犯罪的犯罪嫌疑人可以转化为证人。虽然从角色转化方面，该类主体可以转化为证人，但不代表其作为犯罪嫌疑人时的供述与辩解就可以直接成为证人证言。在共同犯罪中，犯罪嫌疑人作为可能面临追诉之直接利害当事人，其各自供述的内容直接关系到自身的处理结果，存在较大的利害关系。因此无法避免地具有一定的主观偏向性，在口供中或表现为称自己与犯罪无关，或表现为将所有的行为都推给其他同案犯。但无论具体表现为何种形式，均无法确保犯罪嫌疑人口供的真实性、客观性。可能有人会问，该“犯罪嫌疑人”最后没有作为被告人被起诉，不正说明其侦查阶段的供述是真实的吗？请注意，这是一个明显的“倒推”逻辑，该“犯罪嫌疑人”最终得以证实“清白”是考量多面因素形成的终局结果，并不能从反序方向证成结果与口供真实的直接对应关系。因此，从犯罪嫌疑人口供的性质特点来看，同案犯罪嫌疑人的口供无法确保真实性、客观性。一般情况下的证人，其本身仅是相关案件的知情人，并不是与刑事诉讼具有利害关系的当事人，案件本身的审判结果如何与证人也没有关系，除非受到感官、记忆、表达等方面原因的影响，一般情况下证人所陈述的事实较为契合案件本身的真实情况。而且《刑法》第 305 条规定，在刑事诉讼中，证人、鉴定人、记录人、翻译人对与案件有重要关系的情节，故意作虚假证明、鉴定、记录、翻译，意图陷害他人或者隐匿罪证的，构成伪证罪。首先需要注意的是，构成此罪的主体仅限于“证人、鉴定人、记录人、翻译人”，并不包括“犯罪嫌疑人”或“被告人”，即在共同犯罪中，如犯罪嫌疑人或被告人出于脱罪之主观故意作虚假供述的，并不会受到违法追究。而证人并不在此豁免范围之内，出于保护自身不受违法追究的考虑，证人作为无关第三人，没有必要铤而走险作虚假陈述。因此，基于众多因素的考量，证人证言相比犯罪嫌疑人口供具有较强的真实性、稳定性和客观性。犯罪嫌疑人的口供因可能掺杂主观因素，无法确保口供的真实性、客观性，不符合证人证言真实客观的条件，不适合直接转化为证人证言使用。

鉴于司法实践中大量存在犯罪嫌疑人的供述与辩解直接作为证人证言被采用的情形，在具体案件中，该证人证言的效力应如何认定？其一，真实、稳定性考量。如该类主体确实不涉及犯罪，其供述状态应更趋于平稳，所形成的供述应保持前后基本一致。当该等证据所陈述事实不稳定，对同一问题之陈述出现反复、差异时，则反映出其供述时受特殊的主观或精神等因素影响，所述事实的真实性程度相对较低，不足以单独采信并作为定案的根据。其二，关联性考量。当“证人证言”所陈述的事实与其他被告人供述的事实有较大差异，且影响案件的定罪量刑时，应当综合其他证据进行考量。因为此类“证人证言”实质上仍是该等“证人”作为“犯罪嫌疑人”时形成的口供，其对自身究竟是否构成犯罪并无确切清晰的认识，可能存在下意识为洗脱自身罪名而攀咬其他同案犯的情形，如此类“证人证言”被直接采信，则可能加重对其他被告人的刑罚，显失法律之公正。因此，在此类证人所陈述的事实与其他被告人之供述出现差异时，应同时综合案件的其他证据进行分析，不能直接采信“证人证言”所陈述的事实。其三，利害关系考量。对此应从该等证据的形成阶段进行考量，即该类主体作为“犯罪嫌疑人”时，此阶段该类主体仍未被侦查认定不构成犯罪，案件的处理结果与其仍存在利害关系。如利害关系较大，即犯罪嫌疑人可能受到严厉的刑事处罚，在此情况下要求其作真实供述实则不具有期待可能性，其所供述内容具有虚假成分的可能性较大；如利害关系较小，即犯罪嫌疑人本身就与涉案无关，其也没有必要进行不实供述，因此所供述内容则更趋于真实。

二、

操纵证券、期货市场罪

◇ **操纵证券、期货市场罪**

该罪是指自然人或者单位，故意操纵证券、期货市场，情节严重的行为，行为表现有七种类型，成交额和成交总量等需满足一定要求才能达到追诉标准。

（一）相关规定

《刑法》第一百八十二条【操纵证券、期货市场罪】有下列情形之一，操纵证券、期货市场，影响证券、期货交易价格或者证券、期货交易量，情节严重的，处五年以下有期徒刑或者拘役，并处或者单处罚金；情节特别严重的，处五年以上十年以下有期徒刑，并处罚金：

（一）单独或者合谋，集中资金优势、持股或者持仓优势或者利用信息优势联合或者连续买卖的；

（二）与他人串通，以事先约定的时间、价格和方式相互进行证券、期货交易的；

（三）在自己实际控制的账户之间进行证券交易，或者以自己为交易对象，自买自卖期货合约的；

（四）不以成交为目的，频繁或者大量申报买入、卖出证券、期货合约并撤销申报的；

（五）利用虚假或者不确定的重大信息，诱导投资者进行证券、期货交易的；

（六）对证券、证券发行人、期货交易标的公开作出评价、预测或者投资建议，同时进行反向证券交易或者相关期货交易的；

（七）以其他方法操纵证券、期货市场的。

单位犯前款罪的，对单位判处罚金，并对其直接负责的主管人员和其他直接责任人员，依照前款的规定处罚。

（二）重要辩点及案例释解

1. 通过客观行为判断主观是否具有操纵证券、期货市场的故意

核心要点：在利用信息优势连续买卖操纵证券市场犯罪案件中，可以从是否明知存在相关规定而实施违规行为以及交易的时间节点和公司的名称等是否存在误导公众投资的嫌疑等方面判断行为人主观上是否具有操纵证券、期货市场的故意。

相关案例：鲜某操纵证券市场罪案①

➢ **案情介绍：**

被告人鲜某为上市公司×伦公司的董事长、实际控制人，在×伦公司更名为匹凸匹公司过程中，控制了×伦公司信息的生成以及信息披露的内容等，同时利用其实际控制的多个证券账户，操纵交易×伦公司股票价格，并从中获利。具体过程如下：

2015 年，被告人鲜某作为×伦公司的实际控制人、董事长兼董事会秘书，个人决定将“×伦公司”更名为“匹凸匹公司”。同年 4 月 9 日，鲜某安排公司员工周某某至原上海市工商行政管理局申请变更企业名称。2015 年 4 月 16 日，上海市工商局核准同意，并标注行业及行业代码：金融信息服务 09619。2015 年 4 月底，×伦公司分别召开第七届董事会第八次、第九次会议，鲜某既未将更名事项提交董事会审议，也未将更名事项告知其余董事会成员。2015 年 4 月 30 日至 5 月 11 日，鲜某通过其控制的刘某某、鲜某、夏某某等个人证券账户，以及西藏信托有限公司、厦门国际信托有限公司等 14 个信托账户中的 28 个 HOMS 单元，买入×伦公司股票共计 2520 万余股，买

---

① 上海市高级人民法院（2019）沪刑终 110 号。

入金额2.86亿余元。

2015年5月4日，市工商局通知名称变更审核已经通过，×伦公司于同日发出召开董事会会议通知。5月11日，×伦公司对外发布《关于公司名称变更的公告》《关于获得控股股东www.p2p.com网站域名特别授权的公告》，上述公告发布后，该公司股票连续涨停。同年6月3日，×伦公司的股价打开涨停板。

➢ **法院裁判：**

一审法院以操纵证券市场罪判处被告人鲜某有期徒刑4年，并处罚金人民币1000万元。鲜某上诉后，在二审阶段自愿认罪认罚，最终被二审法院判决犯操纵证券市场罪，判处有期徒刑4年，并处罚金人民币1000万元。

辩点分析及案例释解

本案被告人的行为，属于典型的利用信息优势连续买卖操纵证券市场犯罪案件。一审判决认为，被告人鲜某作为上市公司×伦公司的董事长、实际控制人，通过控制上市公司信息的生成以及信息披露的内容，误导投资者作出投资决策，影响证券交易价格与交易量，并进行证券买卖相关交易，其行为触犯了《刑法》第182条之规定，已构成操纵证券市场罪，且应认定为情节特别严重。

利用信息优势操纵“应包括为了达成操纵目的而主动制造、发布重大信息的行为，而此种主观方面的动因实际体现了操纵行为所具有的诱使他人跟风交易的欺诈性”，即强调主观方面的要件。①

值得注意的是，法院在认定鲜某主观上具有误导投资者做出投资决策，影响证券交易价格与交易量，进而构成操纵证券市场罪时，主要认定依据为鲜某的违规披露公司重大信息，诱使投资者在特殊节点跟风交易的以下几个方面的客观行为。

① 参见汤欣、高海涛：《证券市场操纵行为认定研究——行政处罚案例的视角》，载《当代法学》2016年第4期。

（1）违规实施公司更名事项。根据二审刑事判决书[①]和中国证监会市场禁入决定书[②]记载的内容，被告人鲜某事前并未将更名事项提交董事会讨论决议，亦未将更名事项告知其余董事会成员，个人私自决定安排公司员工周某某至原上海市工商行政管理局（以下简称市工商局）申请变更企业名称，将×伦公司的名称变更为匹凸匹公司。后在市工商局通知名称变更审核已经通过以后，才召开董事会会议审议通过企业名称及经营范围的变更，并于同日将草拟的公告内容提交上海证券交易所审核。

上述做法违法违规。一是违反公司法律法规。根据《公司法》之规定，公司更名属于公司形式变更的一种，若要变更公司全称，根据公司章程的规定，应当提交股东大会或者董事会讨论通过，方可实施申请工商变更登记。本案被告人鲜某作为公司董事长，私自安排员工向有关主管部门申请变更，这有异于公司变更名称之合法合规路径。而鲜某还身兼公司董事会秘书，对相关规定和正规流程是明知的。二是违反行业法律规定。×伦公司更名事项涉及名称变更和经营范围变更，根据《证券法》第 81 条第 2 款第 1 项的规定，属于需要立即公告的重大事件。

（2）被告人鲜某实际上没有开展互联网金融业务的主观意愿。更名后的匹凸匹公司经营业务范围转变，×伦公司更名前的主要经营范围为生产销售高级挂釉石质墙地砖、房地产开发与经营、国内采购的金属材料、建筑材料批发等业务。除配资业务外，并未开展过其他金融类业务。根据该公司发布的关于上交所问询函及回函的公告内容，其开展互联网金融信息服务未进行专业的可行性论证，仅是根据 Lending Club、陆金所等企业成功经验及公司内部自行分析开展的。公司互联网金融信息服务业务尚未正式开展，经授权使用的 www. p2p. com 网站仅在筹备中，尚无任何业务运营，且控股股东香港×伦公司只免费授权该网站域名使用 1 年，后期存在巨大的不确定性。可以说，该公司在前期未做任何实质性准备，不具有稳定环境基础、资金储备、人才

① 威科先行网，https：//law. wkinfo. com. cn/judgment - documents/detail/MjAzMzMzMTUzMTk%3D? searchId = 179201f901f4402e969b319b8d980af6&index = 2&q = % E6% 93% 8D% E7% BA% B5% E8% AF% 81% E5% 88% B8% E5% B8% 82% E5% 9C% BA% E7% BD% AA&module = 。

② 《中国证监会市场禁入决定书》（〔2017〕8 号）。

储备，不具备任何经营基础。2015 年 6 月正式更名为匹凸匹公司后，并未开展 p2p 等互联网金融有关业务，未增加金融服务业务领域的人力资源投入，未购入与金融服务业务的相关资产，未实际运营任何金融服务业务，未产生任何与金融服务业务相关的收入与利润，也未开展×伦公司一直经营的配资业务以外的其他金融类业务。根据当时实施《企业名称登记管理规定》第 11 条（现第 16 条）、《企业名称登记管理实施办法》第 16 条之规定，企业名称中行业用语表述的内容应当与企业经营范围、经营特点一致，以防止企业名称对公众造成误导。尽管×伦公司在相关公告中如实陈述了匹凸匹尚无金融服务业务的实际情况，规避法律红线，但上述公告内容不足以提醒那些对公司名称高度关注的中小投资者。

（3）被告人在《关于获得控股股东 www. p2p. com 网站域名特别授权的公告》中称“通过本次授权可以使公司在互联网金融行业获得领先竞争优势，该特别授权对公司转型具有突破性意义”，互联网金融是当时股票炒作的热点题材，被告人违背公司命名的相关规定，在变更后的公司全称中不仅使用“金融信息服务”的字样，还使用了与热门互联网金融业务发音高度接近的中文名称，误导投资者对公司现有经营范围、主要经营业务产生错误认知，上述信息表明被告人鲜某对投资者的诱导意图明显。

（4）上述公告信息披露的内容和时间点，与交易的方向和时间点存在对应和配合。2015 年 5 月 11 日，×伦公司对外发布更名公告。被告人鲜某控制的前述账户组，在“×伦股份”4 月 30 日至 5 月 10 日的共 5 个交易日连续净买入“×伦股份”，合计 17, 889, 746 股，交易金额 202, 077, 118. 46 元，日均净买入约 3, 577, 949 股，远大于账户组首次交易“×伦股份”之日（2014 年 1 月 17 日）至 2015 年 4 月 20 日的日均净买入量 965, 936 股。2015 年 5 月 11 日，×伦公司有关名称变更的公告发布后，股票连续涨停。同年 6 月 3 日，×伦公司股价打开涨停。被告人鲜某所控制的账户在公告发布之前大量购入该公司股票，日均买入量为之前日均买入量的 4 倍，如此反常的操作反映出其欲通过信息优势操纵公司股价获取非法利益的主观意图。

司法机关通过被告人鲜某的上述行为，认定其存在诱导投资者交易的意图，有不正当的信息披露行为。为防止证券市场存在的通过变更企业名称误导投资者作出投资决策，实现其操纵证券市场之目的，上海、深圳两地的证券交易所制定出台了相应的规定进行规制。如深交所于2016年制定出台《变更公司名称备忘录》，规定上市公司应根据实际经营业务情况审慎对公司名称进行变更，不得利用变更名称影响公司股价、误导投资者。要求上市公司充分披露名称变更的原因及合理性、变更后公司名称与公司主营业务的匹配性。对上市公司以业务转型为由变更公司名称，但业务转型事项尚未正式开展、变更后的名称与公司主营业务不相关、存在迎合市场热点炒作股价情形的，深交所将视情况采取发函问询、要求公司向市场说明相关情况、要求公司自查是否存在内幕知情人交易并对其中异常交易行为进行分析调查、要求公司对不合规的证券简称予以纠正等监管措施。

上交所于2016年10月10日发布《上市公司变更证券简称业务指引》，对上市公司变更证券简称业务进行了规范。该指引第7条第2款规定："上市公司开展新业务已取得营业收入，但相关营业收入占公司最近一个会计年度经审计营业收入的比例低于30%的，原则上不得将该业务及其行业相关名称用作证券简称……"第8条规定："上市公司变更证券简称，应当经董事会审议通过。同时变更公司全称的，还应当按规定将变更全称事项提请股东大会审议。"

2. 联合、连续交易型操纵证券市场中"利用信息优势"的判断应重点关注"利用"手段

> 核心要点：联合、连续交易型操纵证券市场罪中，认定是否利用了信息优势，不应以信息是否属于重大信息为核心点，而应当重点审查判断是否进行了信息的不当利用，并达到预期的"价量操纵"。

相关案例：徐某操纵证券市场案①

- **案情介绍：**

2009～2015年，徐某成立上海泽某投资管理有限公司和上海泽某资产管

① 山东省青岛市中级人民法院（2016）鲁02刑初148号。

理中心等有限责任公司及合伙企业，由徐某实际控制，设立“泽某 1 期”至“泽某 12 期”、“泽煦”、“瑞金 1 号”（以下简称泽某产品）等信托计划及合伙企业型私募基金进行证券投资。同时，徐某又控制了大量亲友和泽某公司员工及以员工亲友名义开设的证券账户，注入自有资金进行早期交易或者要求他人按期指令进行早期交易。徐某实际控制 139 个证券账户，涉及 76 个自然人和 1 个合伙企业。在此期间，徐某单独或伙同他人，先后与 13 家上市公司董事长或者实际控制人合谋操纵上述公司股票交易，赚取巨额非法利益。

在 11 起上市公司股票交易操纵案中，徐某等人约定由上市公司董事长或实际控制人控制上市公司择机发布“高送转”“业绩预增”等利好消息，引入“乙型肝炎治疗性疫苗”“石墨烯”“手机游戏”“在线教育”“机器人”“PPP”“上市公司 + PE”“泽某产品举牌”等热点题材。徐某基于上述信息优势，使用泽某产品及其控制的证券账户，在二级市场进行上述公司股票的连续买卖，拉升股价。上市公司股票价格拉升后，徐某用泽某产品及其控制的证券账户以大宗交易的方式接盘上述公司股东减持的股票，并随后在二级市场全部抛售，在抛售过程中伴有大量竞价买卖行为。上述公司股东将大宗交易减持股票超过约定底价的部分，按照约定的比例与徐某等人分成，汇入徐某等人指定的账户。徐某等人收到分成款项后，销毁双方签署的协议。

在两起上市公司股票交易的操纵中，徐某动用泽某产品或以他人名义与上市公司实际控制人（以他人名义）共同认购非公开发行股票后，上市公司实际控制人负责控制上市公司择机发布“高送转”等利好消息，引入“影视文化”“互联网金融”等热点题材。徐某基于信息优势，使用泽某产品及其控制的证券账户在二级市场进行上述公司股票的连续买卖，拉升股价，将定向增发股票抛售获利或实现股票增值。

徐某共通过上述行为实际非法获利 93.38 亿元，持有东方金钰定向增发股票 1.44 亿股（截至 2015 年 8 月 18 日）。其中徐某等人在二级市场竞价交易及大宗交易接盘后在二级市场抛售获利 49.78 亿元；徐某单独获取大宗交易减持分成款 21.24 亿元；徐某等人共同获取大宗交易减持分成款 15.91 亿元，王某在二级市场竞价交易获利 6.45 亿元。[①]

➢ **法院裁判：**

青岛市中级人民法院以操纵证券市场罪对徐某判处有期徒刑 5 年 6 个月，罚金 110 亿元。

辩点分析及案例释解

从裁判文书公布的内容看，徐某等人具体的作案手段主要是通过其控制的上市公司引入一系列热点题材，适时对外公布一系列利好消息，进而引起投资者对涉案公司股票价值的利好预期。而后徐某等人再利用自己旗下控制的基金产品，在证券市场上接盘上述公司股东减持的股份，同时利用自己的信息优势，在二级市场上连续买卖上述公司股票，拉升股价。在涉案上市公司股价处于高位时，徐某等人再通过减持上述公司股票的方式，赚取非法利益。因此，徐某案实际是以信息型操纵手段为主、以交易型操纵手段为辅的复合手法操纵案件。法院最终认定，徐某与他人合谋控制上市公司，择机发布"高送转""业绩预增"等利好消息，影响证券交易价量，为"利用信息优势"，属于《刑法》第 182 条第 1 款第 1 项规定的"单独或者合谋，利用信息优势联合或者连续买卖的"情形，构成操纵证券市场罪。

在信息型操纵的案件中，相关交易行为是不是建立在"利用信息优势"基础上的认定是司法裁判的关键点。关于"信息优势"，中国证监会印发的《证券市场操纵行为认定指引（试行）》第 19 条将其界定为："行为人相对于市场上一般投资者对标的证券及其相关事项的重大信息具有获取或者了解更易、更早、更准确、更完整的优势。"将"重大信息"界定为"能够对具有一般证券市场知识的理性投资者的投资决策产生影响的事实或评价"。该指引已经于 2020 年 10 月 30 日被《中国证券监督管理委员会关于修改、废止部分证券期货制度文件的决定》废止。

笔者认为，认定是否利用了信息优势，不应以信息是否属于重大信息为核心点，而应当重点审查判断是否进行了信息的不当利用，并达到预期的

---

① 由于徐某操纵证券市场刑事案件的判决书并未公开，笔者通过查阅中国证券投资基金业协会官网公布的对徐某等人及有关单位作出的纪律处分决定书（中基协处分〔2017〕2 号）。

“价量操纵”，包括为了实现操纵意图主动制造、拆分、加工、发布、传播各类重大信息，对信息的产生、发布进行整体把控，并进行相应的交易行为。主要表现在如下几个方面。

（一）制作、发布信息内容的刻意性

在证券市场中，我国众多投资者往往风险意识较弱，交易频繁且投机性强，交易行为不够理性。热门题材股票尤其是一些概念股往往容易受到广大投资者的大力追捧。当然也不乏上市公司通过业务转型、资产重组等方式拓展新的发展空间，挖掘更大的发展潜力。实践中有大量行为人意图通过非法利用信息优势甚至主动制造一些热门题材，夸大相关业务给公司带来的影响，通过披露不真实、不准确的信息误导投资者，以拉升股价，进而谋取不法利益。

本案中，徐某通过泽某产品和控制的账户买入明牌珠宝建仓后，明牌珠宝于2014年8月2日发布《签署发展珠宝职业在线教育合作框架协议的公告》。而后上市公司明牌珠宝的多名高管证实，签订在线教育框架协议后，该热点题材的合作项目并无实质进展，证明该利好信息具有虚假性或误导性。①

（二）控制信息发布与交易时点

行为人除集中发布利好信息外，为了配合股票市场操纵的需要，往往会控制发布利好信息的时机或者分散发布利好信息。本案中，徐某与上市公司共谋，控制上市公司发布信息和交易股票的时机，如文峰股份较往年提前一个月发布具有“高送转”等利好的年报。2014年12月20日徐某以其母亲郑某贞的名义购买文峰股份14.88%的股份。此后，徐某催促文峰股份在春节前后（2015年2月28日）的年报中发布高送转和利润分配的利好信息，拉抬股价。文峰股份此前数年的年报发布时间均为3月底4月初，信息发布未遵循规律，而是根据徐某的安排做出，证明行为人故意控制利好发布时点，“利用信息优势”操纵证券市场。

类似还有鑫科材料，自从泽某参与其定向增发后，其先后宣布进军多个

---

① 夏中宝：《徐某操纵市场案中的法律与证据问题探微》，载《证券法苑》2017年第20卷。

与公司主营金属制造业务并无关系的热门领域，如收购曾投资制作电视剧《雪豹》《黑狐》等战争题材电视剧的影视制作公司西安梦舟，上述操作使其在资本市场获利不菲。

（三）辅之以其他交易型手段操纵证券市场

实践中，行为人在试图通过信息优势手段操纵证券市场的同时，往往在信息发布日前后以连续交易、洗售交易、虚假申报等交易型操纵手段辅助诱导投资者，影响股价。例如，在鲜某操纵证券市场案中，就在发布误导信息后辅之以虚假申报操纵的手法。

徐某案采用了以信息型操纵手段为主、以交易型操纵手段为辅的复合手法操纵案件。徐某在控制上市公司发布高送转和热点题材的利好信息之后，徐某安排其控制的多个账户在利好信息发布日前后较短期间内进行“高于市场卖价、高于市场卖量”的连续交易行为，目的是制造价量异动来进一步诱使不明真相的市场投资者在此后一段时间内更加非理性地跟风大量交易，最终导致标的股票价量飙涨徐某等人趁标的股票价格飙涨，反向卖出获利。这也是为何在标的股票价格飙涨的后期主要时段内，徐某控制的账户可能并不存在持续大量买入拉抬行为甚至主要是卖出行为的原因所在。

操纵证券市场案例中，市场参与者通过市场信息进行投资决策和市场活动，而信息操纵者则是在金融商品发行与交易市场中通过信息的披露、传播、散布等，创造不对称信息，故意诱导投资者，操纵正常的市场价格形成机制，牟取不法利益。

此外，本案凸显了我国普通股民热衷于追逐存在不确定性、不值得合理信赖的信息，并对之过度解读并过度跟风。如公司进军新领域本身不等于有望成功，不应自动构成利好信息；又如，尽管众所周知，合作意向的框架协议，签署和解除均具有较大的随意性，但很多追逐热点的投资者仍然选择性地漠视这一点。①

---

① 参见缪因知：《利用信息优势操纵市场之执法案例解析》，载《金融法苑》2020年第1期。

3. 如何对交易账户实际控制主体进行审查

核心要点：在操纵证券市场案件中，交易账户的实际控制人一般难以确认，行为人往往控制了多个交易证券账户以操纵证券市场，给司法机关增加了办案难度，也给了辩护律师一定的辩护空间。

相关案例：唐某甲等操纵证券期货市场罪案①

➢ **案情介绍：**

其一，2012年5月7～23日，被告人唐某甲伙同唐某乙、唐某丙等人，使用自己及控制的他人账户，买入或卖出“华资实业”股票，账面盈利人民币4,257,728元（以下币种均为人民币）。其间，5月9日唐某乙申报买入16,666,600股，撤回申报14,743,594股，撤回申报量占当日该种证券总申报量的57.02%，撤回申报金额9000余万元；5月10日唐某甲伙同唐某乙、唐某丙，申报买入71,903,800股，撤回申报54,392,952股，撤回申报量占当日该种证券总申报量的55.62%，撤回申报金额3.5亿元；5月14日唐某甲伙同唐某乙、唐某丙，申报买入47,054,000股，撤回申报39,708,802股，撤回申报量占当日该种证券总申报量的61.10%，撤回申报金额2.5亿余元。在此期间，唐某甲、唐某乙控制账户组通过实施与虚假申报相反的交易行为，违法所得金额425.77万余元。

其二，2012年4月24日至5月7日，被告人唐某甲伙同唐某乙、唐某丙采用上述手法，买入或卖出“京投银泰”股票，账面盈利13,691,473元。其间，5月3日唐某甲伙同唐某丙，申报买入77,649,000股，撤回申报61,529,833股，撤回申报量占当日该种证券总申报量的56.29%，撤回申报金额4亿余元；5月4日唐某甲伙同唐某丙申报买入94,439,400股，撤回申报67,644,786股，撤回申报量占当日该种证券总申报量的52.47%、撤回申报金额4.5亿余元。

① 上海市第一中级人民法院（2019）沪01刑初19号。

其三，2012 年 6 月 5 日至 2013 年 1 月 8 日，唐某甲控制账户组所涉“银基发展”股票交易中存在虚假申报撤单等行为。其间，2012 年 8 月 24 日唐某甲申报卖出 29,775,537 股，撤回申报 29,775,537 股，撤回申报量占当日该种证券总申报量的 52.33%，撤回申报金额 1.1 亿余元。被告人唐某甲伙同唐某丙采用上述手法，买入“银基发展”股票，获利 7,862,920 元。

关联时间内，三名被告人控制账户组通过实施与虚假申报相反的交易行为，违法所得共计 2500 余万元。

➢ **法院裁判：**

2018 年 6 月 12 日、19 日、26 日，被告人唐某甲、唐某乙、唐某丙分别向公安机关投案并如实供述了自己的罪行。上海市第一中级人民法院于 2020 年 3 月作出一审判决，以操纵证券市场罪分别判处被告人唐某甲有期徒刑 3 年 6 个月、被告人唐某乙有期徒刑 1 年 8 个月、被告人唐某丙有期徒刑 1 年缓刑 1 年。上述判决已生效并交付执行。

辩点分析及案例释解

证券的买卖申报反映了标的证券在市场中的交易需求。在正常情况下，买入申报多、价格高，说明需求旺盛，股价有上涨可能；而卖出申报多、价格低，说明需求萎靡，股价有下跌可能。以虚假申报手段操纵证券市场犯罪案件中，行为人通常会在提前建仓后，大量或者频繁买入并虚假申报，营造供不应求的假象，诱导其他投资者跟风买入，从而抬高股价，而自己反向高价卖出，牟取非法利益。

根据本案判决书记载的内容，2012 年 5 月至 2013 年 1 月，被告人唐某甲伙同唐某乙、唐某丙，控制“杨某 1”“申某”“王某 3”等 30 余个证券账户，采取当日连续申报买入或卖出并在成交前撤回申报等手法，影响“华资实业”“京投银泰”“银基发展”等证券的交易价格和交易量，并在多个交易日内撤回申报量均达到当日该股票总申报量的 50% 以上，且撤回。客观层面而言，达到了 2019 年“两高”《关于办理操纵证券、期货市场刑事案件适用法律若干问题的解释》第 2 条第 1 款第 6 项之情节严重的规定“（六）实施本解释第一条第五项操纵证券、期货市场行为，当日累计撤回申报量达到同期该证券、期货合约总申报量百分之五十以上，且证券撤回申报额在一千万元以上、撤回申报的期货合约占用保证金数额在五百万元以上的”，但如何建立操纵行为与实际控制人之间的联系，影响到对犯罪主体的认定，是司法实践中的关键审查点。实践中，大多数证券类违法犯罪的行为人会使用多个通过他人信息开设的证券账户进行操作。其主要目的为规避证监会和司法机关的调查，同时使用他人账户交易，将使违规操作更具隐蔽性，使整个交易操纵行为更为便捷，以达到操纵股价的目的。本案中，唐某甲实际控制了“杨某1”“王某3”“朱某”“赵某”等多名人员的证券账户操纵证券市场，给司法机关增加了办案难度。

根据上海市第一中级人民法院公布的刑事判决书及证监会行政处罚决定书①披露的情况，司法机关主要通过公安收集的账户所有人的证言、资金托管账户的资金流向以及下单操作证券账户的IP地址和MAC地址将本案涉案账户与行为人唐某甲等人联系起来，认定本案犯罪的主体即为唐某甲等人。

第一，司法鉴定意见显示，控制期间内，账户组下单所使用的电脑、下单地址、下单硬盘序列号高度重合，在同一时段频繁共用相同地址下单，银证转账地址高度重合，交易股票品种类似。证明在上述期间内，涉案的多个不同的个人账户的实际操作者为同一人。

第二，涉案证券账户交易使用的IP、MAC地址情况证明，被告人唐某甲本人证券账户与账户组其他账户存在下单地址重合和交替下单情形。此外，唐某甲及同案被告人唐某乙的出行记录显示，账户组在亚洲大酒店下单时点与唐某甲及唐某乙的入住记录完全匹配。证明涉案的证券账户委托、下单MAC、IP地址归属地与被告人的行动轨迹相吻合，证明上述证券账户内的交易行为系被告人控制操作。

第三，司法会计鉴定书显示，多数涉案账户资金直接来源于唐某甲账户，部分涉案资金的用途及归属指向唐某甲，部分涉案银行账户预留联系方式为唐某甲的手机，部分涉案银行账户网银划转地址与唐某甲的账户重合。上述特征将账户交易的获益者直接指向唐某甲，将操纵行为与唐某甲实际联系

① 参见证监会〔2015〕34号行政处罚决定书。

起来。

第四，公诉机关提交的证券账户开户人袁某1、袁某2、余某、胡某等人的证言证明，他们名下的证券账户、资金账户开设后并未用于本人使用，而是交给唐某甲、唐某乙使用的事实。与上述间接证据相印证，证明上述账户组的实际使用人为唐某甲等人。

证券市场的虚假申报行为人通过人为操控该指标，误导他人作出错误判断，利用投资人追涨杀跌的心理，从而攫取不正当利益。这一行为不仅损害了广大股民的利益，而且是对证券市场公开、公平、公正基本原则的破坏。[①]最终将破坏市场赖以生存的信用体系，影响我国证券市场的健康发展。

4. 操纵证券、期货市场罪与内幕交易罪的区分

核心要点：内幕交易与操纵证券市场行为在行为从表象上看有类似之处，都是利用某类信息优势在证券市场进行交易，这两种行为的获利方式均源于信息发布后证券的供求变化与价格变化，都具有一定的市场欺诈性。但二者从主体类型、行为本质、信息范围等方面存在较大区别。

相关案例：朱某某、杨某某、李某某、窦某某“利用信息优势连续买卖”案

➢ **案情介绍：**

经被告人窦某某介绍，被告人朱某某与被告人杨某某结识并合谋拉抬宏达新材股票（股票代码002211）价格后高位减持获利分成，且杨某某承诺将获利的10%分给窦某某。

自2014年5月29日起，被告人朱某某分3次通过大宗交易将共计4788万股宏达新材股票减持至被告人杨某某控制的户名为“石某”“张某2”等9个证券账户，并将股票减持款的30%作为保证金转至上海B有限公司（以下简称上海B公司）账户，江苏宏达新材料股份有限公司陆续发布投资利好公告信息并泄露给杨某某。杨某某则利用获悉的江苏宏达新材料股份有限公司

① 参见陈兴良：《刑法哲学》，中国政法大学出版社2009年版，第80页。

收购进程、重组规划、发展战略等信息的优势，在二级市场上以连续买卖、自买自卖等方式拉抬宏达新材股票价格。

至同年12月10日，宏达新材股票累计成交量10.6亿余股，平均单日成交量涨幅62.73%。高于同期中小板指11.53%，扣除大宗交易杨某某控制的49个账户的交易量占该股市场交易总量的平均比例为19%；同期该股股价由5.15元（人民币，币种下同）上涨至8.93元，涨幅73.40%，高于同期中小板指50.40%。同期杨某某控制的49个账户交易宏达新材股票浮盈111,609,018.07元（未扣除相关税费）。宏达新材股票于同月11日因重大资产重组停牌，2015年9月1日复牌。3名被告人均因股价下跌未实际获利。

2014年八九月，朱某某为使杨某某获得更多持股优势，将相关公司城市之光流动资金不足、净利润可能达不到已公告的业绩信息泄露给上海金力方股权投资合伙企业（以下简称金力方企业）执行事务代表被告人李某某，并建议李某某将金力方企业持有的宏达新材股票卖出减持至杨某某实际控制的证券账户以避损。同年9月23日，李某某根据朱某某的安排，将金力方企业持有的600万股宏达新材股票通过大宗交易减持给杨某某，累计交易金额4800余万元。江苏宏达新材料股份有限公司于同年11月17日公告了相关公司城市之光流动资金不足、下调预期投资利润的信息，并于次日停牌。同月20日复牌当日股价高于减持价格，相关企业实际亏损12,042,790.00元。

➢ **法院裁判：**

上海市人民检察院第一分院以被告人朱某某、李某某犯内幕交易罪，被告人杨某某、窦某某犯操纵证券市场罪，向人民法院提起公诉。

法院判决，被告人朱某某作为江苏宏达新材料股份有限公司的实际控制人，与被告人杨某某、窦某某合谋，利用信息优势，操纵该公司股票价格及交易量；朱某某还为形成持股优势，将相关内幕信息泄露给被告人李某某，并明示李某某卖出避损，故朱某某、杨某某、窦某某的行为均构成操纵证券市场罪，情节特别严重，且系共同犯罪。李某某的行为构成内幕交易罪，情节特别严重。最终判决被告人朱某某犯操纵证券市场罪，判处有期徒刑3年，缓刑4年，并处罚金人民币400万元。被告人杨某某犯操纵证券市场罪，判处有期徒刑2年6个月，缓刑3年，并处罚金人民币300万元。被告人李某某犯内幕交易罪，判处有期徒刑1年6个月，缓刑2年，并处罚金人民币5万元。被告人窦某某犯操纵证券市场罪，判处有期徒刑1年6个月，缓刑2年，并处罚金人民币200万元。

辩点分析及案例释解

公诉机关上海市人民检察院以内幕交易罪对朱某某提起公诉，法院经审理，最终认定朱某某构成操纵证券市场罪。

内幕交易行为，是指内幕交易的知情者和以不法手段得知内幕的信息者，于有关证券交易或影响证券价格的信息公开前，购买或出售该证券、泄露该信息或向他人推荐该证券以取得利益减少损失的行为。《刑法》第180条将内幕交易罪界定为"证券、期货交易内幕信息的知情人员或者非法获取证券、期货交易内幕信息的人员，在涉及证券的发行，证券、期货交易或者其他对证券、期货交易价格有重大影响的信息尚未公开前，买入或者卖出该证券，或者从事与该内幕信息有关的期货交易，或者泄露该信息，或者明示、暗示他人从事上述交易活动，情节严重的"。《证券法》第53条规定："证券交易内幕信息的知情人和非法获取内幕信息的人，在内幕信息公开前，不得买卖该公司的证券，或者泄露该信息，或者建议他人买卖该证券。"

内幕交易与操纵证券市场行为在行为表象上看有类似之处，都是利用某类信息优势在证券市场进行交易，这两种行为的获利方式均源于信息发布后证券的供求变化与价格变化，都具有一定的市场欺诈性。但二者从主体类型、行为本质、信息范围等方面存在较大区别。具体如下：

第一，二者的主体范围不同。我国《刑法》将内幕交易行为的主体范围限定为内幕交易的知情者和以不法手段得知内幕信息者。而操纵证券市场罪的主体为一般主体，即任何证券市场的参与者。根据《证券法》第51条之规定，证券交易内幕信息的知情人包括：发行人及董事、监事、高管；发行人控股、实际控制的公司及董事、监事、高管；持有公司5%以上股份的股东及其董事、监事、高管，公司实际控制人；因其职务或者因与公司业务往来可以获取公司有关内幕信息的人员；上市公司收购人或者重大资产交易方及其控股股东、实际控制人、董事、监事和高级管理人员；证交所、证券公司、证券登记结算机构、证券服务机构等证券机构从业人员；因职务、工作可以获取内幕信息的证券监督管理机构工作人员；因法定职责可以获取内幕信息的有关主管部门、监管机构的工作人员；其他人员。“两高”《关于办理内幕交易、泄露内幕信息刑事案件具体应用法律若干问题的解释》（法释〔2012〕6号）第2条规定了3种“非法获取证券交易内幕信息的人员”：“（一）利用窃取、骗取、套取、窃听、利诱、刺探或者私下交易等手段获取内幕信息的；（二）内幕信息知情人员的近亲属或者其他与内幕信息知情人员关系密切的人员，在内幕信息敏感期内，从事或者明示、暗示他人从事，或者泄露内幕信息导致他人从事与该内幕信息有关的证券、期货交易，相关交易行为明显异常，且无正当理由或者正当信息来源的；（三）在内幕信息敏感期内，与内幕信息知情人员联络、接触，从事或者明示、暗示他人从事，或者泄露内幕信息导致他人从事与该内幕信息有关的证券、期货交易，相关交易行为明显异常，且无正当理由或者正当信息来源的。”以上是法律、司法解释关于内幕交易罪主体范围的列举式规定。概括而言，包括因职务、监管或职责而直接获取内幕信息的人，或者通过非法手段从知情人员处获取内幕信息的人员。而《刑法》和《证券法》并未对操纵证券市场的行为主体作任何限定性规定。但司法实践中，利用信息优势操纵证券市场的主体一般具备控制、操纵信息发布以获得信息优势的能力。如公司高管作为策划、实施公司重大事项的主体，有能力刻意制造出重大事项，引起市场的行情波动。同时，作为信息披露义务人，公司高管及关联人员还可以通过控制信息的内容、信息发布的时点或节奏，以满足其不同时间段交易获利的需求。

此外，司法实践中上市公司自身一般不构成内幕交易主体，内幕交易主体对内幕信息的形成和发布未必具有控制力。利用信息优势型操纵的行为人可以是上市公司自身，其对信息的形成和发布必然具有操纵和控制的能力，根据我国《刑法》的规定，该罪可以构成单位犯罪，认定上市公司承担操纵证券市场行为导致的刑事责任。

第二，行为人主观目的不同。内幕交易行为人利用内幕信息进行交易的主观目的为通过信息自身的“重大性”和“非公开性”获取利益。信息型市场操纵行为人则是企图通过控制信息的内容、时间节点影响其他投资者对市场行情的预测来取得自己的经济利益，即借助控制市价实现其目的。本案中，根据证监会对上海金力方股权投资合伙企业、朱某某、李某某的行政处罚决定书［中国证监会行政处罚决定书（上海金力方股权投资合伙企业、朱某某、李某某）〔2016〕33 号］内容，证监会认定朱某某 2014 年七八月因参与城市之光经营管理相关会议，知悉城市之光经营质量及存在困难的具体原因，知悉城市之光原股权价值评估所依据的业绩条件发生变化的原因，进而知悉城市之光原股权价值评估所依据的业绩条件发生变化，是内幕信息知情人。知悉内幕信息的时间不晚于 2014 年 8 月底。同时在确信城市之光业绩重大变化的情况后将相关信息告知上海金力方的李某某，建议上海金力方卖出“宏达新材”，并居中介绍上海金力方将所持的 600 万股“宏达新材”通过大宗交易出售，以避免损失。朱某某泄露内幕信息并明示他人从事相关交易、上海金力方利用内幕信息交易“宏达新材”的行为，违反了《证券法》（2014 年版）第 76 条的规定，构成《证券法》（2014 年版）第 202 条所述情形，属于内幕交易。法院经审理认为，朱某某系基于使杨某某获得更多持股优势的目的，才将城市之光公司流动资金不足、净利润可能达不到已公告的业绩信息泄露被告人李某某，并建议李某某将上海金力方企业持有的宏达新材股票卖出至杨某某实际控制的证券账户以避损。宏达新材股份公司公告了 A 公司流动资金不足、下调预期投资利润的信息后，并于次日停牌。同月 20 日复牌当日股价高于减持价格，上海金方力企业实际亏损 1200 余万元。法院认为朱某某系基于维持杨某某持股优势的目的，才将上述信息泄露给李某某，并协助李某某将股票减持给杨某某，属于其操纵证券市场行为中的一环，因而构成操纵证券市场罪。李某某作为非法获取内幕信息者，通过卖出其持有的宏达新材股票，其目的是通过减持躲避将来可能发生的股价下跌，避免损失，属于典型的内幕交易行为。

第三，行为本质不同。对于内幕交易行为而言，无论是内幕信息的知情者抑或是以不法手段得知内幕信息者，其主要行为模式为，行为人利用未公开的重大内幕消息，买入或卖出证券，以牟取非法利益或避免损失。“操纵证券市场”与单纯的知悉信息并交易的行为不同，其应包括为了达成操纵目的而主动制造或者择机发布重大信息的行为，实际上体现了操纵行为所具有的诱使他人跟风交易的欺诈性。

第四，信息内容不同。内幕信息和信息型操纵证券市场行为中的信息在特定情况下会有竞合，如均包括真实的重大信息。关于内幕信息，主要法律规定为《证券法》第75条（第52条）、第80条第2款。第75条规定：“证券交易活动中，涉及发行人的经营、财务或者对该发行人证券的市场价格有重大影响的尚未公开的信息，为内幕信息。本法第八十条第二款、第八十一条第二款所列重大事件属于内幕信息。”第80条第2款通过列举加兜底的形式将重大事件归纳为以下12类：“（一）公司的经营方针和经营范围的重大变化；（二）公司的重大投资行为，公司在一年内购买、出售重大资产超过公司资产总额百分之三十，或者公司营业用主要资产的抵押、质押、出售或者报废一次超过该资产的百分之三十；（三）公司订立重要合同、提供重大担保或者从事关联交易，可能对公司的资产、负债、权益和经营成果产生重要影响；（四）公司发生重大债务和未能清偿到期重大债务的违约情况；（五）公司发生重大亏损或者重大损失；（六）公司生产经营的外部条件发生的重大变化；（七）公司的董事、三分之一以上监事或者经理发生变动，董事长或者经理无法履行职责；（八）持有公司百分之五以上股份的股东或者实际控制人持有股份或者控制公司的情况发生较大变化，公司的实际控制人及其控制的其他企业从事与公司相同或者相似业务的情况发生较大变化；（九）公司分配股利、增资的计划，公司股权结构的重要变化，公司减资、合并、分立、解散及申请破产的决定，或者依法进入破产程序、被责令关闭；（十）涉及公司的重大诉讼、仲裁，股东大会、董事会决议被依法撤销或者宣告无效；（十一）公司涉嫌犯罪被依法立案调查，公司的控股股东、实际控制人、董事、监事、高级管理人员涉嫌犯罪被依法采取强制措施；（十二）国务院证券监督管理机构规定的其他事项。”根据规定，上述信息属于法定义务人必须披露的信息。本案中，证监会认为，收购城市之光作为宏达新材2014年重大投资行为及重要战略转型的关键举措，城市之光原股权价值评估所依据的业绩条件发生变化，是重大投资行为的进展情况，系《证券法》（2014 年版）第 67 条第 2 款第 2 项规定的内幕信息。而信息型市场操纵市场行为中的信息除包含必须需要披露的重大信息外，还包括不属于法定披露范围的非重大信息。

此外，内幕交易利用的信息一般具有真实性、重大性，而操纵证券市场所利用的信息除真实信息外，还包括不具有真实性的信息，多数为操纵行为人刻意制造的热点题材、概念等。

5. 对“以其他方法操纵期货市场行为”的认定应做实质性分析

核心要点：我国《刑法》第 182 条列举了 6 种交易型、信息型操纵期货市场行为。除此之外，司法实践中存在多种其他类型的操纵期货市场行为，最常见的有市场力量型、跨市场操作。

相关案例：张家港保税区伊世顿国际贸易有限公司、金某某等操纵期货市场案①

➢ **案情介绍：**

张家港保税区伊世顿国际贸易有限公司（以下简称伊世顿公司）以国内贸易公司名义于 2012 年 9 月注册成立，由乔治·扎亚、安某（均另案处理）实际控制，自成立起即从事期货、证券交易。2012 年年底，伊世顿公司通过时任 Z 公司技术总监的被告人金某某在该期货公司开设期货账户。被告人高某于 2014 年 1 月正式进入伊世顿公司担任执行董事，主要负责联系安某和扎亚、对期货账户进行日常管理、购买部分服务器等。被告人梁某某于 2014 年 5 月进入伊世顿公司担任业务拓展经理，主要负责收集交易政策和市场行情数据、购买服务器、维护服务器网络和程序等。

2013 年 6 月至 2015 年 2 月，伊世顿公司为逃避证券期货监管，通过被告人高某、金某某的介绍，以有偿租借方式，先后实际控制了户名为高某、严

① 最高人民法院发布 7 件人民法院依法惩处证券、期货犯罪典型案例之三：张家港保税区伊世顿国际贸易有限公司、金某某等操纵期货市场案。

某1、姚某等19人的期货账户，还通过高某开设了户名为富舜共赢10~16号的7个特殊法人的期货账户，由此实际控制了连同伊世顿公司自有期货账户在内的伊世顿账户组，进行中金所股指期货合约交易。2013年1月至2015年7月，伊世顿公司使用自有资金和从高某、金某某等人处拆借得的资金等，利用实际控制的期货账户，采用高频程序化交易方式从事股指期货交易。其间，伊世顿公司隐瞒实际控制伊世顿账户组、大量账户从事高频程序化交易等情况，规避××所对账户实际控制关系报备、股指期货交易的交易手数、撤单量和自成交量等限制的监管措施，从而取得不正当交易优势。

2013年年底至2015年4月，被告单位伊世顿公司伙同被告人金某某等人，自行研发、测试了RM交易系统，并进行了技术伪装，还铺设了专门用于股指期货交易的网络。其间，金某某指使下属员工配合伊世顿公司将自行购买的服务器存放于上海A有限公司（以下简称A公司）机房内和将RM交易系统下载、安装至上述服务器内并与伊世顿账户组相关联。至此，伊世顿公司因擅自使用RM交易系统，绕过Z公司资金和持仓验证，从而非法取得额外交易速度优势。

2015年6月1日至7月6日，被告单位伊世顿公司及其直接责任人员被告人高某、梁某某伙同被告人金某某，在已使用高频程序化交易的基础上，利用不正当的交易优势和额外交易速度优势大量操纵××所股指期货交易。经统计，伊世顿公司分别成交IC、IF主力合约100.47万手和276.97万手，合计377.44万手，共计非法获利3.893亿余元。

➢ **法院裁判：**

在上述期间内，被告人高某、梁某某、金某某除前述各自负责和参与的相关事项外，还帮助被告单位伊世顿公司向境外转移资金。此外，金某某在得知证监会调查伊世顿公司异常交易情况后即指使他人将服务器中的RM交易系统予以彻底删除。

法院认为，被告单位伊世顿公司违反《中国金融期货交易所交易细则》《中国金融期货交易所实际控制关系账户报备指引（试行）》关于股指期货交易实行实际控制关系账户报备、连接测试、程序化交易报备等监管措施的相关规定，隐瞒了实际控制账户和大量账户使用高频程序化交易等情况，规避了中金所对风险控制的监管，从而恶意取得不正当交易优势；伊世顿公司违反《期货交易管理条例》《期货公司监督管理办法》《中国金融期货交易所交易细则》关于中金所实行会员（期货公司）分级结算制度和基于该制度延伸出的保证金制度和持仓限额制度等基本制度，擅自使用未经检测的 RM 交易系统，绕过 Z 公司的资金和持仓验证，减少了其他合规投资者必须耗费的验证时间，降低了自身整体交易时间延迟，从而非法取得其他合规投资者无法取得的额外交易速度优势；伊世顿公司在本身已使用高频程序化交易的基础上，利用上述不正当交易优势和额外交易速度优势抢占交易先机，限制或排除其他合规投资者最优交易机会，其行为严重破坏了股指期货市场公平交易秩序和原则，符合操纵期货市场的行为特征。伊世顿公司的操纵行为系新型操纵行为，不仅破坏了股指期货市场的基本制度、基本原则和交易秩序，而且造成了严重的社会危害，与《刑法》第 182 条第 1 款前 3 项所规定的典型操纵情形在危害性上具有相当性。据此，伊世顿公司为谋取非法利益，操纵 ××所 IC、IF 主力合约，其行为构成操纵期货市场罪。伊世顿公司所犯操纵期货市场罪的操纵手法隐蔽，操纵时间长，非法获利数额特别巨大，操纵后果十分严重，属于情节特别严重。伊世顿公司能认罪、悔罪，依法可予酌情从轻处罚。法院以操纵期货市场罪分别对被告人高某、梁某某、金某某三人判处 2 年到 3 年有期徒刑。

辩点分析及案例释解

我国《刑法》第 182 条列举了 6 种交易型、信息型操纵期货市场行为。除此之外，司法实践中存在多种其他类型的操纵期货市场行为，如市场力量型、跨市场操作。市场力量型操作可以分为囤积和挤压轧空，它主要是指行为操纵人利用在期货市场的优势头寸或对可交割供应商品的支配性地位进行期货市场交易行为的操纵，严重影响期货市场的交易价格。囤积是指行为操纵者通过控制现货数量的方式，迫使空头接受任意设定的更高或更低的价格平仓来履行合约义务。挤压轧空是指在可交割供应严重不足的情况下，行为操纵者在期货市场持有大量的多头头寸，会借此价格抬高自己的行为。跨市场操作行为是指行为操纵者会利用股票、债券等现货市场和期货市场的关联性，通过在一方市场中的行为影响另一方的交易价格。一般分为两种情况；一种为操纵期货市场，影响现货市场的价格；另一种为操纵现货市场影响期货的交易价格。①

根据法院的判决内容，涉案被告单位和被告人的行为方式主要表现在以下几个方面：一是违反《期货交易管理条例》《期货公司监督管理办法》《中国金融期货交易所交易细则》《中国金融期货交易所实际控制关系账户报备指引（试行）》等行政法规和行业规范，隐瞒了实际控制账户和大量账户使用高频程序化交易等情况，规避中金所对风险控制的监管，恶意取得不正当交易优势；二是使用未经检测的 RM 交易系统，绕过 Z 公司的资金和持仓验证，非法取得其他合规投资者无法取得的额外交易速度优势。因此，其行为本质在于违法控制大量账户取得不正当交易优势以及非法获取额外的交易速度优势，从而限制或排除其他合规投资者最优交易机会，非法获取利益。法院经审理认为其行为破坏了股指期货市场公平交易秩序和原则，符合操纵期货市场的行为特征。

笔者认为，《刑法》第 182 条明确规定，操纵期货市场犯罪行为以影响期货交易价格或者期货交易量为构成要件。因此，认定行为人是否属于“以其他方法操纵期货市场”，应对其行为进行实质性判断，即判断行为人的行为是否影响了期货的交易价格或者交易量。

6. “蛊惑型”操纵证券、期货市场罪与编造并传播证券交易虚假信息罪的区分

核心要点：“蛊惑型”操纵证券、期货市场罪与编造并传播证券交易虚假信息罪的行为手段不同，前者要求行为人利用虚假消息进行关联交易，非法获取证券价格波动带来的利润，来谋取利益。而编造并传播证券交易虚假信息罪则不要求行为人进行关联交易来获取利益。

① 耿刚德：《期货市场操纵行为的类型及认定标准研究》，载《学术论坛》2019 年第 11 期。

相关案例：滕某雄、林某山编造并传播证券交易虚假信息案①

> **案情介绍：**

公安机关指控：2015 年 5 月 8 日，深圳证券交易所中小板上市公司海某股份有限公司（以下简称海某公司）的董事长滕某雄未经过股东大会授权，明知未经股东大会同意无法履行协议条款，仍代表海某公司签订了以自有资金 2.25 亿元认购某银行定增股的认购协议，同时授意时任董事会秘书林某山发布公告。次日，林某山在明知该协议不可能履行的情况下，仍按照滕某雄的指示发布该虚假消息。随后，在原定股东大会召开之日（5 月 26 日）前三日，又发布“中止投资某银行”的公告。

2015 年 5 月 11 ~ 22 日，即认购公告发布后的首个交易日至放弃认购公告发布前的最后一个交易日，海某公司股价（收盘价）由 18.91 元上涨至 30.52 元，盘中最高价 32.05 元。按收盘价计算，上涨幅度 61.40%，同期深综指上涨幅度 20.68%，正偏离 40.71%。从成交量看，上述认购公告发布前 10 个交易日海某公司二级市场累计成交 4020 万余股，日均成交 402 万余股；认购公告发布后的首个交易日至放弃认购公告发布前的最后一个交易日的 10 个交易日中，海某公司二级市场累计成交 8220 万余股，日均成交量 822 万余股；放弃公告发布后 10 个交易日海某公司二级市场累计成交 6221 万余股，日均成交 622 万余股。虚假信息的传播，导致海某公司的股票价格异常波动，交易量异常放大，严重扰乱了证券市场秩序。

检察机关上海市人民检察院第二分院经审查，认定该行为不属于操纵证券市场行为，于 2018 年 3 月 14 日以编造并传播证券交易虚假信息罪将上述人员向法院提起公诉。

> **法院裁判：**

2018 年 6 月 29 日，上海市第二中级人民法院作出一审判决，以编造并传播证券交易虚假信息罪判处被告人滕某雄有期徒刑 3 年，缓刑 4 年，并处

---

① 最高人民检察院联合中国证券监督管理委员会发布 12 起证券违法犯罪典型案例之六：滕某雄、林某山编造并传播证券交易虚假信息案。

罚金人民币 10 万元；判处被告人林某山有期徒刑 1 年 6 个月，缓刑 2 年，并处罚金人民币 10 万元。被告人未上诉，判决已生效。

辩点分析及案例释解

信息披露制度是维护证券市场秩序、保护投资人利益的制度保障。信息披露义务人以及其他具有市场影响力的人员发布的信息，是证券市场投资者作出投资决策的重要依据，一旦出现虚假信息，往往造成证券交易价格的剧烈波动，产生恶劣影响。刑法规定的多个证券期货犯罪罪名与证券交易信息有关，但具体构成要件有所不同。证券法禁止任何单位和个人编造、传播虚假信息或者误导性信息，并对各类利用虚假信息行为设置了不同的法律责任。

在刑罚规制层面，我国《刑法》对编造、传播虚假信息，影响证券交易，扰乱证券交易市场的行为主要规定了操纵证券市场罪和编造并传播证券交易虚假信息罪两个罪名。二者在客观行为方面存在一定的相似性。具体表现在编造并传播证券交易虚假信息和利用虚假信息操纵证券市场（又称蛊惑交易操纵）客观上均实施了编造、传播等利用虚假信息的违法行为，且足以造成证券价格的异常波动。本案中，深圳证券交易所中小板上市公司海某公司的董事长滕某雄未经股东大会决议，私自签订认购协议，同时授意时任董事会秘书林某山发布公告。因此，客观上实施了编造、传播等行为。

两罪在构成要件方面存在较大区别。司法实践中，要从以下几个方面严格区分编造传播虚假信息和利用虚假信息操纵证券市场行为的法律边界，确保法律的准确适用。

一、行为手段不同

1. 构成“蛊惑型”操纵证券市场犯罪要求行为人利用虚假消息进行关联交易，非法获取证券价格波动带来的利润，以谋取利益。而编造并传播证券交易虚假信息罪不要求行为人进行关联交易来获取利益。

虽然《刑法》第 182 条第 1 款并未将关联交易作为纵证券市场罪的构成要件。但第 182 条第 1 款第 5 项规定“蛊惑型”操纵证券市场的行为方式为“利用虚假或者不确定的重大信息，诱导投资者进行证券、期货交易的”，此处的“诱导投资者进行证券、期货交易”需要通过行为人的具体行为方式进行审查判断。在二级市场上的交易配合进行操纵，恰好反映了诱导投资者进行证券交易的主观故意。操纵证券市场犯罪案件中，在二级市场进行关联交易，一方面可以最大限度地制造和推动市场活跃现象，吸引更多投资者跟风交易，实现利益的最大化；另一方面，利用证券价格波动进行关联交易，能谋取非法利益。若仅实施编造、传播虚假证券交易信息，不能以此判断行为人具有诱导投资者进行证券交易的目的。

此外，2019 年“两高”制定出台的《关于办理操纵证券、期货市场刑事案件适用法律若干问题的解释》第 1 条第 1 款第 1 项规定：“利用虚假或者不确定的重大信息，诱导投资者作出投资决策，影响证券、期货交易价格或者证券、期货交易量，并进行相关交易或者谋取相关利益的。”根据该司法解释的规定，在认定蛊惑型操纵证券市场犯罪时，要将“进行相关交易或谋取相关利益”作为审查内容之一。

本案中，公安机关以操纵证券市场罪移送上海市人民检察院第二分院审查起诉。上海市人民检察院第二分院在审查认为，在案证据不能证明滕某雄、林某山在发布信息的同时在二级市场进行关联交易，从中谋取相关利益，认定滕某雄、林某山操纵证券市场的证据不足，遂退回公安机关补充侦查。公安机关补充侦查后，检察机关仍然认为在案证据不能证明二被告人构成操纵证券市场罪，但是足以认定二被告人不以实际履行为目的控制海某公司发布虚假公告，且该发布虚假公告的行为造成了股票价格和成交量剧烈波动的严重后果，构成编造并传播证券交易虚假信息罪。2018 年 3 月 14 日，上海市人民检察院第二分院以滕某雄、林某山涉嫌编造并传播证券交易虚假信息罪提起公诉。最终法院以编造并传播证券交易虚假信息罪追究被告人滕某雄的刑事责任。

从以上本案的诉讼过程分析，检察机关审查判断该案的关键为是否有证据证明行为人在二级市场进行关联交易，从中谋取利益。由于经补充侦查，仍不能证明行为人实施了关联交易，因此认定不构成操纵证券市场罪。对于不能证明行为人有操纵证券市场故意及从中谋取相关利益，但其编造并传播证券交易虚假信息行为扰乱证券市场秩序，造成严重后果的，可以以编造并传播证券交易虚假信息罪追究刑事责任，做到不枉不纵。

2. 编造并传播证券交易虚假信息罪要求行为人同时实施编造和传播两个行为，而操纵证券市场罪无此要求。

2019 年新修订的《证券法》第 56 条第 1 款、第 3 款规定："禁止任何单位和个人编造、传播虚假信息或者误导性信息，扰乱证券市场……编造、传播虚假信息或者误导性信息，扰乱证券市场，给投资者造成损失的，应当依法承担赔偿责任。"在第 193 条的责任条款中，也在"编造"与"传播"之间使用了顿号，这在修订前的《证券法》第 78 条中也是如此，意味着在《证券法》体系中，编造和传播两个行为之间是选择性要件。从《刑法》第 181 条第 1 款关于该罪成立术语中的"并"字看，表明行为人对证券交易虚假信息，需要同时实施"编造"和"传播"的行为，才能符合该罪成立的客观要件。如果仅实施了编造或传播行为之一，未在二级市场进行关联交易谋取利益，则不宜认定为犯罪。

二、刑事处罚轻重程度不同

操纵证券市场犯罪的刑事量刑共分两档，分别是"情节严重的，处五年以下有期徒刑或者拘役，并处或者单处罚金；情节特别严重的，处五年以上十年以下有期徒刑，并处罚金"。编造并传播证券交易虚假信息罪的量刑有一档，即"造成严重后果的，处五年以下有期徒刑或者拘役，并处或者单处一万元以上十万元以下罚金"。可见，就主刑而言，操纵证券市场罪的刑罚最高可达 10 年有期徒刑。

从全球打击经济犯罪的共识来看，剥夺行为人犯罪的利益驱动力，提高其违法犯罪成本，包括经济成本和资格成本，是刑事治理的重要手段之一。在刑事立法中，提高证券犯罪人的经济成本主要表现在罚金刑上。我国刑法中，罚金刑的设置有倍比罚金制与无限额罚金制之分。《刑法》对规定的附加刑——罚金刑，规定了两种处罚方式。其中，对操纵证券市场犯罪规定了无限额罚金，编造并传播证券交易虚假信息罪的罚金类型则为倍比罚金制。这意味着对操纵证券市场罪的行为人，法官可以突破封顶罚金数额，根据案情确定罚金额，对情节严重、影响恶劣的被告人，甚至可以罚得其倾家荡产，以便彻底遏制犯罪人的经济驱动力。但对编造并传播证券交易虚假信息罪的行为人，最多只能处 10 万元的罚金。

7. 正常高频交易策略与操纵证券市场的区分

核心要点：合法高频交易技术与操纵证券、期货市场行为的界限在于行为人是否以成交为目的：操纵证券、期货市场不以成交为目的。

相关案例：张家港保税区伊世顿国际贸易有限公司、金某某等操纵期货市场案①

> **案情介绍：**

被告单位伊世顿公司于2012年9月成立，后通过被告人金某献在华鑫期货有限公司（以下简称华鑫期货公司）开设期货账户。2013年6月至2015年7月，伊世顿公司为逃避证券期货监管，通过被告人高某、金某献介绍，以租借或者收购方式，实际控制了19名自然人和7个法人期货账户，与伊世顿公司自有账户组成账户组，采用高频程序化交易方式从事股指期货合约交易。其间，伊世顿公司隐瞒实际控制伊世顿账户组、大量账户从事高频程序化交易等情况，规避中金所的监管措施，从而取得不正当交易优势；还伙同金某献等人，将自行研发的报单交易系统非法接入中金所交易系统，直接进行交易，从而非法取得额外交易速度优势。2015年6月1日至7月6日，伊世顿公司及高某、梁某中伙同金某献，利用以逃避期货公司资金和持仓验证等非法手段获取的交易速度优势，大量交易中证500股指期货主力合约、沪深300股指期货主力合约合计377.44万手，非法获利人民币3.893亿余元。此外，被告人金某献还利用职务便利侵占华鑫期货公司资金1348万余元。

> **法院裁判：**

法院认为，被告单位伊世顿公司、被告人金某献、高某、梁某中的行为均构成操纵期货市场罪，且情节特别严重。

本案是新型操纵期货市场犯罪的典型案例，法律、司法解释对本案中操纵方法没有明确规定。本案中，被告单位伊世顿公司、被告人金某献等人违

① 最高人民法院发布7件人民法院依法惩处证券、期货犯罪典型案例之三：张家港保税区伊世顿国际贸易有限公司、金某某等操纵期货市场案。

反有关规定，隐瞒实际控制伊世顿公司账户组、大量账户从事高频程序化交易等情况，规避中金所对风险控制的监管措施，将自行研发的报单交易系统非法接入中金所交易系统，利用以逃避期货公司资金和持仓验证等非法手段获取的交易速度优势，大量操纵股指期货交易，影响期货交易价格或者期货交易量，其行为符合操纵期货市场罪的构成要件。伊世顿公司的操纵行为严重破坏了股指期货市场的公平交易秩序和原则，与《刑法》规定的连续交易、自买自卖等操纵行为的本质相同，可以认定为“以其他方法操纵证券、期货市场的”情形。

辩点分析及案例释解

随着信息化时代人工智能和大数据的发展，以及以高频交易为代表的证券交易技术蓬勃发展，随之而来的是滥用高频交易等算法优势进行证券操纵的行为也日益增多。

高频交易作为程序化交易的一种，通常情况下是指，利用计算机系统处理数据，通过量化分析，高速做出交易决策。这种模式下需要在毫秒级的时间内反应，并作出指令，多数情况下，无法通过人工执行，必须借助算法或程序完成。从本质上说，高频交易只是一种中立的技术手段，是证券领域金融工具和科技手段的结合。实践中，不能简单地直接将频繁报单撤单认定为不以成交为目的幌骗交易。从直观上看，高频交易和实体经济发展没有直接关系，但高频交易作为市场中的流动性提供者，为证券的发行和促进市场活跃起到了一定的推动作用。实施高频交易行为并不能当然地被认定为操纵市场行为。但当高频交易发展过度时，其提供的流动性并不真实，就会产生操纵市场和损害交易公平的情形。

判断属于正常高频交易中的撤单还是虚假申报操纵（幌骗交易操纵），主要看行为人是否“不以成交为目的”。“不以成交为目的”是刑法规定的幌骗交易操纵的犯罪主观方面。高频交易型虚假申报情形下，在行为人滥用高频交易进行虚假申报时，虽产生了大量的报撤单，但行为人主观上并不具有成交的目的，而是通过大量高速的报撤单制造出市场交易的假象，诱导其他投资者基于市场表现出来的不真实信息做出投资决策，这种决策有利于滥用高频交易的行为人。

在本案中，法院认为被告单位伊世顿公司违反期货监管措施的相关规定，通过实际控制大量账户使用高频程序化交易，操作期货市场。同时擅自使用未经检测的RM交易系统，绕过华鑫期货公司的资金和持仓验证，减少了相对于其他合规投资者必须耗费的验证时间，恶意取得不正当交易优势。

司法实务中，一般司法机关会通过审查行为人的客观行为来认定行为人是否不以成交为目的。

第一，通过审查高频交易成交委托比判断行为是否不以成交为目的。例如，如果行为人的大额订单的成交率与小额订单的成交率存在显著差别，或者下单量与成交量的比率远远高于普通投资者或者一般的正常高频交易者，则基本可以判断行为人通过高频交易下单并不具备真实交易的目的，而是通过大额订单影响证券交易量，进而促使反射订单以有利价格卖出。另外在阮某荣操纵证券市场案中,[①] 法院认为，“判断是否‘以成交为目的’属于行为人主观思想要件。基于趋利避害的人之本能，行为人一般不会自认其在交易股票时具有‘不以成交为目的’之主观思想。因此，判断行为人是否具有此主观思想，应当结合其客观行为予以推断认定”。阮某荣在交易“益民集团”股票时，涉案时段内的18笔买入申报，在平均间隔26秒后均全部或部分撤销。阮某荣在交易“市北高新”股票时，在涉案的13分钟内，14笔买入申报，亦均在极短时间内全部或部分撤销。同时，阮某荣在当天均有反向卖出前期所买涉案股票的行为。结合阮某荣频繁申报买入和迅速撤销以及拉高股价后反向卖出的客观行为，法院推定阮某荣具有“不以成交为目的”的主观思想符合一般交易习惯和普通金融常识。

各类报撤单比例达到多少才能认定为“不以成交为目的”。目前已废止的《证券市场操纵行为认定指引（试行）》第38条、第39条规定，“本指引所称虚假申报操纵，是指行为人做出不以成交为目的的频繁申报和撤销申报，误导其他投资者，影响证券交易价格或交易量”。“频繁申报和撤销申报，是指行为人在同一交易日内，在同一证券的有效竞价范围内，按照同一买卖方

① 北京市第二中级人民法院2018京02行终1755号。

向，连续、交替进行3次以上的申报和撤销申报。”2019年司法解释和2022年5月15日生效实施的《关于公安机关管辖的刑事案件立案追诉标准的规定（二）》规定了虚假申报交易入罪标准之一：“不以成交为目的，频繁或者大量申报买入、卖出证券、期货合约并撤销申报，当日累计撤回申报量达到同期该证券、期货合约总申报量百分之五十以上，且证券撤回申报额在一千万元以上、撤回申报的期货合约占用保证金数额在五百万元以上的。”当然，除上述标准外，实践中还要结合市场环境、账户相关交易数据、行为人是否实施反向交易等情形判断行为人是否以成交为目的。

《关于公安机关管辖的刑事案件立案追诉标准的规定（二）》还规定了幌骗交易操纵的另一种入罪情形——数额标准。即“获利或者避免损失数额在一百万元以上的”以及“获利或者避免损失数额在五十万元以上”同时涉嫌第34条第2款列举的7种情形的。需要注意的是，在以获利或避损数额作为入罪依据的情形下，还需要根据刑法规定的罪状要素进行实质认定，即实施了操纵行为并影响交易价量。

第二，申报买入订单驻留时间短。行为人之所以能够通过高频交易获利，主要是因为其能够依据高频交易的技术优势获取较之于一般投资者更快的报撤单速度，待判断出市场上的投资策略后，迅速进行交易。与正常高频交易模式不同，如果行为人不以成交为目的，则会在申报后通过迅速撤单行为阻止成交可能性，并通过频繁操作影响债券交易价格。例如，若行为人的大额订单在市场上持续的时间较长，就表明行为人具有成交订单的主观目的；反之，如果大额订单存续的时间较短，频繁进行报撤单，则在很大程度上能够反映其主观上“不以成交为目的”。如在莫某军操纵“南方汇通”案①中，莫某军控制的账户买入“南方汇通”的订单驻留时间平均只有1分10秒，最短仅31秒，未给其申买订单足够的等待成交时间。

第三，操纵行为是否出现异常操作，即行为方式上是否表现出不符合经济理性的状态。正常情况下，大多数具有成交意愿的投资者，其申报价格会

① 中国证监会行政处罚决定书（莫某军）〔2009〕43号，载中国证券监督管理会官网，http：//www. csrc. gov. cn/csrc/c101928/c1043337/content. shtml。

十分接近甚至优于实时最新成交价，或者根据自己对股票价格走势的判断经验，预设一个价格进行申报。但虚假申报操纵行为人并非真实地希望自己的申报在市场成交。同时，为了利用有限的资金实现最大的申报效果，需及时将原委托申报撤回来释放资金，因此就会在拉高价格的同时给撤单留有余地。在这里就显示出撤单比例较高、成交比例较低；申报价格成交可能性较小，但又未过分偏离，能被市场投资者获知。在申报订单很难全部成交的情况下大量堆单。再如，在订单申报档位上升之后，成交可能性增加，行为人却将该申报进行了撤单，然后重新申报，多轮重复前述操作等。这些不符合经济理性的表象说明操纵行为人并无成交意愿，而是为了营造出买盘或卖盘强力的假象。

第四，审查行为人是否实施了反向交易操作。与合法的价格套利策略交易不同的是，高频交易下的虚假申报操纵，一般是通过证券市场的正反方向设置大额订单和小额订单，借助高频交易的速度优势进行虚假申报操作，故意通过大额订单引诱普通投资者，引起证券市场交易价量的变化，识别和判断一般投资者的交易策略，然后迅速撤销大额订单，以有利于自己的价格成交小额订单，通过反方向的交易获取差价利润。行为人在较短期间内的交易方向逆转，能够较有说服力地揭示频繁申报撤单和反向交易之间存在的手段和目的关系，反向交易能够有力地证明此前的申报即撤单行为“不以成交为目的”。例如，在美国首例高频交易刑事定罪案——迈克尔·柯西亚操纵证券市场案中，法院认定被告具备“不以成交为目的”的主观目的时，重要证据之一就是行为人通过高频软件进行大量的反向交易进而获利。[①] 再如，2020 年证监会与最高人民检察院联合发布证券犯罪典型案例之二唐汉博操纵证券市场案。[②] 虽然该案被告人并非通过高频交易方式，但该案中最高人民检察院关于虚假申报操纵行为与合法的报撤单交易行为的判断路径值得借鉴。

---

① 商浩文：《美国首例“幌骗”型高频交易刑事定罪案及其借鉴》，载《华东政法大学学报》2019 年第 2 期。

② 载威科先行网，https：//law. wkinfo. com. cn/judgment - documents/detail/MjAzMTQ5NTgyODU%3D? searchId = b75ac596bec34042ac54a6903b8ec2f4&index = 2&q = % E5% 94% 90% E6% B1% 89% E5% 8D% 9A&module = 。

最高人民检察院指出，要着重审查判断行为人的申报目的、是否进行与申报相反的交易或者谋取相关利益，并结合实际控制账户的相关交易数据，细致分析行为人申报、撤单和反向申报行为之间的关联性、撤单所占比例、反向交易数量、获利情况等，综合判断行为性质。

第五，是否违反监管规则。主要是指违反实际控制关系账户报备、连接测试、持仓规定、数据介入规定等。目前，就传统证券市场内的高频交易，我国的证券和期货监管法规并未予以专门规制。仅有《证券法》对程序化交易作出规定。《证券法》第45条规定："通过计算机程序自动生成或者下达交易指令进行程序化交易的，应当符合国务院证券监督管理机构的规定，并向证券交易所报告，不得影响证券交易所系统安全或者正常交易秩序。"

2015年10月证监会起草的《证券期货市场程序化交易管理办法（征求意见稿)》，集中规定了在进行程序化交易过程中应当遵守和注意的一些方面。其中，第6条规定："程序化交易者使用的程序化交易系统应当具备验资、验券、持仓验证、异常检测和错误处理等风控功能。"但该办法通过了向社会公开征求意见过程，但至今仍未正式出台。

在伊士顿公司操纵期货市场案中，法院认为被告单位伊世顿公司违反《中金所交易细则》《中金所实际控制关系账户报备指引（试行)》关于股指期货交易实行实际控制关系账户报备、连接测试、程序化交易报备等监管措施的相关规定，隐瞒了实际控制账户和大量账户使用高频程序化交易等情况，规避了中金所对风险控制的监管；违反了《期货交易管理条例》《期货公司监督管理办法》《中金所交易细则》关于中金所实行会员（即期货公司）分级结算制度和基于该制度延伸出的保证金制度和持仓限额制度等基本制度，擅自使用未经检测的RM交易系统，绕过华鑫期货公司的资金和持仓验证，减少了相对于其他合规投资者必须耗费的验证时间。

综上所述，判断是否不以真实交易为目的，司法实践中系通过客观行为来推断的。但在刑事案件中，但凡通过推定来认定案件事实，则应当允许行为人对推定的事实进行反驳，即允许行为人对自己的行为提出合理的解释。

三、信用卡诈骗罪

◇ **信用卡诈骗罪**

该罪名主要规制使用伪造的信用卡，或以虚假的身份证明骗领的信用卡、作废的信用卡或者冒用他人信用卡，进行信用卡诈骗活动的行为。

（一）相关规定

《刑法》第一百九十六条【信用卡诈骗罪】 有下列情形之一，进行信用卡诈骗活动，数额较大的，处五年以下有期徒刑或者拘役，并处二万元以上二十万元以下罚金；数额巨大或者有其他严重情节的，处五年以上十年以下有期徒刑，并处五万元以上五十万元以下罚金；数额特别巨大或者有其他特别严重情节的，处十年以上有期徒刑或者无期徒刑，并处五万元以上五十万元以下罚金或者没收财产：

（一）使用伪造的信用卡，或者使用以虚假的身份证明骗领的信用卡的；

（二）使用作废的信用卡的；

（三）冒用他人信用卡的；

（四）恶意透支的。

前款所称恶意透支，是指持卡人以非法占有为目的，超过规定限额或者规定期限透支，并且经发卡银行催收后仍不归还的行为。

盗窃信用卡并使用的，依照本法第二百六十四条①的规定定罪处罚。

最高人民法院、最高人民检察院《关于办理妨害信用卡管理刑事案件具体应用法律若干问题的解释》第五条 使用伪造的信用卡、以虚假的身份证明骗领的信用卡、作废的信用卡或者冒用他人信用卡，进行信用卡诈骗活动，

① 《刑法》第264条规定："盗窃公私财物，数额较大的，或者多次盗窃、入户盗窃、携带凶器盗窃、扒窃的，处三年以下有期徒刑、拘役或者管制，并处或者单处罚金；数额巨大或者有其他严重情节的，处三年以上十年以下有期徒刑，并处罚金；数额特别巨大或者有其他特别严重情节的，处十年以上有期徒刑或者无期徒刑，并处罚金或者没收财产。"

数额在五千元以上不满五万元的，应当认定为刑法第一百九十六条规定的“数额较大”；数额在五万元以上不满五十万元的，应当认定为刑法第一百九十六条规定的“数额巨大”；数额在五十万元以上的，应当认定为刑法第一百九十六条规定的“数额特别巨大”。

刑法第一百九十六条第一款第三项所称“冒用他人信用卡”，包括以下情形：

（一）拾得他人信用卡并使用的；

（二）骗取他人信用卡并使用的；

（三）窃取、收买、骗取或者以其他非法方式获取他人信用卡信息资料，并通过互联网、通讯终端等使用的；

（四）其他冒用他人信用卡的情形。

第七条 催收同时符合下列条件的，应当认定为本解释第六条规定的“有效催收”：

（一）在透支超过规定限额或者规定期限后进行；

（二）催收应当采用能够确认持卡人收悉的方式，但持卡人故意逃避催收的除外；

（三）两次催收至少间隔三十日；

（四）符合催收的有关规定或者约定。

对于是否属于有效催收，应当根据发卡银行提供的电话录音、信息送达记录、信函送达回执、电子邮件送达记录、持卡人或者其家属签字以及其他催收原始证据材料作出判断。

发卡银行提供的相关证据材料，应当有银行工作人员签名和银行公章。

第八条 恶意透支，数额在五万元以上不满五十万元的，应当认定为刑法第一百九十六条规定的“数额较大”；数额在五十万元以上不满五百万元的，应当认定为刑法第一百九十六条规定的“数额巨大”；数额在五百万元以上的，应当认定为刑法第一百九十六条规定的“数额特别巨大”。

（二）重要辩点及案例释解

1. 恶意透支型信用卡诈骗“非法占有目的”的认定

核心要点：恶意透支型信用卡诈骗是信用卡诈骗犯罪案件中最为常见的模式之一。应从恶意透支的法律概念入手，详细解读该内容的实务认定问题。

相关案例：王某涉嫌信用卡诈骗案①

➢ **案情介绍：**

财某业务系某银行提供的通过信用卡办理的个人小额贷款业务，由持卡人提出申请，银行审核后按照固定额度批准，一次性打入持卡人的另一张借记卡中。2009 年 11 月，经某银行业务员电话销售，王某申请了某银行信用卡。王某共通过某银行信用卡申请过 3 笔贷款。第一笔为 2011 年 11 月申请，预借款为 1 万元，分 12 期还款；第二笔为 2013 年 3 月申请，预借款为 1 万元，分 12 期还款，均为某银行业务员电话向王某推销，王某同意办理并按时还清了上述贷款。本案涉及的第三笔贷款为 24 期共计 4.5 万元的财某业务，2014 年 2 月，某银行将钱款一次性打入王某个人的借记卡中，王某每月需向某银行信用卡还款（本金 + 利息 + 手续费）约 2400 元，24 期满王某需连本带息还款共计约 58,670 元，年息约 15%。在此期间，王某存在正常使用该信用卡进行小额透支消费的情况。

涉案期间（2014 年 2 月至 2016 年 12 月），王某合计向某银行信用卡还款 3.44 万元，其中包括 13 期本金（未还清）与其他透支消费。截至 2017 年 1 月案发，王某尚欠某银行财某业务本金 2.36 万元，账单利息、滞纳金、账

① 北京市第三中级人民法院（2017）京 03 刑终 416 号。

单分期手续费 2.2 万元，财某业务手续费等费用 5.46 万元，合计欠款总额 10 万元。因公司停止给王某报销房租，加之 2013 年其妻子怀孕后无工作收入，其工资只有 4000 余元，其借财某业务的主要用途是缴纳房租及维持家庭生活开支。

2015 年年中，王某发现自己无力还清借款和高额手续费，与银行协商不成，就多次拒绝接听催收电话。其间，王某更换了单位、住宅及电话，均未通知银行。某银行自 2015 年 5 月起至 2017 年 1 月止，拨打王某手机、单位电话及住宅电话共计 26 次，上门通知一次，间隔最短为 4 天，最长为 3 个月。王某只接听两次并表示无能力还款。2017 年 1 月，某银行报案。同日，民警将王某抓获。

2017 年 1 月，王某的妻子向某银行信用卡还款 2.36 万元，称系本金。王某于 2017 年 1 月被取保候审。取保期间、一审庭审前，某银行继续向王某催收利息，其与某银行达成协议，一次性还款 2 万元，与某银行两清。

➢ **法院裁判：**

一审法院认为，王某恶意透支信用卡，数额较大，已构成信用卡诈骗罪，依法应予惩处。鉴于王某具有如实供述、退赔本金等情节，依法对其从轻处罚。故判决，被告人王某犯信用卡诈骗罪，判处拘役 6 个月，缓刑 6 个月，并处罚金 2 万元。

二审法院经审理认为，一审判决没有认定王某与某银行之间存在财某业务借贷关系的事实，将王某拖欠某银行财某业务本金、利息、滞纳金及手续费等费用的行为一概认定为信用卡恶意透支行为，对案件事实认定有误。涉案的财某业务应当认定为王某与某银行之间的预借款业务，属于民事借贷关系，应通过民事诉讼解决。该案在一审审理期间，王某已与某银行达成协议，一次性给付某银行 2 万元，双方就该笔财某业务已经结清。最终，二审法院裁定撤销一审法院的刑事判决，发回一审法院重新审判。后北京市某区人民检察院撤回公诉。

辩点分析及案例释解

恶意透支型信用卡诈骗是信用卡诈骗犯罪案件中最为常见的模式之一。

根据《刑法》规定，恶意透支是指，持卡人以非法占有为目的，超过规定限额或者规定期限透支，并且经发卡银行催收后仍不归还的行为。从恶意透支的法律概念来看，认定构成恶意透支应当具备两个要素，一个是恶意，另一个是透支。司法实践中，不少使用信用卡的行为在客观表现上虽然造成了透支的结果，但其是一种善意行为。故而，为防止信用卡诈骗罪穿透善意透支，最高人民法院、最高人民检察院《关于办理妨害信用卡管理刑事案件具体应用法律若干问题的解释》第6条对恶意透支行为进行了限制解释，根据该规定，持卡人应当以非法占有为目的，超过规定限额或者规定期限透支，且需经发卡银行两次有效催收后超过三个月仍不归还的，才能认定为“恶意透支”。同时，该解释对“恶意透支”适用的例外情形也进行了明确的规定，即发卡银行违规以信用卡透支形式变相发放贷款，持卡人未按规定归还的，不适用“恶意透支”的规定。

对于行为人是否具有非法占有的目的，应当综合持卡人信用记录、还款能力和意愿、申领和透支信用卡的状况、透支资金的用途、透支后的表现、未按规定还款的原因等情节作出判断，不得单纯依据持卡人未按规定还款的事实就认定其具有非法占有目的。对此，《关于办理妨害信用卡管理刑事案件具体应用法律若干问题的解释》进行了列举式规定，即具有以下情形之一的，应当认定为“以非法占有为目的”，但有证据证明持卡人确实不具有非法占有目的的除外：第一，明知没有还款能力而大量透支，无法归还的；第二，使用虚假资信证明申领信用卡后透支，无法归还的；第三，透支后通过逃匿、改变联系方式等手段，逃避银行催收的；第四，抽逃、转移资金，隐匿财产，逃避还款的；第五，使用透支的资金进行犯罪活动的；第六，其他非法占有资金，拒不归还的情形。

事实上，善意透支与恶意透支的本质区别就在于行为人是否具有“非法占有目的”。善意透支的行为人虽然造成了透支的后果，但其本质上是为了先用后还，届时将归还透支款和利息；而恶意透支则是为了将透支款占为己有，不预备偿还或者没有能力偿还，因此，其在行为上必然表现出试图逃避有关部门的催款，甚至采取潜逃的方法躲避债务。[①] 具体到本案，如果王某明知自己没有还款能力或者采取提供假证明的方法办理信用卡，之后再进行大量透支的，其行为就足以证明具有非法占有目的，属于恶意透支；如果王某是通过合法手段办理信用卡，但此后使用该信用卡进行大量透支的，判断其是否具有非法占有目的，就应当从其透支前后的具体表现进行分析，若王某在透支后通过改变住址、拒接电话等方式逃避还款，或明知自己没有还款能力，仍然透支超过自己的实际支付能力的金额，在这些情形下，可以认定其属于恶意透支。

本案二审法官认为，王某在主观上缺乏非法占有的主观故意，认定其具有恶意透支的主观故意和恶意透支的客观行为也缺乏证据支持，主要有以下几个原因。

首先，王某没有欺骗银行的行为，其本身的月定期还款金额应当视为还贷行为；其次，尽管造成逾期欠款的原因存在透支和贷款的双重可能，但从账单明细可见，贷款造成的逾期欠款才是主要原因，难于归责为透支消费导致；最后，王某在持信用卡消费过程中，因市场环境、工作情况、家庭原因等因素，导致其自身还款能力大幅下降，此种情况下未能及时还款的，应当认定属于正常使用。因此，王某的行为不符合最高人民法院、最高人民检察院《关于办理妨害信用卡管理刑事案件具体应用法律若干问题的解释》中认定恶意透支的6种情形，即使客观上存在经银行催收、超过3个月未归还的情形，亦不能推定其具有非法占有的主观故意和拒不归还的客观行为，故不能以信用卡诈骗罪予以归罪。因此，王某无非法占有的主观故意，亦无使用信用卡恶意透支的客观行为，其行为不构成信用卡诈骗罪。

此外，二审法院认为，在本案中，某银行推出的财某业务并非一般意义上具备银行授信额度和透支功能的信用卡业务，而系银行变相发放的信用卡贷款。原中国银行业监督管理委员会《商业银行信用卡业务监督管理办法》

---

① 参见张军主编：《刑法（分则）及配套规定新释新解（第3版）》（上），人民法院出版社2013年版。

第55条规定："发卡银行不得为信用卡转账（转出）和支取现金提供超授信额度用卡服务。信用卡透支转账（转出）和支取现金的金额两者合计不得超过信用卡的现金提取授信额度。"原中国银监会办公厅下发的《加强信用卡预借现金业务风险管理的通知》规定："银行应当按照审慎原则确定授信额度，合理设定信用卡预借现金业务授信额度及其在总授信额度中所占比例，原则上预借现金业务授信额度不超过非预借现金业务授信额度。"因此，某银行在授信额度范围之外对王某另行发放贷款，本身违背了原银监会的规定，削弱了该银行对信用卡发放的风险控制程度。因此，审判法官认为，若将此类情况全部纳入信用卡诈骗罪追究刑事责任，是将恶意透支的相关司法解释作扩大理解，将银行与个人之间普通的贷款纠纷上升为刑事法律关系，纳入刑法进行追责，有违刑法的谦抑性，更不符合罪刑法定原则。因此，本案应认定属于民事借贷关系，不宜通过刑事追责的方式处理。

对此，笔者认为，《商业银行信用卡业务监督管理办法》第8条规定："本办法所称信用卡业务，是指商业银行利用具有授信额度和透支功能的银行卡提供的银行服务，主要包括发卡业务和收单业务。"然而在实践中，银行所发售的信用卡除基础功能之外，确有诸多类别，其中就包括消费型信用卡和预借现金业务型信用卡。对于传统消费类信用卡产品，若持卡人未按期归还，且符合一定条件，可以适用最高人民法院、最高人民检察院《关于办理妨害信用卡管理刑事案件具体应用法律若干问题的解释》中"恶意透支"的相关规定。然而，对于仅具有还款功能，或以预借现金为主要业务，且授信额度超过本身消费类额度，突破了以透支消费为主要功能的传统信用卡产品特征，则不应当适用司法解释中关于"恶意透支"的相关规定。

2. 恶意透支型信用卡诈骗犯罪数额的计算

核心要点：从最高人民法院、最高人民检察院《关于办理妨害信用卡管理刑事案件具体应用法律若干问题的解释》展开，以4个方面讲解实务案例中恶意透支型信用卡诈骗犯罪中犯罪数额的认定与计算问题。

相关案例：郭某涉嫌信用卡诈骗案[①]

➢ 案情介绍：

2009 年 10 月，郭某向招某银行信用卡中心申领了一张信用卡后恶意透支，截至 2015 年 5 月，共拖欠本金 46,996 元，经银行多次催收，拒不归还透支的本息。2011 年 9 月，郭某向交某银行信用卡中心申领了一张信用卡后恶意透支，截至 2015 年 5 月，共拖欠本金 31,909.78 元，经银行多次催收，拒不归还透支本息。2012 年 7 月，郭某向兴某银行信用卡中心申领了一张信用卡后恶意透支，截至 2015 年 1 月，共拖欠本金 49,034.68 元，经银行多次催收，拒不归还透支本息。综上，郭某恶意透支银行卡三张，共计 127,940.46 元。截至一审，郭某对三家银行的欠款现已全部还清。

➢ 法院裁判：

一审法院认定郭某犯信用卡诈骗罪，判处有期徒刑 5 年，并处罚金 5 万元。

二审法院认为，郭某使用信用卡恶意透支，数额较大，其行为已构成信用卡诈骗罪。关于郭某所提原判量刑过重及辩护人所提原判认定郭某的犯罪数额计算有误应予改判的辩护意见。经查，依据相关法律规定，恶意透支信用卡的数额，是指持卡人拒不归还或者尚未归还的本金，不包括复利、滞纳金、手续费等发卡银行收取的费用。原审法院认定郭某恶意透支的犯罪数额中确实计算了利息、滞纳金、手续费等发卡银行收取的费用，应予扣除。原判事实认定有误，应予纠正。经查，郭某到案后主动交代拖欠三家银行信用卡款项的犯罪事实，且自愿认罪，构成坦白。鉴于郭某具有坦白情节，且已全部偿还了银行欠款，亦在法院审理期间委托家属积极缴纳罚金，并综合考虑郭某系初次犯罪，认罪、悔罪、无再犯罪的危险，其所在居委会亦提出对其适用缓刑对所居住社区没有重大不良影响的意见，故对郭某从轻处罚并依法适用缓刑。判决：郭某犯信用卡诈骗罪，改判为有期徒刑 2 年，缓刑 2 年，并处罚金 2 万元。

---

① 辽宁省沈阳市中级人民法院（2016）辽 01 刑终 33 号。

辩点分析及案例释解

最高人民法院、最高人民检察院《关于办理妨害信用卡管理刑事案件具体应用法律若干问题的解释》第9条第1款对恶意透支型信用卡诈骗罪犯罪数额的认定作出了规定："恶意透支的数额，是公安机关刑事立案时尚未归还的实际透支的本金数额，不包括利息、复利、滞纳金、手续费等发卡银行收取的费用。归还或者支付的数额，应当认定为归还实际透支的本金。"

对恶意透支数额的审查，应当根据发卡银行提供的交易明细、分类账单（透支账单、还款账单）等证据材料，结合司法会计、审计报告，以及其他证据材料审查认定。恶意透支数额较大，在提起公诉前全部归还或者具有其他轻微情形的，可以不起诉；在一审判决前全部归还或者具有其他轻微情形的，可以免予刑事处罚。但是，曾因信用卡诈骗受过两次以上处罚的除外。

本案二审审理法官认为，该案的争议焦点及难点在于，司法实践中，对恶意透支型信用卡诈骗罪的犯罪数额如何认定一直莫衷一是，存在些许争议，其中包括三种观点。第一种观点认为，恶意透支信用卡的数额应按照银行报案材料中提供的本金数额计算，该数额中会包含一些发卡银行计算的利息、手续费、滞纳金等发卡银行收取的费用。银行在收到还款人的还款时，如果账户内有复利、滞纳金及手续费等项目，银行会将持卡人的还款中部分款项用于偿还复利等费用，部分款项用于偿还本金，所以银行提供的报案材料中载明所欠银行本金数额均是在扣除发卡银行收取费用的基础上计算的本金。一审法院即将发卡银行报案材料中的本金数额作为郭某的犯罪数额。第二种观点认为，恶意透支的数额应包括所欠银行的本金，即实际消费数额与扣除利息后还款数额的差额。银行将还款的部分款项用于偿还利息，部分用于偿还本金。第三种观点认为，恶意透支的数额是指经发卡银行两次催收后超过3个月、持卡人拒不归还的本金数额或者尚未归还的本金数额。应按照公安机关立案前涉案信用卡实际消费（含提现额）数额与实际还款数额的差额进行计算，不包括本金所生的利息、手续费、滞纳金等任何发卡银行收取的费用。该观点基本同最高人民法院、最高人民检察院《关于办理妨害信用卡管理刑事案件具体应用法律若干问题的解释》的司法解释规定一致。

对此，二审审理法官认为，由于信用卡诈骗罪是财产性犯罪，针对的对象是信用卡透支的本金，透支本金产生的利息等费用并不是犯罪对象，故第一种观点与刑法的基本原则及最高人民法院、最高人民检察院《关于办理妨害信用卡管理刑事案件具体应用法律若干问题的解释》的立法精神相违背。第二种观点亦存在扩大犯罪数额之嫌。最高人民法院、最高人民检察院《关于办理妨害信用卡管理刑事案件具体应用法律若干问题的解释》明确规定了“发卡银行收取的费用”这个类概念，该费用名目繁多，主要包括利息、滞纳金、取现费、手续费、年费、工本费等。利息是发卡银行收取的主要费用，如果这种主要费用都可以计入恶意透支的数额，那么所谓的排除性规定就失去意义了，而且将利息计入犯罪数额的做法，司法实践中也不易操作，且有扩大打击范围、量刑畸重之嫌。因此，二审审理法官同意第三种观点，并据此观点作出判决。其认为，此种观点符合最高人民法院、最高人民检察院《关于办理妨害信用卡管理刑事案件具体应用法律若干问题的解释》的立法本意，且具有充分的理论依据。

其一，从犯罪对象来看，银行利息本身不能成为信用卡诈骗犯罪的客体对象。在刑事法律关系中，信用卡诈骗是一种以非法占有为目的的主观的财产性犯罪，利息则属于一种计算财产，不能成为被诈骗的对象，持卡人在恶意透支过程中，针对的仅是透支出来的本金。①

其二，信用卡的透支，是指银行向持卡人提供的消费信贷，即允许持卡人在资金不足的情况下，先行消费，再补足资金，并按规定支付一定的利息。信用卡实际上是银行与公民个人之间形成的一种借贷合同关系，应属民事法律调整范畴，只有严重扰乱金融秩序的行为才被纳入刑法打击的范围。为此，刑法及相关司法解释对恶意透支型信用卡诈骗罪要件、定罪量刑标准作出了较为严苛的限定。持卡人恶意透支行为造成银行最直接的损失是本金，即在

① 国家法官学院案例开发研究中心编：《中国法院 2016 年度案例：刑法分则案例》，中国法制出版社 2016 年版，第 32～34 页。

案发时间内的实际消费额与实际还款额的差额。从性质上讲，银行的利息、手续费、滞纳金等收益或者管理费用，表现为一种计算价值形态，持卡人仅在逾期还款后才可以计算利息，故具有不确定性，属于银行的间接损失，不应由最严厉的刑法调整，应在民事领域调整。

其三，随着国家经济的发展，信用卡的使用日渐普遍，发卡银行甚至降低门槛鼓励申办信用卡。如果按照前述观点计算犯罪数额，势必会使案件激增，对被告人量刑畸重。以本案为例，一审法院认定郭某恶意透支数额达 12 万余元，属于数额巨大，应当判处 5 年以上有期徒刑，并处 5 万元以上 50 万元以下罚金。按照第三种观点计算的恶意透支数额仅为 5 万余元，属于数额较大，且已还清银行欠款并自愿缴纳罚金。二审法院按照宽严相济的原则对郭某改判缓刑，符合罪责刑相适应原则的要求。

其四，信用卡诈骗犯罪本身即存在刑民交叉的责任问题，发卡银行本身与持卡人缔结了民商事法律关系，在持卡人不依照约定向银行返还资金时，其在民事上即存在违约责任，故发卡银行的损失可通过民事救济途径解决。民事法律在补偿被害人时，不仅要补偿直接损失，还包括可得利益损失，即间接损失。银行可以基于与持卡人之间的借贷合同关系，通过民事途径向被告人主张利息、滞纳金及手续费等间接损失。因此，依照第三种观点进行处理，在惩治和打击犯罪的同时，不会影响银行主张合法权益。

因此，在办理恶意透支型信用卡诈骗犯罪案件时，对犯罪数额的认定应依照实际消费（含提现额）的数额减掉实际还款数额公式准确计算出的本金数额，认定为犯罪数额，并按照宽严相济的刑事政策，在依法打击恶意透支型信用卡诈骗犯罪的同时，维护信用卡发卡银行及持卡人的合法权益。

此外，在司法实践中，使用多张信用卡并进行恶意透支的行为属于“连续犯”，即基于同一个或概括的犯罪故意，连续实施数个行为，其行为能够进行整体评价，触犯同一罪名的犯罪形态。因此，多数司法机关认为，即使单次信用卡恶意透支未达到起刑点，但只要多张信用卡多次累计的恶意透支数额超过 5 万元便可以以累计的数额追究其刑事责任。

3. 信用卡诈骗罪与妨害信用卡管理罪的区别与认定

核心要点：客观上是否存在“骗取”行为、主观上是否具有“非法占有目的”是区分和认定信用卡诈骗罪与妨害信用卡管理罪的主要判断标准。

相关案例：罗某涉嫌信用卡诈骗案①

➢ **案情介绍：**

2017 年 4 月，罗某以为其开办的培训教育机构老师办理信用卡为由，利用曾在该培训机构工作过的钟某留下的身份证复印件，在某银行填报钟某的个人身份信息后成功申领了一张户名为钟某的信用卡。自 2017 年 5 月起，罗某利用该信用卡消费、提现、使用 36 笔，共计款项人民币 81, 748 元。自 2017 年 7 月起，罗某开始陆续归还卡内款项，截至 2018 年 3 月 25 日，其已返还 28 笔，共计人民币 38, 947 元。

2018 年 3 月，钟某在使用某银行客服热线申请信用卡时被银行方面告知其名下已经存在一张信用卡，该卡尚有欠款未还清且存在逾期记录。钟某随即与该信用卡的开户行取得联系，工作人员在得知真实情形后立即敦促罗某归还账户欠款。此后，罗某将该卡包括利息、手续费在内的剩余欠款 50, 313 元全部还清。同月，钟某到公安机关报案，公安机关电话传唤罗某接受调查，其于当日来到公安机关并如实供述了上述犯罪事实。

➢ **法院裁判：**

一审法院认为，罗某冒用他人信用卡，进行信用卡诈骗活动，数额巨大，其行为已构成信用卡诈骗罪。判决罗某犯信用卡诈骗罪，判处有期徒刑 2 年 6 个月，并处罚金人民币 8 万元。

二审法院认为，罗某使用虚假的身份证明骗领信用卡，其行为已构成妨害信用卡管理罪。罗某在公安机关电话传唤到案后，能够如实供述其相关犯

① 吉林省吉林市中级人民法院（2019）吉 02 刑终 3 号。

罪事实，系自首，可予以从轻处罚。罗某骗领该信用卡后使用、消费以及在案发前全部归还的情节，法院在量刑时一并考虑。最终判决罗某犯妨害信用卡管理罪，判处拘役 4 个月，罚金人民币 1 万元。

辩点分析及案例释解

信用卡诈骗罪，是指以非法占有为目的，利用信用卡体现的信用实施诈骗的活动，骗取较大数额财物的行为，是一种侵犯公私财产的行为。事实上，信用卡诈骗罪与诈骗罪之间是特别法和一般法的关系，因此，信用卡在该罪中是一种犯罪工具，其构成要件的内容包括行为人应当采取诈骗的形式，法律对此行为进行了列举式规定，包括使用伪造的信用卡或者使用虚假的身份证明骗领的信用卡骗取财物；使用作废的信用卡骗取财物；冒用他人信用卡骗取财物；以及恶意透支。该法律条文的规定已然揭示了信用卡诈骗罪的本质及基本特征，即以“骗取”为核心方式，从责任要素来看，除主观故意以外，行为人应当具有以“非法占有”为目的的使用行为。而妨害信用卡管理罪侵犯的则是信用卡的国家管理秩序，指违反国家信用卡管理法规，在信用卡的发行、使用等过程中，妨害国家对信用卡的管理活动，破坏信用卡管理秩序的行为。妨害信用卡管理罪的行为，尚没有进一步延伸到对他人财产的侵犯。信用卡诈骗犯罪确是已经实施了对他人财产使用和侵犯的行为。[①] 因此，客观上是否存在“骗取”行为，主观上是否具有“非法占有目的”是区分和认定信用卡诈骗罪与妨害信用卡管理罪的主要判断标准。

具体到本案，罗某是否构成信用卡诈骗罪，二审法院的主要依据如下。第一，本案中罗某在客观行为方面的确以虚假的身份证明骗领了信用卡并实际使用，符合信用卡诈骗罪客观方面的犯罪表现形式，即“使用以虚假的身份证明骗领的信用卡的”。但能否成立该罪，同时要考察行为人主观上是否具备非法占有的犯罪目的：自 2017 年 7 月起，罗某即开始陆续归还卡内款项，截至 2018 年 3 月，其已返还 28 笔，共计人民币 38,947 元。在钟某及某银行发现罗某的犯罪事实并与之联系后，罗某能够主动来到银行将剩余款项全部偿还。以上事实能够说明罗某主观上并不具备信用卡诈骗罪要求的“非

① 参见韩哲主编：《金融犯罪典型判例》，中国金融出版社 2018 年版，第 25 ~ 29 页。

法占有的犯罪目的"，其并不想非法占有不属于自己的他人财物。根据犯罪构成理论，在判断行为人是否构成犯罪时应当坚持主客观相一致的原则，因此罗某不构成信用卡诈骗罪。

第二，从犯罪行为侵害的客体来看，罗某的行为也未侵害信用卡诈骗罪保护公私财物所有权这一法益：罗某虽以虚假的身份证明骗领了信用卡但却作为"自己的卡"而予以正常使用，其在提交信用卡的申请时虽然填报了钟某的身份信息，但在申请材料上所预留的邮寄地址、联系电话以及接收电子账单的邮箱均是其本人的真实信息；虽然在账户明细上存在数次逾期还款记录，但罗某在使用过程中仍然多次归还卡内欠款，银行方面也从未对其进行过催收，而是在系统上自动增加对该卡的逾期利息、违约金计算数额；开卡银行一直以为该卡的持有人、使用人是钟某，但钟某本人实际上根本没有使用过该卡也从未偿还过卡上的任何一笔账单而受有损失，因为银行一直将账单信息、使用明细等全部信息发送给罗某；直至银行及钟某发现罗某的犯罪行为后，罗某及时归还了卡内剩余全部款项，因此罗某的上述行为并未给银行及信用卡的有关关系人的公私财物所有权造成损害，并未侵害信用卡诈骗罪所保护的公私财物所有权这一法益。但不可否认的是，罗某骗领信用卡及长达近一年时间的使用行为已经侵害了国家对有关金融票证制度即信用卡制度的管理，破坏了金融机构的信誉及金融秩序，已然侵犯了妨害信用卡管理罪所保护的法益。

第三，在妨害信用卡管理罪中，行为人使用虚假的身份证明包括违背他人意愿使用他人身份证明和使用伪造、变造的身份证明两种情形，但不包括使用虚假的资信证明申请信用卡的行为。根据相关规定，申请人向银行申请信用卡时需要提交个人真实的身份证明和资信证明，身份证明是用于证明申请人主体资格的身份信息，资信证明则是用于证明申请人还款能力和还款意愿等信用程度的信息，资信证明不属身份证明。本案中，罗某违背他人意愿，使用事先准备的他人居民身份证件，填写虚假的身份信息骗领信用卡，并实际使用该卡近一年时间，其间其虽有多次偿还行为，不能据此认定罗某具备非法占有的犯罪目的，但因其持事先准备好的他人身份证明，成功骗领信用卡后又长时间使用，说明在认识层面：罗某主观上明知其使用的并非本人真实身份证明而是他人身份证明骗领信用卡，其对自己行为的内容、社会意义与危害后果均有清楚的认识；在意志层面：由于罗某事先准备了犯罪工具，其系有计划地实施犯罪行为，能够看出其积极追求本罪危害后果的发生，因此，在主观上具有使用目的的非法性。同时，罗某在客观上获取他人信用卡的手段具有非法性，即未经钟某本人的同意而冒领信用卡。故罗某的客观不法行为与主观罪过特征符合妨害信用卡管理罪的犯罪构成。

综上，罗某的犯罪行为、主观罪过及侵害的法益符合妨害信用卡管理罪的犯罪构成而不构成信用卡诈骗罪。一审法院未能全面、充分地考察行为人的客观行为表现、主观罪过特征以及所侵害的法益种类，进而认定行为人的行为构成信用卡诈骗罪显有不当。

此外，司法实践中，行为人使用虚假身份证明骗领信用卡的，一般成立妨害信用卡管理罪；以非法占有为目的，使用以虚假身份证明骗领的信用卡骗取财物的，一般成立信用卡诈骗罪。当以上两个行为同时存在时，二者之间存在手段与目的的关系，且具有通常性，具有牵连关系，属于手段行为与目的行为相牵连的牵连犯，应当择一重罪处罚。同时，因信用卡诈骗罪是数额犯，故而对于骗取信用卡后由于意志以外原因诈骗未成功的，一般不构成信用卡诈骗罪。

四、内幕交易罪

◇ **内幕交易罪**

该罪是我国金融犯罪、经济犯罪中一个非常重要的罪名，也是证券、期货金融市场和司法实践中一个多发、高发的犯罪。该罪客观方面表现为行为人在获知内幕信息的基础上，自己或者通过他人实施相应的内幕交易行为，进而获取巨额利润或者避免损失，由此给广大投资者和公开、公平、公正的证券、期货两大金融市场的正常、有序发展带来难以弥补的严重损害的行为。

（一）相关规定

《刑法》第一百八十条【内幕交易、泄露内幕信息罪】证券、期货交易内幕信息的知情人员或者非法获取证券、期货交易内幕信息的人员，在涉及证券的发行，证券、期货交易或者其他对证券、期货交易价格有重大影响的信息尚未公开前，买入或者卖出该证券，或者从事与该内幕信息有关的期货交易，或者泄露该信息，或者明示、暗示他人从事上述交易活动，情节严重的，处五年以下有期徒刑或者拘役，并处或者单处违法所得一倍以上五倍以下罚金；情节特别严重的，处五年以上十年以下有期徒刑，并处违法所得一倍以上五倍以下罚金。

单位犯前款罪的，对单位判处罚金，并对其直接负责的主管人员和其他直接责任人员，处五年以下有期徒刑或者拘役。

内幕信息、知情人员的范围，依照法律、行政法规的规定确定。

【利用未公开信息交易罪】证券交易所、期货交易所、证券公司、期货经纪公司、基金管理公司、商业银行、保险公司等金融机构的从业人员以及有关监管部门或者行业协会的工作人员，利用因职务便利获取的内幕信息以外的其他未公开的信息，违反规定，从事与该信息相关的证券、期货交易活动，或者明示、暗示他人从事相关交易活动，情节严重的，依照第一款的规定处罚。

（二）重要辩点及案例释解

1. 内幕交易罪中关于对内幕消息知情人“关系密切的人员”的认定范围有扩大之嫌

核心要点：“两高”《关于办理内幕交易、泄露内幕信息刑事案件具体应用法律若干问题的解释》对此罪的主体和主观方面的构成要件作了进一步的规定，《关于办理内幕交易、泄露内幕信息刑事案件具体应用法律若干问题的解释》一方面细化了《刑法》的规定，另一方面却造成了更大的模糊，在实践过程中，法院对“关系密切的人员”的认定以及主观方面故意与否的考量值得商榷。

相关案例：王某君内幕交易案①

➢ **案情介绍：**

2016年4月27日，广州某1股份有限公司（以下简称某1公司）发布公告称拟以发行股份及支付现金相结合的方式购买北京某2信息系统集成有限公司100%股权。该重大事项在公开前属于《证券法》规定的内幕信息，内幕信息敏感期为2016年4月12～27日，某1公司董事长涂某忠，副总裁兼董秘马某达等人是内幕信息知情人。

深圳某3投资发展有限公司（以下简称某3投资公司）为某1公司前十大股东之一，且两公司有共同的投资项目，王某君还曾于2010～2014年担任某1公司的监事，也因此与马某达相识。王某君与马某达是多年朋友，联系较为频繁，王某君属于与内幕信息知情人关系密切的人员。在内幕信息敏感期内，王某君使用本人证券账户于2016年4月14～25日，累计买入“普邦”

① 广东省深圳市中级人民法院（2019）粤03刑初473号。

股票（证券代码 002663，现更名为“普邦股份”）1,869,988 股，成交金额 12,937,420.04 元，并于 2016 年 9 月 27 日（股票复牌之日）至 2016 年 10 月 18 日全部卖出，获利人民币 1,123,191.82 元。王某君的上述交易行为明显异常，且无正当理由或正当信息来源。

2017 年 11 月 9 日，中国证监会对王某君作出没收违法所得并处以违法所得三倍罚款的行政处罚决定，王某君于 2017 年 12 月缴纳了上述罚没款项。

2018 年 9 月 21 日，被告人王某君在深圳市南山区被抓获归案。

➢ **法院裁判：**

法院认为，被告人王某君作为与内幕信息知情人关系密切的人员，非法获取内幕信息，并在该信息尚未公开前买入相关股票，其行为已构成内幕交易罪，情节特别严重。公诉机关指控的罪名成立。被告人王某君检举他人犯罪行为，构成立功，依法予以减轻处罚。王某君表示认罪认罚，系初犯，可以从轻处罚。王某君此前已经中国证监会给予行政处罚，退缴了违法所得和罚款，法院在量刑时酌情考虑。辩护人提出王某君无罪以及构成自首、重大立功、情节严重等意见与查明的事实不符，于法无据，法院不予采纳。

辩点分析及案例释解

内幕交易罪的主体认定一直是理论界和实务界争论的热点问题，究其原因，大致有三个方面，第一方面是因为我国《刑法》对内幕信息知情人员和非法获取内幕信息人员的规定较为空泛，在司法实践中具有较大的模糊性；第二方面是“两高”于 2012 年颁布出台的《关于办理内幕交易、泄露内幕信息刑事案件具体应用法律若干问题的解释》，将内幕信息知情人的范围以类似空白罪状的形式授权给《证券法》规定，从而使《刑法》中的内幕信息知情人员和《证券法》的一致。但是，无论是旧的《证券法》还是新的《证券法》都违背了《立法法》的规定，在对内幕信息知情人员的规定中设置了兜底条款。即除了《证券法》列举的 6 种明确的内幕信息知情人员，还进一步转授权给国务院证券监督管理机构认定额外的内幕信息知情人员。这导致实际上关于内幕信息知情人员的最终界定所依赖的规范，从《刑法》转到《证券法》再转到了证监会的《内幕交易行为认定指引》，极大地增加了司法实务中认定内幕信息知情人员的任意性。第三方面则是“两高”《关于办理内幕交易、泄露内幕信息刑事案件具体应用法律若干问题的解释》对内幕信息知情人“关系密切的人员”的界定过于粗糙，造成法院在司法实践中对此条款的适用涵摄范围过广，对刑法本身的权威性和刑法适用的谦抑性提出了重大的挑战。

在本案中，被告人王某君供述及辩解，其并未直接与马某达打听内幕信息，而是当马某达在其办公室接听电话时，无意听到一些类似公司重组的信息，再结合项目估值等字眼，最后自己推断得出某1公司有可能会开展收购方面的行为，并且当时及事后也不知道马某达具体和谁打的电话。对此王某君的辩护律师也提出，在此案中王某君与内幕信息知情人马某达仅为朋友，并没有构成关系密切，因此王某君实际上不应该被认定为“关系密切人员”。然而法院却依然认定王某君是“关系密切人员”，且并未作出任何说理。

“两高”《关于办理内幕交易、泄露内幕信息刑事案件具体应用法律若干问题的解释》第2条第2项规定：“内幕信息知情人员的近亲属或者其他与内幕信息知情人员关系密切的人员，在内幕信息敏感期内，从事或者明示、暗示他人从事，或者泄露内幕信息导致他人从事与内幕信息有关的证券、期货交易，相关交易行为明显异常，且无正当理由或者正当信息来源的。”构成内幕交易罪。换句话说，一旦被认定为关系密切的人员，除非有正当理由或者能够证明交易信息来源的正当性，否则一旦在内幕信息敏感期内从事证券、期货交易，就有极大的入罪可能性。

“两高”《关于办理内幕交易、泄露内幕信息刑事案件具体应用法律若干问题的解释》的第2条第1项规定了7种明确的非法获取证券、期货交易内幕信息的非法行为，第3项则规定了在内幕信息敏感期内与内幕信息知情人员的主动联络和接触的异常行为，实质上是在强调非法获取内幕信息行为中的故意要件。综合考虑第2条中三个条款中的规定，我们可以认为，除非“关系密切的人员”与内幕信息知情人员的关系密切到足以排除主观方面故意与否的程度，不然法院不宜认定其为“关系密切的人员”。如果法院必须要依据此条款作出入罪认定，那么也应当要求法院进行充分的说理论证，不然将会有违背刑法谦抑性的风险。

当然在学界对“两高”《关于办理内幕交易、泄露内幕信息刑事案件具体应用法律若干问题的解释》第 2 条也有不同的看法，有学者认为非法获取指的是手段的非法，如使用盗窃、刺探、利诱等方式获取内幕信息；也有学者认为非法获取指的是不应当获知该消息的人获知了该消息，强调获取内幕信息时状态的非法，也即将其理解为“内幕信息知情人以外的所有人”。[①] 显然后一种看法相较前一种看法更有解释力，并且已经为司法实践所采纳。换句话说，在司法实践中，手段的非法和状态的非法之间的讨论已经不再重要，司法实践中争论的问题要更加深入，即为第 2 项中关于内幕交易罪主体的认定以及第 1 项、第 3 项中关于内幕交易罪主观方面故意与否的认定，两者之间在入罪体系上的定位问题。法院一般倾向于直接适用第 2 项，在第 2 项无法适用的情况下才考虑第 1 项和第 3 项，而我们从刑法的谦抑性出发，更提倡先考虑第 1 项和第 3 项的适用，第 2 项则只有在双方关系密切到可以忽视故意与否的程度，才慎重地考虑适用。

在本案中，被告人王某君与内幕信息知情人马某达仅具有朋友关系，其对某 1 公司是否处于内幕信息敏感期并不知情，其不仅事前未主动向马某达打听内幕信息，而且事后也并未向马某达核实内幕信息的真伪。所谓的内幕信息，也不是被告人主动打听得知，而是无意间被动听到的，其信息量也不完全，是通过被告人事后揣测、推断得出的，包含诸多的偶然性。因此在法院没有其他证据证明两人关系密切到可以忽视主观方面故意与否的情况下，应该保持刑法的谦抑性，否定检察院的指控，不把王某君认定为与内幕信息知情人“关系密切的人员”。

总而言之，立法上授权、转授权的问题，导致在司法实践中，法院对内幕信息知情人员和非法获取内幕信息人员的认定并未予以重视，一旦有疑似内幕交易的行为，往往并不仔细核实被告人是否符合《证券法》乃至《内幕交易行为认定指引》关于内幕交易罪主体的相关规定，而是直接无条件地认定或者直接通过类似“两高”《关于办理内幕交易、泄露内幕信息刑事案件具体应用法律若干问题的解释》第 2 条第 2 项的兜底规定认定被告人为内幕

① 参见尤佳嘉：《论内幕交易罪的若干疑难问题》，华东政法大学 2020 年硕士学位论文。

信息知情人员或非法获取内幕信息人员。这是值得立法者和司法者反思的，立法者授权的烦琐、模糊会导致司法运行的不畅，而司法者在司法过程中对谦抑性的忽视，也会导致立法者所立之法偏离其原意。

从律师的角度出发，在进行内幕交易罪的辩护时应该充分重视主体的认定问题，面对检察院对被告人作出的“关系密切人员”的指控，应当通过“两高”《关于办理内幕交易、泄露内幕信息刑事案件具体应用法律若干问题的解释》第2条的三项规定，提醒法院在作出“关系密切人员”的认定时，必须考虑其与内幕信息知情人员的关系密切到足以排除主观方面故意与否的程度，并且对此作出说理论证。

2. 内幕交易罪中关于主体认定推定原则的适用问题

核心要点：内幕交易罪的主体认定中，“内幕信息知情人”和“非法获取内幕信息的人”背后分别蕴含两种不同的理论，它们之间的相互限制会对内幕交易主体的认定产生巨大的影响。

相关案例：苏某某与中国证监会对其作出的行政处罚和行政复议决定上诉案①

- **案情介绍：**

中国证监会认为苏某某涉嫌内幕交易，决定对其进行立案调查，并对威华股份及相关人员进行了检查、调查。经核查，中国证监会认为苏某某在内幕信息公开前与内幕信息知情人员殷某国联络、接触，相关交易行为明显异常，且其没有提供充分、有说服力的理由排除其涉案交易行为系利用内幕信息，违反了《证券法》第73条、第76条第1款的规定，构成《证券法》第202条所述内幕交易行为。2015年8月27日，中国证监会向苏某某作出《行政处罚事先告知书》，并委托上海局于同年12月9日送达。同年12月11日，苏某某表示需要陈述申辩并举行听证会。同年12月25

① 北京市高级人民法院：《为何这起证券行政处罚被撤销北京高院判决详解内幕交易调查规则与标准》，载https：//mp. weixin. qq. com/s/uF66uxbl4zrkgces7wH4yw。

日，中国证监会向苏某某送达了《听证通知书》。2016 年 1 月 19 日，中国证监会举行听证会，听取了苏某某的陈述申辩意见。中国证监会认为，苏某某交易威华股份的时点与资产注入及收购铜矿事项的进展情况高度吻合，但是苏某某没有为其与殷某国在涉案期间存在接触联络以及其交易行为与内幕信息形成过程高度吻合提供充分、有说服力的解释。苏某某的上述行为违反了《证券法》第 73 条、第 76 条第 1 款的规定，构成《证券法》第 202 条所述内幕交易行为。根据苏某某违法行为的事实、性质、情节与社会危害程度，依据《证券法》第 202 条的规定，中国证监会作出〔2016〕56 号行政处罚决定：没收苏某某违法所得 65, 376, 232. 64 元，并处以 65, 376, 232. 64 元罚款。苏某某不服被诉处罚决定，向中国证监会申请行政复议。中国证监会经审查作出〔2017〕63 号行政复议决定，决定维持被诉处罚决定。苏某某仍不服，起诉至法院。

➢ **法院裁判：**

北京市高级人民法院对苏某某诉中国证监会对其作出的行政处罚和行政复议决定上诉案依法公开宣判，以事实不清、程序违法为由终审判决撤销被诉行政处罚决定和行政复议决定，一并撤销此前驳回苏某某诉讼请求的一审判决。

辩点分析及案例释解

苏某某案中，证监会虽然没有搜集到足够的证据证明苏某某与殷某之间的密切关系，并且通过这种密切关系获取了内幕消息，但是“苏某某与内幕信息知情人员间相关交易行为明显异常，且其没有提供充分、有说服力的理由排除其涉案交易行为系利用内幕信息”，因此推定苏某某的交易行为是基于内幕信息的、明显异常的交易行为。

从法律谦抑性的角度出发，面对证监会如此明确缺乏证据的推定和指控，还要令苏某某自证无罪的举证责任错误分配，法院最终判决撤销证监会的行政处罚和行政复议决定，以及此前的一审判决是非常正确的。但其中尚有值得我们深思之处，即关于传递性内幕交易主体的界定问题。

所谓传递性内幕交易行为是指：“内幕信息知情人员不直接利用自己知

悉的内幕信息进行内幕交易操作，而是将自己所知道的内幕信息传递、泄露给亲人、朋友或者第三人，由受领人利用自己得到的内幕信息从事内幕交易的行为。”① 我国对传递性内幕交易行为主体的规制依然是从传统内幕交易行为的主体规制框架中出发的。即按照《证券法》第 50 条界定的“内幕信息知情人”和“非法获取内幕信息的人”两种主体对传递性内幕交易行为的主体进行涵摄。

“内幕信息知情人”和“非法获取内幕信息的人”这两种主体的设置其实分别蕴含了国外两种不同的证券市场监管理论——“内幕信息知情人”对应着美国的信义义务理论，“非法获取内幕信息的人”对应着欧盟的信息平等理论。

美国联邦最高法院在 Chiarellav 案中指出，行为人之所以具有对内幕消息保密、强制揭露以及交易禁止等义务，并不是因为他们有可能从内幕信息交易之中获利，而是因为他们与公司或者股东之间存在某种信托关系。换句话说，只有对公司或股东负有信义义务的人员才有可能进行内幕交易。我国《刑法》在对“内幕信息知情人”这一主体的设定上，很显然受到了信义义务理论的影响，《刑法》通过授权给《证券法》，列举式地确定了内幕信息知情人的种类，尽管并没有明文解释这些人是出于何种原因负担着对内幕消息保密、交易禁止等义务，但我们起码可以明确其背后是存在一个类似于信义义务的原因存在的。

“内幕信息知情人”及信义义务理论的局限在于其无法规制那些没有负担信义义务但却得知了内幕消息的主体的内幕交易行为，即所谓的传递性内幕交易行为。1989 年欧共体出台了《反内幕交易指令》，其中提出了信息平等理论：无论进行交易行为的主体是何种身份，只要他是基于内幕信息进行的交易行为，那么就构成了内幕交易。我国《刑法》在对“非法获取内幕信息的人”这一主体的设定上，明显受到了信息平等理论的影响，通过适用这一理论，刑法就能够越过内幕信息知情人的限制，进一步沿着内幕信息的传播路径，扩大对内幕交易行为的打击范围和力度。

① 李梦梦：《传递型内幕交易犯罪主体的法律规制》，载《法制与社会》2021 年第 4 期。

但是，我们还要看到《刑法》对信义义务理论和信息平等理论兼采的事实，这意味着它们之间会产生一种互相的限制，信义义务理论中负有信义义务的主体认定范围将会扩大，而信息平等理论中持有内幕信息的主体认定范围将会缩小。这势必会令传播性内幕交易行为的认定标准变得更加严格，尤其是推定原则的适用会受到严格限制。

回到苏某某案中，法院对证监会的批驳都集中在其在证据不足的情况下对推定原则的滥用上。殷某作为内幕信息知情人是对苏某某内幕交易行为指控成立的关键事实，但证监会甚至并未对殷某本人进行调查了解，就作出了其为内幕信息知情人的认定，并在此基础上推定苏某某持有内幕信息、进行了内幕交易行为，还要求苏某某承担自证无罪的举证责任，在法院看来，这显然已经滥用了推定原则。实际上在原版信息平等理论中，推定原则的适用是极为宽松的，只要能够证明嫌疑人具有明显异常的交易行为，哪怕内幕信息来源不明确，也可以推定嫌疑人的行为构成内幕交易行为。然而，由于我国刑法对信息平等理论和信义义务理论的兼采，推定原则的适用受到了“主体”和“内幕消息传递链”的两方面举证责任限制。关于“主体”的举证责任限制，即一方面需要证明内幕信息的来源人属于“内幕信息知情人”，另一方面还需要证明内幕信息的接收人属于“非法获取内幕信息的人”。而关于“内幕消息传递链”的举证责任限制，则要求必须对内幕信息的传递途径、经手人员、传递过程作出证明。

受到双重举证责任限制的推定原则，既有利也有弊，但总体上是利大于弊的。其弊在于，增加了证监会、检察院的证明难度，这最终会影响对内幕交易罪的实际打击范围和力度。其利在于，限制了证监会对推定原则有可能的滥用，暗示只有法院能够进行自由裁量，而证监会并不存在任何自由裁量的空间，实质上维护了刑法的权威性。《刑法》将内幕信息知情人的认定标准授权给《证券法》，是对刑法的罪刑法定原则是一个冲击，通过对推定原则的适用，能够有效地解决这个问题。

面对证监会和检察院关于内幕交易的指控之时，我们应当时刻注意对方是否滥用了推定原则，或其适用推定原则是否考虑了“主体”和“内幕消息传递链”的两方面举证责任限制，以及是否错误地令当事人承担自证无罪的举证责任。这些都是能够影响到法院最终判断的要点。

3. 内幕交易罪中关于内幕信息形成之时的认定问题

核心要点：内幕信息形成之时的认定一直在司法实务中存在争议，在以往的判决中，一般以双方对合同主要实质性内容达成合意的时间点作为标准。但在此案中，法院针对国有企业及其相关企业出现的新情况，对认定标准有了新的见解。

相关案例：王某某、李某某内幕交易案①

➢ **案情介绍：**

2014年年底，国家电网有限公司（以下简称国家电网）下属公司国网节能服务有限公司（以下简称国网节能）的总经理郭某为实现公司资产证券化，安排时任国网节能财务资产部主任的被告人王某某联系券商提供咨询，王某某筛选出国家电网旗下多家上市公司壳资源，建议将重庆涪陵电力实业股份有限公司（以下简称涪陵电力）、置信电气作为借壳首选。郭某倾向于借壳置信电气，但被国家电网产业发展部财务资产处处长江某否决。借壳涪陵电力需要与涪陵区政府商谈。

2015年10月26日，郭某召开国网节能上市准备工作会，研究委托券商、与涪陵区政府商谈等问题。会后，郭某安排王某某了解涪陵电力的资产情况；11月6日，涪陵电力间接控股股东国网重庆市电力公司（以下简称重庆电力）总经理路某应郭某要求，指派该公司财务部主任陈某到北京向郭某介绍涪陵电力，王某某参加中午聚餐，陈某在席间提到借壳涪陵电力需要取得涪陵区政府的同意；12月29日下午，郭某等人先后与涪陵区政府、涪陵电力及其控股股东会商，取得对方对借壳的支持；12月30日，涪陵电力停牌。2016年2月25日，涪陵电力发布与国网节能重组的公告。经证监会认定，该公告事项属于证券法规定的内幕信息，敏感期为2015年10月26日至

① 北京市高级人民法院（2020）京刑终55号。

2016 年 2 月 25 日，王某某系内幕信息知情人。

2015 年 11 月，被告人王某某、李某某以夫妻名义在内幕信息敏感期买入涪陵电力股票成交金额共计 412.4 万余元。

2018 年 12 月 19 日，被告人王某某、李某某被抓获归案。

➢ **法院裁判：**

二审法院认为：

（1）一审判决对内幕信息及敏感期的认定无误；

（2）王某某系内幕信息知情人员，李某某系与内幕信息知情人员关系密切的人员；

（3）李某某属于非法获取内幕信息的人员；

（4）李某某、王某某均构成内幕交易罪。

综上所述，一审法院根据上诉人王某某、李某某犯罪的事实、性质、情节和对社会的危害程度，依法所作的判决事实清楚，证据确实、充分，定罪及适用法律正确，量刑适当，审判程序合法，应予维持。

辩点分析及案例释解

“两高”《关于办理内幕交易、泄露内幕信息刑事案件具体应用法律若干问题的解释》第 5 条第 1 款指出：“本解释所称‘内幕信息敏感期’是指内幕信息自形成至公开的期间。”这一规定旨在以形成和公开两个时间段作为判断内幕信息是否具有“秘密性”的认定标准。其中关于“内幕信息形成之时”的认定在司法实践中产生了一定的争论。

所谓内幕信息的形成之时，《刑法》授权由《证券法》作出规定。《证券法》第 52 条规定：“证券交易活动中，涉及发行人的经营、财务或者对该发行人证券的市场价格有重大影响的尚未公开的信息，为内幕信息。本法第八十条第二款、第八十一条第二款所列重大事件属于内幕信息。”换句话说，内幕信息的形成之时是指能够对上市公司股票价格产生或涨或跌的重大影响的各种“计划”、“方案”和“重大事件”所形成的时间。

在过往的判例中，法院对内幕信息形成之时的认定可以分为两种情况。第一，将合同双方对全部实质内容首次基本达成合意的时间点作为内幕信息的形成之时。比如在2007年的杭萧钢构案①中，中国国际基金有限公司与浙江杭萧钢构股份有限公司两方的高层就项目的价格、数量、工期、付款方式等内容进行了三轮的谈判，直到2007年2月8日才基本对合同的全部实质性内容达成合意，因此法院将这一时间点认定为内幕信息的形成之时。第二，尽管合同双方并未对全部实质内容达成合意，但已经对其主要的实质内容，即《证券法》中所谓的重大事件的发生达成合意，那么就将这个时间点作为内幕信息的形成之时。比如在2016年的刘某敏内幕交易案②之中，从2013年10月至2014年2月，富睿集团、捷安德公司与亚洲瓶业公司展开了多轮商谈，到了2月24日，才明确了股权转让总额、交易价格区间，随后又开始对交易程序等交易细节进行了数轮的磋商，直至数月之后才对合同全部实质性内容首次达成合意。在此案中，法院却将内幕信息的形成之时认定为2月24日，究其原因，还是由于交易双方于2月24日所达成的关于股权转让、交易价格区间等合意，实质上属于《证券法》中规定的能够对上市公司股票价格产生重大影响的“重大事件”了。也就是说，内幕信息的形成之时的认定，并不必然要求双方对全部实质性内容均达成合意，在某些情况下，只要存在双方对重大事件、计划、方案达成的合意，并具备将其现实转化的较大可能性，此时就可以认为形成了内幕信息。

不过在本案中，法院对内幕信息形成之时的认定，针对国企的内幕信息形成的特殊情况，并没有采取上述两种方案，而是激进地采取了更加严格的认定方案，颇值得一论。

按照我们之前的论述，无论是将双方首次对全部实质性内容达成合意的时间点作为内幕信息形成之时，还是将双方首次对主要实质性内容或者“重大事件”“计划”“方案”达成合意的时间点作为内幕信息形成之时，共同的前提条件都是双方需要达成合意。在本案中，法院认定的内幕信息形成之时是2015年10月26日，此时郭某才第一次召开国网节能上市准备工作会，甚至在会后才安排王某某去了解涪陵电力的资产情况，无论从哪个角度来看，

① 2007年浙江十大经济犯罪案件之一。

② 深圳市中级人民法院（2016）粤03刑初348号。

我们都无法作出国网节能和涪陵电力双方对借壳上市的实质性内容达成基本合意的判断，双方首次有达成合意的迹象应该是在 11 月 6 日陈某和郭某见面之后。但王某某及李某某确实利用内幕信息的便利，通过买卖股票获得了巨大的利润，潜在地损害了广大投资者的利益，理应属于《刑法》内幕交易罪的打击范围。

面对这样入罪困难的情况，法院灵活地考虑了社会主义市场经济的大背景，从而将内幕信息形成的时间点往前推至 2015 年 10 月 26 日，即郭某第一次召开会议发起重组动议的时间。在社会主义市场经济体制下，相较于一般私营企业，国企及其相关企业的运营和管理方式具有重大区别。对于重组这类重大事项，在管理层作出决定之后，私营企业之间可能会进行漫长的磋商，因此应该将双方的合意作为内幕信息形成之时的认定标准。而国企及其相关企业具有相当的行政化特征，重组等重大事项的决定往往并不是由企业本身作出，而是由相关企业的主管部门作出，所以双方企业的磋商以及合意会被相对地边缘化，重要的是需要双方企业的主要领导及班子，或者一方企业、一方主管部门的主要领导及其班子的拍板同意。我们可以看到，从 2015 年 10 月 26 日郭某开会发起重组，到 12 月 30 日涪陵电力停牌仅用了 2 个月的时间，其效率之高是私企磋商望尘莫及的。因此对国企及其相关企业的内幕信息形成之时的认定，应当适用更加严格的认定标准。此案中，法院将郭某开会发起重组的时间点作为内幕信息形成之时，是一个很好的范例。

从律师的角度出发，此案也提醒我们，在面对涉及国企的内幕交易案件之时，应该更加重视对内幕信息形成之时的认定问题。本案辩护人认为一审依据证监会出具的认定函认定本案的内幕信息敏感期错误，并认为敏感期应为 2015 年 12 月 29 日至 2016 年 2 月的看法，显然是并没有考虑到国企重大事项决策流程的特殊性质，从而错误地将郭某实际与涪陵区政府、涪陵电力及其控股股东会商达成合意的时间认定为内幕信息形成之时，事实上重组这个重大事件早在主要领导作出决策之后就已经具有相当的转化为现实的可能性，这点是值得辩护时深思的。

4. 内幕交易罪中关于“利用”要件的认定问题

核心要点：在内幕交易行为的认定中，司法实践往往只考察行为人是否存在“得知内幕消息”和“交易行为”两个要件，而它们之间的中介，即“利用”要件往往被忽视。如果行为中不包含“利用”内幕信息这一要件，哪怕当事人无意中得知相关内幕信息，并且作出了投资行为，也不能将这两个部分联结起来作为内幕交易行为进行评价。

相关案例：杜某某、刘某某内幕交易、泄露内幕信息案①

➢ **案情介绍：**

被告人：杜某某，原系中国电子科技集团公司总会计师。

被告人：刘某某，系被告人杜某某之妻。

2009 年 3 月 23 日，杜某某与中国电子科技集团公司（以下简称中电集团）财务部主任张某到下属的十四所等单位考察。十四所所长罗某、十四所副总经济师鲍某向杜、张两人汇报了十四所准备收购南京地区股份制企业借壳上市的内容。3 月 29 日，杜某某回北京后，根据罗、鲍等人汇报的借壳公司的概况，通过互联网检索，得出唯一符合借壳条件的公司是高淳陶瓷。3 月 31 日，杜某某陪同中电集团领导参加十四所搬迁仪式期间，南京市政府领导就十四所收购重组事宜出面协调，使其确信十四所拟借壳公司为高淳陶瓷公司。次日回到北京后，杜某某将十四所欲重组高淳陶瓷公司的信息告知其妻刘某某，双方均同意购买高淳陶瓷股票。4 月 2 日，杜某某通过其个人账户买入 21,000 股高淳陶瓷股票，后逐步将个人账户中的资金分别转入其所操控的亲属的股票交易账户。2009 年 4 月 2～20 日，杜某某单独操作买入高淳陶瓷股票累计 223,000 股，交易金额 1,542,185.52 元，获利 2,470,351.38 元；杜某某、刘某某共同操作买入高淳陶瓷股票累计 137,100 股，交易金额 966,946.91 元，获利 1,739,692.46 元。刘某某获悉信息后，还将高淳陶瓷公

① 无锡市中级人民法院（2011）锡刑二初字第 0002 号。

司计划重组的信息泄露给赵某某等人（均另案处理），赵某某等人先后买入高淳陶瓷股票累计784,641股，获利12,019,744.91元。

> **法院裁判：**

江苏省无锡市中级人民法院认为，被告人杜某某因履行工作职责获取了内幕信息，系内幕信息知情人员；被告人刘某某从其配偶处获悉内幕信息，系非法获取内幕信息人员。在内幕信息尚未公开前，杜某某、刘某某从事与该内幕信息有关的股票交易，且成交金额与获利数额均为巨大，两被告人构成内幕交易的共同犯罪。刘某某还将内幕信息泄露给他人，导致他人从事与该内幕信息有关的股票交易，且情节严重，还构成泄露内幕信息罪。杜某某在内幕交易共同犯罪中起主要作用，是主犯；刘某某起次要作用，是从犯，依法应当减轻处罚。鉴于杜某某、刘某某在案发后已退缴全部赃款，均可酌情从轻处罚。据此，江苏省无锡市中级人民法院以被告人杜某某犯内幕交易罪，判处有期徒刑6年，并处罚金425万元；以被告人刘某某犯内幕交易、泄露内幕信息罪判处有期徒刑3年，并处罚金425万元。

辩点分析及案例释解

在对内幕交易行为的评价中，关于是否要求存在“利用”内幕信息这一要件和情节，是学界和司法实务界共同关注的问题。

所谓“利用”要件，即内幕交易行为必须是一个包含着利用内幕信息进行投资的行为。如果行为中不包含“利用”内幕信息这一要件，哪怕当事人无意中得知相关内幕信息，并且做出了投资行为，也不能将这两个部分联结起来作为内幕交易行为进行评价。围绕“利用”要件，产生了肯定说和否定说两种学说。①

肯定说认为，尽管《刑法》第180条并未明文规定“利用”要件，但就像盗窃罪和侵占罪也没有明文规定“非法占有为目的”要件一样，从立法原意出发，“利用”要件是应当存在的。并且作为联结嫌疑人的交易行为和获取内幕信息行为的中介，“利用”要件的适用，能够有效地增强内幕交易罪

---

① 参见钟雯彬：《内幕交易，泄露内幕信息行为的客观表现认定——美国内幕交易规制的借鉴》，载《西南民族大学学报（人文社科版）》2004年第1期。

评价的准确性。①

否定说则认为，在司法实务中对“利用”要件的认定和证明是极为困难的，一旦无法证明“利用”要件，嫌疑人就有出罪的可能，这并不利于实质正义的实现。因此在评价内幕交易行为时，只需要考虑嫌疑人是否得知内幕信息，以及是否进行了交易行为即可，无须考虑证明和认定“利用”要件。②

在苏某某案中，证监会对苏某某作出的行政处罚决定并未充分对“利用”要件进行充分考虑，仅从内幕信息和交易行为两者的密切关联出发，就认定其行为构成内幕交易。最终北京市高级人民法院判决苏某某胜诉，行政处罚决定被撤销。我们可以看到北京市高级人民法院对“利用”要件适用的肯定，这是具有示范作用的。

回到本案，杜某某因为履行工作职责获取了十四所关于借壳上市的部分内幕信息，尽管此信息并不完整，但杜某某通过个人的推理补全了内幕信息，并在3月31日南京市政府领导的出面协商中确证了自己的推理，因此不存在犯罪主体要件认定上的瑕疵。关键是对其“利用”内幕信息进行交易之“利用”要件的认定。法院指出，杜某某于4月1日将内幕信息告知妻子，并且两人均同意利用此内幕信息进行证券交易，4月2～20日，杜某某实施了证券交易行为。这一事实证据即能完全证实杜某某对内幕信息的“利用”要件，从而将杜某得知内幕信息的行为，以及进行证券交易的行为密切关联起来，构成完整的证据链条。

如果我们假设在此类案件中一律适用否定说，那么会出现何种情况呢？这会导致两种情况的出现：第一，被动得知内幕信息的行为人，根本不知道自己已经得知了内幕信息，或者并不知道这些内幕信息的重要性和真实性，因为这些信息在没有经过专业分析之前无法确定其能够对证券交易市场的公平性产生重大影响，且这些信息在并未得到证实之前，亦无法确定其真实性。但行为人此时又恰好进行了疑似内幕交易的行为，根据“利用”要件否定

① 参见马克昌主编：《经济犯罪新论：破坏社会主义经济秩序罪研究》，武汉大学出版社1998年版，第293页。

② 参见庞良程：《证券内幕交易罪的构成及认定》，载《中央检察官管理学院学报》1998年第1期。

说，就有很大的入罪风险，极易被认定为内幕交易罪。第二，基于工作和职务的关系得知部分内幕信息的行为人，他们和“董监高”不同，并不能够天然地通过规章制度得知内幕信息；又和纯粹被动得知内幕信息的行为人不同，因为他们在得知内幕信息的渠道上还是具有部分的制度性特征。本案中的杜某就是这类人，通过工作和职务，他得知了部分的内幕信息，一旦他自己主动补全了相关内幕信息，法院就直接将其认定为“内幕知情人”，实际上也就是认定，虽然杜某不属于列举的“内幕知情人”但由于其对已经得知的部分内幕信息的补全行为，因而具有了和“董监高”相当的天然的制度性身份。遗憾的是，哪怕这类人在不补全内幕信息及对内幕信息的重要性并无充分认识的前提下，只要在信息敏感期进行了疑似内幕交易的行为，根据“利用”要件否定说，也非常容易入罪。

尽管否定说可以覆盖一些肯定说无法打击的方面，但司法实务中存在大量的得知不完整的内幕信息以及被动得知内幕信息的情况，因此否定说必定会不合理地扩大打击面，从而矫枉过正。

那么在采用肯定说的前提下，面对第一种情况时，首先，我们应该审查犯罪主体是否适格，由于“两高”《关于办理内幕交易、泄露内幕信息刑事案件具体应用法律若干问题的解释》实际上对获取内幕信息行为的主观故意要件做出了要求，那么被动得知内幕信息的行为人就有可能不构成“非法获取内幕信息的人员”，进而因主体不适格而出罪。其次，我们也可以审查是否存在“利用”要件，如果无法证明行为具有“利用”要件，则很难将“被动得知内幕信息”和“交易行为”两部分嵌合起来，从而为出罪提供可能性。面对第二种情况时，我们应当首先证明行为人并无补全内幕信息的行为，以及对内幕信息的重要性并无正确认识；其次审查是否存在“利用”要件，如果不具有“利用”要件，则难以构成内幕交易罪。

总而言之，从法院采用肯定说的做法可以看出，在司法实务中那种只图司法机关办案快捷方便的作风已经明显改变，而对犯罪嫌疑人的合法保护逐渐成为刑事案件的重心。

5. 内幕交易罪中关于“明示”“暗示”要件的认定问题

核心要点：在“明示、暗示”要件的认定中，司法机关往往过于粗糙地以是否进行了交易行为作为唯一标准，未能详细地对明示者、暗示者和被明示者、被暗示者进行分类讨论，从而客观地阻碍了一些出罪的可能。

相关案例：陈某泄露内幕信息案①

➢ **案情介绍：**

厦门高能投资咨询有限公司（以下简称高能公司）作为组织推动重组工作的第三方，当时作为该公司职员的被告人陈某于2013年1月25日获悉相关信息，系内幕信息知情人。陈某分别于2013年2月15日、3月4日和3月16日向被告人林某泄露相关内幕信息所涉重组事项的进展情况。林某又于同年3月18日向万某（另案处理）透露上述内幕信息，授意并指使万某大量买入“银润投资”股票。2013年2月18日至3月25日，被告人林某利用其控制的林某甲、冯某某、钟某某、吴某某、唐某某、杨某、熊某某、方某某、范某某、巫某某、林某乙、颜某某等13个自然人证券账户，买入1,435,105股“银润投资”股票，买入交易金额13,490,520.30元人民币（币种，下同），卖出50,001股，卖出交易金额479,604.66元。万某在林某的指使下，于获悉上述内幕信息的次日即2013年3月19日，以其本人名义开设证券账户，并自当日始至当月21日密集买入共计99,100股“银润投资”股票，买入交易金额958,652.26元。按2013年8月28日“银润投资”复牌日收盘价计算，林某操作的13个证券账户账面获利金额合计1,347,525.26元，万某账户账面获利金额66,240.13元。另查明，在证监会行政稽查期间，被告人林某利用师生关系，多次与被告人陈某和万某以及其他相关人员串通情况，订立攻守同盟，并将其操作买卖“银润投资”的两台电脑主机替换处理，以掩盖其

---

① 福建省高级人民法院（2017）闽刑终43号。

内幕交易行为。2014 年 2 月 28 日，林某在厦门市思明区育青路 3 号被公安人员拘传到案，陈某在高能公司被公安人员抓获归案。

➢ **法院裁判：**

法院认为，上诉人陈某作为证券交易内幕信息的知情人员，在涉及对证券交易价格有重大影响的信息尚未公开前，向原审被告人林某泄露该信息，其行为构成泄露内幕信息罪，情节特别严重。原审被告人林某利用非法获取的内幕信息，在该信息尚未公开前进行证券交易，其行为构成内幕交易罪，情节特别严重。陈某犯罪以后自动投案，如实供述自己的罪行，系自首。原判定罪准确，审判程序合法，但未予认定陈某自首不当，并致其量刑偏重，应予纠正。

上诉人陈某犯泄露内幕信息罪，判处有期徒刑 1 年，并处罚金人民币 135 万元。

辩点分析及案例释解

在内幕交易罪关于明示、暗示他人进行交易的认定中，明示和暗示要件的理解引发了一定的争议。有学者认为，明示与暗示这两种使别人产生交易行为的手段，都是内幕信息的掌握者作出的建议的不同形式，它们仅在形式上有差异，明示可能表现为明确的语言、动作，而暗示则表现为暗喻的语言、动作，强度上要削弱很多。但无论如何，它们一致都向他人传达了“建议买卖某一证券”的意思，因此从本质上看它们之间并无区别。

对这一问题我们应当分类讨论，对于明示者、暗示者，以及被明示者、被暗示者，明示与暗示要件的存在与其罪名的认定密切相关。在进行分类讨论之前，首先要明确明示和暗示之间的区别。在我们看来，所谓明示，即明示者明确告知了被明示者具体的内幕信息以及购买建议，所谓暗示，则是暗示者并不直接告知对方具体的内幕信息，而是以暗示的形式指出建议其购买的股票证券具有内幕信息的支持。

在明确了明示与暗示之间的区别之后，我们再对明示者、暗示者和被明示者、被暗示者进行分类讨论。对于明示者和被明示者这一组而言，我们首先考察被明示者的行为构成，如果其行为符合“知悉内幕信息”、“利用”和

“进行交易行为”三个要件，那么被明示者的行为就是内幕交易行为，从而构成内幕交易罪。而明示者尽管没有“利用”和“进行交易行为”两个要件，但是由于他的犯罪构成受到被明示者的影响，一旦被明示者构成内幕交易罪，那么因为法条的规定，明示者也同样构成内幕交易罪。如果被明示者并没有进行交易行为，那么被明示者无罪，而明示者也不构成内幕交易罪，但如果明示者多次以明示的方式建议他人购买股票证券但均未果，则有可能涉嫌构成“泄露内幕信息罪”。

对于暗示者和被暗示者这一组而言，我们依然首先考察被暗示者的犯罪构成，如果其行为符合“知悉内幕信息”、“利用”和“进行交易行为”三个要件，那么被暗示者的行为就是内幕交易行为，从而构成内幕交易罪。同样地，与被暗示者密切相关的暗示者由于法条的关联性规定，也构成内幕交易罪。如果被暗示者没有进行交易行为，那么被暗示者无罪，暗示者也不构成内幕交易罪，并且由于其在建议的过程中并未直接透露内幕信息，亦无构成“泄露内幕信息罪”的可能性，因此暗示者也无罪。

综上我们可以得知，如果被明示、被暗示者从事了内幕交易行为，则明示者、暗示者，被明示者、被暗示者均构成内幕交易罪。如果被明示、暗示者均没有从事内幕交易行为，则明示者、暗示者，被明示者、被暗示者均不构成内幕交易罪。不过，明示者此时有构成“泄露内幕信息罪”的可能，但暗示者始终没有任何入罪的可能。

在本案中，陈某作为内幕信息知情人，于2013年2月15日、3月4日、3月16日分别向林某透露了内幕信息所涉及的重组事项进展情况，林某因而大量购买相关股票，获利100多万元。在这种情况下，林某符合“知悉内幕信息”“利用”“进行交易行为”三个要件，构成内幕交易行为无疑；而且对于陈某来说，林某亦构成其明示交易的“被明示者”。但法院仅认定陈某构成“泄露内幕信息罪”，这是有问题的。根据我们的讨论，明示者的罪名认定受被明示者的罪名认定影响，既然被明示者林某构成内幕交易罪，那么明示者陈某也应该同样构成内幕交易罪。对陈某如果要适用“泄露内幕信息罪”，就得首先证明，林某并没有从事交易行为，这显然是不可能的。然后还需要证明，陈某三次以上向林某透露相关内幕信息，尽管陈某确实在2月

15日，3月4日，3月16日三次透露了相关内幕信息，但由于林某已经进行了内幕交易行为，这一证明变得毫无意义。

本案中，法院的失误在于并未详细对明示、暗示者和被明示、被暗示者进行分类分析，仅简单地从是否进行了内幕交易行为出发，林某进行了交易行为，所以构成内幕交易罪，陈某没有进行交易行为，所以仅构成泄露内幕信息罪。这是极为粗糙的。泄露内幕信息罪和内幕交易罪在被规定同一条中，立法意图实际上是针对多次明示交易未果的行为人进行打击，不宜进行宽泛解释，在能够被内幕交易罪评价时，应该优先进行内幕交易罪的评价。最后，在被明示者、被暗示人并未从事交易行为的情况下，应当充分考虑明示者、暗示者透露内幕信息的次数或者是否以暗示的手段进行购买建议，以寻求出罪的可能性。

6. 内幕交易罪中关于“不作为”行为的定性问题

核心要点：长久以来，认为“不作为”不构成内幕交易罪的观点具有相当的影响力，但在司法实务中，我们应该先行肯定“不作为”行为构成内幕交易罪的可能性，然后再寻求出罪的机会。

相关案例：王某1等内幕交易泄露内幕信息案①

➢ **案情介绍：**

2016年2月13日，某1股份公司的控股股东某2集团开始筹划某3股份公司股权转让的重大资产重组事项。同年5月9日，某1股份公司发布停牌公告。被告人王某1作为某1股份公司资本运作部副总经理，是该项目的主要负责人，系内幕信息知情人。

2016年2~4月，被告人王某1在与被告人王某2等人聚餐过程中泄露上述内幕信息。同年4月26日至5月6日，王某2为获取非法利益，利用王某1本人及胞弟王某3的证券账户买入“三爱富”股票合计220余万股，累计成

① 上海市第一中级人民法院（2020）沪01刑初8号。

交额3100余万元。“三爱富”股票于2017年8月4日复牌后，王某2将股票陆续卖出，亏损35万余元。

2018年6月12日，中国证券监督管理委员会陕西监管局认定，某1股份公司重大资产重组事宜的信息未公开前属于内幕信息，该内幕信息形成不晚于2016年2月13日，公开于2016年5月9日。该局对王某2以内幕交易行为处以相应的行政处罚。

被告人王某1、王某2于2019年7月17日在未被采取强制措施的情况下到案，王某1到案后如实供述了主要的犯罪事实，王某2到案之初未如实供述主要的犯罪事实。

➢ **法院裁判：**

法院认为，被告人王某1作为证券交易内幕信息的知情人员，在对证券交易价格有重大影响的信息尚未公开前，泄露该信息；被告人王某2非法获取内幕信息后买入该证券，交易金额达3100余万元，情节特别严重，两名被告人的行为分别构成泄露内幕信息罪、内幕交易罪。公诉机关指控的犯罪事实和罪名成立。王某1具有自首情节，王某2具有坦白情节，结合两名被告人当庭自愿认罪、悔罪等情节，可对王某1减轻处罚，并适用缓刑，对王某2从轻处罚。公诉机关的量刑建议和辩护人所提对被告人减轻或者从轻处罚的辩护意见予以采纳。判决：（1）被告人王某1犯泄露内幕信息罪，判处有期徒刑3年，缓刑3年，并处罚金人民币30万元。（2）被告人王某2犯内幕交易罪，判处有期徒刑5年6个月，并处罚金人民币50万元。

辩点分析及案例释解

在内幕交易罪的认定中，关于“不作为”行为的定性在理论界形成了较大的争论。所谓内幕交易的“不作为”行为，主要是指行为人原计划买入或卖出某一证券，但在知悉相关内幕信息之后，停止了原计划打算实施的交易行为，从而实际获取了经济利益或避免了经济损失。知名刑法学家刘宪权认为，首先，内幕交易犯罪必须有交易行为存在，而“不作为”行为并不是一个交易行为，其次，刑法中的“不作为”行为都需要一个特定的义务作为前提，没有特定的义务就不应该有“不作为”行为。在证券、期货市场中，知悉内幕信息之人并不存在刑法课以的必须进行交易的“特定义务”，因此不作为就不应该被刑法评价。“在证券、期货市场上，我们不应该期待投资者（包括内幕交易人）只能输钱不能获利，这种要求是不符合市场规律的”。最后，内幕交易罪的打击范围应该是那些破坏了证券、期货市场正常交易秩序的行为，而行为人消极的“不作为”的行为，仅仅是给自己避免了可能遭受的损失，并未对正常的市场秩序造成直接的破坏。

笔者对此并不赞同，具体理由如下。首先，所谓交易行为，既包括积极的交易行为，也包括消极的交易行为。积极的交易行为，即主动地去促成交易的进行，而消极的交易行为，即消极地阻止交易的进行。这正是刘宪权所推崇的“证券、期货市场正常的市场规律”，在一个正常的市场中，交易行为必然不只有积极的交易行为，慎重地进行投资，及时止损也是交易行为的重要组成部分。

其次，刑法行为中的“不作为”固然需要一个特定的义务，但实际上这个特定的义务并不一定是由刑法明文规定的，也有可能是由行为人先前行为形成的必须“作为”的特定义务。刑法固然没有对知悉内幕之人课以必须进行交易的特定义务，但只要行为人知悉内幕信息的行为造成了对证券、期货交易市场公平秩序的威胁的可能性，他就有一个特定的义务阻止这种威胁的现实化。如果他的原计划是买入或卖出，在没有内幕信息介入的情况下，他买入或卖出的行为符合市场规律，不会对秩序造成影响。而一旦有内幕信息的介入，他买入或卖出的行为就有可能发生改变，无论最终行为改变与否，一旦他有从中获利的可能性，他就已经对市场秩序造成影响了。因此实际上知悉内幕信息之后，行为人有义务阻止自己任何因此内幕信息获利的可能性之出现，如果借助内幕信息的帮助，他判断自己进行交易能够获利，那么他有义务阻止自己并进行交易。同样，如果借助内幕信息的帮助，他判断自己不进行交易能够获利，这是自己的原计划的话，就无法进行刑法上的评价，但只要这并不是自己的原计划，就必然也要受到刑法上的评价，此时行为人的客观上的“不作为”亦构成消极的内幕交易行为。

最后，不作为的行为实际上已经运用了内幕信息，而只要运用了内幕信息，无论是用来获利，还是用于保全自身财产不受损失，都应该一律属于内幕交易罪的打击范围。

综上所述，笔者认为在内幕交易罪的认定中，在内幕信息的影响下，改变了行为人原有的投资计划，进行了“不作为”行为，必定构成内幕交易罪。这看似压缩了内幕交易罪的出罪途径，但实际上增加了内幕交易罪的出罪途径。这是什么原因呢？在原来的“不作为”行为不构成内幕交易罪的语境下，看似充分却显得有些强词夺理的论证，即使能够暂时说服法院，也会在其他方向上引起法院更严格的审查和认定。反倒是退一步，在肯定了“不作为”行为入罪的前提下，寻找“不作为”行为之中诸如内幕消息未改变行为人原有的投资计划的证据，既能赢得法院的好感，也能够更有理有据地为出罪提供理由。另外，关于“不作为”行为的认定，由于其入罪的容易，将会对司法机关适用推定原则形成巨大的限制，从而极大地增加了司法机关的认定难度，这对出罪也是一个利好消息。

在本案中，被告人王某1买入“三爱富”股票合计220余万股，累计成交额3100余万元，合计亏损35万元，但依然被法院认定为内幕交易罪，这足以证明，行为人是否因为内幕交易行为实际上获利是不重要的，重要的是其有没有在内幕信息的影响，改变了原有的投资计划，展开了作为或者不作为的“内幕交易”行为。只要存在这样的行为，就一定对证券、期货市场的公平交易秩序产生了影响，因而从这个意义上看，内幕交易罪首要打击的是一种对秩序影响的可能性，而对现实性的打击是次要的。

7. 内幕交易罪中关于单位犯罪和企业合规建设的若干问题

核心要点：在可以预见的未来，相关部门应该还会陆续出台包括内幕交易罪在内的金融犯罪各罪名有关单位犯罪的新规定，会逐渐把单位犯罪和自然人犯罪的量刑趋于统一，从而加强单位犯罪的适用。在这种情况下，应该结合相关部门对企业合规建设的新规定，加强企业合规建设，寻求单位犯罪出罪的可能性。

相关案例：陈某等内幕交易、职务侵占案①

➢ **案情介绍：**

高某曾是 A 上市公司的董事长。2015 年，该上市公司因涉嫌单位犯罪被立案侦查，案件于 2016 年 2 月被移送审查起诉，同年 3 月，高某代表公司签收了《起诉意见书》。根据法律规定，公司涉嫌犯罪被依法立案调查的，属于可能对股票交易价格产生较大影响的重大事件，在未公开前属于内幕信息；高某作为内幕信息的知情人，从他知悉这一信息开始，一直到依法向公众披露之前，依法是不能交易相关股票的。高某深知，这个消息一旦公开，势必会造成公司股价的波动，而他恰恰持有公司的大量股票。因此，高某不仅没有按照规定及时进行信息披露，反而打起了自己的“小九九”。

2016 年 5 月，高某将其名下 100 多万股解禁的限售股全部卖出。此时，高某名下还有 300 余万股高管锁定股，按照法律规定暂时无法转让。到 2016 年八九月，高某便向学习法律的陈某寻求帮助，以实现快速将股票过户到他人名下的目的。

陈某先为高某介绍了一名律师，帮助他前妻以清偿债务的名义向法院申请支付令，要求过户高某名下的公司股份，但因为不符合申请条件未成功。之后，陈某得知高某与其前妻签订过离婚协议，就建议高某以分割离婚财产的方式，将名下股票过户给前妻。在高某的操控下，过户到前妻名下的股票迅速被抛售一空。

股票全部卖出后，高某所在上市公司才按照其安排，公告了公司涉嫌单位犯罪的风险告知书，公告当日公司股票跌停。高某在两次抛售公司股票的过程中，交易金额上亿元，避损金额达 1600 万余元。

在高某实施犯罪行为时，行政监管机构也曾关注到高某交易行为的异常，并就相关情况进行了问询。但由于信息不对称，监管机构未能确认高某知悉所在公司涉嫌单位犯罪的真正时间，更未发现高某在过户股票时采用了不正当手段，致使高某侥幸逃过了行政处罚。

---

① 北京市第三中级人民法院（2020）京 03 刑初 170 号。

检察院在发现高某涉嫌内幕交易的犯罪线索后，积极引导公安机关及时调取了高某与前妻的离婚手续、交易流水、资金去向等材料，固定了高某知悉单位涉嫌犯罪、急于过户名下股票，以及控制公司发布公告等关键时间节点的证据，完善了指控高某涉嫌内幕交易罪的证据体系。

➢ **法院裁判：**

法院认为，被告人高某作为内幕交易知情人，在对证券交易价格有重大影响的信息尚未公开前，交易该证券，其行为已构成内幕交易罪，且情节特别严重，依法应予惩处。被告人陈某身为公司人员，利用职务上的便利，将本单位财物非法占为已有，其行为已构成职务侵占罪，且数额巨大，依法应予惩处；又利用职务上的便利，挪用本单位资金归个人使用，超过3个月未归还，数额较大，其行为亦已构成挪用资金罪，依法亦应予以惩处，且应与其所犯职务侵占罪数罪并罚。法院判决：（1）被告人高某犯内幕交易罪，判处有期徒刑5年6个月，并处罚金人民币1700万元。（2）被告人陈某犯职务侵占罪，判处有期徒刑5年6个月，犯挪用资金罪，判处有期徒刑1年6个月，决定执行有期徒刑6年。

辩点分析及案例释解

自2022年3月1日起正式施行的最高人民法院《关于审理非法集资刑事案件具体应用法律若干问题的解释》中，对非法吸收公众存款罪和集资诈骗罪中单位犯罪的认定作出了新解释，其第14条规定："单位实施非法吸收公众存款、集资诈骗犯罪的，依照本解释规定的相应自然人犯罪的定罪量刑标准，对单位判处罚金，并对其直接负责的主管人员和其他直接责任人员定罪处罚。"这表明金融犯罪的领域中，对单位犯罪的刑法规制上升到了一个新的高度，自然人主体与单位主体的定罪量刑标准基本达成了统一，这可能预示着未来我国金融犯罪领域的一个重要立法和司法方向。

在过往的司法实践中，金融犯罪有不少情况下是以公司或单位作为犯罪主体进行的，但在进入诉讼阶段之后，却通常以自然人犯罪进行起诉、判决。根据相关统计，在2015～2018年三年间262个涉及P2P平台单位犯罪的非法集资案例中，仅有10个案例被认定为单位犯罪，其余案例均以自然人犯罪进行起诉和判决。① 内幕交易罪由于其天然地带有为私人牟利的性质，因此更是鲜有认定为单位犯罪的案件。

原因可以分为以下两点。第一，在涉及单位犯罪的刑事案件中，认定单位犯罪下相应自然人承担的刑责，实际要轻于单独认定自然人构成犯罪时其应承担的刑责。因此，在绝大多数涉及单位的金融犯罪案件中，虽然辩护人提出了案件应认定为“单位犯罪”的辩护意见，但部分司法机关出于打击犯罪的考量，在实践中多以自然人构成犯罪进行认定，实现刑事法律的惩罚、警戒功效。

第二，存在部分司法机关对单位犯罪的追责范围认识不清、处理不明的情况。2017 年最高人民检察院在《关于办理涉互联网金融犯罪案件有关问题座谈会纪要》中就指出：“公安机关在立案时做法不一，有的对单位立案，有的不对单位立案，有的被立案的单位不具有独立法人资格，有的仅对最上层的单位立案而不对分支机构立案。”单位犯罪追责范围的模糊导致检察院、法院在起诉、判决中难以适用单位犯罪。

随着 2017 年最高人民检察院上述互联网金融犯罪纪要，以及 2022 年最高人民法院《关于审理非法集资刑事案件具体应用法律若干问题的解释》的施行，在可以预见的未来，应该还会陆续出台金融犯罪各罪名关于单位犯罪的新规定，会逐渐把单位犯罪和自然人犯罪的量刑趋于统一，从而加强单位犯罪的适用。

在本案中，高某除了担任 A 公司的董事长之外，还是 A 公司的主要控股人，尽管法院并未明确认为其行为与公司行为混同，从而成立单位犯罪，但是对本案另一犯罪嫌疑人陈某职务侵占罪、挪用资金罪的认定，在论证过程中已经有涉及单位犯罪的可能性。因此在未来的新规定下，类似的案件是有较大可能成立单位犯罪的，在这种情况下，作为辩护人我们应该如何寻求出罪的可能性呢？

2022 年 4 月 19 日，最高人民检察院、司法部、财政部等九部委发布最

---

① 邓超：《互联网金融发展的刑法介入路径探析——以 P2P 网络借贷行为的规制为切入点》，载《河北法学》2019 年第 4 期。

新《涉案企业合规建设、评估和审查办法（试行)》，其中第 2 条第 1 款规定：“对于涉案企业合规建设经评估符合有效性标准的，人民检察院可以参考评估结论依法作出不批准逮捕、变更强制措施、不起诉的决定，提出从宽处罚量刑建议，或者向有关主管机关提出从宽处罚、处分的检察意见。”这意味着，企业合规建设将成为未来涉嫌单位犯罪的金融犯罪的最重要出罪口。

在企业内部引入合规建设，设立总体或者涉及相关业务的合规部门，一方面可以从总体上加强合规监管，另一方面也可以对公司各部门各业务进行具体的合规监管。在公司章程中规定合规建设条目，编写合规手册，定期对员工进行合规培训等合规建设，都能够有效地将企业、单位的意志与个人的意志相分离。在涉及单位犯罪时，可以借助《涉案企业合规建设、评估和审查办法（试行)》中关于“涉案企业合规建设经评估符合有效性标准”的相关规定，使检察院倾向作出“不批准逮捕、变更强制措施、不起诉的决定，提出从宽处罚量刑建议”等，从而达到出罪或减刑的目的。

五、

洗钱罪

◇ **洗钱罪**

洗钱行为界定的核心要素是“协助”，即在上游行为人获得违法所得后，其接续对上游犯罪违法所得进行掩饰、隐瞒的帮助行为，本质上是依附于上游犯罪人的附属行为。

（一）相关规定

《刑法》第一百九十一条【洗钱罪】为掩饰、隐瞒毒品犯罪、黑社会性质的组织犯罪、恐怖活动犯罪、走私犯罪、贪污贿赂犯罪、破坏金融管理秩序犯罪、金融诈骗犯罪的所得及其产生的收益的来源和性质，有下列行为之一的，没收实施以上犯罪的所得及其产生的收益，处五年以下有期徒刑或者拘役，并处或者单处罚金；情节严重的，处五年以上十年以下有期徒刑，并处罚金：

（一）提供资金账户的；

（二）将财产转换为现金、金融票据、有价证券的；

（三）通过转账或者其他支付结算方式转移资金的；

（四）跨境转移资产的；

（五）以其他方法掩饰、隐瞒犯罪所得及其收益的来源和性质的。

单位犯前款罪的，对单位判处罚金，并对其直接负责的主管人员和其他直接责任人员，依照前款的规定处罚。

（二）重要辩点及案例释解

1. 利用加密数字货币等方式协助资金转移，罪名罪数探究

核心要点：在涉及数字货币、区块链“洗钱”的案件中，一类交易

为将资产变卖转换为虚拟币的行为，另一类交易为将虚拟币操作、转卖的行为。两类行为之间最突出的区分要点便是资金是否已经转换为区块链上的各类虚拟资产；这也成为金融犯罪实务中，两个罪名的区分以及是否构成共犯的评判标准。

相关案例：胡某某、李某某等洗钱，掩饰、隐瞒犯罪所得、犯罪所得收益罪案[①]

➢ **案情介绍：**

被告人同时以虚构刷流水、操作购买数字货币，再将购买的数字货币提币的方式，进行“洗钱”操作，被同时判处洗钱罪与掩饰、隐瞒犯罪所得、犯罪所得收益罪。

➢ **法院裁判：**

苏州市吴中区人民检察院指控，2019 年 12 月初，被告人胡某某和李某某为非法牟利，根据上线的安排，先后从我国台湾地区飞至西安，后至苏州市吴中区、吴江区，与被告人孙某某取得联系。被告人孙某某为非法牟利，纠集被告人李某 1，由被告人李某 1 以虚构刷流水为名，在网上招募苏某、许某、刘某、何某、谭某、王某 2、王某 3、周某 8 名“人头”，至吴中区、吴江区浦某银行办理信用卡交给被告人胡某某、李某某使用。后被告人胡某某、李某某分别操作被告人孙某某、李某 1 提供的“人头”名下的信用卡和支付宝账户，收取上线转入的上游犯罪赃款，通过在数字交易平台购买 USDT 加密数字货币方式转移赃款，帮助上游犯罪掩饰赃款的来源和性质。

（一）洗钱

1. 2019 年 12 月 11 日、12 日，被害人李某甲被上游犯罪团伙骗取中国邮政储蓄银行卡、交通银行信用卡卡号、密码、身份证等资料，2 张卡内资金合计被转走人民币 28 万余元。被告人孙某某、李某某、李某 1 明知上述资金是金融诈骗的犯罪所得，仍将“人头”信用卡卡号提供给上线，由上线将其

---

① 江苏省苏州市吴中区（吴县市）人民法院（2020）苏 0506 刑初 579 号。

中29,768元经多个账户转账操作后转入许某的浦发银行卡内，由被告人李某某购买加密数字货币并提币至上线控制的账户中。

2.2019年12月11日、12日，被害人齐某被上游犯罪团伙骗取中国农业银行信用卡卡号、密码K令等资料，卡内资金合计被转走人民币39万余元。被告人孙某某、李某某、胡某某、李某1明知上述资金是金融诈骗的犯罪所得，仍将“人头”信用卡卡号提供给上线，由上线将其中2笔资金49,995元、49,994元，经多个账户转账操作后转入刘某、许某的浦发银行卡内，分别由胡某某、李某某购买加密数字货币并提币至上线控制的账户中。

（二）掩饰、隐瞒犯罪所得、犯罪所得收益

2019年12月9~12日，被告人孙某某、李某某、胡某某、李某1明知上游资金是电信诈骗等犯罪的所得，仍将“人头”信用卡卡号提供给上线，收取上线转入的上游犯罪赃款后，在数字货币交易平台上分多笔操作购买数字货币，再将购买的数字货币提币至上线控制的账户中。上述被告人通过频繁变更不同的操作地址和银行卡账号，操作何某、谭某、王某2、王某3、刘某、周某、苏某、许某8名“人头”账户购买数字货币，转移赃款合计人民币283万余元。其中，胡某某、李某某分别操作的购买加密数字货币金额为人民币195万余元、88万余元。现已核实到被转移的赃款中50万元人民币均来自黄某翔被诈骗案、韦某叶被诈骗案、蔡某吉被诈骗案、吴某凡被诈骗案、高某艳被诈骗案、肖某丽被诈骗案、蔡某菊被诈骗案、李某涛被诈骗案8起电信诈骗犯罪案件的犯罪所得。

辩点分析及案例释解

近年来，虚拟币、区块链技术成为市场交易的一大热门，区块链技术的灵魂即是去中心化思想，基于区块链而诞生的各种虚拟资产由于天生具有双向匿名、点对点交易、便捷快速、全球流通等特性，具备为各类犯罪提供帮助的天然潜质，洗钱罪就是其中关联性最高的罪名之一。

探究洗钱罪与虚拟币及罪数间的关系，需了解洗钱罪的构成要件，为掩饰、隐瞒毒品犯罪、黑社会性质的组织犯罪、恐怖活动犯罪、走私犯罪、贪污贿赂犯罪、破坏金融管理秩序犯罪、金融诈骗犯罪的所得及其产生的收益来源和性质，有下列行为之一的，没收实施以上犯罪的所得及其产生的收益，处5年以下有期徒刑或者拘役，并处或者单处罚金；情节严重的，处5年以上10年以下有期徒刑，并处罚金：

（1）提供资金账户的；

（2）将财产转换为现金、金融票据、有价证券的；

（3）通过转账或者其他支付结算方式转移资金的；

（4）跨境转移资产的；

（5）以其他方法掩饰、隐瞒犯罪所得及其收益的来源和性质的。

单位犯前款罪的，对单位判处罚金，并对其直接负责的主管人员和其他直接责任人员，依照前款的规定处罚。

值得注意的是，洗钱罪和掩饰、隐瞒犯罪所得罪，二者是《刑法》特别规定与一般规定的关系。掩饰、隐瞒犯罪所得、犯罪所得收益罪包含传统的窝藏犯罪和普通的洗钱犯罪，洗钱罪是针对毒品犯罪、黑社会性质的组织犯罪、恐怖活动犯罪、走私犯罪、贪污贿赂犯罪、破坏金融管理秩序犯罪、金融诈骗犯罪7类犯罪而为其洗钱的行为所作的特别规定。

最高人民法院于2009年11月4日颁布的《关于审理洗钱等刑事案件具体应用法律若干问题的解释》第3条规定："明知是犯罪所得及其产生的收益而予以掩饰、隐瞒，构成刑法第三百一十二条规定的犯罪，同时又构成刑法第一百九十一条或者第三百四十九条规定的犯罪的，依照处罚较重的规定定罪处罚。"在本案中，涉及虚拟币洗钱的情况下，案件行为人可能同时被判处洗钱罪与掩饰、隐瞒犯罪所得、犯罪所得收益罪。法院认为，被告人胡某某、李某某、孙某某、李某1明知是金融诈骗犯罪的所得，为掩饰、隐瞒其来源和性质，仍提供资金账户并通过购买加密数字货币等方式协助资金转移，其行为均已构成洗钱罪；被告人胡某某、李某某、孙某某、李某1明知是犯罪所得，仍通过操作多个银行账户购买加密数字货币的方式，协助上游犯罪转移财物，情节严重，其行为均已构成掩饰、隐瞒犯罪所得、犯罪所得收益罪。

在另一起案件陈某某洗钱案①中，被告人陈某某明知是金融诈骗犯罪的

① 上海市浦东新区人民法院（2019）沪0115刑初4419号。

所得及其产生的收益，为掩饰、隐瞒其来源和性质，提供资金账户，将财产分别转换成人民币和虚拟货币，通过转账协助资金转移汇往境外，其上述行为被判决为洗钱罪。

对比两个案件，可以清晰地区分出在虚拟币案件中，如何认定洗钱罪与掩饰、隐瞒犯罪所得、犯罪所得收益罪，以及在何种情况下两者数罪并罚。在胡某某、李某某一案中，被告人共实施了两类行为：第一类为将资产变卖转换为虚拟币的行为，第二类为将虚拟币操作、转卖的行为。两类行为之间最突出的划分节点便是资金是否已经转换为区块链上的各类虚拟资产，在金融犯罪中，转换之前所做的行为，构成洗钱罪，其行为是为了掩饰、隐瞒而采取购买虚拟币的方式，将犯罪所得以另一种形式体现、转移和保存；在转换之后所做的行为，是操作多个银行账户协助上游犯罪转移财物的行为，情节严重的，应当认定为掩饰、隐瞒犯罪所得、犯罪所得收益罪。

带着这样的思路，再看刘某某一案[①]中，被告人刘某某组织被告人鄢某某、黄某某、郑某某、林某及郑某隆（另案处理），为牟取利益，明知他人从事犯罪活动，由郑某隆通过投放广告等方式每日招聘不特定人员作为“人头”，专门提供支付宝网商银行账户及个人证件信息，被告人林某帮助登记“人头”身份信息，被告人刘某某、鄢某某、黄某某、郑某某利用“人头”的网商银行账户接收上游犯罪资金，再通过购买虚拟货币转赠的方式将所接收资金转移给他人。

显然上述行为发生在购买虚拟币节点之后，仅是对虚拟币进行转手出售的行为，故应以掩饰、隐瞒犯罪所得罪追究其刑事责任，最终法院也持同样的裁判观点。

若两个阶段均实施了违法犯罪行为，那么则构成洗钱罪和掩饰、隐瞒犯罪所得罪，数罪并罚，涉及其他情节的，还可能被判处帮助信息网络犯罪活动罪、诈骗罪等罪名。综上所述，在金融犯罪中涉及虚拟币的情节，一定要分阶段、按实际行为和工作内容进行划分，才能更好地实现辩护效果。

---

① 漳州市龙文区人民法院（2020）闽0603刑初244号。

2. “自洗钱”入罪后相关问题之探讨

核心要点：对洗钱犯罪的处罚，是以上游犯罪为中心，保持上游犯罪和洗钱犯罪的量刑协调，还是减少对上游犯罪的“依赖”，对自洗钱行为，能否完全脱离上游犯罪，对自洗钱的情节单独予以评价，也是亟须考虑的问题。与他洗钱相比，自洗钱对上游犯罪的依附性更强，在量刑体系的构建上，似乎应以保持上游犯罪与自洗钱的内部协调作为优先选择。

相关案例：赵某等贷款诈骗，合同诈骗，职务侵占，洗钱，掩饰、隐瞒犯罪所得、犯罪所得收益罪案①

➢ **案情介绍：**

2014年，王某胜、肖某兴（均已判决）与赵某等人经商议，以冒充中国银行股份有限公司（以下简称中国银行）山西分行工作人员、伪造公章以及提供虚假担保等方式，骗取上海银行股份有限公司（以下简称上海银行）北京分行资金。后上海银行北京分行通过渤海国际信托有限公司（以下简称渤海信托）与王某胜所在公司签订信托贷款合同，将4亿元资金通过渤海信托转至王某胜公司账户。至案发，造成上海银行北京分行损失3.42亿余元。

2015年年初，赵某伙同马某、邹某（均已判决）通过伪造交通银行股份有限公司（以下简称交通银行）青岛分行公章以及冒充该行员工等方式，以天津中艺供应链有限公司作为融资主体，骗取民生银行股份有限公司（以下简称民生银行）上海分行发放的融资款6.8亿余元。所骗钱款被用于拆借、提供给天津中艺国际储运有限公司（以下简称中艺公司）使用及支付佣金等。中艺公司收到相应钱款后，赵某遂利用职务便利，虚构应支付民生银行上海分行融资费用的事实，申请融资费用2500余万元。后该部分钱款被赵某提现。

---

① 上海市高级人民法院（2019）沪刑终70号。

为转移犯罪钱款，2015 年 5 月至 2016 年 6 月，赵某将源于合同诈骗骗取的中信银行资金以及贷款诈骗骗取的民生银行上海分行、兴业银行宁波分行资金共计 1.6 亿余元转入周某控制的公司账户，后被周某转至指定账户和提现。所提现金中，绝大部分由赵某涌单独或伙同李某波从周某处取走。2016 年 7 ~ 8 月，赵某然明知赵某涉嫌犯罪，仍收取赵某涌、李某波以现金或转账方式存入的涉案资金 675 万元。2016 年 8 月，肖某兴准备自首并委托赵某然退缴赃款、聘请律师等。后赵某然与李某、高某丽提取了肖某兴因参与诈骗中信银行资金所获取的巨额佣金 1400 万元，赵某然除将 830 万元退至公安机关外，余款用于购买理财产品、支付律师费用等。

➢ **法院裁判：**

上海市第一中级人民法院审理认为，赵某以非法占有为目的，三次伙同他人骗取金融机构贷款，其行为构成贷款诈骗罪，且数额特别巨大；赵某以非法占有为目的，伙同他人在签订、履行合同过程中，骗取金融机构资金，其行为构成合同诈骗罪，且数额特别巨大；赵某利用职务便利，将本单位财物占为已有，其行为构成职务侵占罪，且数额巨大，对赵某数罪并罚。张某以非法占有为目的，伙同他人骗取金融机构贷款，其行为构成贷款诈骗罪，且数额特别巨大。赵某涌、周某明知是金融诈骗犯罪所得，掩饰、隐瞒其来源和性质，均构成洗钱罪，且系情节严重；赵某涌、周某明知是犯罪所得而予以掩饰、隐瞒，其行为均构成掩饰、隐瞒犯罪所得、犯罪所得收益罪，且系情节严重；对赵某涌、周某数罪并罚。赵某然、李某波、李某、高某丽明知是犯罪所得而予以掩饰、隐瞒，其行为均构成掩饰、隐瞒犯罪所得、犯罪所得收益罪，且系情节严重。结合各被告人分别具有的从犯、自首、立功以及财产查扣、退赔等情节，以贷款诈骗罪、合同诈骗罪、职务侵占罪对赵某决定执行有期徒刑 19 年，剥夺政治权利 5 年，并处罚金 100 万元；以贷款诈骗罪对张某判处有期徒刑 5 年，并处罚金 5 万元；以洗钱罪，掩饰、隐瞒犯罪所得、犯罪所得收益罪对周某决定执行有期徒刑 4 年 6 个月，并处罚金 230 万元；以洗钱罪，掩饰、隐瞒犯罪所得、犯罪所得收益罪对赵某涌决定执行有期徒刑 6 年，并处罚 180 万元；以掩饰、隐瞒犯罪所得、犯罪所得收益罪对赵某然判处有期徒刑 3 年，并处罚金 10 万元，对李某波判处有期徒刑 3 年，缓刑 4 年，并处罚金 3 万元，对高某丽、李某均判处有期徒刑 3 年，缓刑 3 年，并处罚金 2 万元；违法所得予以追缴，供犯罪所用的财物予以没收。

一审宣判后，赵某、赵某涌、周某不服，提出上诉。

上海市高级人民法院经审理，于 2020 年 6 月 12 日裁定驳回上诉，维持原判。

辩点分析及案例释解

《刑法修正案（十一）》将自洗钱行为纳入洗钱罪的制裁范围，为逃避打击和切断与上游犯罪的关联性实施的洗钱行为并不纯粹是上游犯罪的自然延伸，不仅放大了上游犯罪的危害后果，而且对国家经济社会稳定等产生额外伤害。辩护律师首先应当分析上游犯罪与其后续延伸行为的关系，需要厘清哪些行为属于不可罚之事后行为，哪些行为可以单独入罪。该事后行为相对于上游犯罪行为具有刑法评价上的独立基础和理由，部分洗钱行为侵害法益的性质相较于上游犯罪可能更为严重，具有预防必要性，故不再认定为事后不可罚的行为而被前行为吸收。但洗钱行为入刑后在定罪处罚问题上，与上游犯罪是从一重罪处罚还是数罪并罚，需要在实践中进一步总结经验，按照罪责刑相适应的原则确定。可以分以下两种情况讨论。

首先是贷款诈骗罪与合同诈骗罪，其所对应的下游犯罪分别为洗钱罪与掩饰、隐瞒犯罪所得、犯罪所得收益罪。如果行为人对涉案钱款的具体来源缺乏明确认识，在该情形下实施的转移赃款行为就涉及认定为洗钱罪还是掩饰、隐瞒犯罪所得、犯罪所得收益罪的问题。对此，应当根据犯罪所得实际对应的上游罪名区分认定构成洗钱罪或掩饰、隐瞒犯罪所得罪。具体认定时，辩护律师可从以下角度入手：若上游犯罪后续未改变财产性质，此种行为应属于不可罚之事后行为，行为人若只是对上游犯罪对象（财物）予以窝藏、转移等，这是一种事后的消极处分行为，赃款、赃物仅是处于物理性质的场所改变或占有改变，应当在辩护中格外注意。行为人超出物理性行为改变赃款、赃物的性质，试图实施上游犯罪以外的掩饰、隐瞒等行为，从而使赃款、赃物合法化，致使犯罪所得及其收益呈现动态“漂白”特征，则应认定为是独立于上游犯罪的另一个犯罪行为，符合洗钱犯罪中使非法财产合法化的特征，可以纳入洗钱罪的打击范围。如在本案中行为人在贷款诈骗罪中，将违法所得进行实质的转移，赃款的属性发生了改变，由此被纳入洗钱罪定罪处罚。

其次是下游犯罪人对犯罪所得的认识问题，最高人民法院、最高人民检察院、海关总署联合印发的《关于办理走私刑事案件适用法律若干问题的意见》中明确，“走私犯罪嫌疑人主观上具有走私犯罪故意，但对其走私的具体对象不明确的，不影响走私犯罪构成，应当根据实际的走私对象定罪处罚”。根据此规定可以判断，行为人故意实施走私犯罪情形下，即行为人基于概括犯罪故意实施洗钱或掩饰、隐瞒犯罪所得的行为应当如何定性。在本案中，部分下游犯罪人即基于概括的犯罪故意实施了转移赃款的行为，上述行为人虽明知自己的行为会产生危害结果，但对这种犯罪结果发生的客体与范围没有确定认识，在此基础上决心实施犯罪的情形。

回归到本案，若被告人并不清楚犯罪所得的具体来源，仅知晓赵某、肖某兴系金融掮客，资金可能源于金融机构；在意志层面上，无论涉案钱款源于哪种诈骗行为，各被告人均会实施相应的犯罪行为，对涉案资金是持放任、无所谓的态度，由此可以判断各被告人主观上具有概括的犯罪故意。概括故意情形下，根据主客观相一致原则，由于不确定故意的行为人对其行为将造成的实际损害处于不确定状态，因此行为人应对其认识范围以内的实际结果负刑事责任。在概括犯罪故意的支配下，行为人对上游犯罪持无所谓态度，即容忍涉案资金的任何来源时，由于并未超出其主观认识的范畴，故按照涉案资金实际对应的上游犯罪区分认定下游犯罪，不违背主客观相一致原则。

上述转入周某控制账户的钱款及赵某涌转移的赃款分别源于贷款诈骗骗取的银行资金以及合同诈骗骗取的银行资金，认定周某、赵某涌的行为分别构成洗钱与掩饰、隐瞒犯罪所得、犯罪所得收益罪就于法有据了。而李某波、赵某然、高某某、李某所参与的掩饰、隐瞒犯罪所得行为，仅发生在赵某等人合同诈骗中信银行理财资金之后，并没有概括的犯罪故意，故应当认定构成掩饰、隐瞒犯罪所得、犯罪所得收益罪。

3. 关于在利用加密数字货币等方式下，洗钱罪认定的若干问题

核心要点：《刑法修正案（十一）》对洗钱罪进行了重大修改，洗钱罪的结构不再是“他犯”的帮助型犯罪，而是兼容了“自犯”和“他犯”的综合型犯罪。这样做一方面顺应了形势，扩大洗钱罪的打击面，强化对洗钱罪的打击力度；另一方面维护了反洗钱罪名体系的完整性、体系性和自洽性。

相关案例：吴某强洗钱案[①]

➢ **案情介绍：**

原判认为，被告人吴某强明知他人的违法犯罪所得，无正当理由，帮助他人转移财物，通过银行转账提现，收取手续费，从中获利，其行为已构成掩饰、隐瞒犯罪所得罪。公诉机关指控吴某强帮助他人洗钱200余万元，因只有吴某强供述“江湖传说”买卖比特币金额转至其账户取现，且也无其他证据能证实上游犯罪属于金融诈骗；证人危某的证言证实其被骗的事实，危某被骗的9538元经过几次转账才转至吴某强的账户，并转至吴某强账户的上一手证人庞某1的证言证实其是进行比特币交易得来的钱。故广昌县人民检察院指控被告人吴某强犯洗钱罪的犯罪事实不清，证据不足，而且证据之间不能相互印证，法院不予支持。对吴某强除9538元之外取现的金额是否构成犯罪，待上游犯罪事实清楚、证据充分后再依法处理。被告人吴某强归案后如实供述犯罪事实，系坦白，向危某退赃，并取得危某的谅解，退缴违法所得，依法可从轻处罚。公诉机关的量刑建议明显不当，法院不予采纳。经法院审判委员会讨论决定，依照《刑法》第312条第1款、第67条第3款、第64条，《刑事诉讼法》第201条的规定，判决如下：（1）被告人吴某强犯掩饰、隐瞒犯罪所得罪，判处有期徒刑1年4个月，并处罚金人民币1万元。（2）退缴的违法所得予以没收，上缴国库。

---

① 江西省抚州地区（市）中级人民法院（2021）赣10刑终104号。

原判针对控辩双方有关定罪意见，评判如下。

本案控辩双方有关定罪意见涉及的洗钱罪和掩饰、隐瞒犯罪所得、犯罪所得收益罪，是刑法特别规定与一般规定的关系。掩饰、隐瞒犯罪所得、犯罪所得收益罪包含传统的窝藏犯罪和普通的洗钱犯罪，洗钱罪是针对毒品犯罪、黑社会性质的组织犯罪、恐怖活动犯罪、走私犯罪、贪污贿赂犯罪、破坏金融管理秩序犯罪、金融诈骗犯罪 7 类犯罪而为其洗钱的行为所作的特别规定。本案中，被告人吴某强供述是“江湖传说”通过“DC”币将交易获利的金额转入其银行账户，然后帮其取现 200 余万元，并有取现记录。证人危某的证言证实是在一个比特币交易的嘉盛平台被骗了 4 万元，危某的 9538 元被骗经过多次转账进入吴某强的银行账户，被吴某强提现，并有银行流水印证。公诉机关认为虚拟币交易涉嫌集资诈骗，集资诈骗属于金融诈骗范围，故认定吴某强构成洗钱罪；但目前无法律规定虚拟币的交易构成犯罪。“江湖传说”及诈骗危某的行为人均未归案，无法查清具体犯罪事实及其相互关联事实，且无法查清 200 余万元具体涉及何种犯罪及危某被骗的行为是否属于集资诈骗犯罪。从证据可以得出的，危某被骗的 9538 元经过多次转账后由吴某强取现。吴某强明知“江湖传说”的资金是违法犯罪所得，无正当理由，协助“江湖传说”转移危某被骗的 9538 元，从中获利，故吴某强构成掩饰、隐瞒犯罪所得罪。由于无法查清上游犯罪属于毒品犯罪、黑社会性质的组织犯罪、恐怖活动犯罪、走私犯罪、贪污贿赂犯罪、破坏金融管理秩序犯罪、金融诈骗犯罪，故吴某强不构成洗钱罪。

抗诉机关的抗诉认为，原审判决事实有误，适用法律不当。理由有：（1）一审判决未认定洗钱罪有误，事实上，本案的上游犯罪应认定为金融诈骗中的集资诈骗罪。①上游犯罪利用虚拟货币以微信朋友圈等方式向不特定对象集资诈骗。②虚拟货币非法公开融资涉嫌金融诈骗。（2）一审判决认定被告人吴某强的涉案金额为 9538 元不当。①吴某强属于概括明知涉案 260 余万元系犯罪所得。②涉案金额应认定为 2, 614, 000 元。

➢ **法院裁判：**

二审法院认为，原审被告人吴某强为收取小额手续费牟利，明知他人所得利益涉嫌非法，仍然通过为他人转账提现的方式，帮助他人规避监管，实现资产在多银行账户间的流动转移并最终实现资产脱离监管，变现进入实物流通领域，其行为已构成掩饰、隐瞒犯罪所得、犯罪所得收益罪。原审被告人吴某强还帮助犯罪嫌疑人“江湖传说”（网名，在逃）转移资金人民币2,614,000元，行为积极，起了主要作用。据此，依照《刑事诉讼法》第236条第1款第2项、第201条，《刑法》第312条第1款、第67条第3款、第64条之规定，判决如下：

（1）撤销江西省广昌县人民法院（2020）赣1030刑初85号判决书。

（2）原审被告人吴某强犯掩饰、隐瞒犯罪所得罪，判处有期徒刑2年6个月，并处罚金人民币14万元。

（3）退缴的违法所得予以没收，上缴国库。

辩点分析及案例释解

《刑法修正案（十一）》对洗钱罪进行了重大修改，将自洗钱入罪、对已列举的洗钱行为的补充完善以及“明知”、三种“协助”等术语的删除是其中尤其值得关注的重点，这导致洗钱罪在整个刑法罪名体系中的地位发生变动。因此在面对加密数字货币犯罪的新情况时，我们不仅要重新分析洗钱罪的犯罪构成，而且要重新划定此罪与掩饰、隐瞒犯罪所得、犯罪所得收益罪之间的区别。

在我国现有的刑法罪名体系之中，第191条（洗钱罪）和第312条（掩饰、隐瞒犯罪所得、犯罪所得收益罪）以及第349条（窝藏、转移、隐瞒毒品、毒赃罪）共同构成了我国的反洗钱罪名体系。尽管第312条是从原有的1979年《刑法》的窝藏、销赃罪转化而来，本在“妨害司法罪”的罪名体系分类下，但经过《刑法修正案（六）》的修改，第312条已经被纳入反洗钱的罪名体系之中，并且在后续最高人民法院2009年11月4日颁布的《关于审理洗钱等刑事案件具体应用法律若干问题的解释》[①] 中，与第191条的洗钱罪进一步形成了一般法与特别法的适用位阶关系。[②] 因此，只有在犯罪

① 该解释根据立法本意，将《刑法》第191条和第312条的关系定位为特别法和一般法的关系，强调两者的区分关键在于上游犯罪的不同。

② 参见刘为波：《〈关于审理洗钱等刑事案件具体应用法律若干问题的解释〉的理解与适用》，载《人民司法》2009年第23期。

所得和犯罪收益的行为对象是第191条洗钱罪所规定的7类犯罪之外的情形下，才属于第312条掩饰、隐瞒犯罪所得、犯罪所得收益罪的规制范围。随着第191条“明知”“协助”术语的删除，以及“支付”一词的增加，即把“通过转账或者其他结算方式协助资金转移”，修改为“通过转账或者其他支付结算方式转移资金”，不仅将自洗钱的行为吸纳进洗钱罪的构成之中，而且实际上也已经把通过加密数字货币等方式进行资金转移的行为（支付）纳入打击范围。在笔者看来胡某某、李某某等人只构成洗钱罪，吴中区法院对这些人同时构成掩饰、隐瞒犯罪所得、犯罪所得收益罪的认定是错误的。

从反洗钱罪名体系的角度来看，第191条、第312条和第349条的最初设计基础是赃物罪的传统理论。即在上游犯罪完成后，自然而然处于延续的违法状态之中的其他行为，实际上已经被上游犯罪的构成要件所评价，因此这些后续行为如果再次被作为新罪的构成要件进行评价，就违反了刑法中“禁止双重惩罚的原则”。[①] 我国1997年《刑法》设计第191条洗钱罪时，通过“明知”的术语明确自洗钱不能入罪，即遵循了这种传统赃物罪“消极”的入罪理论。后续的相关修正案和司法解释也均未改变这样的预设，因此在第312条和第349条的认定中，法院均否定了自洗钱入罪的可能性，只认为“他犯”能够构成此罪。

随着《刑法修正案（十一）》的出台，我国刑法的反洗钱罪名体系本质上已经部分突破了传统赃物罪的入罪规则，从而使得洗钱罪相关规则的适用产生了重大变化。首先洗钱罪列举的诸洗钱行为中三个“协助”术语的删除，意味着整个洗钱罪的结构不再是“他犯”的帮助型犯罪，而是兼容了“自犯”和“他犯”的综合型犯罪。与此同时，“明知”术语的删除，也在主观方面降低了认定标准，即当情形为“自洗钱”时，无须考虑主观方面构成要件的证明问题，可以直接推定犯罪嫌疑人已经明知，只有在“他洗钱”的情形下，才需要考虑主观方面构成要件的证明问题。“明知”认定标准的降低为容纳“自洗钱”留下了空间。最后，基于一般法与特殊法的适用位阶

① 参见王新：《反洗钱：概念与规范诠释》，中国法制出版社2012年版，第209页。

关系，以及整个反洗钱罪名体系的立法目的，也能够将这些关于洗钱罪的新规定适用在对第 312 条和第 349 条的认定中。这意味着传统赃物罪理论中那种“消极”的“不可罚的事后行为”的入罪原则，已经被更加“积极”的“自洗钱”的入罪原则所取代。这当然会给我们带来一些疑问，即反洗钱“积极”的入罪原则是否违背了刑法的谦抑性？

关于这个问题，需要注意反洗钱犯罪在国内、国际两方面所面临的严峻形势。在国内，尤其是随着互联网技术的发展，地下钱庄和加密货币的泛滥，为转移国内非法所得资产提供了一条捷径，大量国内资产被转移到国外，仅在 2016 年这一年里，“公安机关共查处地下钱庄网络 381 个，抓获涉案人员 800 余人，涉案金额超过 9000 亿元”。[①] 在国际上，“在 FATF 和亚太反洗钱组织对加拿大、澳大利亚、新加坡等国家发布的互评估报告中，这些国家均把来自中国的非法所得视为其风险来源之一”，[②] 也极大地影响了经济全球化时代下的金融稳定，对我国的国际形象造成负面影响。这意味着，洗钱罪作为所谓的下游犯罪，在如今国内外的经济形势下，已经逐步脱离了上游犯罪的影响，大多数情况下已经能够作为独立犯罪处理了，上游犯罪在很大程度上只是作为逻辑上、形式上的前提而非实质上的前提存在。因此，顺应形势扩大洗钱罪的打击面，强化洗钱罪的打击力度，是应有之义，此时比起谦抑性，应该更多地发挥刑法的能动性。如果从维护反洗钱罪名体系的角度来看，维护体系的完整性、体系性和自洽性，也正是罪刑法定原则，即刑法谦抑性的体现。

本判决已经意识到了《刑法修正案（十一）》对自洗钱，以及“支付”行为的重大修订，并运用在判决之中，正确地将胡某某、李某某等人利用加密数字货币进行资金转移的行为认定为洗钱罪。但是并没有从整个反洗钱罪名体系的角度出发，审视《刑法》第 191 条洗钱罪和第 312 条掩饰、隐瞒犯罪所得、犯罪所得收益罪之间的关系，从而忽视了二者已经形成的特殊罪名

① 转引自王新：《〈刑法修正案（十一）〉对洗钱罪的立法发展和辐射影响》，载《中国刑事法杂志》2021 年第 2 期。

② 转引自王新：《〈刑法修正案（十一）〉对洗钱罪的立法发展和辐射影响》，载《中国刑事法杂志》2021 年第 2 期。

和一般罪名的体系事实，最后错误地作出了相关人员同时构成掩饰、隐瞒犯罪所得、犯罪所得收益罪的认定，这是值得我们反思的。

4. 洗钱罪构成要件删除“明知”要件后的辩护思路参考

核心要点：《刑法修正案（十一）》第14条对《刑法》第191条洗钱罪做了修订，结合总则与分则“明知”要件的差别与地位，洗钱罪删除“明知”要件并非仅仅意味着自洗钱行为的入罪，它还涉及是否导致洗钱罪主观构成要件的变化，是否对洗钱罪的认定发生影响等更为深层次的问题。

相关案例：李某江洗钱案①

➢ **案情介绍：**

2020年9～10月，被告人李某江通过提供资金账户及其他方法帮助其兄李某1（另案处理）掩饰、隐瞒李某1安排赵某1交给其的受贿所得款共计800万元（人民币，下同）。具体事实如下。

2020年9月18日早晨，赵某1在哈尔滨火车站交给李某江现金50万元，李某江按照李某1的指示将现金50万元返还给唐某。2020年9月18日下午，赵某1在哈尔滨宣化街一个汽车城附近交给李某江现金300万元，李某江将现金300万元全部带回其哈尔滨家中，并按照李某1的指示将现金150万元返还给唐某。2020年9月19日，赵某1安排耿某将150万元转账到李某江指定的鞠某中国工商银行卡中。2020年9月22日，李某江让鞠某帮助提取现金150万元后全部带回其哈尔滨家中。2020年9月22日，赵某1安排耿某将100万元转账到李某江指定的鞠某中国工商银行卡中，李某江经李某1同意后使用此款。2020年9月的一天，赵某1告诉李某江到赵某2处取现金250万元（包含王某交给赵某1的50万元），李某江安排高某到赵某2处取现金250万元后在林甸收费站转交给其，李某江将现金250万元全部带回其哈尔

① 黑龙江省伊春市友好区人民法院（2021）黑0719刑初42号。

滨家中。李某江每次收到李某1安排赵某1交给其的钱款后，均将情况反馈给李某1。经李某1同意，李某江使用现金20万元。按照李某1的安排，李某江于2020年9月21日、9月末、11月上旬，分别给李某1送去现金20万元，共计现金60万元。李某1安排李某江给北京一个帮李某1办事的人现金100万元，李某江经李某1同意后，于2020年9月23日安排李某2去北京给此人现金100万元。2020年10月27日，李某江按照李某1的安排让李某2将现金40万元存入李某1的银行卡中，用于偿还李某1的房贷。2020年10月29日，李某1安排李某江还给赵某150万元，李某江转账给赵某149.99万元，自己使用100元。2020年11月23日，伊春市监察委员会将李某江在哈尔滨家中帮助李某1保管的现金280万元依法扣押。伊春市监察委员会于2021年4月28日将本案移送伊春市某某局。

➢ **法院裁判：**

被告人李某江在明知钱款为李某1受贿所得的情况下，仍为其提供资金账户和以其他方法掩饰、隐瞒犯罪所得的来源和性质，其行为构成洗钱罪，应予依法惩处。公诉机关的指控成立，法院予以支持。被告人李某江协助近亲属李某1转移与李某1职业明显不相符的钱款，且被告人当庭供述其怀疑李某1的钱款可能为李某1贪污受贿所得。综上所述，依法可以认定被告人李某江明知钱款为李某1受贿所得。被告人李某江有前科，应酌定从重处罚。被告人李某江到案后如实供述自己的罪行，系坦白，可以从轻处罚；被告人李某江如实供述赃款存放地点，有悔罪表现，量刑时酌情予以考虑。对被告人及其辩护人与上述认定一致的辩护意见本院予以采纳，其他相左意见，均不予采纳。判决如下：（1）被告人李某江犯洗钱罪，判处有期徒刑3年，并处罚金40万元。（2）扣押在案的违法所得280万元，由扣押机关上缴国库。

辩点分析及案例释解

2021年3月1日，《刑法修正案（十一）》正式施行，其中备受关注的内容之一便是对洗钱罪的修改。这一修改可能极大程度地改变了辩护律师在洗钱罪这一罪名中的辩护重心与思路，如何理解删除“明知”这一要点成为洗钱罪罪名中最核心的辩护要点。

1. 删除“明知”并未改变洗钱罪的主观要件仍为故意这一事实。“明知”在我国《刑法》的总则与分则中均有出现。《刑法修正案（十一）》的修改内容弱化了洗钱罪的主观要素，立法对洗钱罪“明知”规定的删除，也许是有降低洗钱罪证明标准的考虑。但是，在刑事立法上，洗钱罪依然受刑法总则的规定以及刑法基本原则的约束。在刑法总则中故意犯罪的概念规定了“明知”，《刑法》第14条第1款规定：“明知自己的行为会发生危害社会的结果，并且希望或者放任这种结果发生，因而构成犯罪的，是故意犯罪。”据此定义，故意犯罪既要求有认识因素，即明知自己的行为会发生危害社会的结果，也要求有意志因素，即希望或放任犯罪结果的发生，认识因素和意志因素的合二为一，才是故意犯罪。所以即便没有本次修正案中的“明知”，也不影响洗钱罪的主观要件。

2. 删去了《刑法》第191条第1款第2~4项中规定的“协助”。通过修改，行为人的自洗钱行为——将行为人自己实施特定上游犯罪并掩饰、隐瞒其犯罪所得及产生的收益的来源和性质的行为——规定为犯罪，自洗钱的行为人当然对自己犯罪所得和收益的来源清楚明了，因而不必对其作明知的规定。这一改动降低了洗钱罪的入罪标准，其不仅意味着洗钱罪处罚范围的扩大，更意味着洗钱罪入罪标准的降低。其他行为人的洗钱行为——其成立洗钱罪需要主观上的明知。值得注意的是，条文中的“明知”已被修改为“为掩饰、隐瞒……”既然行为人实施一系列行为是为了掩饰、隐瞒毒品犯罪、黑社会性质的组织犯罪、恐怖活动犯罪、走私犯罪、贪污贿赂犯罪、破坏金融管理秩序犯罪、金融诈骗犯罪的所得及其产生的收益的来源和性质，那么其毫无疑问必须对上述犯罪明知。“为掩饰、隐瞒”本质上而言是分则“明知”的另一种表达方式。正因如此，立法机关工作人员才认为，原刑法条文中掩饰、隐瞒的规定与“明知”要件的规定存在一定的重复。①

综上所述，根据《刑法修正案（十一）》第14条和《刑法》第191条的

① 参见许永安主编：《中华人民共和国刑法修正案（十一）解读》，中国法制出版社2021年版，第137页。

条文表述，在《刑法修正案（十一）》删除“明知”要件之后，洗钱罪中的主观要件仍然是故意，但是在故意之外，无论是自洗钱还是他洗钱都不需要“明知”要件。自洗钱行为因为删掉“明知”要件而得以入刑，他洗钱行为定罪也不再需要“明知”要件，洗钱罪的处罚范围大为扩张。

对于辩护律师而言，删除“明知”要件后，要防范洗钱罪处罚的扩大化，尤其留意洗钱罪的精准发力和精准打击，从《刑法修正案（十一）》修改后的洗钱罪的构成要件设计来看，本罪的成立在客观上只要有行为即可，没有情节或者数额的限制。洗钱罪的主观要件是故意，只要是“为掩饰、隐瞒毒品犯罪、黑社会性质的组织犯罪、恐怖活动犯罪、走私犯罪、贪污贿赂犯罪、破坏金融管理秩序犯罪、金融诈骗犯罪的所得及其产生的收益的来源和性质”，实施了洗钱行为就可构成犯罪。这样的认定，从形式入罪的角度来看，并无问题。然而，形式解释对应的是实质解释，采用形式解释入罪时，则必须采用实质解释出罪。另外，《有组织犯罪公约》第6条规定，“洗钱行为的刑事定罪　一、各缔约国均应依照其本国法律基本原则采取必要的立法及其他措施，将下列故意行为规定为刑事犯罪：（一）1. 明知财产为犯罪所得，为隐瞒或掩饰该财产的非法来源，或为协助任何参与实施上游犯罪者逃避其行为的法律后果而转换或转让财产；2. 明知财产为犯罪所得而隐瞒或饰该财产的真实性质来源、所在地、处置、转移、所有权或有关的权利……”在该公约中还是对洗钱罪“明知”要件予以强调该内容依旧可以在辩护工作中起到一定帮助作用。

5. 洗钱罪与掩饰、隐瞒犯罪所得、犯罪所得收益罪的区分与辩护问题

核心要点：我国《刑法》对洗钱犯罪采用“多条文规定、多罪名规范”的立法模式，洗钱罪与掩饰、隐瞒犯罪所得、犯罪所得受益罪均为洗钱犯罪，它们是特别法和一般法的法条竞合关系。洗钱罪在主观上要求行为人明知涉案财物系特殊类型犯罪所得，但这种明知包括确定性认识和可能性认识，而且不限于具体的上游犯罪罪名。

相关案例：罗某珠、袁某伟洗钱案[①]

➢ **案情介绍：**

2020年10月，罗某（另案处理）在出海运输毒品前，将吴某（另案处理）的手机号码及“××××”船上的卫星电话号码告知其妹妹被告人罗某珠，并委托罗某珠与被告人袁某伟帮忙收取船员工资。2020年12月12日，罗某珠用其建设银行账户（卡号：6217××××6237）收取吴某转账15万元，随后通过微信向罗某转账5万元。2020年12月23日，罗某珠、袁某伟明知收取的大额资金与罗某职业及财产状况明显不符，仍然用二人的农业银行账户（卡号：6228××××3916）、建设银行账户（卡号：6227××××3240）收取吴某转账25万元。次日，罗某珠又在仓山区××小区门口从吴某处收取现金25万元，存放于家中的保险柜内。

2020年12月29日，被告人袁某伟、罗某珠在仓山区××先后被抓获归案。2021年5月27日，罗某、吴某因运输毒品罪被福州市人民检察院提起公诉。

➢ **法院裁判：**

被告人罗某珠、袁某伟明知收取的大额资金与罗某职业及财产状况明显不符，仍以提供多个资金账户、收取大额现金等方式，协助罗某掩饰、隐瞒犯罪所得共计人民币65万元，情节严重，其二人的行为均已构成掩饰、隐瞒犯罪所得、犯罪所得收益罪。袁某伟在共同犯罪中起次要作用，系从犯，依法予以减轻处罚；袁某伟到案后如实供述自己的罪行，依法从轻处罚；根据袁某伟的犯罪情节、悔罪表现，宣告缓刑对所居住社区没有重大不良影响，依法予以宣告缓刑。罗某珠主动退出部分违法所得，酌情从轻处罚。公诉机关指控的罪名有误，予以纠正。根据被告人罗某珠、袁某伟犯罪的事实、性质、情节和对于社会的危害程度，依照相关规定，经审判委员会讨论决定，判决如下：（1）被告人罗某珠犯掩饰、隐瞒犯罪所得、犯罪所得收益罪，判处有期徒刑3年，并处罚金人民币3万元。（2）被告人袁某伟犯掩饰、隐瞒

---

① 福建省福州市中级人民法院（2021）闽01刑初135号。

犯罪所得、犯罪所得收益罪，判处有期徒刑 2 年，缓刑 3 年，并处罚金人民币 2 万元。(3) 追缴被告人罗某珠、袁某伟违法所得人民币 60 万元，予以没收，上缴国库。其中扣押在案的人民币 308, 911. 06 元、冻结款项中的人民币 291, 088. 94 元用于冲抵上述违法所得。(4) 扣押在案的华为手机 1 台、苹果手机 1 台、银行卡 3 张由扣押机关予以没收，上缴国库。

辩点分析及案例释解

洗钱罪客观行为的行为性质属于掩饰、隐瞒犯罪所得的来源和性质，行为方式具有多样性，具体方式上的差异不影响行为性质的认定，但行为方式的外延仍小于掩饰、隐瞒犯罪所得、犯罪所得收益罪。对于不具有掩饰、隐瞒犯罪所得的来源和性质的获取、占有和使用行为，以掩饰、隐瞒犯罪所得、犯罪所得收益罪认定，二者客观行为的区分应当重行为性质轻行为方式。

在本案中，公诉机关认为被告人罗某珠、袁某伟以提供多个资金账户接收转账、收取大额现金等方式，协助罗某掩饰、隐瞒运输毒品犯罪所得共计 65 万元，其行为触犯了《刑法》第 191 条第 1 款第 1 项、第 3 项，情节严重，犯罪事实清楚，证据确实、充分，应当以洗钱罪追究其刑事责任。被告人罗某珠在共同犯罪中起主要作用，根据《刑法》第 26 条，是主犯；被告人袁某伟在共同犯罪中起次要作用，根据《刑法》第 27 条，是从犯，应当从轻或者减轻处罚。提请法院依法予以惩处。

被告人罗某珠、袁某伟对收取钱款的行为均无异议且认为收取的钱款的来源可能是违法的。被告人罗某珠的辩护人称，罗某珠虽然客观上实施了洗钱行为，但并无主观故意，不符合洗钱罪的构成要件，不应对其予以刑事处罚；罗某珠过于轻信罗某，对罗某真实职业及收入存在疏忽大意的判断，存在主观上的判断过失，不能认定为明知，请求法院认定罗某珠无罪。被告人袁某伟的辩护人称，袁某伟如实供述犯罪事实，具有坦白情节，在本案中系从犯，犯罪情节轻微，自愿认罪认罚，主动退还赃款，请求法院对袁某伟适用缓刑。

就本案而言，有三方面值得辩护律师研究。一是最高人民法院《关于审理洗钱等刑事案件具体应用法律若干问题的解释》中，明确规定了“协助近亲属或者其他关系密切的人转换或者转移与其职业或者财产状况明显不符的财物的”情形，二被告人的行为构成掩饰、隐瞒犯罪所得、犯罪所得收益罪。《刑法》第191条、第312条规定的“明知”，应当结合被告人的认知能力，接触他人犯罪所得及其收益的情况，犯罪所得及其收益的种类、数额，犯罪所得及其收益的转换、转移方式以及被告人的供述等主、客观因素进行认定。上述解释中的第5条法律法规对于辩护律师处理洗钱罪和掩饰、隐瞒犯罪所得、犯罪所得收益罪起着关键作用。

二是行为人交易习惯与案发情况是否匹配。在本案中，罗某珠、袁某伟明知收取的大额资金与罗某职业及财产状况明显不符，仍以提供多个资金账户、收取大额现金等方式，协助罗某掩饰、隐瞒犯罪所得共计人民币65万元，辩护律师可从收取钱款的频次等方面入手，分析行为人的交易习惯，在两罪名讨论范围内，主观明知的内容不严格限定于洗钱罪7类法定上游犯罪的具体上游犯罪罪名。

三是洗钱罪行为方式的外延小于掩饰、隐瞒犯罪所得、犯罪所得受益罪，不具有掩饰、隐瞒犯罪所得来源和性质的行为，从某种程度上来讲，不应将洗钱罪掩饰、隐瞒犯罪所得、犯罪所得收益罪作为洗钱犯罪的一般法条。掩饰、隐瞒犯罪所得、犯罪所得收益罪的客观行为既包括掩饰、隐瞒犯罪所得及收益的来源和性质，又包括帮助上游犯罪人逃避刑事追究之目的而转换或者转移犯罪所得，还包括改变犯罪所得及其收益的处所、位置、数额、存在状态或占有关系等仅是对犯罪所得及其收益在空间上的变化的获取、占有、使用行为。性质上不要求掩饰、隐瞒犯罪对象的来源和性质，其行为方式的外延大于洗钱罪。

如果行为人不具有掩饰、隐瞒性质和来源的目的，仅仅是改变犯罪所得及其产生的收益的处所和占有关系，实施的获取、占有、使用行为，侵害的是司法机关的查处活动，而非国家的金融监管秩序，应当按一般法条即掩饰、隐瞒犯罪所得、犯罪所得收益罪认定。总而言之，在本案中犯罪所得转换成表面合法的财物，达不到侵害国家正常金融管理秩序的程度，故不可以以洗钱罪定罪，辩护律师应当从剖析《关于审理洗钱等刑事案件具体应用法律若干问题的解释》入手，从关系和交易方式方面将两罪名进行清晰的区分。

六、

妨害信用卡管理罪

◇ **妨害信用卡管理罪**

《刑法》规定的信用卡，是指由商业银行或者其他金融机构发行的，具有消费支付、信用贷款、转账结算、存取现金等全部功能或者部分功能的电子支付卡。该罪有四个行为类型，只能由故意构成，行为人对构成要件要素要有认识。

（一）相关规定

《刑法》第一百七十七条之一【妨害信用卡管理罪】 有下列情形之一，妨害信用卡管理的，处三年以下有期徒刑或者拘役，并处或者单处一万元以上十万元以下罚金；数量巨大或者有其他严重情节的，处三年以上十年以下有期徒刑，并处二万元以上二十万元以下罚金：

（一）明知是伪造的信用卡而持有、运输的，或者明知是伪造的空白信用卡而持有、运输，数量较大的；

（二）非法持有他人信用卡，数量较大的；

（三）使用虚假的身份证明骗领信用卡的；

（四）出售、购买、为他人提供伪造的信用卡或者以虚假的身份证明骗领的信用卡的。

【窃取、收买、非法提供信用卡信息罪】 窃取、收买或者非法提供他人信用卡信息资料的，依照前款规定处罚。

银行或者其他金融机构的工作人员利用职务上的便利，犯第二款罪的，从重处罚。

最高人民检察院、公安部《关于公安机关管辖的刑事案件立案追诉标准的规定（二）》 第二十五条 〔妨害信用卡管理案（刑法第一百七十七条之一第一款）〕妨害信用卡管理，涉嫌下列情形之一的，应予立案追诉：

（一）明知是伪造的信用卡而持有、运输的；

（二）明知是伪造的空白信用卡而持有、运输，数量累计在十张以上的；

（三）非法持有他人信用卡，数量累计在五张以上的；

（四）使用虚假的身份证明骗领信用卡的；

（五）出售、购买、为他人提供伪造的信用卡或者以虚假的身份证明骗领的信用卡的。

违背他人意愿，使用其居民身份证、军官证、士兵证、港澳居民往来内地通行证、台湾居民来往大陆通行证、护照等身份证明申领信用卡的，或者使用伪造、变造的身份证明申领信用卡的，应当认定为“使用虚假的身份证明骗领信用卡”。

（二）重要辩点及案例释解

1. 冒用他人身份证明骗领借记卡（包括储蓄卡），亦构成妨害信用卡管理罪

核心要点：冒用他人身份证明骗领的借记卡（包括储蓄卡），应当属于《刑法》第177条之一第1款第3项规定之“使用虚假的身份证明骗领信用卡”情形。

相关案例：蔡某某、曹某某、童某某等妨害信用卡管理案①

➢ **案情介绍：**

2019年9月以来，被告人蔡某某指使被告人曹某某、童某某二人冒充现役军人，利用伪造的中国人民解放军士兵证，先后在湖南省常德市、长沙市、益阳市、慈利县的中国工商银行办理银行卡89张。银行卡由蔡某某负责联系销售，蔡某某非法获利26万元（人民币，下同），曹某某非法获利20万元，

① 湖南省张家界市中级人民法院（2021）湘08刑终91号。

童某某非法获利12万元。案发后，蔡某某退缴犯罪所得26万元，曹某某退缴犯罪所得20万元，童某某退缴犯罪所得12万元。2020年7月8日，被告人蔡某某到慈利县观音桥派出所自动投案。

➢ **法院裁判：**

关于上诉人曹某某、童某某及二人的辩护人均提出原判定性错误，应定帮助信息网络犯罪活动罪的问题。经查，第一，全国人民代表大会常务委员会《关于〈中华人民共和国刑法〉有关信用卡规定的解释》，对《刑法》规定的“信用卡”的含义进行了明确，是指由商业银行或者其他金融机构发行的具有消费支付、信用贷款、转账结算、存取现金等全部功能或者部分功能的电子支付卡。曹某某、童某某、蔡某三人骗领并出售的银行卡具备上述解释的部分功能，属于《刑法》规定的“信用卡”。第二，曹某某、童某某、蔡某骗领信用卡出售牟利，可能为他人利用信息网络实施犯罪提供了帮助，同时触犯了《刑法》第177条之一妨害信用卡管理罪和第287条之二帮助信息网络犯罪活动罪，根据《刑法》第287条之二第3款的规定：同时构成其他犯罪的，依照处罚较重的规定定罪处罚，妨害信用卡管理罪法定刑重于帮助信息网络犯罪活动罪，故本案依法应以妨害信用卡管理罪论处。曹某某、童某某及二人的辩护人提出的原判定性错误的上诉理由和辩护意见，不能成立，法院不予支持。综上，原审判决认定事实清楚，证据确实、充分，适用法律正确，量刑适当，审判程序合法，裁定驳回上诉，维持原判。

辩点分析及案例释解

为严厉打击电信诈骗、银行卡盗刷等涉卡类犯罪行为，铲断“黑灰产业链”支付渠道，《刑法修正案（五）》新增妨害信用卡管理罪，将“使用虚假的身份证明骗领信用卡”等行为明确列举为犯罪，为打击该类非法行为提供了法律依据。实践中，存在大量行为人非法使用他人身份证件或者伪造、使用虚假的身份证明骗领借记卡，而非信用卡，对于这种行为是否达到骗领具有信用贷款功能的信用卡的社会危害性程度，是否属于妨害信用卡管理行为、是否构成妨害信用卡管理罪，存在一定分歧。有观点认为，《银行卡业务管理办法》第5条规定银行卡的类型包括“信用卡和借记卡”。信用卡与借记卡的区别在于二者的功能不同。信用卡具有消费支付、信用贷款、转账结算、存取现金 4 种功能中的全部功能，借记卡主要包括转账卡（含储蓄卡）、专用卡、储值卡，上述类型的借记卡均不具备信用借贷即透支功能。使用信用卡的社会危害性大，对刑法意义上的信用卡不宜作扩大解释，不应当将借记卡等于同刑法中具有透支功能的信用卡。[①] 司法实务中，各地司法机关在审理此类案件的过程中，大部分都对这种行为以妨害信用卡管理罪定罪处罚。

笔者认为，妨害信用卡管理罪中的“信用卡”应包括借记卡，冒用他人身份证明骗领借记卡的行为同样具有破坏金融管理秩序的社会危害性，应当被认定为属于《刑法》第 177 条之一第 1 款第 3 项规定之“使用虚假的身份证明骗领信用卡”，构成妨害信用卡管理罪。理由如下。

2004 年 12 月 29 日全国人大常委会《关于〈中华人民共和国刑法〉有关信用卡规定的解释》对刑法规定的“信用卡”进行了文义解释。该解释明确“全国人民代表大会常务委员会根据司法实践中遇到的情况，讨论了刑法规定的‘信用卡’的含义问题，解释如下：刑法规定的‘信用卡’，是指由商业银行或者其他金融机构发行的具有消费支付、信用贷款、转账结算、存取现金等全部功能或者部分功能的电子支付卡”。因此，从上述立法解释的规定来看，只要具备消费支付、信用贷款、转账结算、存取现金的部分功能，则应属于《刑法》规定的“信用卡”范畴。

诚然《银行卡业务管理办法》从功能上将银行卡分为信用卡和借记卡，但亦不妨碍全国人大常委会《关于〈中华人民共和国刑法〉有关信用卡规定的解释》的适用。一是由于全国人大常委会《关于〈中华人民共和国刑法〉有关信用卡规定的解释》属于全国人大常委会所做的立法解释，而《银行卡业务管理办法》由中国人民银行制定颁发，属于部门规章，其法律效力要低于全国人大常委会制定的立法解释。具体司法活动中应适用全国人大常委会《关于〈中华人民共和国刑法〉有关信用卡规定的解释》的规定。二是《银

① 周建新、陈平：《对刑法意义上的信用卡不宜作扩大解释》，载《检察日报》2016 年 8 月 1 日，第 3 版。

行卡业务管理办法》于1999年颁布,《关于〈中华人民共和国刑法〉有关信用卡规定的解释》系全国人大常委会根据司法实践中遇到的情况，基于司法实践调研，于2004年制定的，其对刑法规定的“信用卡”应包括借记卡的解释更加符合我国当前刑事司法实践。

骗领借记卡的行为同样具有社会危害性，将其纳入刑法治理范畴符合该罪保护的法益。妨害信用卡管理罪属于《刑法》第三章“破坏社会主义市场经济秩序罪”下第四节“破坏金融管理秩序罪”的一款罪名，该罪名所打击的是违反国家信用卡管理法规，在信用卡的发行、使用等过程中，妨害国家对信用卡的管理活动，破坏信用卡管理秩序的行为。其保护的法益是国家对金融市场的管理秩序而非个人财产性利益。而且《刑法》第177条之一第1款第1项规定了“明知是伪造的空白信用卡而持有、运输”的妨害信用卡管理行为，将持有、运输未写入任何信用卡信息的空白卡行为都列入打击范围，若将骗领借记卡的行为排除在该罪之外，则将放纵大量此类违法犯罪行为，不利于维护金融市场稳定的发展。

2. 使用真实的身份，虚假的单位工作证明和收入证明申领信用卡，不构成妨害信用卡管理罪

> 核心要点：妨害信用卡管理罪的表现形式之一为“使用虚假身份证明冒领信用卡的”，实务中对身份信息证明的定义有几方面评价标准，辩护中要综合判断是否符合构罪条件。

相关案例：唐某甲非法经营、妨害信用卡管理、买卖国家机关证件、印章罪案①

➢ **案情介绍：**

检察院指控，2013年以来，被告人唐某甲招揽大量无固定工作和收入的客户，承诺可以代他们向银行申请信用卡，保安收取一定的手续费。之后被

① 湖南省宁远县人民法院（2015）宁法刑初字第51号。

告人唐某甲用伪造的印章替客户编造虚假的工作证明和收入证明向中国工商银行等商业银行提供虚假的资信证明材料，骗领信用卡 57 张。被告人唐某甲根据信用卡的透支额度收取 3000～5000 元的手续费，至案发共获利万余元。

➢ **法院裁判：**

法院经审理认为，被告人在为他人办理信用卡的过程中，一是征得了办卡人的同意；二是用办卡人的真实身份证明，并没有用虚假的身份证明骗领信用卡。虽然在办卡时使用了虚假的收入证明和单位证明，但此证明不属于身份证明。2008 年 7 月 1 日，公经金融〔2008〕107 号公安部对山东省公安厅经侦总队作出答复：经研究，并征求人民银行意见，以虚假的工作单位证明及收入证明骗领信用卡不能认定为妨害信用卡管理罪。因此，公诉机关指控被告人犯妨害信用卡管理罪的罪名不能成立。

最终法院认定唐某甲不构成妨害信用卡管理罪。

辩点分析及案例释解

《刑法》第 177 条之一第 1 款第 3 项规定妨害信用卡管理罪的表现形式之一为“使用虚假身份证明冒领信用卡的”。笔者认为，对于此处的“身份证明”不宜做扩大解释，虚假的单位工作证明和资信证明不属于该规定中的虚假身份证明。理由如下。

（一）对“身份信息证明”的理解应当符合文义解释

第一，妨害信用卡管理罪中的“虚假的身份证明”应当是能证明或者反映行为人姓名、身份证号码、家庭住址及其他主体身份信息的证明材料，如居民身份证、士官证、驾驶证、护照、台胞证等用于证明个人身份信息的证件。第二，“身份证明”应当是由法定的国家有关部门制定依照法律法规的明确规定制作印发的，如公安机关根据《居民身份证法》的规定依法制作居民身份证。单位内部根据公司规章制度自行制作的员工工作证、学生证等证件均不属于本罪中的“身份证明文件”。

（二）符合有关司法解释和公安部有关规定

2018 年修订的“两高”《关于办理妨害信用卡管理刑事案件具体应用法

律若干问题的解释》第2条第3款对使用虚假身份证明骗领信用卡的情形作了列举式规定："违背他人意愿，使用其居民身份证、军官证、士兵证、港澳居民往来内地通行证、台湾居民来往大陆通行证、护照等身份证明申领信用卡的，或者使用伪造、变造的身份证明申领信用卡的，应当认定为刑法第一百七十七条之一第一款第三项规定的'使用虚假的身份证明骗领信用卡'。"上述规定明确列举了"居民身份证、军官证、士兵证、港澳居民往来内地通行证、台湾居民来往大陆通行证、护照"6种类型的身份证明，并加"等"字表示列举未尽。根据同类解释原则，其中"等"字包含的身份信息应当与前述6种身份信息具有同质性。单位出具的工作证明和资信证明显然与解释第2条第3款列举的6种类型的身份证明不具有同质性。

此外，根据公安部经济犯罪侦查局2008年7月1日在对山东省公安厅经侦总队就"以虚假的工作单位证明及收入证明骗领信用卡是否可以认定为妨害信用卡管理罪"进行请示时做出的答复（公经金融〔2008〕107号）内容，"经研究，并征求人民银行意见，以虚假的工作单位证明及收入证明骗领信用卡不能认定为妨害信用卡管理罪"。本案被告人唐某甲在向银行申领信用卡的过程中，用真实的身份证件并使用了虚假的工作证明和单位收入证明。人民法院根据公安部的上述意见，认为以虚假的工作证明及收入证明骗领信用卡不能认定为妨害信用卡管理罪，继而对公诉机关指控的被告人犯妨害信用卡管理罪，认定为无罪。但笔者认为，公安部经侦局的上述答复性质上不属于法律规定甚至不属于司法规范性文件，审判机关不应在判决文书中直接引用，该法院的做法略显不妥。

（三）符合《刑法》中社会危害性之考量

司法实践中，行为人在使用虚假的单位工作证明和收入证明材料申请信用卡时，必须同时使用居民身份证、台胞证、军官证等证件，排除使用伪造的身份证明以及未经他人允许非法使用他人身份证明的情形下，在发生恶意透支及利用信用卡实施其他违法犯罪行为时，发卡银行及有关部门可以通过真实的身份证件找到行为人，采取其他措施挽回损失，使用虚假的资信证明并没有消灭身份证明在申领信用卡时发挥的作用。使用虚假的资信证明申领信用卡的行为所造成的社会危害性显然比使用伪造的身份证明或非法使用他人身份证明冒领信用卡的行为要小。本案中，被告人使用他人身份证明冒领信用卡，法院未认定被告人构成妨害信用卡管理罪的原因还在于，被告人使用身份证明获得了持有人的同意。

值得注意的是，虽然使用虚假的单位工作证明和收入证明骗领信用卡的行为不构成妨害信用卡管理罪，但如果使用虚假的资信证明申领信用卡后透支，无法归还的，根据《刑法》第196条第1款第4项及“两高”《关于办理妨害信用卡管理刑事案件具体应用法律若干问题的解释》第6条第3款第2项之规定，可能会被认定为具有“非法占有为目的”，属于恶意透支，从而涉嫌信用卡诈骗罪。

3. 经授权大量持有并使用他人信用卡应当构成妨害信用卡管理罪

核心要点：出于非法目的而大量持有他人信用卡，主观具有破坏信用卡管理秩序的故意，且客观上为他人实施违法犯罪行为提供了便利，成为电信网络诈骗犯罪中的一环，具有社会危害性，具有刑事违法性、社会危害性和应受刑事处罚必要性，应当构成妨害信用卡管理罪。

相关案例：陈某1妨害信用卡管理秩序罪案①

➢ **案情介绍：**

上海市杨浦区人民检察院指控，自2018年8月起，被告人陈某1和陈某2（另案处理）在Okex平台上买卖USDT等虚拟货币。平台提醒，客户在该平台交易虚拟货币时使用的银行卡可能因电信诈骗等“黑钱”的流入被司法机关冻结，被冻结后银行卡将长时间无法使用。为了避免银行账户被冻结后无法买卖虚拟货币的情况，经陈某2提议，两人经商议决定大量使用他人信用卡进行“炒币”操作。之后，陈某1、陈某2指使亲友陈某、林某等多人办理信用卡共计49张，并交由陈某2用于交易USDT等虚拟货币。2019年1

① 上海市第二中级人民法院（2021）沪02刑终467号。

月3日9：30许，被害人忻某接到一名自称是湖南省长沙市公安民警的电话，此人在电话里称忻某涉嫌洗黑钱，让忻某根据其提示通过网上银行转账1,904,800元，被害人遂按照要求操作。当日，忻某的转账款被分成三笔分别转入3个人的银行账户，继而又通过交易虚拟货币的方式分成几十笔转入几十个人的银行卡或支付宝内。其中一笔49,999.95元被转入户名为陈某的一张中信银行卡内。陈某系陈某1的侄子，该卡系陈某按照陈某1的要求办理，由陈某1、陈某2用来交易虚拟货币。

➢ **法院裁判：**

杨浦区人民法院经审理认为，被告人陈某1主观上并非出于合法目的，客观上与陈某2共同非法持有他人信用卡，数量较大，其行为违反了信用卡管理规定，妨害了国家金融管理秩序，已构成妨害信用卡管理罪。陈某1在共同犯罪中起次要作用，是从犯，到案后虽对行为性质有所辩解，但能如实供述主要犯罪事实，依法应当从轻处罚。以妨害信用卡管理罪判处陈某1有期徒刑10个月，并处罚金2万元；涉案信用卡予以没收。

一审判决后，陈某1提出上诉。陈某1及其辩护人认为陈某1的行为不构成妨害信用卡管理罪。主要理由为：一是陈某1使用多张银行卡的本意是为了便于交易数字货币，其不具有妨害信用卡管理的主观故意；二是陈某1所持有的涉案银行卡均经亲友授权，且用于买卖数字货币而非实施犯罪；三是陈某1的行为未侵害妨害信用卡管理罪所保护的法益，不具有刑事违法性。

上海市第二中级人民法院经审理后认为，上诉人陈某1主观上明知虚拟货币交易平台可能有“黑钱”流入，为了避免银行账户被冻结后无法买卖虚拟货币，出于牟利的目的，与陈某2指使他人办理了大量信用卡供其进行虚拟货币交易。陈某1等人持有大量他人信用卡在虚拟货币交易平台上“炒币”，客观上为他人实施犯罪提供了便利，成为电信网络诈骗犯罪中的一环，严重扰乱了国家金融管理秩序，具有刑事违法性、社会危害性和应受刑事处罚必要性，已构成妨害信用卡管理罪。原判认定事实清楚，证据确实、充分，定罪准确；综合上诉人的犯罪事实、情节、对社会的危害程度，在共同犯罪中的作用等，原判量刑适当，适用法律正确，且诉讼程序合法。上诉人陈某1的上诉理由及其辩护人的辩护意见不能成立。据此，裁定驳回上诉，维持原判。

辩点分析及案例释解

非法持有他人信用卡行为与收买、非法提供信用卡信息行为，系“断卡”行动主要打击的行为。《刑法》第177条之一，具体列明了4种构成妨害信用卡管理罪的情形，其中第2项规定，非法持有他人信用卡，数量较大的，构成妨害信用卡管理罪。本案中，陈某1及其辩护人提出陈某1系委托亲友办理信用卡，持有他人信用卡具有亲友的授权，来源合法，不具有非法性。因此，本案的争议焦点在于，持有大量经他人授权使用的信用卡，是否侵害妨害信用卡管理罪所保护的法益并具有社会危险性，是否构成该罪。笔者认为，非法持有他人信用卡型的妨害信用卡管理罪和其他犯罪一样，都是主观恶性和客观危害的统一，在认定经他人授权持有信用卡的行为是否具有非法性时，应当结合行为人的主观认知、客观行为、是否具有社会危害性等因素，综合上述情况对非法性作实质性判断。

第一，需要行为人主观明知其持有的是他人信用卡，且具有破坏信用卡管理秩序的故意。本案中，陈某1与陈某2指使他人办理了大量信用卡，其主观目的是通过持有他人的信用卡规避自己的法律风险，从而谋取利益，且持有他人信用卡数量较大，由此可以判断，本案被告人陈某1主观上具有破坏信用卡管理秩序的故意。

第二，行为人客观上持有他人的信用卡需来源非法或虽来源合法但为非法目的而持有。中国人民银行发布的《银行卡业务管理办法》规定，银行卡及其账户只限经发卡银行批准的持卡人本人使用，不得出租和转借。出售信用卡更是不被允许，即使收购的是他人自愿出售的真实信用卡，由于出售行为的不合法，收购人无法取得合法持有依据，不影响“非法持有”的认定。本案中，陈某1等人指使亲友办理了大量信用卡供其使用，本就违反了上述规定。虽然持有其亲友的信用卡系经过亲友授权同意，但授权的范围应当限定于信用卡的合理使用，不能侵害社会公共利益，不得违背社会公序良俗，否则，即使经本人同意使用持有并使用其信用卡，授权行为亦不能成为阻却成立本罪的事由。陈某1持有并使用他人信用卡的主要原因，系因知晓Okex虚拟货币交易平台可能有“黑钱”流入，担心自己的银行账户可能被冻结后无法买卖虚拟货币，因此陈某1等人为了逃避监管而大量使用他人信用卡交易虚拟货币明显具有非法目的，应当认定为为非法目的而持有他人信用卡。司法实践中，有行为人因自身不符合办理信用卡的条件或者因本人的银行卡丢失或被冻结，为日常生活消费和合法支付结算使用，如应学校要求通过银行转账方式给子女支付学费，不应当被理解为为非法目的而持有。

需要注意的是，该罪不以行为人具有利用持有的信用卡进行违法或犯罪行为的意图为构成要件。该罪作为典型的非法持有型犯罪，倘若将行为人主观上必须具备违法犯罪的意图作为行为人构成妨害信用卡管理罪的主观故意的内容，显然不符合刑法设立持有型犯罪的目的，毕竟证明行为人持有他人信用卡的目的比证明行为人持有他人信用卡的现状要困难。根据持有型犯罪补充性的特点，该罪在证明责任上存在推定，即根据持有人持有特定管制物品这一基础事实，在持有人和特定管制物品之间存在某种高度盖然性的联系，且难以查明这些物品的来源或去向的情况下，在证明行为人持有这些物品的现状后，依据一定规则，即可推定非法持有成立，构成持有型犯罪，除非行为人能提出合理辩解证明特定物品系合法来源，[①] 或出于合法的需要持有信用卡。

第三，行为人持有他人信用卡的行为需要具有社会危害性。妨害信用卡管理罪属于《刑法》第三章“破坏社会主义市场经济秩序罪”第四节“破坏金融管理秩序罪”下的罪名，其所侵犯的是国家金融管理秩序，属于公共法益。本案中，陈某1等人大量持有他人信用卡在Okex平台上交易虚拟货币，明知该虚拟货币交易平台可能存在电信诈骗等网络黑灰产业“黑钱”出入，客观上为其他犯罪分子实施犯罪提供了便利。从最终的社会危害性上看，其持有他人信用卡的行为成为电信网络诈骗犯罪中的一环，严重扰乱了国家的

① 李弘：《持有型犯罪的证明责任》，载《人民检察》2007年第7期。

金融管理秩序，具有社会危害性。

本案中，被告人陈某1所持有的涉案银行卡即使均经亲友授权，但因其出于非法目的而大量持有他人信用卡，主观具有破坏信用卡管理秩序的故意，且客观上为他人实施违法犯罪行为提供了便利，成为电信网络诈骗犯罪中的一环，具有社会危害性，具有刑事违法性、社会危害性和应受刑事处罚必要性，已构成妨害信用卡管理罪。

4. 妨害信用卡管理罪非法占有目的之辩护思路

核心要点：妨害信用卡管理罪与骗取贷款罪等其他罪名存在一定竞合关系，判断案件是否构成妨害信用卡管理罪，需对主观目的、卡片使用中的客观状态综合进行判断，进而采取更精准的辩护策略与出罪方案。

相关案例：龚某某妨害信用卡管理案①

- **案情介绍：**

2015年2月，上诉人龚某某冒用同名同姓“龚某某”的身份号码，制作虚假的身份证、离婚证、户口簿等证件的复印件，于2015年3月4日在中国银行渝水支行以房屋装修的名义办理了30万元直客式消费分期付款业务，骗领了一张卡号为62×××25的信用卡（以下称直客式消费付款业务卡）。该银行于2015年3月17日将该笔30万元贷款放款到龚某某以真实身份信息办理的卡号62×××47的中国银行借记卡上。截至2016年6月30日，该笔贷款共计本金240,045.83元、利息3957.31元未归还。2017年1月12日，龚某某被公安民警抓获。2017年4月24日，龚某某主动归还了258,898.22元。

另查，中国银行渝水支行给龚某某办理的直客式消费分期付款业务是采取“直客式”营销模式向客户推介办理信用卡分期付款业务；客户来该行办理该业务时，经客户经理审核符合办理条件的，审批通过后该行会给客户办

① 江西省新余市中级人民法院（2018）赣05刑终34号。

理一张信用卡，在该卡片上加载专项额度（一次性支付，不能循环使用），以分期业务专项额度放款方式通过银行“直客式”专用分期 POS 完成分期付款交易，消费款项通过转账方式划拨到客户的借记卡账户，由客户进行自主支付。

➤ **法院裁判：**

上诉人龚某某以欺骗的手段，骗取银行贷款，给银行造成重大损失，破坏了金融管理秩序，其行为构成骗取贷款罪。原审判决认定龚某某的犯罪事实清楚，但认定罪名不当，应予以更正。龚某某到案后能如实供述自己的犯罪事实，其行为属于坦白，依法可以从轻处罚；龚某某能主动归还中国银行新余分行的贷款，并取得了谅解，可以酌情从轻处罚。

关于上诉人龚某某及其辩护人称龚某某到银行是为了获得贷款，并没有信用卡诈骗的故意，故不构成信用卡诈骗罪的理由。经查，首先，直客式消费付款业务卡虽属于信用卡范畴，但不具备透支业务功能。直客式消费付款业务卡具备三个显著特征：（1）发卡时刷卡消费和取现功能已经关闭，仅用于分期归还相应欠款，缺乏透支功能；（2）银行发放相应款项时并非持卡人持直客式消费付款业务卡支取该笔款项，而是直接将款项发放至持卡人提供的借记卡中，缺乏持卡透支的形式要件；（3）直客式消费付款业务申请的额度用完后需要重新申请才能再次放款，缺乏信用卡还款后额度自动恢复、无须审批的重要特征。欠缺透支功能和持卡要件、额度不能自动恢复的直客式消费付款业务卡，显然难以成为信用卡诈骗罪的载体。

其次，直客式消费付款业务具有贷款业务的本质属性，属于贷款业务。根据商业银行法的相关规定，在办理贷款业务时通常需要签订合同，注明借款用途、金额、利息、期限和还款方式等，审批通过后银行按约放款到客户名下的账户，客户再按约定的还款方式分期偿还本金和利息。贷款业务与信用卡业务具有 4 个显著区别：（1）是否需要审批。贷款业务以笔为单位，一般需要签订合同，需要通过审批，信用卡业务则无须审批，可以在额度内自由使用。（2）是否需要明确用途。贷款业务申请时需要表明用途，获批后需按申请的用途使用，信用卡业务则无此限制。（3）是直接放款还是授信额度。贷款业务是银行先放款到客户名下的账户中，客户方可使用，信用卡业务则是银行仅给额度，客户可透支使用后再归还，即一个是“先给后花”，另一个是“先花后还”。（4）还款后额度是否自动恢复。贷款业务一旦还款，额度不再自动恢复，再要借贷必须重新申请，而信用卡业务还款后额度自动恢复，可以循环使用。

直客式消费付款业务恰好符合贷款的上述4个特征。（1）直客式消费付款业务需要审批。申请直客式消费付款业务贷款需要填写《直客式消费付款业务放款申请表》，上面约定了借款的用途、金额、手续费和还款方式等内容，等同于一份贷款合同，之后经银行方面审核批准，将款项打入客户指定的储蓄账户内，客户使用后按约定方案通过直客式消费付款业务卡偿还本金和手续费。（2）直客式消费付款业务需要明确用途。直客式消费付款业务审批通过后申请人需要提供相关消费合同或者其他消费凭证，银行才会正式放款给申请人。（3）直客式消费付款业务满足先放款后使用的时间顺序特征。直客式消费付款业务的放款并不是以持卡人持直客式消费付款业务卡提现的方式获取款项，而是将款项发放至持卡人名下的一张借记卡中，然后通过直客式消费付款业务卡分期还款，即先放款再使用。（4）直客式消费付款业务在所谓“额度”内归还部分款项后，并不能自动恢复额度，如需继续通过直客式消费付款业务获取款项，则需重新申请，即“额度”是一次性的，不具备循环使用、自动恢复的特征。所以，从本质上讲，直客式消费付款业务卡仅是还款的工具和记账凭证，直客式消费付款业务则属于小额无抵押信用贷款。

综上所述，法院认为，上诉人龚某某采取以虚假的身份证明骗领信用卡，并骗取了银行贷款30万元的行为属于骗取贷款。虽然龚某某使用虚假的身份证明骗领了信用卡，属于妨害信用卡管理的行为，但其行为是为了骗取银行贷款，且给银行造成重大损失，破坏了金融管理秩序，其行为应构成骗取贷款罪。故上诉人龚某某及其辩护人称龚某某到银行是为了获得贷款，并没有信用卡诈骗的故意，不构成信用卡诈骗罪的理由及构成骗取贷款罪的理由成立，予以采纳。新余市人民检察院提出原判定性准确，量刑适当，建议本案维持原判的出庭意见与事实和证据不符，不予采纳。根据某某的犯罪事实、犯罪情节及对社会的危害程度，判决如下：（1）撤销新余市渝水区人民法院（2017）赣0502刑初351号刑事判决；（2）上诉人龚某某犯骗取贷款罪，判处有期徒刑10个月，并处罚金2万元上缴国库。

辩点分析及案例释解

《刑法》第196条规定，恶意透支，是指持卡人以非法占有为目的，超过规定限额或者规定期限透支，并且经发卡银行催收后仍不归还的行为。2009年“两高”《关于办理妨害信用卡管理刑事案件具体应用法律若干问题的解释》第6条第1款进一步明确了恶意透支的含义，规定：“持卡人以非法占有为目的，超过规定限额或者规定期限透支，并且经发卡银行两次有效催收后超过三个月仍不归还的，应当认定为刑法第一百九十六条规定的‘恶意透支’。”第3款规定了应当认定为以非法占有为目的的6种情形：明知没有还款能力而大量透支，无法归还的；肆意挥霍透支的资金，无法归还的；透支后逃匿、改变联系方式，逃避银行催收的；抽逃、转移资金，隐匿财产，逃避还款的；使用透支的资金进行违法犯罪活动的；其他非法占有资金，拒不归还的行为。上述规定对于准确认定非法占有目的发挥了重要作用，但在具体适用中也存在一些问题。根据实践反映的问题，2018年“两高”《关于修改〈关于办理妨害信用卡管理刑事案件具体应用法律若干问题的解释〉的决定》第1条对其第6条作了修改完善。

1. 以非法占有为目的的独立要件地位。根据《刑法》第196条的规定，以非法占有为目的是恶意透支的主观要件，是区分恶意透支与民事纠纷、民事欺诈的最重要标准。然而，以非法占有为目的的规定在实践中被虚化，具体表现为依据“经发卡银行两次有效催收后超过三个月仍不归还”的客观行为直接认定以非法占有为目的，以及对持卡人提出的不具有非法占有目的的辩解（如正在与发卡银行协商还款事宜等）置之不顾。为防止客观归罪，实现主客观相统一，2018年“两高”《关于修改〈关于办理妨害信用卡管理刑事案件具体应用法律若干问题的解释〉的决定》第1条对2009年“两高”《关于办理妨害信用卡管理刑事案件具体应用法律若干问题的解释》第6条作了进一步完善，特别强调不得单纯依据未按规定还款的事实认定非法占有目的，凸显了以非法占有为目的在认定恶意透支中的独立要件地位。

2. 以非法占有为目的的综合考量。2018 年“两高”《关于修改〈关于办理妨害信用卡管理刑事案件具体应用法律若干问题的解释〉的决定》第 1 条对 2009 年“两高”《关于办理妨害信用卡管理刑事案件具体应用法律若干问题的解释》第 6 条作了补充，增加了第 2 款，规定：“对于以非法占有为目的，应当综合持卡人信用记录、还款能力和意愿、申领和透支信用卡的状况、透支资金的用途、透支后的表现、未按规定还款的原因等情节作出判断……”据此，对非法占有目的应当根据案件的具体情况综合认定，具体可以从以下几个方面考量：申领信用卡时提交材料是否真实，有无严重弄虚作假行为；使用信用卡时是否具有相对稳定的还款能力，如是否具有稳定合法的工作或者收入来源等；透支情况与收入水平是否基本相符；涉案信用卡是否存在大量套现情况；透支款项用途是否合法，是否用于违法犯罪活动；是否存在持续且有效的还款行为；透支后是否与发卡银行保持联系、积极沟通，是否存在故意逃避催收的情况；等等。持卡人原有合法、稳定收入来源，长期正常使用信用卡，信用记录良好，但在正常透支消费后，因突发重大疾病或者其他客观原因，导致一时无力还款，事后与发卡银行积极沟通说明情况、尽力筹措还款资金的，不应认定为以非法占有为目的。

3. 以非法占有为目的的推定情形。2018 年“两高”《关于修改〈关于办理妨害信用卡管理刑事案件具体应用法律若干问题的解释〉的决定》对 2009 年“两高”《关于办理妨害信用卡管理刑事案件具体应用法律若干问题的解释》第 6 条第 2 款关于以非法占有为目的的推定情形作进一步完善，主要有以下几个方面：（1）不再将“肆意挥霍透支的资金，无法归还的”作为认定非法占有为目的的情形之一。司法实践普遍反映，肆意挥霍的认定存在较大弹性，受持卡人自身情况和消费时间、地点等因素的影响较大，且与信用卡透支消费这一最重要功能的界限难以准确把握，不利于信用卡功能的正常发挥和持卡人合法权益的有效维护。（2）将“使用虚假资信证明申领信用卡后透支，无法归还的”增设为认定非法占有目的的情形之一。实践中，一些持卡人通过提供虚假的财产状况、收入、职务等资信证明材料的方式，骗领信用卡或者提高信用卡的授信额度后透支，导致无法归还的情况时有出现。此种情形，反映持卡人具有相当的主观恶性，且往往是实施信用卡套现、信用卡诈骗的前提和基础，危害较大，有必要加以规制。基于此，将此种情形纳入认定非法占有目的的情形。(3）增加但书规定。鉴于司法实践的情况比较复杂，应当允许对具有本款规定推定以非法占有为目的的情形提出反证，即“有证据证明持卡人确实不具有非法占有目的的除外”。

七、假币制造类犯罪

◇ **假币制造类犯罪**

该类犯罪主要包含两个罪名——伪造货币罪、变造货币罪，规制行为人通过伪造、变造方式生产、制造假币的犯罪行为。

（一）相关规定

《刑法》第一百七十条【伪造货币罪】伪造货币的，处三年以上十年以下有期徒刑，并处罚金；有下列情形之一的，处十年以上有期徒刑或者无期徒刑，并处罚金或者没收财产：

（一）伪造货币集团的首要分子；

（二）伪造货币数额特别巨大的；

（三）有其他特别严重情节的。

第一百七十三条【变造货币罪】变造货币的，数额较大的，处三年以下有期徒刑或者拘役，并处或者单处一万元以上十万元以下罚金；数额巨大的，处三年以上十年以下有期徒刑，并处两万元以上二十万元以下罚金。

最高人民法院《关于审理伪造货币等案件具体应用法律若干问题的解释（二）》第一条 仿照真货币的图案、形状、色彩等特征非法制造假币，冒充真币的行为，应当认定为刑法第一百七十条规定的“伪造货币”。

对真货币采用剪贴、挖补、揭层、涂改、移位、重印等方法加工处理，改变真币形态、价值的行为，应当认定为刑法第一百七十三条规定的“变造货币”。

最高人民法院《关于审理伪造货币等案件具体应用法律若干问题的解释》第七条 本解释所称“货币”是指可在国内市场流通或者兑换的人民币和境外货币。

货币面额应当以人民币计算，其他币种以案发时国家外汇管理机关公布的外汇牌价折算成人民币。

（二）重要辩点及案例释解

1. 行为明显不足以产生侵害法益的危险时，不应认定行为人构成犯罪

核心要点：在制造假币案件中，控辩双方的焦点往往在于行为人是否满足制造假币罪的构成要件，却会忽视该行为本身是否具有侵害法益的可能，辩护人应当从制造假币的客观用途或主观意图入手，研究在案件具备行为构成要件的情况下能否出罪与如何反证出罪。

相关案例：崔某、杨某伪造货币案——“魔术道具”假币案①

➢ **案情介绍：**

本案当事人为崔某和妻子杨某，夫妻俩在山东省临沂市经营着一家印刷厂，厂子规模不大，也未办理营业执照，平时承揽名片、宣传、广告彩页等印刷业务。2015 年下半年，崔某接到老客户林某的订单，要求其仿照人民币、美元的样式印制纸币用作魔术道具。崔某得知该需求后感到疑惑，询问林某这是不是在印刷假币，林某答复只是印魔术道具，销往剧场和马戏团，并且还会在背面加印明显的“魔术道具”字样，算不上印刷假币。崔某心想这就是玩具一类的产品，不再多想变承接下了业务，开始生产“魔术道具”纸币，在此过程中，印刷模板由林某提供，崔某找人制作 PS 版，按数据人工填色后，就生产出了纸币成品。而后，崔某将纸币将发货给林某，或者直接发货给林某指定的客户地址，未承想，意外发生了。

① 山东省临沂市兰山区人民法院（2019）鲁 1302 刑初 151 号。

山东省济南市的市民王女士带着人民币1000元到银行柜台存款，银行发现其中一张人民币为假币，背面印有“魔术道具”字样，冠字号码是ST68277395。经调查发现，王女士所持假币正是崔某沂蒙印刷厂生产的纸币。与此同时，在2016年7月崔某在向林某的客户发货时，由于包裹破损，物流公司员工发现里面装有大量纸币后报警，公安机关对此立案调查。

2016年9月，杭州市公安民警在崔某邮寄的包裹中、厂房内查获了一批人民币和美元“假币”，其中1283.63万元人民币、579.52万美元，查获的人民币假币上均印有“魔术道具”字样，有部分美元上并未加印该字样，但尺寸均大于正常美元。随后，崔某与其妻子杨某及印刷厂的5名员工因涉嫌伪造货币罪被公安机关刑事拘留，一个月后均被取保候审。经过多次补充侦查，山东省临沂市兰山区人民检察院（以下简称兰山区检察院）在2019年1月17日对崔某、杨某以伪造货币罪提起公诉。

2019年1月24日，崔某的辩护律师向山东省临沂市兰山区人民法院（以下简称兰山区法院）提交《收集调取恢复证据申请书》，要求法院调取、恢复他与林某之前在QQ上的业务谈话记录作为证据。在申请书中辩护律师提出，林某的讯问笔录和崔某对案件的陈述均称，他们在通过QQ洽谈业务时，只有印刷“魔术道具”的心理想法，供戏组、剧团等使用，没有伪造货币的主观故意。但是公安机关在调取崔某电脑内QQ聊天记录的过程中，并没有将与案件有关的QQ聊天记录进行保存也没有向人民检察院、人民法院提供，导致案件中缺失能够证明崔某无罪或罪轻的关键证据，不符合我国《刑事诉讼法》的相关规定。

➢ **法院裁判：**

此后，兰山区检察院以案件证据发生变化为由，决定向兰山区法院申请撤回对被告人崔某、杨某的起诉，2019年10月25日，兰山区法院作出裁定，准许兰山区检察院撤回对被告人崔某、杨某的起诉。

辩点分析及案例释解

本案中，导致崔某、杨某夫妇俩陷入此次刑事危机的是其印刷纸币的行为，无论其生产这些纸币的性质为何，以及主观心态、目的如何，在寻常人乃至司法机关眼中，该行为在形式上符合伪造货币罪的构成要件。造成这种现象的主要原因是，我国《刑法》规定该罪之罪状为“伪造货币”，是指行为人以仿照真货币的图案、形状、色彩等特征非法制造假币，冒充真币的行为。但在司法实践中往往仅关注该行为构成要件，而忽略考虑行为人所制造的假币是否到达能够冒充真币的程度。那么为何“以假乱真”的条件会被忽略？一是因为该要件在适用上不具有可操作性，由于不同行为人的印制技术各异，假币“乱真”的程度有别，导致难以形成明确、可靠的判断标准，实践中不便操作；二是假币犯罪日趋组织化、专业化，在行为要件之外增加构罪要件，不利于有效打击假币犯罪。

然而，这种司法实践“共识”是否符合该等罪名的立法本意？笔者认为其实不然，以此前报道的一则新闻为例，某位年长者以自己绘制人民币长期在一家饭店使用，但做工粗糙，一眼便能看出是假币，但饭店老板既没有拒绝也没有点破，默默收下“钱”并为其提供餐食。对于这样的报道，我们在感叹饭店老板为人善良的同时，并不会联想到假币犯罪，原因不仅仅是当事人为年长者，以及饭店老板自愿接受、主动施以恩惠，更深层的原因是行为人手工绘制的人民币根本不足以以假乱真，不存在危害社会的可能性，没有侵害该等罪名设立所保护法益的可能。所以，笔者认为，在认定伪造货币罪时，是否达到以假乱真程度，是否达到侵害法益危险标准仍为不可或缺的判定要件。

为此，在分析本案例前，我们需要明晰以下几方面问题。

1. 伪造货币罪保护的法益是什么？

无论何种犯罪，从法益侵害的角度来看都必须具有某种法益侵害性。就法益侵害性而言，可以是行为产生的实质性侵害结果，也可以是行为造成的某种危险，包括具体危险和抽象危险。具体危险有法律法规对其情形进行专门规定，而抽象危险则主要由立法中的拟制与推定来确定。

伪造货币罪的设立，所保护的法益为货币的公共信用。从我国《刑法》对该等罪名的罪状表述来看，实施了伪造货币的犯罪行为即可构成该罪既遂，似乎表明这是一种行为犯，但实质上是通过刑事立法的方式，将符合构成要件的行为拟制、推定为存在法益侵害的危险，即行为人只要客观上实施了伪造货币的行为，就会触及立法拟制的危险状态，因而实际上是抽象危险犯。然而，在大量的司法案例中，这种仅以行为符合构成要件，不再结合具体实际判断事实上是否存在危险的情形，已明显造成了刑法的恣意和扩张，就如所引用的崔某一案，归其原因是在认定此类犯罪中对法益侵害危险判断标准的普遍性忽视。

2. 具备行为构成要件的情况下能否出罪？

在行为人符合行为构成要件，即实施了伪造货币的行为，在何种情况下才不会被认定为构成犯罪？由于目前伪造货币罪、变造货币罪在立法上采用了抽象危险犯的模式，在司法认定上普遍采取“行为即既遂”的立场，在实践中往往只能通过反证行为人不具有侵害法益的危险来寻求出罪之可能。但是对于“反证出罪”的方式，理论界也存有争议，持反对意见的学者认为：一是所谓危险是立法者在刑事立法时的理由和动机，对抽象危险犯而言处罚的是造成危险的行为本身，而不需要考察是否存在具体的危险；二是允许反证出罪将会与抽象危险犯的立法概念本身相抵触，在个案司法认定中不必审查是否真的出现危险结果，而仅仅需要审查行为人的行为是否符合法条所规定的行为要件；三是允许反证出罪会混淆具体危险犯与抽象危险犯的界限，并使抽象危险犯的证明责任陷入两难境地；四是认为出于刑法一般预防的目的，即便行为没有造成现实的具体危险仍应被处罚，以防别有目的者模仿其行为进行犯罪。

但就如同司法实践中已有个案通过反证出罪的现实一般，笔者认为，应当允许行为人证明自身行为不可能招致侵犯法益的危险，从而认定其不构成犯罪。同时，司法机关在办理此类案件的过程中应该采取更为审慎、谦抑的态度，当案件中存在或出现有利于当事人，或能够证明当事人无罪或罪轻的情节、证据时，应当进行综合、全面的审查。毕竟，刑事立法总有一定的滞后性，但不应与现实完全脱节，而且拟制本身就是不利于当事人的立法手段，如个案中有证据能够推翻这种被拟制关系时，就应当在司法认定中将行为是否存在法益侵害危险作为构成要件进行具体审查。因为这不仅关乎个人、家庭的命运，更关乎刑事法律的公正与权威。

3. 如何反证出罪?

在阐明我国司法实践中存在行为人反证出罪情况的前提下，下一步需要讨论的便是在具体案件中当事人如何证明自身行为不具有侵害法益的可能。在本文作者检索的审判案例中，有部分当事人或其辩护律师提出所伪造的假币并未进入流通环节的观点，如行为人并未完全制造出假币的成品就已案发，或虽有成品但在投入流通前即已被查获等，似乎也如上文所说不具有侵害法益的可能性。然而，首先从该等案例的法院最终裁判来看，诸如此类的辩护意见均不能被法院采纳；其次就笔者立场而言也应当如此，因为该等案例中并非行为人的行为不可能招致法益侵害的危险，而是在已然造成法益侵害危险时被公安机关的执法行动所中止，行为人主观上仍意图通过其行为侵害货币的公共信用，但客观上不能将这种危险具体到实际中，或遭被动中断。

由于伪造货币罪并不考察行为人的主观意图为何，因此在实践中就不乏崔某这种不具有伪造货币的主观意图，但客观上又符合该罪的行为构成要件，被指控犯有伪造货币罪的案例存在，如仿照真币样式生产制造冥币等。但往往只有在这类案例中，当事人才有反证出罪的可能，就如在崔某、杨某伪造货币案中，其不仅在业务洽谈中反复确认所生产的纸币是用作魔术道具，主观上不具有伪造货币、产生法益侵害危险的意图；并且在其所生产的纸币上也明显标注了“魔术道具”的字样，防止购买者作假币使用，即客观上也采取了防止法益侵害危险发生的举措。故崔某、杨某最终才被认定不构成伪造货币罪，由公诉机关撤回起诉。

2. 行为人所实施行为并非“伪造”货币的，不构成该罪

核心要点：行为人所制造的假币虽然不能立即“使用”，但已经具备了真货币图案、形状、色彩等特征，为方便后续使用假币对假币进行的裁剪、做旧工作的，不应评价为伪造货币罪，也不应该被认定为假币投入使用。

相关案例：仲某、邱某、夏某、张某伪造货币案①

> **案情介绍：**

2018年9月仲某通过QQ认识了李某（另案处理），两人商议，由李某向仲某提供伪造货币的技术，并联系假币的买家负责出售。仲某从李某处购得印制假币的打印机、防伪纸等工具材料，制造出伪造的货币后，根据李某提供的买家地址、购买假币面值和数量等信息，将尚未裁剪的“两连张”半成品假币快递给买家，而后二人对出售假币的款进行分配。

2018年10月，邱某通过微信先后三次从李某处购买假币，仲某根据李某的安排分三次向邱某寄送伪造的未裁剪20元面值人民币“两连张”150张、10元面值人民币“两连张”100张、5元面值人民币“两连张”100张，金额共计9000元。邱某在获得上述伪造的货币半成品后，通过裁剪、涂抹、加工、做旧等方式进行伪造再加工。公安机关于2018年12月14日将邱某抓获归案，并查获伪造的货币面额共计9710元，其中已裁剪的面额为2180元，未裁剪的面额为7530元，经中国人民银行南京分行鉴定，上述货币均为假币。

2018年10～11月，夏某先后三次从李某处购买假币，仲某根据李某的安排，分三次向夏某寄送伪造的未裁剪20元面值人民币“两连张”110张，面额共计4400元。夏某在获得上述伪造的货币半成品后，通过裁剪、做旧等方式进行伪造再加工。公安机关于2018年12月12日将夏某抓获归案，现场查获未裁剪的假币面额共计4160元，经中国人民银行南京分行鉴定，上述货币均为假币。

2018年10月，张某先后三次从李某处购买假币。仲某根据李某的安排，分三次向张某寄送伪造的未裁剪20元面值人民币“两连张”125张，面额共计5000元。张某在获得上述伪造的货币半成品后，通过裁剪的方式进行伪造。公安机关于2018年12月15日将张某抓获归案，并查获已裁剪假币面额共计4830元，经中国人民银行南京分行鉴定，上述货币均为假币。

---

① 江苏省南京市中级人民法院（2019）苏01刑终880号。

2018 年 11 月 7 日，南京市公安局雨花台分局民警在仲某居住的房屋由将其抓获归案，现场查获的未裁剪的伪造货币面额共计 40, 420 元，其中正反面都已印刷的伪造货币面额为 28, 240 元。经中国人民银行南京分行鉴定，上述货币均为假币。

➢ **法院裁判：**

该案一审由江苏省南京市雨花台区人民法院审理，法院认为，仲某采用印刷的方式伪造货币，数额特别巨大。邱某、夏某、张某购买假币半成品后，利用裁剪、做旧等方式仿照真货币特征非法制造假币，冒充真币，其行为均已构成伪造货币罪。判决如下：（1）被告人仲某犯伪造货币罪，判处有期徒刑 10 年，罚金人民币 30, 000 元；被告人邱某犯伪造货币罪，判处有期徒刑 4 年，罚金人民币 8000 元；被告人夏某犯伪造货币罪，判处有期徒刑 2 年，罚金人民币 2000 元；被告人张某犯伪造货币罪，判处有期徒刑 3 年，罚金人民币 3000 元。（2）扣押在案的与犯罪有关的物品予以没收。宣判后，仲某、邱某、张某、夏某均不服一审判决，向二审法院提起上诉。

案件上诉至江苏省南京市中级人民法院后，经法院审理认为，仲某采用打印机、图案章等非法印制方式伪造货币冒充真货币，且数额特别巨大，其行为破坏了国家金融管理秩序，构成伪造货币罪，一审法院对其定罪量刑正确。仲某伪造货币过程中，均系其一人利用打印机、图案章等独立完成，经查其伪造完毕的假币已达刑法认定特别巨大的数额，虽其部分印制技术由李某远程教授及部分制作完的假币由李某提供买家信息，但这并非刑法上认定的主从犯。

关于邱某、张某、夏某的定罪量刑，二审法院认为，邱某、张某、夏某违反国家货币管理规定，明知是伪造的货币而购买并使用，且购买的数额较大，所购买的假币已具备真币的基本特征，他们在使用假币前所进行的裁剪、做旧等简单的处理行为，是为了便于使用该假币，并非系依照真货币的图案、形状、色彩等特征进行印制的伪造行为。故邱某、张某、夏某的行为符合购买假币罪的构成要件，且购买假币数额已达刑法上量刑的“数额较大”，应认定为购买假币罪，而非一审法院认定的伪造货币。一审法院定性错误，二审法院予以纠正。关于邱某、张某、夏某上诉提出原审法院量刑过重，请求二审法院从轻或减轻处罚并宣告缓刑的问题。经查，邱某、张某、夏某归案后认罪悔罪态度好，系坦白，二审庭审中，南京市人民检察院认为邱某、张某、夏某所在社区同意接受其进行社区矫正，建议依法裁判。鉴于邱某、张某、夏某有认罪悔罪坦白的情形，二审法院出于对他们的犯罪行为实行教育、感化、挽救的方针，坚持教育为主、惩罚为辅的原则，综合考虑本案犯罪事实、情节和对社会的危害程度，上诉人认罪、悔罪态度及其所在社区矫正机构的意见，邱某、张某、夏某要求从轻处罚并判处缓刑的上诉意见，理由成立，予以采纳。

最终，二审法院判决如下：（1）维持南京市雨花台区人民法院（2019）苏 0114 刑初 218 号刑事判决第一项对仲某的定罪量刑部分，即被告人仲某犯伪造货币罪，判处有期徒刑 10 年，并处罚金 30,000 元。（2）维持南京市雨花台区人民法院（2019）苏 0114 刑初 218 号刑事判决第二项。（3）撤销南京市雨花台区人民法院（2019）苏 0114 刑初 218 号刑事判决对邱某、张某、夏某的定罪量刑部分。（4）被告人邱某犯购买假币罪，判处有期徒刑 1 年 6 个月，缓刑 2 年，并处罚金人民币 8000 元；被告人张某犯购买假币罪，判处有期徒刑 1 年，缓刑 1 年 6 个月，并处罚金人民币 3000 元；被告人夏某犯购买假币罪，判处有期徒刑 1 年，缓刑 1 年 6 个月，并处罚金人民币 2000 元。

辩点分析及案例释解

以上一审法院与二审法院裁判的差别，体现了本案的焦点主要在于仲某制造的假币是否属于成品，以及邱某、张某、夏某的裁剪、做旧行为是否属于伪造货币范畴。这些问题无论在现行法律法规、司法解释还是理论学界均没有较为明确的规定或观点，但在假币制造形式日渐多变、复杂的态势下，这些问题值得引起重视，本案二审法院的裁判提供了很好的司法实践指导。

伪造假币，是指行为人仿照真货币的图案、形状、色彩等特征非法制造假币，冒充真币的行为，那么在行为人所伪造的假币基本具备真货币图案、形状、色彩等特征之时，就可以认定其制造的假币已是成品。回归到本案中，仲某所制造的假币“二连张”虽然未经裁剪，不能立即“使用”，但已经具备了真货币图案、形状、色彩等特征，无须邱某、张某、夏某再对该等假币进行“技术”上的加工，所以其行为不属于“伪造”的范畴，而是为后续方便使用假币进行的裁剪、做旧工作，因此不应被评价为伪造货币罪。另外，对于邱某、张某、夏某购买假币的行为，虽然进行了相应裁剪、做旧的行为，但邱某、夏某并未将假币投入使用，张某被查获的假币虽与其购买的假币存在百余元差额，即便认定其已经使用该部分假币亦达不到使用假币罪的追诉标准，不适用《关于审理伪造货币等案件具体应用法律若干问题的解释》第2条规定的“行为人购买假币后使用，构成犯罪的，依照刑法一百七十一条的规定，以购买假币罪定罪，从重处罚”情形。因此，二审法院判决在改变邱某、夏某、张某涉案行为定性的同时，认定其认罪态度良好，具有坦白情节，最终对该等人处以缓刑，与一审判决相比在结果上有质的改变。

3. 认定行为人构成伪造货币罪需达到立案追诉的标准

核心要点：行为人对所购买的假币进行裁剪、浸泡、晾干、涂胶、揉搓等行为，系为方便后续使用而为，对假币本身的“伪”性质并无实质增减，不属于“从无到用”的伪造假币行为。同时，伪造的假币数量是否符合以伪造货币罪立案追诉的情形也值得辩护律师关注。

相关案例：黄某、宋某、宋某1伪造货币案[①]

> **案情介绍：**

2015年，黄某在互联网上先后以每张2～4元的价格，购买20元面额的假币4000余张，同时还购买了部分加工工具，均通过快递公司邮寄收取。收到假币后，黄某、宋某分别在宋某1居住的房屋内对假币进行做旧加工，具体是将假币剪裁后进行浸泡、晾干、涂胶或搓揉等做旧实验，使假币在外观和手感上与使用过的旧人民币相似。而后，黄某、宋某外出使用假币时，发微信指使宋某1对隐藏在家中的1100张20元面额的假币进行做旧处理。

① 湖北省咸宁市中级人民法院（2016）鄂12刑终213号。

2015年12月，黄某、宋某驾驶汽车到嘉鱼县鱼岳镇，次日黄某、宋某持一张20元的假币，在鱼岳镇方家庄菜场个体商铺购买了一包味精，店主在找零过程中，怀疑收取的20元是假币并报警。在黄某、宋某准备再次使用假币时，被接警后赶到的公安民警将抓获，民警当场扣押20元的面额的假币98张，以及使用的假币1张，同时民警从两人所乘车辆上查获20元的假币3180张。此后，公安民警在宋某1家中查获20元面额的假币1100张以及部分做旧的加工工具。经中国人民银行嘉鱼县支行鉴定，上述所查获的20元面额币4379张，总面额共计为8.758万元，均为假币。

湖北省嘉鱼县人民检察院（以下简称嘉鱼县检察院）将此案起诉至湖北省嘉鱼县人民法院（以下简称嘉鱼县法院），指控黄某、宋某、宋某1犯伪造货币罪。嘉鱼县法院审理此案后认为，被告人黄某购买假币，数额巨大，并加工做旧和使用；被告人宋某在得知黄某购买了假币后，参与做旧并使用从中获利；被告人宋某1在得知黄某购买假币后代收邮件参与做旧，并隐藏假币及做旧工具。上述三被告人的行为均构成购买假币罪。黄某在共同犯罪的过程中起主要作用，是主犯，宋某、宋某1在共同犯罪的过程中均系从犯。判处黄某犯购买假币罪，判处有期徒刑4年，并处罚金10万元；宋某犯购买假币罪，判处有期徒刑2年，并处罚金5万元；宋某1犯购买假币罪，判处有期徒刑1年，并处罚金2万元；查获扣押被告人黄某、宋某、宋某1所购买的20元面额假币4379张，予以没收销毁；扣押的作案工具等予以没收。

➢ **法院裁判：**

一审宣判后，黄某、宋某对判决认定的事实与定性无异议，但认为量刑过重，提出上诉，请求二审法院从轻处罚；同时，嘉鱼县检察院也提出抗诉，认为原审被告人黄某、宋某购买20元面值的假币后，采取用水印章、凹凸版添加花卉水印及毛泽东头像，并用纹理胶、排刷、锉子等工具为假币做旧及添加凹凸感，其行为应认定为伪造货币罪。原审被告人宋某1的主要行为系提供场地帮助持有假币并参与对假币的加工，应认定构成持有假币罪。

案件上诉至湖北省咸宁市中级人民法院，法院审理后认为，黄某等人对所购买的假币进行裁剪、浸泡、晾干、涂胶、揉搓等行为，其目的是使购买的假币更加类似真币，以便其作案使用，该行为本身不是伪造货币，不能认定为伪造货币罪。但是黄某、宋某用购买的印章、毛泽东头像模板等工具试图在假币上制造防伪水印，以及毛泽东头像凹凸感的行为，属于伪造人民币的色彩及防伪特征，应认定为伪造货币的行为。但是该伪造货币行为并未达到立案追诉标准，故本案上诉人黄某和宋某虽然有伪造货币的行为，但尚未达到被立案追诉的标准，不能认定为伪造货币罪，原审判决认定二上诉人的行为构成购买假币罪定性准确，量刑适当。原审被告人宋某1明知黄某、宋某让其接受并保管的1100张总计22,000元的人民币为假币，仍予以持有，数额较大，其行为构成持有假币罪。原审判决认定宋某1构成购买假币罪属定性错误，检察机关此点抗诉意见成立，二审法院予以纠正。最终判决如下：(1) 维持嘉鱼县人民法院（2016）鄂1221刑初100号刑事判决的第一项、第二项、第五项，即被告人黄某犯购买假币罪，判处有期徒刑4年，并处罚金10万元；被告人宋某犯购买假币罪，判处有期徒刑2年，并处罚金5万元；扣押的作案工具等予以没收。(2) 撤销嘉鱼县人民法院（2016）鄂1221刑初100号刑事判决的第三项、第四项，即被告人宋某1犯购买假币罪，判处有期徒刑1年，并处罚金2万元；查获扣押被告人黄某、宋某、宋某1所购买的20元面额假币4379张，予以没收销毁。(3) 原审被告人宋某1犯持有假币罪，判处有期徒刑1年，并处罚金2万元。(4) 查获扣押被告人黄某、宋某所购买的20元面额假币4379张，予以没收销毁。

辩点分析及案例释解

在我国《刑法》伪造货币罪的罪状表述中，以及在《全国法院审理金融犯罪案件工作座谈会纪要》中虽然明确了行为人有伪造货币的行为即构成犯罪，但在具体实践中，伪造货币罪有具体的立案追诉标准。2010年《关于公安机关管辖的刑事案件立案追诉标准的规定（二）》第14条规定，伪造货币，涉嫌下列情形之一的应予立案追诉：(1) 伪造货币，总面额在2000元以上或者币量在200张（枚）以上的；(2) 制造货币版样或者为他人伪造货币提供版样的；(3) 其他伪造货币应予追究刑事责任的情形。因此，如行为人伪造货币的行为达不到以上规定的情形，则不应以伪造货币罪立案追诉。

在本案中，一审、二审法院均不认为黄某、宋某构成伪造货币罪，原因有两点：首先，黄某、宋某对所购买的假币进行裁剪、浸泡、晾干、涂胶、揉搓等行为，系为方便后续使用而为，对假币本身的“伪”性质并无实质增减，不属于“从无到用”的伪造假币行为，这再一次印证了本文之前所述行为人为方便假币使用而进行的简单做旧行为，不应被评价为伪造假币的辩护观点。其次，黄某、宋某使用印章、毛泽东头像模板等工具在假币上制造防伪水印及头像凹凸感的行为，对假币本身的“伪”性质有所增益，已经脱离简单做旧假币的范畴，属于伪造货币的行为。但是，由于该二人此种行为伪造的假币数量有限，并不符合以伪造货币罪立案追诉的情形。因此，虽然本案公诉机关极力指控黄某、宋某犯有伪造货币罪，但最终均未被一审、二审法院认定。

笔者认为，此案对辩护实务带来的启示：在假币犯罪中，由于行为人可能针对假币实施了多种行为，最常见的就是购买假币后，为顺利将假币使用出去，基本都会对假币进行一定程度的“加工”，在各种假币“加工”行为中，可能有涉嫌伪造假币的情形以及不应被认定为伪造货币的情形混杂一体。在司法实践中，公诉机关在起诉时基本都会将其指控为伪造货币罪，这时就需要辩护律师对其行为进行拆分明晰，将不属于伪造货币的行为从中剥离，同时具体判断行为人实施伪造货币行为具体伪造假币的数量是否达到伪造货币罪的立案追诉标准。

4. 行为人尚未制造出假币成品的部分，属于犯罪未遂

核心要点：在刑法理论学界，对伪造货币罪犯罪形态问题的观点各异。笔者认为，行为人尚未制造出假币成品的部分，属于犯罪未遂。

相关案例：何某、刘某、夏某、庄某、冷某伪造货币、出售、购买假币案①

➢ **案情介绍：**

2016 年年初，何某在 QQ 群里聊天时，发现有人购买纸张便想转卖纸张

① 四川省南充市中级人民法院（2017）川 13 刑终 314 号。

赚钱。交易过程中，何某发现对方购买纸张是用于制造假币，对方并称何某出售的纸张打印出来的假币不清晰、效果不好。何某意识到不是纸张问题而是假币电子模板的原因，遂购买了扫描仪、打印机、烫金线、金线、墨盒等工具，并学习 PS 软件技术，在家制作面值 100 元、50 元和 20 元人民币的电子货币版样，欲通过出售该电子货币版样谋利。为了验证电子货币版样伪造假币的效果，何某利用其制造的货币版样制造了大量面值 20 元的假币，并以 1000 余元的价格将面值 100 元的人民币货币版样通过 QQ 出售给刘某。刘某利用该电子货币版样伪造货币，但因质量不好未继续使用。案发后，公安机关在何某家中查获装有货币版样的 U 盘、制作假币的工具、打印好但未裁剪的面值为 20 元的疑似假币共 504 张，面额共计 10, 020 元。

2015 年，刘某网购打印机、墨盒、证券 A4 纸、烫金机等工具，在其租住的房间内伪造人民币。2016 年年初，刘某在何某处购买了上述电子货币版样，后因效果不佳未投入使用。2016 年 3 月，刘某感觉自己伪造人民币的技术已经成熟，便增购打印设备进行制造，还邀请夏某参与共同制造假币，其中刘某负责打印和切剪假币，夏某负责压烫金线和清点。制造出假币成品后，二人以 50 元面额人民币 5 元、20 元人民币 2. 6 元的价格分三次卖给庄某，出售假币面额共计 16 万余元。案发后，公安民警在该二人租住的招待所内搜查出 100 元面值人民币假币 10 张、50 元面值人民币假币 29, 068 张、20 元面值人民币假币 51, 321 张、10 元面值人民币假币 106 张、5 元面值人民币假币 1 张，共计 2, 481, 885 元。

2016 年，庄某从刘某处购得假币后，分两次以每张 5. 4 元的价格向冷某出售面值 20 元人民币假币 200 张。案发后，公安民警在庄某租住的房屋内搜出面额 20 元人民币的假币 119 张、面额 100 元人民币的假币 160 张、面额 50 元人民币的假币 1028 张、面额 10 元人民币的假币 4 张，以及制作假币工具等。在冷某住处搜查出 20 元面值的假人民币 3 张，100 元面值的假人民币 10 张。经中国人民银行南充市中心支行鉴定，以上查获的人民币均为假币。

四川省南充市顺庆区人民检察院（以下简称顺庆区检察院）提起指控后，四川省南充市顺庆区人民法院（以下简称顺庆区法院）一审开庭审理了此案。法院认为，被告人刘某为了伪造货币，通过网购打印机、墨盒、证券

A4 纸、烫金机等工具，并从被告人何某处购买假币版样制作假人民币。其间，刘某邀约被告人夏某在其自己租住房屋内共同制作价值 300 余万元的假人民币，其中被告人夏某主要参与制作面额 20 元的假币，之后二被告人将所制作的假币其中 16 万余元卖与被告人庄某。被告人刘某伪造货币 300 余万元，被告人夏某帮助伪造货币，数额特别巨大；被告人何某为刘某、夏某伪造货币提供样板并伪造货币 1 万余元；被告人庄某购买 16 万余元假币后又将其中的 4000 元予以出售，数额巨大；被告人刘某、夏某、何某的行为构成伪造货币罪；被告人庄某的行为构成出售、购买假币罪；被告人冷某的行为构成购买假币罪。在刘某与夏某、何某伪造货币的共同犯罪中，刘某起主要作用，是主犯；夏某、何某起次要作用，是从犯，应当从轻或减轻处罚。据此，根据被告人的犯罪事实、情节、认罪态度以及对社会的危害程度，依照相关法律法规、司法解释，判决如下：（1）被告人刘某犯伪造货币罪，判处有期徒刑 13 年，并处罚金 120, 000 元；（2）被告人夏某犯伪造货币罪，判处有期徒刑 7 年，并处罚金 70, 000 元；（3）被告人庄某犯购买、出售假币罪，判处有期徒刑 6 年，并处罚金 60, 000 元；（4）被告人何某犯伪造货币罪，判处有期徒刑 4 年，并处罚金 50, 000 元；（5）被告人冷某犯购买假币罪，判处有期徒刑 1 年，缓刑 2 年，并处罚金 20, 000 元；（6）公安机关扣押的假币予以没收；违禁品由扣押机关依法处理。

➢ **法院裁判：**

被告人何某不服该一审判决，上诉至四川省南充市中级人民法院。二审法院审理此案后认为，上诉人（原审被告人）何某明知他人伪造货币而出售假币版样，同时还购买打印机、烫金线、墨盒等犯罪工具，制造出还未裁剪的假币 10, 020 元，其行为构成伪造货币罪（未遂）；原审被告人刘某伙同原审被告人夏某伪造假币 300 余万元并将其中的 16 万余元出售给他人获利，二原审被告人的行为也构成伪造货币罪；原审被告人庄某购买假币 16 万余元并将其中的 4000 元出售给他人，其行为构成购买、出售假币罪；原审被告人冷某明知是假币而购买，数额较大，其行为构成购买假币罪。在刘某与夏某、何某伪造货币的共同犯罪中，刘某起主要作用，是主犯；夏某、何某起次要作用，是从犯，应当从轻或减轻处罚。何某及其辩护人关于“何某卖给刘某的人民币电子版样仅仅是一个扫描版样，无法正常使用，能够有效防止犯罪结果的发生，且刘某没有使用该版样伪造货币，因此，何某的行为属于犯罪中止，应当免除或者减轻处罚”的辩解、辩护意见，经查，何某明知刘某购买假币版样是为了伪造货币，其为了谋取利益，仍然予以出售，刘某购买假币版样后因质量问题没有使用，并非二人主动放弃犯罪，不属于犯罪中止，故该辩解、辩护意见与查明的事实不符，不予支持。何某及其辩护人关于“何某伪造504张面额共计10,020元的假币还未进行裁剪，无法流通，系犯罪未遂，可以比照既遂犯从轻或者减轻处罚”的辩解、辩护意见，经查，何某为了犯罪而准备打印机、烫金线、墨盒等犯罪工具，并学习PS软件技术在自己家中制造假币，其制造出的假币还未裁剪即被查获，无法用于流通，可以认定为犯罪未遂，故该辩解、辩护意见与查明的事实相符，应予支持。原审判决认定事实和适用法律错误，量刑不当，应当依法纠正。遂依照相关法律法规、司法解释，判决如下：（1）维持四川省南充市顺庆区人民法院（2017）川1302刑初212号判决第一项、第二项、第三项、第五项、第六项，即被告人刘某犯伪造货币罪，判处有期徒刑13年，并处罚金120,000元；被告人夏某犯伪造货币罪，判处有期徒刑7年，并处罚金70,000元；被告人庄某犯购买、出售假币罪，判处有期徒刑6年，并处罚金60,000元；被告人冷某犯购买假币罪，判处有期徒刑1年，缓刑2年，并处罚金20,000元；公安机关扣押的假币予以没收；违禁品由扣押机关依法处理。（2）撤销四川省南充市顺庆区人民法院（2017）川1302刑初212号判决第四项；即被告人何某犯伪造货币罪，判处有期徒刑4年，并处罚金50,000元。（3）上诉人（原审被告人）何某犯伪造货币罪（未遂），判处有期徒刑3年6个月，并处罚金50,000元。

辩点分析及案例释解

本案二审中，何某及其辩护人提出所伪造的货币未经裁剪系犯罪未遂的意见，最终得到二审法院的认可，由此可见伪造货币的犯罪既/未遂问题是实践中较为关键的辩护要点。然而，关于该罪的犯罪形态问题，目前法律法规、司法解释中没有明确的规定，与此相关的仅有《全国法院审理金融犯罪案件工作座谈会纪要》中“伪造货币的，只要实施了伪造行为，无论是否完成全部印制工序，即构成犯罪；对于尚未制造出成品，无法计算伪造、销售假币面额的，或者制造、销售用于伪造货币的版样的，不认定犯罪数额，依据犯罪情节决定刑罚”。该纪要意见的前半部分有行为即构罪的表述，似乎阐述只要实施了伪造行为，不考虑是否完成伪造工序情节，均既遂的观点；但后半部分又有不计入犯罪数额的相关情形，似乎又与该罪的未遂认定情形相关。

在刑法理论学界，对于伪造货币罪犯罪形态问题的观点各异。有观点认为该罪不存在既/未遂的区分，有行为即既遂；也有观点认为该罪有既/未遂的形态区分，但具体标准不一，有以伪造货币行为是否完成为标准的；有以伪造的货币是否进入流通为标准的；还有以伪造的货币是否达到足以使一般人误以为真的程度为标准；等等。

笔者认为，《全国法院审理金融犯罪案件工作座谈会纪要》中描述的是该罪行为方面的表现，实际上并未否定存在未遂的问题。并且，从实践层面来看，根据本文对相关司法判例的检索，现实中大量案件中存在对该罪既/未遂形态的区分。在部分案例中普遍采用伪造货币行为是否完成的标准进行判定，如行为人存在实施了伪造货币行为，但未完成全部工序的情形，其犯罪形态会被法院认定为未遂，但其中的具体情形、行为程度标准并不统一。

如本案中法院认定既/未遂的标准是，行为人虽然伪造了货币但未进行裁剪的，属于未遂。但在其他案例中，有的法院认为行为人伪造货币未进行裁剪的情形亦属于既遂，如前所述的仲某、邱某、夏某、张某伪造货币一案。同时，有的法院引用中国人民银行关于收缴假币的相关规定中“假币半成品”的定义,[①] 据此认定行为人所伪造的假币是否属于半成品，并判定行为人是否属于犯罪既/未遂。如河南省南阳市中级人民法院审理的（2018）豫13刑终887号案件中，该案查获的假币共有三类：一是完成全部工序且有金属线的假币；二是完成全部工序但无金属线的假币；三是仅完成单面印刷的

---

① 《中国人民银行反假人民币奖励办法》第8条规定，假币半成品指纸张或坯饼的单面印有所伪造的货币底纹和主景图案，但尚未制作完成的假币。

假币。对于以上三类假币，法院最终以第二类、第三类假币的伪造行为尚未实施完成为由认定为未遂。但与此同时，法院认为虽然行为人伪造该二类假币的行为被认定为犯罪未遂，并不是《全国法院审理金融犯罪案件工作座谈会纪要》中“无法计算伪造、销售假币面额的”的情形，因此不影响法院认定为行为人伪造假币的数额，仅将该部分数额作为其犯罪未遂的金额计算。

以上可见，由于行为人伪造货币方法、手段、技术多样，司法实践中法院对伪造货币罪的犯罪形态认定标准存在较大差异，难以形成统一的判定标准，因此在辩护过程中需要我们针对涉案假币的具体情况展开分析、论证，在量刑上最大限度地为当事人争取相对有利的情节。

5. 行为人伪造假币尚未制造出成品，无法计算面额，不认定为犯罪数额

核心要点：认定犯罪数额是伪造货币案件中极为重要的辩护要点之一，在特定情况下，犯罪数额的些许增减，可能会对案件的定罪量刑产生重要影响。

相关案例：王某伪造货币案[①]

- **案情介绍：**

2018 年，王某通过朋友介绍及网络等渠道学习伪造人民币的方法，并在回到居住地后，从网络上购买了制造假币所需的电脑、打印机、印章、专用纸张、裁纸刀等作案工具。而后，王某在其居住的房屋内制造 50 元、20 元面值的人民币假币。2018 年 7 月 31 日，王某伪造货币一事案发被公安机关抓获，公安机关当场查获其伪造的 50 元面值人民币 1245 张、20 元面值人民币 2187 张，面额共计 105, 990 元；伪造的单面印刷的 50 元面值假人民币 452 张、20 元面值假人民币 626 张，以及王某伪造假币所使用的设备、物品一宗（包括打印机、电脑、扫描仪、印版、印刷假币用纸、烫金机等。

① 山东省威海市中级人民法院（2019）鲁 10 刑终 136 号。

经中国人民银行威海市中心支行鉴定，涉案的20元面额假币3113张、50元面额假币1697张，面额共计147,110元，均为打印假币，上述假币均已被中国人民银行威海市中心支行没收。

➢ **法院裁判：**

山东省威海市环翠区人民检察院以伪造货币罪将王某起诉至山东省威海市环翠区人民法院，法院审理此案后认为，被告人王某伪造货币，其行为已构成伪造货币罪，且数额特别巨大。被告人王某归案后如实供述犯罪事实，自愿认罪，构成坦白，依法予以从轻处罚。被告人王某及其辩护人关于起诉书认定数额过多的辩护意见，与事实及法律规定不符，不予支持。依照相关法律法规、司法解释的规定，判决如下：(1) 被告人王某犯伪造货币罪，判处有期徒刑11年，并处罚金人民币8万元。(2) 扣押的王某用于伪造假币作案的电话卡、电脑、打印机、扫描仪、设备、物品等作案工具，依法予以没收。宣判后，王某以在案证据《货币真伪鉴定书》未加盖鉴定人签名、程序违法；涉案扣押清单与货币鉴定书记载的货币数量相矛盾，一审法院却以数量多的记载予以认定涉案金额；以及将未裁剪的半成品计入犯罪数额之内，证据不足等为由，向上一级法院提出上诉。

案件上诉至山东省威海市中级人民法院，法院的观点如下。

关于《货币真伪鉴定书》应否采信的问题。经查，中国人民银行及其授权的鉴定结构是鉴定货币真伪的合法机构，一审诉讼中公诉机关提供的货币真伪鉴定书加盖了中国人民银行威海市中心支行假币鉴定专章，载明鉴定人为钟某，复核人邹某，二审过程中，侦查机关补盖了鉴定人印章，故该鉴定书内容、形式合法，能够作为有效证据采信，上诉人及其辩护人以该鉴定书未加盖鉴定人名章，一审鉴定程序违法的上诉理由及辩护意见不成立，不予支持。

关于涉案扣押清单、货币鉴定书记载的货币数量相矛盾的问题。威海市公安局环翠分局经济犯罪侦查大队在抓获王某后对其住处进行了搜查，并对查扣的假币制作了扣押清单，清单中对查扣的假币面值、张数、是否裁剪，是否双面印刷进行了明确记载，对该数额及假币状态王某予以签字认可。虽然威海市公安局环翠分局经济犯罪侦查大队出具的办案说明，证实扣押清单与假币鉴定书上记载的数量误差的原因在于查获的假币当时分散存放并由多人分开清点，未进行复核，简单累加即进行登记所致。但该说明缺少银行工作人员的签字或追认，证据未达到确实充分的标准，一审法院采信公安机关的办案说明解释数量存在不一致的原因，系采信证据不当。出庭检察员认为应将扣押清单载明的内容作为假币数量及状态的统计依据，予以采纳。上诉人及其辩护人关于一审判决采信货币数量错误的上诉理由及辩护意见，合理部分，二审法院予以支持。

关于犯罪数额的计算问题。《全国法院审理金融犯罪案件工作座谈会纪要》规定，伪造货币的，只要实施了伪造行为，无论是否完成全部印制工序，即构成伪造货币罪。对于尚未制造出成品，无法计算伪造假币面额的，不认定犯罪数额，依据犯罪情节决定刑罚。从本案查明的事实来看，上诉人王某伪造的假币，已经裁剪完成的成品及双面印刷未裁剪的部分已经具备伪造真币的图案、形状、色彩等特征，且能够计算出伪造假币的面额，该两部分应计入犯罪数额，据此 50 元面值已裁剪人民币成品 218 张，20 张面值已裁剪假币 47 张为犯罪既遂，共计 11, 840 元。对于双面印刷，且每页印刷两张假币未裁剪的 50 元或 20 元面值的假币，尚未最终完成，不能冒充真币使用，无法进入流通领域，该部分面值共计 83, 140 元成立犯罪未遂。对于伪造的单面印刷未裁剪的 50 元及 20 元面值的假币，由于未完成全部印制工序，不能作为假币使用，该部分数额作为量刑情节予以考量，不计入犯罪数额。上诉人及其辩护人提出未裁剪的假币不应计入犯罪数额，合理部分，予以支持，其余部分不予采纳。

综上所述，二审法院认为，王某伪造货币，其行为已构成伪造货币罪，且数额特别巨大。对于 83, 140 元未遂部分，比照既遂犯予以减轻处罚，王某归案后如实供述犯罪事实，自愿认罪，构成坦白，依法予以从轻处罚。一审法院认定王某构成伪造货币罪及对涉案财物处置正确，应予维持，但采信证据不当，导致适用法律错误，量刑失当，应予以纠正。依照相关法律法规、司法解释，判决如下：（1）维持威海市环翠区人民法院（2018）鲁 1002 刑初487号刑事判决第一项定罪部分及第二项财物处置部分；（2）撤销威海市环翠区人民法院（2018）鲁1002刑初487号刑事判决第一项对王某的量刑部分，即判处有期徒刑11年，并处罚金人民币8万元；（3）王某犯伪造货币罪，判处有期徒刑8年，并处罚金人民币7万元。

辩点分析及案例释解

认定犯罪数额是伪造货币案件中极为重要的辩护要点之一，在特定情况下，犯罪数额的些许增减，可能会对案件的定罪量刑产生重要影响。《全国法院审理金融犯罪案件工作座谈会纪要》中虽然明确“对于尚未制造出成品，无法计算伪造、销售假币面额的，或者制造、销售用于伪造货币的版样的，不认定犯罪数额，依据犯罪情节决定刑罚”，但在何种情形下伪造的货币半成品才能被认定为无法计算面额，同样是司法实践中认定模糊且存在较大争议的问题。

从文义解释角度出发，笔者认为该种情形应是：行为人伪造的货币半成品，未载有体现面值的数字图案，并且纸张上已印刷的主景图案无法与特定面值货币的图案相对应，这种情况下无论从何种角度、方法都使该半成品无法辨认具体的面额，适用不认定犯罪数额的情形。但现实中仅停留在此种状态的假币半成品明显少之又少，而且司法实践中部分法院认定该情形采取的标准明显宽松于本文的理解。

如在本案中，二审法院就认为王某伪造的单面印刷未裁剪的50元及20元面值假币就属于无法计算面额的情形，即便该假币上已明显印刷了体现面值的数字图案及主景图案，即采用的认定标准是行为人伪造的假币是否完成双面印刷工序。在司法实践中，若人民法院审理的伪造货币案件中均采用此种标准，对行为人而言无疑是个极其“利好”的情形。但现实并非如此，不同人民法院在审理伪造货币案件时，不仅在认定该罪既/未遂标准上尚未形成统一的标准，而且在如何适用假币半成品不认定犯罪数额问题上，同样如此。

再以上一辩点介绍中提及的河南省南阳市中级人民法院审理的（2018）豫13刑终887号案件为例，该案中法院认为行为人未完成伪造假币的全部工序，虽然可以认定为未遂，但并不符合不认定犯罪数额的情形，其中包括单面已完成印刷的假币。如此一来，河南省南阳市中级人民法院与山东省威海市中级人民法院就在如何认定假币半成品不认定犯罪数额问题上，存在明显的分歧。

这种情况在司法实践中时常出现，虽然我国不是判例法国家，但是根据最高人民法院发布的《关于建立法律适用分歧解决机制的实施办法》《关于统一法律适用加强类案检索的指导意见（试行）》《关于完善统一法律适用标准工作机制的意见》《最高人民法院统一法律适用工作实施办法》等规范性司法文件，从全国各级法院审判业务各单项工作的角度对统一法律适用、裁量权行使进行了规范，旨在妥善解决法律适用分歧问题。作为辩护律师我们无疑应为案件当事人争取最有利的情节，因而在这种趋势下，我们除了详尽了解、分析案件情况、细节，还应通过技术手段、数据平台对同类案件进行检索、比对，如果存在与当事人情节类似司法判例，判断该案件中人民法院是否支持被告人及其辩护人的辩护观点，并提出相应的辩护意见，争取通过法院“类案检索、同案同判”的方式使其采纳我们的辩护意见。

6. 行为人伪造的假币成品未流通进入社会，属于酌情可减轻量刑情节

核心要点：伪造货币罪中，当行为人伪造的假币成品未流通进入社会时，可以作出减轻量刑的辩护。

相关案例：高某伪造货币案①

➢ **案情介绍：**

2017 年年初，高某为了制造假币，在网上购买打印机、防伪证卷纸、低温铜板墨水、烫金机等工具，并自学了制作假币的方法、流程，之后便在其

① 江西省上饶地区（市）中级人民法院（2019）赣 11 刑终 205 号。

住所制作面值20元和10元的假币。高某制造出假币后，通过QQ寻找和联系假币买家，同时通过微信向买家收取货款，收到货款后再通过快递将假币寄给买家。

2018年6月，高某伪造假币一事案发被抓获归案，侦查人员在其住所查获制作假币的打印机、电脑主机、烫金机等工具，在其姐姐住所内查获了高某伪造的面值10元、20元的假币成品与半成品，以及已装入快递件但尚未寄出的假币成品共计11,204张，总面额为208,800元。

经中国人民银行景德镇市中心支行鉴定，从高某处查获的11,204张人民币均为假币，其中正面背面均已印刷的成品20元人民币1466张，面额29,320元；正面印刷、背面没有印刷的半成品20元人民币8210张，面额164,200元；正面印刷、背面没有印刷的半成品10元人民币1528张，面额15,280元。

江西省余干县人民检察院以伪造货币罪将高某起诉至江西省余干县人民法院，法院审理此案后认为，被告人高某违反国家货币管理法规，使用伪造方式，非法制造假人民币，且伪造货币成品和能够计算出面额的半成品共计人民币11,204张，面额208,800元，其行为已构成伪造货币罪，且数额特别巨大，公诉机关指控的被告人高某犯伪造货币罪罪名成立，应予以支持。被告人高某及其辩护人提出半成品的假币不能作为犯罪数额认定，本案查获的伪造假币半成品经银行鉴定出假币面额，不属于《全国法院审理金融犯罪案件工作座谈会纪要》规定的尚未制造出成品，无法计算伪造、销售假币面额的情形，故被告人及其辩护人的此点辩解辩护意见不能成立，不予采纳。被告人高某及其辩护人提出假币尚未销售，经查，被告人的供述、手机截图、扣押清单等证据，足以证明被告人已出售部分伪造的货币，故此辩解辩护意见也不予采纳。被告人到案后能如实供述自己的罪行并当庭自愿认罪，具有坦白情节，可酌情从轻处罚。辩护人提出的被告人高某系初犯、偶犯及具有坦白情节，建议从轻处罚的辩护意见，符合事实和法律规定，予以采纳。依照相关法律法规、司法解释，一审法院判决：被告人高某犯伪造货币罪，判处有期徒刑10年，并处罚金人民币5万元；公安机关扣押的假币及伪造工具等，予以没收。

一审判决下达后，高某不服提出上诉，对犯有伪造货币罪没有异议，但提出以下辩解意见：（1）公安机关缴获的假币全部为半成品，均构成未遂；（2）另一面系空白的假币半成品，无法计算面额，不应计入犯罪数额；（3）后来主动放弃继续制作假币，委托姐姐处理假币，系犯罪中止；（4）其假币还未销售出去。请求二审法院从轻减轻处罚。

➤ **法院裁判：**

案件上诉至江西省上饶市中级人民法院，法院审理该案后，对上诉人高某及其辩护人提出的意见进行一一回应。

1. 关于公安机关缴获的假币全部为半成品，均构成未遂的意见。

经查，中国人民银行景德镇市中心支行说明一份，证实依据《中国人民银行反假币奖励办法》第二章奖励标准第 8 条，假币半成品指纸张或坯饼的单面印有所伪造的货币底纹和主景图案，但尚未制作完成的假币。如正面印刷、背面没有印刷的半成品 2005 年版纸 20 元（5 套）券（冠字号码 × × ×）8210 张，面额 164, 200 元；正面印刷、背面没有印刷的半成品 2005 年版纸 10 元（5 套）券（冠字号码 × × ×）1528 张，面额 15, 280 元。未截断的两张连体钞，属于成品。据此，正面背面均已印刷的成品 2005 年版纸 20 元（5 套）券（冠字号码 × × ×）1466 张，面额 29, 320 元已完成全部印制工序，为成品。高某的此点辩解意见，不予采纳。

2. 关于另一面系空白的假币半成品，无法计算面额，不应计入犯罪数额的意见。

经查，《全国法院审理金融犯罪案件工作座谈会纪要》规定，伪造货币的，只要实施了伪造行为，无论是否完成全部印制工序，即构成伪造货币罪；对于尚未制造出成品，无法计算伪造、销售假币面额的，或者制造、销售用于伪造货币的版样的，不认定犯罪数额，依据犯罪情节决定刑罚。根据此规定，在尚未制造出成品的情况下，不认定犯罪数额的前提是无法计算伪造、销售假币面额，或者制造、销售用于伪造货币的版样。本案中半成品均能清楚计算出假币面额，应计入犯罪数额。故此种辩解意见不能成立，不予采纳。

3. 关于其行为系犯罪中止的辩解意见。

经查，根据高某的供述及证人高某证言，高某听到相关人员可能出事的消息后，将装入蛇皮袋中的假币寄放在其姐姐家，并未明确告知蛇皮袋中存有假币，也未主动放弃犯罪行为，还交代其姐如果怕被偷就放在吊顶阁楼上，其所实施的行为特征与犯罪中止不相符，此意见不予采纳。

4. 关于其假币还未销售出去的意见。

经查，高某在前面的供述中承认自己销售了部分假币，并在手机相关QQ截图页面指认收取购买假币的款项，后面又予以否认，辩称5月才开始卖假币，收取了部分款项但还没有发货，前面的一些款项是卖电子秤的钱。另经查，高某在关于销售部分假币的供述中，在销售假币的数量、种类（面额）、获取利润等供述中存在不一致情形，侦查机关也证明买家身份暂未查清，在其家也确实查获了已装入快递件尚未寄出的成品假币，综合上述全部证据材料，认定已销售出去的证据不足。

5. 关于伪造的反面未印的假币属半成品不应计入成品数额范围的意见，见上述第2点分析，半成品亦应认定犯罪数额，原审判决并未将此半成品计入成品数额，而是计入总的犯罪数额。

6. 关于伪造的背面未印刷的假币属半成品，属于犯罪未遂的意见。

《全国法院审理金融犯罪案件工作座谈会纪要》规定，伪造货币的，只要实施了伪造行为，无论是否完成全部印制工序，即构成伪造货币罪。这仅就是否构罪而言，是对伪造行为的限定，它并未否定未完成全部印制工序的行为不存在未遂情形。本案中，179, 480元假币属正面印刷、背面没有印刷的半成品，还没有完成全部印制工序，与能满足一般社会标准的“以假乱真”的成品具有很大区别，难以在市场直接流通使用。就本案半成品而言，上诉人已经开始着手实施伪造货币犯罪，但由于行为人意志以外的原因而未能全部伪造完毕（得逞），结合我国未遂犯理论，可以认定犯罪未遂。关于此点的辩解辩护意见予以采纳。

此外，辩方提出查获的假币未进入流通领域，上诉人具有坦白等情节经查与事实证据相符，予以采纳。

最终，二审法院认为，高某违反国家货币管理法规，使用伪造方式，非法制造人民币假币 208, 800 元，构成伪造货币罪，且属数额特别巨大。其中成品假币 29, 320 元，半成品假币 179, 480 元。高某提出公安机关缴获的假币全部为半成品，均构成未遂；另一面系空白的假币半成品，无法计算面额，不应计入犯罪数额；其行为系犯罪中止等意见经查不能成立，不予支持。鉴于本案中成品假币 29, 320 元，单独未达到数额特别巨大标准，其中绝大部分（179, 480 元）为半成品假币，属犯罪未遂，高某伪造的假币未流入社会、危害后果较小，有坦白情节，在二审期间缴纳原判罚金 5 万元，可依法对上诉人减轻处罚。依照相关法律法规、司法解释判决如下：（1）维持原审法院判决第二项，即公安机关扣押的假币、伪造货币的工具等，予以没收。（2）撤销原审法院判决第一项，即被告人高某犯伪造货币罪，判处有期徒刑 10 年，并处罚金人民币 5 万元。（3）高某犯伪造货币罪，判处有期徒刑 8 年，并处罚金人民币 5 万元（已缴纳）。

辩点分析及案例释解

本案二审中高某及其辩护人提出的大部分辩护意见，在前述辩点中已经提及，不再赘述。但仍需注意的是，该案二审法院并未全部采纳其辩护意见，这也是前文中一直予以强调的司法实践适用分歧问题。

此外，该案件中还提及了一个假币制造犯罪中的特有问题——是否进入社会流通，同时是该罪较为“隐蔽”的一个辩护点。虽然伪造的假币是否进入社会流通不是明文规定的量刑情节，但伪造货币罪在立法之初就是为了打击破坏金融管理秩序、危害货币公共信用的犯罪行为，行为人未制造出假币成品仍然需要进行刑事处罚，因为其行为已经对金融管理秩序、货币公共信用造成了潜在危险。如果行为人将伪造货币行为所带来的危险具象化，使伪造的货币进入社会流通，就给金融管理秩序、货币公共信用带来了现实的破坏，在这种情况下行为人的“可惩罚性”相对更高。反之，行为人若未将其伪造的货币放入社会流通，其行为相较而言现实危害性更小，理论上存在从轻处罚的空间。综上可见，在承办伪造货币案件时，除对行为人行为定性进行辩护外，在量刑方面也存在较多的辩护点，针对涉案假币的不同状态，我们应在辩护意见中提出全面、精确的量刑辩护观点，争取最大化当事人的合法权益。

7. 变造货币罪犯罪数额的司法认定

核心要点：变造货币罪与伪造货币罪具有相似之处，两者均为生成假币型犯罪，在犯罪主体、主观方面及所侵害法益均无差异，但两者单独成罪，在构成要件上亦有其独特之处。

相关案例：宋某伪造货币案①

➢ **案情介绍：**

2010 年至 2016 年 12 月，宋某在其家中利用刀片、剪刀、透明胶布等工具，对中国人民银行发行的第五版面额百元的人民币通过剪切、拼凑、粘贴的方式进行变造。具体方式为：宋某每次分别从 4 张完整的面额百元的人民币上，各剪切出不同部位 1/8 左右的人民币残币，用剪切的 4 块 1/8 残币拼接成半张残币，再从 1 张完整的面额百元人民币上，剪切出带有冠字号的 1/2 人民币残币，与之前用 4 张 1/8 残币拼凑出的 1/2 拼凑成一张变造币。而后，宋某将被剪掉 1/8 的残币到银行兑换一张完整的面额百元的人民币，用 1/2 的不带冠字号的残币到银行兑换 50 元的人民币。同时，宋某将拼凑好的变造币混杂在真币内，通过银行柜台存款后再取出的方式换出完整的人民币。通过此种方式达到每变造出一张货币可以获利 50 元。

2016 年 12 月至 2017 年 1 月，宋某多次在当地银行使用其变造币兑换真币。2017 年 2 月，宋某在某银行支行办理业务时被抓获，民警从其身上搜查出 79 张面值百元的变造币。当日，公安机关对宋某的住处进行搜查时，共查出疑似用于变造的人民币 984 张，其中 209 张为拼凑完整的货币，775 张为经剪切的残币。

经鉴定，侦查机关送检的 329 张拼凑型货币为拼凑型假人民币，其中 120 张为拼凑完整的假币，209 张为未拼凑完整的假币，另有为变造货币剪切

① 安徽省临泉县人民法院（2016）皖 1221 刑初 438 号。

的人民币主要防伪图像特征的残币 775 块。

➢ **法院裁判：**

安徽省临泉县人民检察院指控宋某犯变造货币罪，且变造货币数额巨大，起诉至安徽省临泉县人民法院，法院审理此案后认为，关于公诉机关指控被告人宋某变造货币数额巨大的指控，经查，中国人民银行阜阳市中心支行临泉县支行鉴定，其中 120 张为拼凑完整的假币，209 张为未拼凑完整的假币。变造货币是以真实的货币为基本原料，采用挖补、撕揭、拼凑等方式，改变货币的外在形态，变造货币的数额应以实际变造出的货币的面额计算。故公诉机关指控被告人宋某变造货币数额巨大的指控，法院不予认定，应当认定被告人宋某变造货币数额较大，被告人宋某未变造完整的部分，法院将作为量刑情节，予以考虑。最终法院判决认定被告人宋某构成变造货币罪，数额较大，判处有期徒刑 1 年，并处罚金 1 万元。

辩点分析及案例释解

变造货币罪与伪造货币罪具有相似之处，两者均为生成假币型犯罪，在犯罪主体、主观方面及所侵害法益均无差异，但两者单独成罪，在构成要件上亦有其独特之处。

首先，在行为表现上的不同，伪造货币的行为表现方式虽然多样，但都是通过将非货币的材料进行加工处理后得到具有真货币外观形态的假货币，根本上体现了“从无到有”的特点；而变造货币罪中的“变造”行为，则指在有真货币的基础上，通过对真货币采用剪贴、挖补、揭层、涂改、移位、重印等方法加工处理，改变真币形态、价值的行为，体现“从少到多”的特征，在行为方式上与伪造货币存在根本差异。行为人同时采用伪造和变造手段，制造真伪拼凑货币的行为，将以伪造货币罪定罪处罚。

其次，不同于伪造货币罪，我国《刑法》在变造货币罪的罪状描述中，明确该罪以“数额较大”作为构成要件要素之一，强调犯罪数额在认定该罪中的作用。根据《关于审理伪造货币等案件具体应用法律若干问题的解释》第 6 条的规定，变造货币的总面额在 2000 元以上不满 3 万元的，属于“数额较大”；总面额在 3 万元以上的，属于“数额巨大”。此外，最高人民检察院、公安部发布的《关于经济犯罪案件追诉标准的规定》也规定了变造货币面额在2000元以上的应予追诉，由此可见犯罪数额在变造货币罪构罪与否的认定上起着重要作用。

另外，由于变造货币需在真货币的基础上加工，一般不可能进行大规模变造，相对而言在社会危害性上要小于伪造货币的行为，因此变造货币罪在制刑时也轻于伪造货币罪，并且这也是该罪明文规定了犯罪数额构成要件的原因之一。

由此可见，犯罪数额的认定在变造货币罪案件中起关键作用，关乎罪与非罪以及量刑轻重等问题，是该类案件的辩护要点。但不同于伪造货币罪中对各类司法适用问题已有较为完善的规定，在变造货币罪中，关于行为人对货币变造达到何种程度方才认定为其犯罪数额，我国现行法律法规、司法解释等均未无明文规定。因此在具体的司法实践中，面对复杂多样的变造货币形态，如何准确认定行为人的犯罪数额，需要法官发挥其自身主观判断。

《全国法院审理金融犯罪案件工作座谈会纪要》中虽有“伪造货币的，只要实施了伪造行为，无论是否完成全部印制工序，即构成犯罪；对于尚未制造出成品，无法计算伪造、销售假币面额的，或者制造、销售用于伪造货币的版样的，不认定犯罪数额，依据犯罪情节决定刑罚”的规定，但其明确指向的适用情形为“伪造货币”行为，不过从刑法理论层面相类推，变造货币与伪造货币同样都是制造假货币的行为，差别主要在于制假的整体方法不同，理论上也存在可以适用上述规定情形的空间。由于变造货币罪的司法判例较少，本文从公开途径仅检索到本案一例与变造货币犯罪数额认定相关的案例，但该案例中法院主动引用纪要中的规定，对宋某未变造完整的部分，不予认定为犯罪数额，足以为以上观点提供较为有力的支撑。

本类犯罪主要包含以下罪名：出售、购买、运输假币罪和持有、使用假币罪，规制行为人在明知是假币的前提下，出售、购买、运输、持有或使用假币的犯罪行为。

八、

出售、购买、运输假币罪

◇ **出售、购买、运输假币罪**

出售，是指有偿转让、有偿交付伪造的货币；购买，是指有偿取得假币；运输，是指转移假币的存在地点。该罪的责任形式是故意，行为人必须明知是假币而出售、购买、运输。

（一）相关规定

《刑法》第一百七十一条【出售、购买、运输假币罪】 出售、购买伪造的货币或者明知是伪造的货币而运输，数额较大的，处三年以下有期徒刑或者拘役，并处二万元以上二十万元以下罚金；数额巨大的，处三年以上十年以下有期徒刑，并处五万元以上五十万元以下罚金；数额特别巨大的，处十年以上有期徒刑或者无期徒刑，并处五万元以上五十万元以下罚金或者没收财产。

【金融工作人员购买假币、以假币换取货币罪】 银行或者其他金融机构的工作人员购买伪造的货币或者利用职务上的便利，以伪造的货币换取货币的，处三年以上十年以下有期徒刑，并处二万元以上二十万元以下罚金；数额巨大或者有其他严重情节的，处十年以上有期徒刑或者无期徒刑，并处二万元以上二十万元以下罚金或者没收财产；情节较轻的，处三年以下有期徒刑或者拘役，并处或者单处一万元以上十万元以下罚金。

伪造货币并出售或者运输伪造的货币的，依照本法第一百七十条的规定定罪从重处罚。

第一百七十二条【持有、使用假币罪】 明知是伪造的货币而持有、使用，数额较大的，处三年以下有期徒刑或者拘役，并处或者单处一万元以上十万元以下罚金；数额巨大的，处三年以上十年以下有期徒刑，并处二万元以上二十万元以下罚金；数额特别巨大的，处十年以上有期徒刑，并处五万元以上五十万元以下罚金或者没收财产。

最高人民检察院、公安部《关于公安机关管辖的刑事案件立案追诉标准

的规定（二）》第十四条 〔伪造货币案（刑法第一百七十条）〕伪造货币，涉嫌下列情形之一的，应予立案追诉：

（一）总面额在二千元以上或者币量在二百张（枚）以上的；

（二）总面额在一千元以上或者币量在一百张（枚）以上，二年内因伪造货币受过行政处罚，又伪造货币的；

（三）制造货币版样或者为他人伪造货币提供版样的；

（四）其他伪造货币应予追究刑事责任的情形。

第十五条 〔出售、购买、运输假币案（刑法第一百七十一条第一款）〕出售、购买伪造的货币或者明知是伪造的货币而运输，涉嫌下列情形之一的，应予立案追诉：

（一）总面额在四千元以上或者币量在四百张（枚）以上的；

（二）总面额在二千元以上或者币量在二百张（枚）以上，二年内因出售、购买、运输假币受过行政处罚，又出售、购买、运输假币的；

（三）其他出售、购买、运输假币应予追究刑事责任的情形。

在出售假币时被抓获的，除现场查获的假币应认定为出售假币的数额外，现场之外在行为人住所或者其他藏匿地查获的假币，也应认定为出售假币的数额。

第十六条 〔金融工作人员购买假币、以假币换取货币案（刑法第一百七十一条第二款）〕银行或者其他金融机构的工作人员购买伪造的货币或者利用职务上的便利，以伪造的货币换取货币，总面额在二千元以上或者币量在二百张（枚）以上的，应予立案追诉。

（二）重要辩点及案例释解

1. 假币犯罪案件中涉及数个相关行为的，在确定罪名时应精准把握

核心要点：在假币犯罪案件中，行为人难免同时具备出售、购买假币与持有、运输假币的行为，但在实际判例中却往往没有将行为人的多

个行为分为多个罪名分别评价，这也给了辩护人一定的辩护空间，准确定义行为人的罪名则需要从牵连犯、吸收犯在假币犯罪中的适用入手。

相关案例：吴某、唐某女、唐某川等出售、购买、运输假币案①

➢ **案情介绍：**

2018 年 3 月，唐某女通过电话联系吴某，向其购买 100,000 元假币，吴某通过发往儋州的客车将 100,000 元假币寄递到儋州市。唐某女在儋州市某公交站收到吴某寄来的假币后，联系柯某，由柯某驾驶小轿车搭载唐某女将 100,000 元假币带到海南省屯昌县与唐某川进行交易。双方到达交易地点后，唐某川进入柯某驾驶的小车内进行交易，唐某女将 100,000 元假币交给唐某川，唐某川当场将人民币 21,000 元交付给唐某女。唐某女、柯某驾车离开后，唐某川当场被侦查人员抓捕，并查获了唐某女出售给唐某川的假币共计 100,000 元。

唐某女和唐某川交易完成后，柯某、唐某女二人在驾车前往海口市的途中，唐某女又通过电话联系吴某，再次向其购买约 300,000 元假币，二人约定在海口市某村附近进行交易。双方在交易地点会面后，侦查人员当场将正在进行假币交易的吴某、唐某女、柯某抓获，当场查获的假币共计 299,800 元。随后，侦查人员立即对吴某位于海南省海口市的住所进行搜查，从其住所搜出假币 3420 元（其中 100 元面额的 34 张，20 元面额的 1 张）。2018 年 4 月 4 日，侦查人员再次对柯某驾驶的小轿车进行搜查，搜出面额为 100 元的假币 23 张和一个红色纸盒。

本案中，公安机关扣押的假币共 405,520 元，其中 1900 元假币已由中国银行昌江支行没收，400 元假币由公安部留存；从吴某居住的房间扣押的人民币 74,670 元，从其身上查获的人民币 1486 元，共 76,156 元属个人合法财产；从唐某女身上查获的人民币 59,024 元，其中 21,000 元系其出售假币的收益，属违法所得，38,024 元属个人合法财产；从柯某身上查获

① 海南省第三中级人民法院（2020）琼 97 刑终 174 号。

的人民币 6205 元属个人合法财产；从唐某川身上查获的人民币 750 元属个人合法财产。

➢ **法院裁判：**

海南省昌江县人民检察院以吴某犯出售假币罪，唐某女犯出售、购买假币罪，柯某犯运输假币罪，唐某川犯购买假币罪，起诉至海南省昌江县人民法院。法院审理后认为，被告人吴某出售伪造人民币共 403, 220 元（其中向他人出售伪造的人民币 399, 800 元，从其住处搜出的假币 3420 元），数额特别巨大，其行为已构成出售假币罪。被告人唐某女出售伪造人民币 100, 000 元，购买伪造人民币 399, 800 元，数额特别巨大，其行为已构成出售、购买假币罪。被告人柯某运输伪造人民币 399, 800 元，数额特别巨大，其行为已构成运输假币罪。被告人唐某川购买伪造人民币 100, 000 元，数额巨大，其行为已构成购买假币罪。判决如下：（1）被告人吴某犯出售假币罪，判处有期徒刑 12 年，并处罚金人民币 80, 000 元。（2）被告人唐某女犯出售、购买假币罪，判处有期徒刑 11 年，并处罚金人民币 70, 000 元。（3）被告人柯某犯运输假币罪，判处有期徒刑 10 年，并处罚金人民币 60, 000 元。（4）被告人唐某川犯购买假币罪，判处有期徒刑 4 年，并处罚金人民币 50, 000 元。（5）各被告人与本案相关犯罪工具、物品予以没收、上缴。

一审宣判后，原审被告人吴某、唐某女、柯某不服提出上诉。海南省第二中级人民法院审理案件后认为，原判决认定上诉人吴某、唐某女、柯某及原审被告人唐某川犯出售、购买假币罪一案的事实清楚，证据确实充分，审判程序合法。但对上诉人柯某犯罪性质定性及适用法律错误，导致量刑不当，且部分涉案财物处置不妥，予以纠正。上诉人柯某虽然是被租雇提供交通运输服务，但其明知唐某女非法出售、购买假币，而利用自家车为唐某女提供运输帮助，并非将假币进行运输转移。因此，上诉人柯某与唐某女构成出售、购买假币罪的共同犯罪而非构成运输假币罪。在共同犯罪中，唐某女系主犯，柯某起辅助作用，且未从假币交易中获取非法利益，系从犯，依法予以减轻处罚。依据相关法律规定，二审法院判决如下：（1）维持海南省昌江黎族自治县人民法院（2019）琼 9026 刑初 9 号刑事判决第一项、第二项、第四项。

（2）撤销海南省昌江黎族自治县人民法院（2019）琼 9026 刑初 9 号刑事判决第三项、第五项。（3）上诉人柯某犯出售、购买假币罪，判处有期徒刑 7 年，并处罚金人民币 5 万元。（4）扣押的假币犯罪工具、物品，以及其他涉案财物依法处理。

辩点分析及案例释解

（一）罪名属性——选择性罪名

罪名，是犯罪行为的名称，依据法定的罪状对犯罪行为的本质进行高度抽象概括，对区分此罪和彼罪起重要作用。一般而言，在我国《刑法》分则中的罪名通常可区分为单一罪名、概括罪名与选择性罪名等几类。

单一罪名，是指所包含的犯罪构成具体内容单一，只能反映一个犯罪行为，不能分解拆开使用的罪名，如故意杀人罪等罪名即属此类罪名。概括罪名，是指所包含的犯罪构成具体内容复杂，反映存在多种具体行为类型，只能概括使用而不能分解拆开使用的罪名，如妨害信用卡管理罪等罪名即属于此类罪名。选择性罪名，是指所包含的犯罪构成具体内容复杂，反映存在多种行为类型，既可以概括使用也可以分解拆开使用的罪名，最明显的特征是在罪状表述中，用顿号将可供选择的要素隔开，顿号前后可类比的行为或对象即为该罪名可供选择的要素。因此，在选择性罪名中，可根据行为主体、方式、手段与对象等因素再行划分为不同类型的选择性罪名。如出售、购买、运输货币罪就是典型的行为选择型罪名，具体可根据行为人的行为表现单独以出售假币罪、购买假币罪或运输货币罪定罪，亦可合并其中两项或三项进行定罪。

此外，我国《刑法》分则中还规定了部分排列式罪名，其表现形式为将完全不同的犯罪构成要件规定在同一罪名条文中，因此外表与选择性罪名极为相似。但排列式罪名的实质，是由于部分犯罪行为的手段或对象虽然不具有关联性、相似性，但其社会危害性相当，立法出于简化条文的考量，将该等罪名合并为一条。如放火罪、决水罪、爆炸罪、投放危险物质罪和以危险方法危害公共安全罪，明显可见以上罪名的构成要件大相径庭，却由于同属危害公共安全类犯罪且危害性相当而被合并列为一条，而选择性罪名中则有部分构成要件具有相似、关联性，这也是区别于排列式罪名的核心。

设立选择性罪名的最主要原因，在于不同形式的罪行之间的社会危害性大小相近，具有独立成罪的可罚性与必要性，同时该等罪行之间又具有某种程度的关联性，存在可合并纳入同一罪名的空间。其次，从立法效益、技术层面而言，虽然选择性罪名中所分列的不同罪行构成要件均可独立成罪，如果将其中的每个罪名都机械地单独分立，必然使《刑法》中的罪名数量激增、体系冗杂；另外，也无法在立法过程中体现我国立法者的智慧与技术。此外，将选择性罪名合并的各项罪行独立成罪，还加大了行为人面临数罪并罚的可能性，使其刑罚加重的概率大大提高。

（二）针对假币犯罪的罪数认定

选择性罪名并不是一个法定概念，而是在刑法适用过程中，结合刑法理论，通过若干司法解释而产生的。以出售、购买、运输假币罪为例，如行为人实施了出售假币、购买假币或运输假币中的多个行为，认定其构成该选择性罪名的多项，那么该司法认定中行为人的罪数属于一罪抑或多罪？

一般而言，行为人在一个犯意的支配下，实施一个犯罪行为，则符合一个独立的犯罪构成。理论上，同时实施了出售假币、购买假币与运输假币犯罪的行为人，均符合其中各项罪名的构成要件，似乎也可以认定该等罪行均单独成立而触犯数罪，依照对触犯数罪的相关准则进行处理。但是，由于选择性罪名中相应罪行之间存在特定关联与内在联系，因此立法上将其规定为一罪的犯罪形态，并在司法实践中形成了对选择性罪名不实行数罪并罚，而统一以一罪论处的适用原则。

但假币犯罪远不止出售、购买、运输假币一项，立法上我国《刑法》规定了伪造货币罪、变造货币罪，以及持有、使用假币罪等，现实中行为人伪造货币后出售、运输；购买假币后持有、使用的案例极为常见。但其中涉及的罪行并非同一选择性罪名项下，罪数认定不完全依照一罪论处的原则适用，根据《关于审理伪造货币等案件具体应用法律若干问题的解释》的规定，行为人购买假币后使用，构成犯罪的，依照《刑法》第 171 条的规定，以购买假币罪定罪，从重处罚；行为人出售运输假币构成犯罪，同时有使用假币行为的，依照《刑法》第 171 条、第 172 条的规定，实行数罪并罚。

（三）选择性罪名中的罪名认定

虽然选择性罪名项下各罪均有较为明确的构成要件，但对出售、购买、运输假币罪及持有、使用假币罪而言，行为人无论出售还是购买假币均难免随着持有、运输假币的行为，而欲使用假币也伴随持有假币的行为，看似行为人必然构成该选择性罪名的多项。在本次引用的案例中，法院无论是认定唐某女出售、购买假币，抑或认定唐某川购买假币的过程中，均未认定该等人伴随的持有或运输假币情节单独构罪，由此可见，司法实践中对该类假币犯罪中的“伴随”行为并不作为独立的犯罪行为予以认定。

针对这种情况，我们首先需要明晰刑法理论中罪的“吸收”问题，主要包括行为的吸收、罪的吸收和刑罚的吸收几种，其中涉及牵连犯与吸收犯相关理论问题。虽然这两者均是我国刑法及司法解释中未明确规定的概念，但在理论学界和刑事司法实践中得到广泛的采用和认可，牵连犯与吸收犯在司法认定中都是以一罪论处，但两者仍存在质的区别，其中，牵连犯是行为人以实施某种犯罪为目的，但其犯罪方法行为或结果行为又触犯了其他罪名的犯罪形态；吸收犯是指行为人在一个犯罪过程中有数个犯罪行为，符合数个罪名的构成要件，但其中一个犯罪行为被另一个犯罪行为吸收，仅成立吸收后行为罪名的犯罪形态。理论学界对两者的主要区别总结如下。①

（1）牵连犯的数行为触犯的是不同的罪名，吸收犯的数行为触犯的是相同的罪名；

（2）牵连犯的数行为之间是牵连关系，是罪的吸收，所吸收之罪仍独立存在。吸收犯数行为之间是吸收关系，所吸收之罪不再存在；

（3）牵连犯的数行为表现为手段行为、目的行为和结果行为；吸收犯的数行为表现为预备行为、未遂行为、实行行为、中止行为、组织行为、教唆行为、帮助行为等；

（4）牵连犯数行为的故意不是同一的，吸收犯数行为的故意是同一的；

（5）牵连犯的数行为侵犯的直接客体必然是不同的，也不必作用于同一具体的犯罪对象；吸收犯的数行为必须侵犯同一或相同的直接客体，并且指

---

① 崔俊杰、陈娟：《牵连犯与吸收犯如何区分》，载《人民法院报》2013 年 11 月 13 日，第 6 版。

向同一的具体犯罪对象；

(6) 牵连犯虽然是基于一个犯罪目的实施数个犯罪行为，但在这个犯罪目的的制约下形成了与牵连犯罪的目的行为、方法行为、结果行为相对应的数个犯罪故意；吸收犯基于一个犯意，为了实现一个具体的犯罪目的而实施了数个犯罪行为；

(7) 牵连犯的处断原则为从一重处断，即按重的罪从重处罚，有时还并处轻罪的附加刑；吸收犯的处断原则是仅以吸收之罪论处，对被吸收之罪置之不论。

根据以上区别特征，部分选择性罪名具备牵连犯的特征，如持有、使用假币罪；非法制造、买卖、运输、邮寄、储存枪支、弹药、爆炸物罪和非法持有、私藏枪支、弹药罪等罪名中，部分选择罪名的选择性构成要件之间存在手段和目的、行为和结果的牵连关系；同时，部分选择性罪名又存有吸收犯的特征，如出售、购买、运输假币罪中，运输行为与出售和购买之间也可看作一种存在吸收关系的预备行为和实行行为之间的关系，这种选择性罪名中必然触发部分罪名构成要件的情形，与吸收犯中具有因果关系的罪名相吸收情况极为相似。此外，选择性罪名中各组成罪名虽然可以相互独立，但在特定情况下被另一选择罪名所吸收，如持有、使用假币罪中，行为人使用了假币必然伴随持有假币的行为，此情形下持有行为被使用行为所吸收，持有行为并不独立存在，最终以使用假币罪对行为人定罪量刑，这种情况也与吸收犯中行为人虽触犯不同罪名，但一罪为另一罪吸收而不独立存在的特征具有同质性。

司法实践中，选择性罪名的适用是否依照牵连犯抑或吸收犯的理论进行处理？首先，相较于牵连犯，选择性罪名虽然也可以分解成若干个独立的罪名，但触犯同一选择性罪名之下的若干分解罪名，实质上说触犯的仍是同一罪名，在行为满足多个选择性要件时，行为人要受到合并后的罪名的统一评价，和牵连犯要求的触犯不同罪名的特征仍有区别。同时，牵连犯按照刑法理论原则上择一重罪处罚，存在重罪吸收轻罪的情形；而选择性罪名中，并列之罪名均以同一法定量刑标准进行衡量，因此不存在介于重罪和轻罪之间的选择情况。综上，部分选择性罪名虽然在形式上与牵连犯相似，但并不满足认定为牵连犯的基本要求，在司法实践中，即便行为人实施了具有牵连关系的若干选择性要件行为，也应根据其行为所涉各分解罪名的入罪要求予以纳入定罪考量，在判断其分解罪行是否符合实质的牵连关系时，需要根据行为人的实际犯罪目的和案件的实际情况，在定性时予以体现。

其次，从上文表述可知吸收犯由数个独立的，且触犯不同罪名的犯罪行为构成，其中，部分罪行因是另一犯罪行为的必经过程而被吸收；或是同一犯罪过程中的必要组成部分而被吸收；抑或是另一罪行实施完毕后的必然结果而被吸收，以上情形均可体现该等罪行之间存在必然的因果关系。相较于吸收犯，当然部分选择性罪名中的组成罪名之间存在此种必然因果关系，如行为人在使用假币时必然附随着持有行为，这种情况下该持有假币行为便不再进行刑法意义上的评价，而是被使用假币行为吸收，即行为人仅构成使用假币罪。当行为人除以上使用假币的行为之外，还有持有他笔数额较大假币的行为时，方才认定其构成持有、使用假币罪。那么，在吸收犯与选择性罪名存在交叉的场合中，两者在司法中的处断规则存在何种关系？对此，本文认为该两者的司法适用规则是相通的。其一，吸收犯中行为的吸收符合选择性罪名适用的前提，在吸收犯中虽然存在两个犯罪行为，但由于一个罪行已经被另外一个罪行吸收，仅以吸收之罪论处，这种在处断阶段就进行的特殊行为吸收，使选择性罪名能够突破多个行为在不同罪名之间进行选择的限制，而仅对行为本身的关联性进行考量并作出吸收评价，符合选择性罪名的适用规则；其二，选择性罪名中具备吸收关系的分解罪名符合吸收犯的实质精神，该实质精神是将在同一犯罪故意支配下的具有吸收关系的若干犯罪行为进行选择性评价，以主行为代替从行为，以高度行为吸收低度行为，因此罪行具备吸收关系是判断符合吸收犯处断原则的核心。选择性罪名项下的多个分解罪名虽然在同一刑法罪名项下，表面上无法满足吸收犯触犯不同罪名的要求，但吸收犯中侵犯的法益和触犯的罪名往往具有同质性，而选择性罪名下的分解罪名也正是因为同质性和高度的关联性而被统一在一个罪名项下，由此看来，选择性罪名是符合吸收犯的实质精神要求的。在司法适用中，选择性罪名与吸收犯出现交叉时，应当优先适用吸收犯的定罪原则，当行为满足吸收犯规定的情形时，部分选择性要件便被其他选择要素吸收评价，不再独立反映在定性上；当行为人实施犯罪行为针对不同犯罪对象，进而不满足认定吸收犯的要求时，应按照选择性罪名的一般定罪原则进行定性。

（四）选择性罪名的犯罪数额认定

由于选择性罪名将数个罪行容纳在同一罪名之下，虽然司法认定中不以数罪定性进行并罚，但实际却发生了数个犯罪行为，且各罪行均能独立成罪，因此在犯罪数额计算上会出现各分解罪名所涉犯罪数额在合并适用时是否能够被叠加或扣除等问题。对于出售、购买、运输假币罪与持有、使用假币罪等财产型、经济型犯罪而言，犯罪数额不仅是认定行为人是否构成犯罪的前提，更是其社会危害性的直接体现，也是定罪量刑的重要依据。

1. 针对不同犯罪对象

对出售、购买、运输假币罪与持有、使用假币罪，刑法条文中明确规定其起刑标准均需达到“数额较大”的情形，根据相关法律法规、司法解释的规定，出售、购买、运输假币罪，或持有、使用假币罪的立案追诉数额标准均为总面额在4000元以上或者币量在400张（枚）以上。

选择性罪名项下各分解罪名能够独立成罪是其进行合并和分解适用的前提，而构成要件有最低犯罪数额的入罪要求时，其中对行为人犯罪数额的分合计算，是司法适用中的重要一环。当行为人针对不同犯罪对象实施了选择性罪名之下的若干选择性要件行为后，当每种行为均要求满足入罪的犯罪数额时，会出现三种情况，即触犯的构成要件行为均没有达到犯罪数额要求；部分构成要件行为达到而部分并未达到；全部构成要件行为均已达到犯罪数额要求。

以较为特定的情况为例，假设行为人除了出售一宗2000元假币之外，又购买了另一宗2000元假币，如果将其不同假币犯罪行为独立分解，无疑分别是达不到出售假币罪和购买假币罪的立案追诉标准，但这并不意味着行为人可以逃脱刑法的制裁。

首先，我们应当认识到，选择性罪名项下的各分解罪名能够独立成罪的特性，并不等同于绝对的独立，在刑法适用过程中选择性罪名虽然形成了不数罪并罚的基本原则，但当行为人实施了其中所涉两种以上的犯罪行为时，就应当结合具体情况进行相应的分合计算。当选择性罪名需要进行合并适用时，此时该罪名便成为一个整体，进而对犯罪数额的认定也应针对整体进行。以所举之例通俗来说，就不能简单评价为“行为人出售假币 2000 元、购买假币 2000 元”，而是“行为人出售、购买假币共 4000 元”，在后者语境之下，如果行为人出售、购买假币的行为，达到立案追诉的标准，将以出售、购买假币罪定罪处罚。

其次，将各分解罪名所涉及的犯罪数额相加并作整体评价，本身便符合选择性罪名以一罪来定罪量刑的要求，同时，由于不同假币犯罪行为针对不同犯罪对象，因此将不同构成要件行为所对应的犯罪数额进行累计计算，实际也并不违背刑法禁止重复评价的原则。为此，我国最高人民法院 2001 年 1 月 21 日出台《全国法院审理金融犯罪案件工作座谈会纪要》（法〔2001〕8 号），对假币犯罪中容易出现的复杂情形提出相应处理意见，为司法实践适用提供指导。“假币犯罪罪名的确定。假币犯罪案件中犯罪分子实施数个相关行为的，在确定罪名时应把握以下原则：（1）对同一宗假币实施了法律规定为选择性罪名的行为，应根据行为人所实施的数个行为，按相关罪名刑法规定的排列顺序并列确定罪名，数额不累计计算，不实行数罪并罚。（2）对不同宗假币实施法律规定为选择性罪名的行为，并列确定罪名，数额按全部假币面额累计计算，不实行数罪并罚。（3）对同一宗假币实施了刑法没有规定为选择性罪名的数个犯罪行为，择一重罪从重处罚。如伪造货币或者购买假币后使用的，以伪造货币罪或购买假币罪定罪，从重处罚。（4）对不同宗假币实施了刑法没有规定为选择性罪名的数个犯罪行为，分别定罪，数罪并罚。”

由以上纪要内容可见，如行为人实施了选择性罪名项下的不同罪行，且该等罪行均不针对同一犯罪对象，其犯罪数额应当累计计算。当各部分行为均未达到立案追诉标准，而累计计算的总金额能够达到立案追诉标准时，该选择性罪名整体上成立；当部分行为已经达到立案追诉标准，而部分尚未达到时，若累计计算的总数额能够使法定刑升格，则应当在量刑上以加重一档的法定刑进行判罚；当各部分行为的犯罪数额均达到立案追诉标准时，也应当以累计计算的总金额进行量刑，针对不同情况，或加重一档处罚，或在原有的量刑幅度内从重处罚。

立法基于各构成要件行为的同质性而将其放在同一罪名之下，鼓励的便是选择性罪名的统一合并使用，使行为人受到一罪名之下各规则的制约，而非简单的罪名累加，避免数罪并罚的无奈之举。若坚持分解罪名的绝对独立性，机械地将各个选择性要件孤立看待，而人为分割成若干独立的板块，单纯以分解罪名分别能否满足立案追诉标准来判定选择性罪名的整体适用，不仅在实践中将会放纵大量的犯罪行为，同时也将使司法沦为机械，违背了以社会危害性为基础的实质刑法的要求，也无法体现选择性罪名存在的真正价值。

2. 针对同一犯罪对象

禁止重复评价原则作为一项刑法的重要原则，是指在定罪量刑时，禁止对同一犯罪构成事实予以二次或二次以上的法律评价。当行为人的行为针对同一宗犯罪对象而实施选择性罪名之下的数个行为时，无疑该犯罪对象在此过程中遭受到了不同犯罪行为的侵害。但若将行为人针对同一犯罪对象的各犯罪行为也进行独立评价，并将对应的犯罪数额累计计算作为对其定罪量刑的依据，那么行为人将面临在同一犯罪中遭受刑法重复评价的局面，这种情况对该行为人而言极为不利，而且也违反了刑法中禁止重复评价的原则。

以行为人购买假币2000元后又向他人出售该笔假币2000元为例，其购买、出售假币行为是否达到立案追诉标准？是否构成购买、出售假币罪？根据上文引用的纪要内容“对同一宗假币实施了法律规定为选择性罪名的行为，应根据行为人所实施的数个行为，按相关罪名《刑法》规定的排列顺序并列确定罪名，数额不累计计算，不实行数罪并罚”。答案明显是否定的，当行为人实施的数种犯罪行为针对同一犯罪对象，而犯罪数额均又未达到分解罪名的相应入罪数额要求时，则应认定行为人不构成犯罪，不应将各部行为所涉的犯罪数额相加论罪；当部分犯罪行为未达到立案追诉的标准，则对应的分解罪名不成立，对行为人以达到入罪标准的选择性罪名定罪量刑；若选择性要件行为均达到了分解罪名的入罪标准，则在考量行为间是否存在可吸收的情况下，合并适用相应的选择性罪名，并视各罪行所涉的犯罪数额确定相应的量刑。

以上内容在我国司法实践中对相应犯罪的处理时已有实际体现，如本文案例分析的吴某与唐某女，法院认定吴某出售伪造人民币共403,220元，唐某女出售伪造人民币100,000元，购买伪造人民币399,800元，虽然文书中罗列了唐某女选择性罪名之下各分解罪名的犯罪金额，但若将其各行为对应的犯罪数额累计计算并作为定罪量刑的依据，则唐某女出售、购买假币的犯罪金额为499,800元，比吴某出售假币的犯罪金额还要高出100,000元，在量刑上则唐某女理应比吴某更高。然而，经二审法院维持的判决显示，吴某犯出售假币罪，判处有期徒刑12年，并处罚金人民币80,000元；唐某女犯出售、购买假币罪，判处有期徒刑11年，并处罚金人民币70,000元，明显可见法院对唐某女判处的刑罚比吴某低，此即说明法院仅将其所涉各罪行的犯罪金额罗列予以明示，但实际并未将该等金额进行累计计算，而是取两分解罪名中犯罪金额最高者量刑，因此对唐某女的量刑实际也低于吴某，印证了本文和纪要中的相应内容。

（五）共犯问题对选择性罪名适用的影响

承接前文，在选择性罪名的吸收适用的过程中，我们还需另外注意在部分案件中，行为人触犯的罪名虽然在事实上存在吸收关系，但是否以吸收犯进行行为的吸收评价，需结合实际情况判断，例如，在出售、购买、运输假币罪中，若行为人出售和运输假币的行为均针对同一宗犯罪对象，即出售、运输同一笔假币，其运输行为就应被视为出售过程中的必经程序，被出售假币行为包容评价而以出售假币罪定罪；但若行为人出售和运输假币的行为不是针对同一犯罪对象，即出售一笔假币的同时，又有运输另一笔假币的犯罪行为，对此情形便不再适用吸收犯的处断原则，而应以出售、运输假币罪定罪处罚。

回归本案，我们注意到一审判决中法院认定柯某犯运输假币罪，判处有期徒刑10年，并处罚金人民币60,000元，由此可见一审法院更倾向于认定其行为单独构罪，适用该选择性罪名中的一项；而二审判决中则认为柯某与唐某女构成出售、购买假币罪的共同犯罪，而非构成运输假币罪，且其在共同犯罪中处于从犯地位，最终改判柯某犯出售、购买假币罪，判处有期徒刑7年，并处罚金人民币50,000元。因此，在涉及选择性罪名的案件中，对行为人共犯的认定会影响选择性罪名的适用。那么，在本案中认定柯某为他人出售、购买货币罪的共犯是否合理？

首先我们详细考察共同犯罪以及出售、购买、运输假币罪构成要件的相关规定，我国《刑法》中的共同犯罪是指两人以上共同故意犯罪，而故意犯罪是指明知自己的行为会发生危害社会结果，并且希望或者放任这种结果发生而构成的犯罪。当然，认定共同犯罪也有例外情形：其一，二人以上共同过失犯罪的，不成立共同犯罪，只需根据个人过失犯罪的情况分别负相应的刑事责任即可；其二，一方为故意犯罪，另一方为过失犯罪，虽然两人的行为共同导致危害结果的发生，但不属于共同犯罪；其三，各行为人实施犯罪的故意内容不同不成立共同犯罪，但若该罪过内容的差异并不足以影响行为定性，如一方出于直接故意、另一方出于间接故意共同实施犯罪行为的，亦可成立共同犯罪；其四，同时犯不成立共同犯罪，即指没有共同实行犯罪的意思联络，而是在同一时间、同一场所、实施同一性质的犯罪行为，对此应作为单独犯罪分别论处；其五，实行过限行为不属于共同犯罪，即部分共同犯罪行为人超出共同故意范围之外的犯罪行为，不属于共犯范畴；其六，事前无通谋的事后帮助行为，主要包括事后的窝藏、包庇、窝赃、销赃等行为，不构成共同犯罪。

从我国《刑法》将出售、购买、运输假币罪的罪状描述为“出售、购买伪造的货币或者明知是伪造的货币而运输”可知，认定该罪的主观要件均为故意，虽然在“出售、购买伪造的货币”的内容前并未对行为人是否明知系假币进行描述，看似不考察行为人的主观故意。但由于货币并非商品，依常识不能进行出售或购买，更不可能存在低于货币面值出售或购买的情况，只有伪造的货币才存在低于货币面值出售或者购买的可能。因此，无论是出售还是购买假币者，实际均可直接认定其具有犯罪的主观故意。而运输货币罪则明确要求行为人对所运货币系假币有明确认知，如果行为人接受运输委托时知不知晓所运货物的真实情况，也未获得超出正常情况的不当收益，抑或由于受蒙骗等原因不知道所运输的是伪造的货币的，不应认定其主观上明知假币而运输，不构成犯罪。在客观上，该罪则要求行为人有出售、购买、运输伪造货币的行为，“出售伪造的货币”是指行为人以各种方式或途径，以一定的价格卖出伪造的货币的行为；“购买伪造的货币”，是指行为人以一定的价格用货币买入伪造货币的行为；“明知是伪造的货币而运输”，是指行为人主观明知是伪造的货币，而使用汽车、飞机、火车、轮船等交通工具或者以其他方式将伪造的货币从一地运往另外一地的行为。

根据案例中法院认定的事实，柯某接受唐某女的雇佣为其提供客运服务，虽然未从假币交易中获取利益，但综合在案证据可以认定其对唐某女的假币犯罪事先已然知情。唐某女的供述显示：其租雇柯某的车提供乘运服务过程中，将吴某寄来的10万元假币用红色塑料袋包裹起来，又装入一个黑色塑料袋里，柯某看到装钱的过程，知道这些是假币，而且柯某之前也曾运送及出售假币。在到达唐某女与唐某川交易地点进行假币交易时，唐某川拿出一张假币观察之时，柯某对唐某川说货都是好的，如果有问题再联系他们。同时，柯某的供述显示，其与唐某女是同乡也是比较好的朋友，知道唐某女做假币生意，也看到唐某女将假币交给唐某川，唐某川交给唐某女一些现金，并拿出来一张假币观看。交易完后，唐某女让其开车到海口市万达广场附近，称要向他人购买假币。

由此可见柯某不仅自始至终对唐某女的假币犯罪行为知情，而且积极提供协助，“深度”参与其中。综合来看，其主观上明知唐某女所持货币为假币而提供运输服务，并且明知唐某女正在进行假币犯罪而积极提供帮助，希望危害社会犯罪行为结果的发生；在客观上为唐某女提供运输服务，协助其实施假币犯罪。因此柯某的行为符合运输假币罪，即明知假币而运输，同时也符合认定为他人出售、购买假币犯罪行为提供帮助，共同实施犯罪的条件。最终裁判中之所以出售、购买假币罪的共犯对柯某定罪量刑，首先即确定了其系明知他人进行假币犯罪而提供帮助，属于共同犯罪的基本前提；其次，在前述前提下所提供的运输假币行为亦属于出售、购买假币共同犯罪行为中的必经一环，被出售、购买犯罪行为吸收；此外，柯某未在本案的假币犯罪中非法获利，在假币共同犯罪中仅提供运输服务，情节较其他行为人更轻，如果以运输假币罪对其单独定罪，犯罪数额已达到“数额特别巨大”情形，将处以10年以上有期徒刑或者无期徒刑。该量刑结果与本案各行为人的涉案犯罪行为、情节相比，无疑无法体现刑事司法的公平、公正，将导致个案量刑不均的情形。因此，二审法院撤销一审法院对柯某的判决结果，认定其为出售、购买假币共同犯罪中的从犯，改判其犯出售、购买假币罪。

由此可见在选择性罪名的司法实践中，共犯问题的认定实际上将对具体分解罪名的适用产生较大影响。对办理选择性罪名共同犯罪案件的辩护人而言，正确分析、认定当事人在所涉犯罪中行为的具体性质，准确辨别其地位、作用，对所应适用的选择性罪名有精准判断是十分重要的。

2. 假币犯罪案件应该注意选择性罪名的犯罪形态认定

核心要点：通过对是否假币处于支配、控制状态，以及追诉标准，分析阐释该罪名下既遂与未遂状态的区分与认定问题。

相关案例：罗某某等人犯出售、购买、运输假币罪案[①]

> **案情介绍：**

2015 年 9 月，罗某某以 6000 元现金从王某处购买假币 49, 000 元，此后，罗某某与唐某某商定，由唐某某以每 17 元真币买 100 元假币的价格从罗某某处购买假币 12 万元，在罗某某与唐某某进行假币交易的现场，公安机关将两人抓获并现场查获疑似假人民币 12 万元。同日，公安民警在某茶铺内将王某抓获。此外，公安机关从罗某某住所内查获疑似假人民币 8000 元，从王某住所内查获疑似假人民币 400 元。

案件一审由成都市成华区市人民检察向成都市成华区人民法院提起公诉，指控罗某某犯出售、购买、运输假币罪，王某犯出售假币罪，唐某某犯购买假币罪。原判认为，被告人罗某某购买假币面额 49, 000 元，数额较大，以及出售假币和明知是假币而运输面额 12 万元，数额巨大，其行为已构成出售、购买、运输假币罪；被告人王某出售假币面额 49, 000 元，数额较大，其行为已构成出售假币罪；被告人唐某某购买假币 12 万元，数额巨大，其行为已构成购买假币罪。其中，认定被告人罗某某与唐某某正在接头，尚未进行假币交易，系已经着手实行犯罪，由于其意志以外的原因未能得逞，属犯罪未遂，

① 四川省成都市中级人民法院（2016）川 01 刑终 432 号。

可以比照既遂犯从轻或减轻处罚。判决：（1）被告人罗某某犯出售、购买、运输假币罪，判处有期徒刑2年，并处罚金人民币40,000元；（2）被告人王某犯出售假币罪，判处有期徒刑1年10个月，并处罚金人民币20,000元；（3）被告人唐某某犯购买假币罪，判处有期徒刑1年10个月，并处罚金人民币40,000元；（4）对涉案的假币128,400元予以没收。

宣判后，成都市成华区人民检察院提出抗诉认为：（1）一审判决未对被告人罗某某住所内起获的8000元假人民币予以评价，属于认定事实错误；（2）一审判决在对被告人罗某某犯出售、购买、运输假币罪一罪认定时，应综合考虑各行为的犯罪形态，对该罪以既遂认定；（3）一审判决在认定被告人罗某某出售、购买、运输假币罪未遂的基础上对其减轻处罚导致量刑畸轻。

➢ **法院裁判：**

本案二审由四川省成都市中级人民法院审理，法院认为，原审被告人罗某某购买49,000元假人民币，属数额较大，出售和运输120,000元假人民币，属数额巨大，其行为已构成出售、购买、运输假币罪；原审被告人王某出售49,000元假人民币，属数额较大，其行为已构成出售假币罪；原审被告人唐某某购买120,000元假人民币，数额巨大，其行为已构成购买假币罪。

其中，原审被告人罗某某购买49,000元假人民币、运输120,000元假人民币的行为已经完成，属犯罪既遂；原审被告人罗某某与原审被告人唐某某正在交易120,000元假人民币的犯罪过程中，由于二原审被告人意志以外的原因而未能把交易行为实施完毕，属犯罪未遂。在罗某某住所内起获的8000元假人民币，综合在案证据，应认定为其购买的49,000元假人民币中的一部分。原审被告人罗某某出售、购买、运输假币罪数额达169,000元，属数额巨大，应该在3年以上10年以下有期徒刑内予以定罪量刑，一审法院在原审被告人罗某某出售、购买、运输假币罪数额达169,000元，属数额巨大且有犯罪前科的情况下，对原审被告人罗某某处有期徒刑二年确属量刑偏轻。

最终，二审法院判决：（1）维持一审判决第二、三、四项；（2）撤销一审判决第一项；（3）被告人罗某某犯出售、购买、运输假币罪，判处有期徒刑5年，并处罚金人民币100,000元。

辩点分析及案例释解

犯罪形态，即故意犯罪的停止形态，是指故意犯罪在犯罪过程的不同阶段由于各种原因而停止下来所呈现的不同状态，一般而言犯罪形态可以分为两大类，一是犯罪的完成形态，这种状态仅成立犯罪既遂；二是犯罪的未完成形态，这种状态成立犯罪预备、犯罪未遂和犯罪中止。

虽然故意犯罪过程作为一个整体的概念，包含若干个具体的犯罪阶段，但当犯罪过程固定终局而不再发展之时，就形成了处于相对静止状态的犯罪形态，且这些形态之间彼此独立存在，不可能相互转化。因此在任何一个犯罪行为中，仅存在一种终止性的犯罪形态。然而，由于选择性罪名项下的各分解罪名相对独立存在，包含了不同的选择性构成要件，当行为人实施该罪名下若干犯罪行为之时，即应相应判断其不同行为的犯罪形态，这就造成了一罪名之下可能存在不同犯罪形态的情况。这一现象，要求司法机关在办理选择性罪名案件的实践中，除了考虑行为人的罪名适用、犯罪数额认定之外，还需根据多个不同犯罪行为的具体情况，准确判定其犯罪形态，进而对行为人进行整体评价、定罪量刑，这无疑为司法机关的工作带来不少困难。

司法实践中，选择性罪名下行为人同时存在犯罪既遂、犯罪未遂的情况居多，本文以出售、购买、出售假币罪与持有、使用假币罪为例，由于该等选择性罪名所含犯罪行为不同，故下文分别展开阐述上述犯罪行为既遂/未遂标准的相关观点。

出售、购买假币是假币交易行为的不同方面表现，理论上可以适用同一既遂/未遂判断标准，笔者所持观点为：假币交易双方已经达成意思一致，并且已着手实施交易行为，如采取现场交易方式的行为人双方已到达指定交易地点，准备进行交付之时，又如采取非现场交易方式的行为人双方达成合意后将假币完成放置、埋藏、邮寄之时，即可作为认定其出售/购买假币犯罪行为既遂的时间节点。当然，对这一标准，理论和实务中不乏持反对意见者，认为行为人未实际交付/购得涉案假币，如此认定明显不符合《刑法》关于犯罪未遂的规定，也不利于行为人；也有理论认为该罪属于行为犯，并不要求特定犯罪结果的发生，只要行为人着手于运输假币行为，即具备了充足化的刑罚根据，而没有犯罪既遂与未遂之分。笔者认为，以上两种反对意见均不够全面，首先行为犯中虽然有相应行为即构成犯罪，但这仅代表以实行法定的犯罪行为作为犯罪构成必要条件，并未绝对否定其中的既/未遂认定，并且以行为人一经着手实施犯罪行为作为既遂是举动犯的特征，并非指向行为犯。同时，该罪的设立目的在于防止行为人对国家货币信用体系、金融管理秩序造成的潜在危害，即抽象危险犯，因此笔者认为当出售、购买犯罪行为发展到一定程度，抽象的危险开始具体到现实之中时，即交易双方已经达成假币买卖合意并着手进行交易时，其行为已然将该抽象危险具体化，将此情况下的行为人认定为出售、购买假币罪的既遂，实际上符合该罪的立法目的，能够折中地、较好地对该罪中既/未遂问题予以认定；并且，在实践中绝大部分辩护人在辩护时提出的当事人未实际交付/取得假币不应认定为犯罪既遂的意见，往往不会被法院采纳，法院多以“已把交易标的物带到现场，买卖的关系已确立，交易的行为应视作已完成，至于标的物是否交付，不影响买卖关系的确立”认定行为人假币出售、购买行为既遂。

关于运输假币罪的既/未遂，排除该罪被吸收以其他分解罪名定罪的情况下，其认定则涉及对运输行为的理解。一般认为，“运输”是指在自然属性上将所运输之物通过各种方法从一空间运往另一空间的位移行为。由于运输过程具有一定的延续性，因此在笔者看来，着手运输假币的行为始于从出发点离开之时，如此便可避免行为人采取不同方式运输假币时，如何具体认定其犯罪着手时间点的争论。相应地，行为人在运输假币离开起始点之前的阶段，也可顺利认定为犯罪预备，而对于该罪的既/未遂，笔者认为应以所运输假币到达目的地点之时为标准，无论是否实际由接货人接收。该认定标准，首先，符合运输行为的自然特性，即由一空间地点开始至另一空间地点而终的过程，如将既遂认定节点前推至假币起运之时，则无法体现运输行为的位移性与过程性；其次，与出售、购买假币罪的既/未遂认定标准相呼应，两者间具有同一的适用逻辑；最后，则切合单纯运输假币行为人的角色定位，不同于为出售、购买假币而运输的行为人，其在整个假币犯罪过程中更倾向于辅助者，虽然适用同一量刑幅度，但所起作用、危害相较而言更小。如将其行为既遂标准前推至起运之时，那么就否定行为人在运输途中基于自身意志中止犯罪的空间，同时该犯罪的预备、着手、中止等阶段认定均需前推至起运之前，如此一来既无法准确区分运输假币犯罪的行为各阶段，在刑罚适用时也明显不利于行为人。

关于持有假币犯罪的既/未遂认定，《刑法》所规制的持有假币罪行，是行为人对假币的持有状态，以及该行为存在的社会危害性，只要行为人事实上对假币处于支配、控制状态，而没有证据证明假币的来源以及持有假币的目的或者去向，且数额又达到追诉要求，即应当受到相应的刑事处罚。因此笔者认为持有假币犯罪中，进行刑事处罚的前提是持有状态的出现，未持有则不处罚，所以该罪中只有成立犯罪与否的辨析，没有既/未遂状态的区分。

关于使用假币犯罪的既/未遂，该问题同样在理论学界与司法实践中的认定标准不一。一部分人认为应当以行为人是否存在交付假币行为为标准，即行为人欲以伪造的货币冒充真货币使用，当行为人按照正常货币的使用方法向他人进行交付时，其使用行为即告完成，构成使用假币罪的既遂；另一部分人认为应以行为人是否实际使用假币，即对方是否接受假币为标准，对方收下假币即为既遂，但若此过程中对方有所察觉并拒绝接受，则视为未遂，等等。由此可见，行为人使用假币的过程实际分为三个环节：一是双方达成交易的合意，二是行为人交付假币的行为，三是对方接收行为人支付的假币。对此，笔者认为使用假币犯罪的既/未遂的认定应以对方收下行为人所支付的假币为标准，因为按照正常的交易流程，在此时间节点行为人企图以假币进行的交易行为已经结束，其使用行为已告完成，使用假币犯罪行为既遂。

以上阐述笔者对出售、购买、运输假币罪与持有、使用假币罪中相应行为既/未遂的观点立场后，回到选择性罪名案件可能同时并存不同犯罪形态的问题上，笔者引用的案例中罗某某的假币犯罪行为共有两起，购买假币49, 000元与出售假币120, 000元。在这两起犯罪行为中，罗某某购买假币49, 000元的交易行为已经完成，应认定为既遂；但出售假币120, 000元的犯罪行为，由于交易双方正在接头尚未进行假币交易，应认定为未遂，但一审法院仅以罗某某出售假币罪犯罪未遂而对其整个出售、购买、运输假币罪全部按照未遂定罪量刑，该认定明显不当，导致一审判决对罗某某的量刑畸轻，同时也导致公诉机关提起抗诉。公诉机关提出的抗诉要求为，对罗某某犯出售、购买、运输假币罪一罪认定时，应综合考虑各行为的犯罪形态，对该罪以既遂认定，这一要求的前半部分尚为合理，但后半部分同样犯了与一审法院审判本案时出现的偏差，将未遂之罪作为其他选择罪名的既遂罪行进行刑罚考量，亦是以偏概全、于法无据，违背了罪责刑相适应原则以及选择性罪名的定罪原则。

对于本案涉及的罗某某构成出售、购买、运输假币罪，但同时其购买假币行为既遂、出售假币行为未遂的情况，笔者认为首先应遵循选择性罪名的定罪原则，在定性上保留罗某某所触犯的全部选择性要件之罪；其次，按照选择性罪名中确认犯罪数额的准则，准确认定罗某某在本案中的犯罪数额；再次，考察罗某某所涉各罪名的犯罪形态，对其中存在未完成形态的罪行，可以比照既遂犯进行相应的从轻或者减轻处罚处理；最后，虽然罗某某在本案中实施了多宗假币犯罪行为，但所触犯罪名均在同一选择性罪名项下，因此应按照其处断规则以一罪论处，不进行数罪并罚。因此需综合以上定性、情节对罗某某以合并适用的罪名定罪，对其罪行在同一法定量刑幅度内确定刑罚，既能够满足选择性罪名定罪规则，又符合罪责刑相适应的刑法基本原则。

二审法院对该案件的裁判，实际上也能体现本文所述的以上内容。法院认为，首先，在案证据能够证实罗某某购买假币 49, 000 元的行为已经完成，故其犯购买假币罪属犯罪既遂；其次，能够证实罗某某将假币从存放地点进行运输行为已经完成，故其犯运输假币罪属犯罪既遂；再次，能够证实罗某某与唐某某间 120, 000 元的假人民币交易犯罪仍在交易过程中，由于意志以外的原因而未能把交易行为实施完毕，故罗某某犯出售假币罪未遂，对于未遂犯，可以比照既遂犯从轻或者减轻处罚；最后，本罪属于行为犯，系选择性罪名，在评价整个、连续的犯罪时应当综合考虑罗某某的其他犯罪形态，一审判决仅以最后一个出售假币罪属犯罪未遂而将罗某某的整个出售、购买、运输假币罪评判为犯罪未遂不当，二审法院予以纠正。故公诉机关的抗诉理由成立，二审法院予以支持。罗某某的辩护人所提出售 120, 000 元假人民币的行为属犯罪未遂的辩护意见成立，二审法院予以采纳。

九、高利转贷罪

◇ **高利转贷罪**

凡是以利用借贷牟取非法收入为目的而取得金融机构贷款的，均属于套取金融机构贷款，该罪的责任要素除了故意之外，还要求具有转贷牟利的目的。

（一）相关规定

《刑法》第一百七十五条【高利转贷罪】 以转贷牟利为目的，套取金融机构信贷资金高利转贷他人，违法所得数额较大的，处三年以下有期徒刑或者拘役，并处违法所得一倍以上五倍以下罚金；数额巨大的，处三年以上七年以下有期徒刑，并处违法所得一倍以上五倍以下罚金。

单位犯前款罪的，对单位判处罚金，并对其直接负责的主管人员和其他直接责任人员，处三年以下有期徒刑或者拘役。

（二）重要辩点及案例释解

1. 高利转贷罪中关于既遂的认定问题

核心要点：在司法实践中，对于高利转贷罪的既遂的认定产生了一定的争论。这个问题源于对此罪两种不同的理解，究竟是理解为结果犯，还是理解为短缩的二行为犯。在司法实践中我们应当将此罪理解为结果犯，如果没有达到既遂标准，就能够取得出罪的可能性。

相关案例：高某甲高利转贷案①

> **案情介绍：**

原判认定，2014 年 1 月 10 日，被告人高某甲为获取高息，将从易门县农村信用合作联社六街信用社所贷的其中 100 万元贷款以高于贷款利息出借给李某甲，至同年 5 月 9 日，李某甲以还本金或支付利息之名给付高某甲款项 49.6 万元，尚欠 50.4 万元。其间，高某甲支付该 100 万元贷款利息 3.875 万元。

> **法院裁判：**

一审法院认定上述事实的证据有：被告人高某甲的供述与辩解；证人李某甲等人的证言；借款申请、农村信用社个人借款合同、高某甲在农村信用社账户银行交易明细等。

一审法院认为，根据《刑法》第 175 条之规定，高利转贷罪是以转贷牟利为目的，套取金融机构信贷资金高利转贷他人，违法所得达数额较大以上的行为。根据该法条及最高人民检察院、公安部《关于公安机关管辖的刑事案件立案追诉标准的规定（二）》第 26 条的规定，高利转贷罪系结果犯，违法所得数额必须达到数额较大以上的追诉标准才构成本罪。被告人高某甲基于获取高息牟利的主观动机，客观上实施了高利转贷的行为，但因他人案发，致常人有望收回成本并获取高于贷款利息的牟利意图最终未能实现，故公诉机关指控被告人高某甲高利转贷违法所得数额较大的事实不清，证据不足，指控罪名不能成立，不予支持，判决被告人高某甲无罪。

二审法院认为，原审被告人高某甲以转贷牟利为目的，套取金融机构信贷资金高利转贷他人，违法所得数额较大，其行为触犯了《刑法》第 175 条之规定，构成高利转贷罪。原审被告人高某甲犯罪后自动投案，并如实供述犯罪事实，系自首，可以从轻或者减轻处罚。

1. 对高利转贷“违法所得”的认定及本案罪与非罪的评判。

二审法院认为，高利转贷罪中的“违法所得”系借款人高利转贷所得利

---

① 云南省玉溪市中级人民法院（2015）玉中刑终字第 143 号。

息与其应支付金融机构贷款利息之差。本案中，原审被告人高某甲将100万元金融机构贷款转借给李某甲，收取李某甲39.6万元的借款利息，支付金融机构3.875万元的利息，其从中获取的利息差额35.725万元应当认定为高利转贷行为的违法所得。原审被告人高某甲及其辩护人提出本案没有违法所得的意见不能成立，二审法院不予采纳。出庭检察员提出应以利息差额认定违法所得数额的意见成立，予以支持。

高利转贷罪所侵犯的直接客体是国家对信贷资金的发放及利率管理秩序，其追诉标准是违法所得即利息差额达到数额较大以上。原审被告人高某甲通过高利转贷行为非法获取利息35.725万元，数额较大，其行为已构成高利转贷罪。原审被告人高某甲及其辩护人所提不构成犯罪的意见不能成立，二审法院不予采纳。出庭检察员的意见有理，予以支付。

2. 对原审被告人高某甲应受刑事处罚的评判。

原审被告人高某甲构成高利转贷罪，其具有自首情节、认罪悔罪，犯罪情节轻微，二审法院对其免予刑事处罚。出庭检察员建议对原审被告人酌情从轻处罚的意见成立，二审法院予以采纳。

经二审法院审判委员会讨论决定，判决如下：

（1）撤销易门县人民法院（2015）易刑初字第43号刑事判决，即“被告人高某甲无罪”。

（2）原审被告人高某甲犯高利转贷罪，免予刑事处罚。

辩点分析及案例释解

在司法实践中，对高利转贷罪的既遂的认定引发了一定的争论。例如在本案中，一审法院和二审法院对这一认定问题持有不同的观点。一审法院认为：“高利转贷罪系结果犯，违法所得数额必须达到数额较大以上的追诉标准才构成本罪。被告人高某甲基于获取高息牟利的主观动机，客观上实施了高利转贷的行为，但因他人案发，使常人有望收回成本并获取高于贷款利息的牟利意图最终未能实现，故公诉机关指控被告人高某甲高利转贷违法所得数额较大的事实不清，证据不足，指控罪名不能成立，本院不予支持。”[①] 在

---

① 参见云南省玉溪市中级人民法院（2015）易刑初字第43号。

一审法院看来，高利转贷罪作为结果犯，其结果必须是违法实际获利数额达到较大以上才构成既遂，因此并不存在未遂状态。而二审法院则认为："高利转贷罪中的'违法所得'系借款人高利转贷所得利息与其应支付金融机构贷款利息之差。本案中，原审被告人高某甲将100万元金融机构贷款转借给李某甲，收取李某甲39.6万元的借款利息，支付金融机构3.875万元的利息，其从中获取的利息差额35.725万元应当认定为高利转贷行为的违法所得。"① 这意味着高利转贷罪存在未遂和既遂两种状态，首先行为人以收取高额利息为目的实施转贷行为，但最终并没有达到实质上的转贷结果，应当认定为未遂；其次行为人以收取高额利息为目的实施转贷行为，并成功达成了转贷结果，无论最后是否实际取得了高额利息，均应当认定为既遂。

一审法院和二审法院之所以会持有不同的观点，是因为它们对高利转贷罪的性质理解有根本区别，一审法院认为高利转贷罪是结果犯，只有造成了法定的实质性危害结果，才构成犯罪。二审法院认为高利转贷罪是所谓的短缩的二行为犯，转贷行为和收取利息的两个行为以转贷行为作为核心，一旦达成转贷行为，则收取利息行为无论是否达成都不影响该罪的既遂的认定。另外，如果行为人并无实施收取利息行为的故意，那么即使达成了转贷行为，也不能认定成立该罪。最后，该罪未遂和既遂的标准实质上在于转贷行为的完成与否。张明楷教授的意见是："完整的犯罪行为原本由两个行为组成，但刑法规定只要行为人以实施第二个行为为目的实施了第一个行为（短缩的二行为犯的实行行为），就以犯罪（既遂）论处，而不要求行为人客观上实施第二个行为；与此同时，如果行为人不以实施第二个行为为目的，即使客观上实施了第一个行为，也不成立犯罪（或者仅成立其他犯罪）。"②

对二审法院这种"短缩的二行为犯"的理解，笔者持反对意见。从法理角度上说，首先，高利转贷罪作为一个从1997年《刑法》就存在的罪名，在历次的修订中条文均无改变，随着经济的发展，金融关系的日益复杂，高利转贷罪实际上已经有些僵化了，因此在认定此罪的时候，应当采取更加审

① 参见云南省玉溪市中级人民法院（2015）玉中刑终字第143号。
② 张明楷：《论短缩的二行为犯》，载《中国法学》2004年第3期。

慎的态度。其次，由于骗取贷款罪的设立，高利转贷罪在体系上已经与该罪形成了特殊罪名和一般罪名的关系，骗取贷款罪作为典型的结果犯，以“给银行等金融机构造成重大损失为要件”，从特殊和一般罪名的涵摄关系上看，高利转贷罪也必须从结果犯的角度去理解。最后，高利转贷罪主要保护“国家对信贷资金的发放及利率管理秩序”，对这种秩序的保护应当以实质保护为优先，即以实际造成的损失、获取的利润作为结果要件，未遂状态的存在实无必要。一旦存在未遂状态，那么这种极容易入罪的可能性，将会对一般的行为人参与金融市场的行为造成巨大的阻碍，从而影响整个社会主义市场经济的发展。

从司法实践的角度来看，各地法院对高额利息的认定标准存在重大的差异，有一些法院倾向认为高利是高于同期银行贷款利率 4 倍以上的利率，更多的法院倾向认为只要转贷行为有利可图就算“高利”，甚至有法院直接指出：“被告人宗某甲的辩护人关于公诉机关指控被告人的违法所得数额与事实不符，应以同类贷款利率四倍以上界定为高利的辩护意见于法无据，本院不予采纳。”[①] 在高额利息认定标准具有重大差异的前提下，如果再采取“短缩的二行为犯”的理解，将会极大地增加高利转贷罪打击范围的不确定性，司法机关可以直接把高利转贷罪理解为“转贷罪”，即只要有转贷行为即入罪，这既不符合刑法的解释原则，也不符合刑法的谦抑性原则。

因此，我们认为高利转贷罪应被理解为结果犯，而不是“短缩的二行为犯”，其中并不存在未遂和既遂的区分，只有既遂一种状态。在这一前提下，如果行为人并未从转贷行为中实质性地取得利润，那么司法机关应当予以无罪认定。

2. 高利转贷罪中关于处罚范围的认定问题

核心要点：面对日益复杂的金融形势，高利转贷罪中处罚范围的认定由于形式和实质的重大分离，具有过于宽泛的风险。面对这种司法实践的情况，我们应当考虑三种高利转贷罪排除认定的情形，结合《刑法》第 13 条的相关规定，寻求出罪的可能性。

① 参见山东省淄博市淄川区人民法院（2015）川刑初字第 452 号。

相关案例：苍南县盐业公司高利转贷案①

➢ **案情介绍：**

关于被告人郑某某挪用公款罪的犯罪事实。被告人郑某某在担任苍南县盐务局局长、县盐业公司经理、法定代表人期间，利用职务上的便利，于2013年12月30日擅自挪用县盐业公司资金80万元给其弟郑某2（原系温州渔夫食品有限公司的法定代表人）进行经营活动。2014年2月21日，郑某2将上述80万元归还县盐业公司。2018年11月2日，被告人郑某某主动到苍南县监察委员会投案。

关于被告单位苍南县盐业公司、被告人郑某某高利转贷罪的犯罪事实。

2014年5月21日，被告单位县盐业公司向宁波银行龙港支行申请了3000万元的融资贷款额度，由金乡镇人民政府使用。由于金乡镇人民政府仅使用2000万元的额度，剩余1000万元的额度未使用，县盐业公司为牟利，由原法定代表人即被告人郑某某召开领导班子会议，决定将宁波银行未使用的1000万元额度予以套贷，并由其下属企业苍南县银通商贸有限公司（以下简称银通公司）开展应急转贷业务，以月利率1%～1.5%转贷他人，赚取利率差价，后该1000万元贷出后转入银通公司，以银通公司或者该公司员工陈某的名义转贷给单位和个人，收息共计1,818,140元，支付宁波银行利息869,688.91元，实际获利948,451.09元。

➢ **法院裁判：**

法院认为，被告单位苍南县盐业公司以牟利为目的，套取银行信贷资金高利转贷他人，违法所得数额较大，被告人郑某某作为单位直接负责的主管人员，其行为均已构成高利转贷罪。郑某某作为国家工作人员，又利用职务上的便利，挪用公款归个人使用，进行营利活动，数额较大，其行为又构成挪用公款罪。公诉机关的指控成立，予以支持。被告人郑某某一人犯有数罪，应予数罪并罚。关于被告单位、被告人郑某某及其辩护人当庭提出郑某某没有高利转贷的故意，不构成高利转贷罪的意见。经查，1000万元的授信额度

---

① 浙江省苍南县人民法院（2019）浙0327刑初425号。

的使用、贷款与否的决定权在于苍南县盐业公司，因为本案被告人郑某某在班子会议上提出其弟可以向公司借款支付高额利息之后，领导班子才同意将这1000万元贷出，本案不存在郑某某及辩护人所称的盐业公司为了支付宁波银行的利息才将1000万元用于应急转贷的事实。该1000万元在进行贷款后已经改变了贷款用途，在领导班子决定后用于高利转贷，利息高于正常贷款利息，其行为符合套取信贷资金的性质，可以认定其主观上有高利转贷牟利的故意，构成高利转贷罪。至于被告单位的辩护人提出本案的90多万元的利润没有归入盐业公司，盐业公司不构成高利转贷罪的辩护意见。经查，由于县盐业公司属于全民所有制的企业，本案的90万元利润不便纳入盐业公司，而是通过下属银通公司入账，但银通公司对90万元利润没有控制权，该90万元利润没有入账苍南县盐业公司，不影响对苍南县盐业公司的定罪和量刑。

被告人郑某某在挪用公款一节中有自首情节；又鉴于公款挪用的时间较短，对高利转贷罪虽然对行为性质进行辩解，但并无否认犯罪事实，认罪态度尚好，且所挪用的公款及转贷的款项均已归还，没有给国家和集体造成损失，综合考虑以上法定和酌定的情节，对被告人郑某某犯高利转贷罪、挪用公款罪均予以从轻处罚。

辩点分析及案例释解

由于高利转贷罪设立的时间较早，并且其条文在后续的多次《刑法》修订中均无任何改变，随着经济的发展，金融关系的日益复杂，这样的保守罪名的认定必然会出现形式和实质的重大分离——某行为完全符合高利转贷罪的犯罪构成，却缺乏《刑法》第13条所规定的严重的社会危害性。

本案中公司经理郑某某及某盐业公司的行为被人民法院认为构成高利转贷罪，正好证明高利转贷罪认定中出现的形式和实质的重大分离问题已经在实践中广泛出现了。某盐业公司向该市某银行申请了3000万元的贷款额度，但到年终仅使用了2000万元额度，剩余1000万元的未使用额度。该银行遂告知该盐业公司，如果不将授信额度全部贷出使用，则可能影响对盐业公司来年的授信额度。对于这种情况，盐业公司领导班子开始讨论决定不再将1000万元贷出，公司经理郑某某此时主动提出其弟弟愿意借款并支付利息，领导班子最终同意使用剩余额度贷出1000万元转借给郑某某之弟。在贷款到期后，盐业公司按时还清了贷款，并从郑某某之弟处获得利息共94万元。

法院在判决书中也承认盐业公司转贷后的款项已按时归还，没有给国家和银行造成任何损失，因此对盐业公司和公司经理郑某某从轻处罚。这说明法院也并不是完全看不到在本案中认定高利转贷罪所造成的形式和实质的分裂，一方面盐业公司和郑某某的行为完全符合高利转贷罪的犯罪构成，另一方面他们的行为并没有给国家、集体甚至郑某某之弟造成任何意义上的财产损失，从某种角度上看，反而是一个多方共赢的行为：该市银行的授信额度得到完全利用，盐业公司的资金利用率得到提升，急需用钱的郑某某之弟的燃眉之急得到缓解。对这种多赢的行为，我们完全无法认定其具有《刑法》第13条所规定的严重社会危害性。哪怕再退一步，就算考虑到潜在的、可能的社会危害性，类似的转贷行为并不会增加银行无法收回到期贷款的可能性，因为银行对公司和个人的授信额度有一套独立的评价体系，只要认定公司和个人具有授信额度，那么无论公司和个人是否具有转贷的想法，均能够贷出相应款项。所以，是否存在转贷行为并不会影响银行在贷款到期后是否能收回贷款。银行收回到期贷款的可能性实际上在贷出之前就已经在独立的评价体系中被评价了。最后，对于有风险的放贷业务，银行一般会要求对方提供足额的抵押担保，这也在很大程度上降低了转贷行为可能的社会危害性。在司法实务中有相当多的行为人在贷款时提供了足额担保或者转贷后及时归还贷款和利息而被认定为高利转贷罪的案件。对此姚万勤指出，这种情况下的转贷行为实际上能够令一部分资金链断裂的中小企业"起死回生"，也能让一些个人获取转贷资金后度过人生的困难期。①

在此基础上，我们认同吕行关于三种情形应当排除认定构成高利转贷罪的观点。第一，"行为人虽然实施了高利转贷行为，但是若提供了真实足额的抵押担保，金融机构的信贷资金不存在损失或损失危险性时"，② 不宜认定为高利转贷罪。在提供足额担保，并且最终并未造成损失的情况下，实际上

① 姚万勤：《高利转贷除罪化实证研究》，载《政治与法律》2018年第3期。
② 吕行：《高利转贷罪处罚范围的合理限定》，载《人民论坛·学术前沿》2022年第5期。

已经不存在任何的社会危害性，即使形式上构成高利转贷罪，实质上也不宜作出认定。第二，“行为人合法取得贷款之后再转贷的，若未造成金融机构信贷资金的损失的”①，不宜认定为高利转贷罪。在通过合法手段取得银行的贷款后，出于其他原因而无法继续用于本来用途，从而用于转贷业务，但最终并未给金融机构造成任何损失，在此种情况下，即使认定高利转贷罪也无法起到一般预防的效果，反而会增加一般行为人在正常金融行为中不必要的顾虑。第三，“对于集团企业内部设立资金池调配资金的行为，若未导致源于金融机构的资金有损失的危险性时”，② 不宜认定为高利转贷罪。在集体企业中，经常为了全局统筹运作，而将各个项目的贷款汇集在一起整体使用，在此基础上就会出现此业务部门的贷款，借给其他业务部门使用的类似转贷的行为。在这种情况下，只要获得银行贷款之时，是通过正当合法的手段，并提供了足额的抵押担保，那么对于集体公司内部设立资金池统筹使用资金的行为，就不应该在刑法层面上追究责任。

面对类似转贷行为的指控时，我们应该充分发挥《刑法》第 13 条的作用，从上述三种排除高利转贷罪的情况出发，证明行为人之转贷行为并不具有严重的社会危害性，从而寻求出罪的可能性。

3. 高利转贷罪中关于“以转贷牟利为目的”的认定问题

> 核心要点：高利转贷罪中关于“以转贷牟利为目的”所形成的时间点是否应该纳入考虑，引发了巨大的争论，我们应该充分考虑犯罪故意所形成的时间点，以此寻求出罪的可能性。

相关案例：王某 1、王某 2 高利转贷案③

➢ **案情介绍：**

被告人王某 1 与被告人王某 2 是堂兄弟、与被告人胡某某是高中同学，

① 吕行：《高利转贷罪处罚范围的合理限定》，载《人民论坛 · 学术前沿》2022 年第 5 期。
② 吕行：《高利转贷罪处罚范围的合理限定》，载《人民论坛 · 学术前沿》2022 年第 5 期。
③ 湖南省株洲市中级人民法院（2019）湘 02 刑终 212 号。

胡某某是原株洲市龙头铺信用社主任。

2013 年，王某 1 以王某 2 的身份在株洲市城郊农村联合信用社某某账号存款 2,067,456.5 元，王某 1 对胡某某讲："我把钱存在你信用社，最好利益最大化。" 2013 年 7 月，胡某某的朋友刘某因需要资金短期周转，请胡某某帮忙借款 200 万元。胡某某把此信息告诉王某 1，由于王某 1 存入银行的 200 余万定期存单未到期，取款利息损失大。胡某某建议王某 1 用存折质押从银行贷款，然后将贷款借给刘某，这样其在银行的定期存单的利息不损失。王某 1 遂委托王某 2 到银行办理。

2013 年 7 月 18 日王某 2 到株洲市城郊农村联合信用社以土石方工程为由，办理 2,067,456.5 元存单质押贷款业务，贷出人民币 185 万元，王某 1 自筹资金 15 万元，共计 200 万元，由王某 2 将此款汇入莫某的账户，借给刘某，双方约定，借款月息 3%，期限 3 个月。刘某到期如约返本付息，扣除株洲市城郊农村联合信用社贷款利息 3.33 万元，共获利 13.32 万元。王某 2 将借款本金 200 万元及获利全部付给王某 1。

➢ **法院裁判：**

法院认为，检察机关抗诉提出"对被告人王某 2 判处免予刑事处罚属于量刑畸轻"的意见，经查，原审被告人王某 2 在高利转贷共同犯罪中起次要作用，是从犯，原审判决根据王某 2 犯罪的事实、犯罪的性质、情节，结合本案的具体情况，在法定幅度范围内对其量刑适当，故检察机关该抗诉理由不成立，法院不予采纳。检察机关抗诉提出"对被告人胡某某判处无罪属于错误"的意见，经查，原审被告人胡某某为他人筹措资金，向原审被告人王某 1 提出高利转贷牟利的犯意，协助王某 1、王某 2 实施非法套取信贷资金高利转贷他人的行为，其行为符合高利转贷罪的构成要件，构成高利转贷罪。检察机关该抗诉理由成立，法院予以采纳。胡某某在高利转贷共同犯罪中起次要作用，是从犯，犯罪情节轻微，可以免予刑事处罚。原判认定事实清楚、证据确实、充分，定罪准确，审判程序合法，但适用法律错误。判决如下：

（1）维持湖南省株洲市荷塘区人民法院（2019）湘 0202 刑初 24 号刑事判决（一）、（二）、（四）项的判决部分，即"（一）被告人王某 1 犯高利转贷罪，判处有期徒刑1年，并处罚金人民币20万元”“（二）被告人王某2犯高利转贷罪，免予刑事处罚”“（四）被告人王某1违法所得13.32万元，予以追缴，上缴国库”。

（2）撤销湖南省株洲市荷塘区人民法院（2019）湘0202刑初24号刑事判决（三）项的判决部分，即“（三）被告人胡某某无罪”。

（3）原审被告人胡某某犯高利转贷罪，免予刑事处罚。

辩点分析及案例释解

在1997年《刑法》颁布实施直到现在的漫长时间里，面对日新月异的社会主义市场经济发展形势，刑事立法技术的进步使得金融犯罪的法网越织越密，在20余年间出台的12部《刑法修正案》不断对经济犯罪的各罪名、罪状、法定刑设置进行更新。但令人惊奇的是，在这样的大背景下，高利转贷罪自1997年设立至今，其罪名、罪状表述，构成要件，法定刑设置均未有过任何变化，这一现象非常值得关注。阮齐林指出，高利转贷罪之所以看起来没有任何变化，是因为此罪的变化是体系性的，简单来说，高利转贷罪的设置有特殊的时代背景，主要是为了保护当时从事银行贷款业务的、具有政策性支持功能的四大国有银行。随着骗取贷款罪的增设，高利转贷罪在刑法体系中已经不再能够作为完全独立的罪名而存在了，可以说它成为一种特殊的骗取贷款类型，即“以转贷牟利而骗取（套取）金融机构的贷款，违法所得数额较大的构成犯罪”。因此，高利转贷罪并不是完全没有变化，只是它的变化比较隐秘，从原来的独立罪名成为骗取贷款罪的特殊罪名。

这样隐秘的变化在司法实践中造成了一定的困难。在“以转贷牟利为目的”的认定上，关于是否区分转贷牟利目的的时间节点具有相当的争议。一种观点认为，有必要区分转贷牟利目的的时间节点，如果在向银行申请贷款时具有转贷牟利目的，则以高利转贷罪定罪处罚，在已经取得贷款后才产生转贷牟利目的，则不宜以高利转贷罪定罪处罚。如果这样的行为给银行等金融机构造成较大损失的，应当以骗取贷款罪追究其责任。另一种观点则认为，因为骗取贷款罪和高利转贷罪构成了一般罪名和特殊罪名的关系，所以只需要宏观地考量行为人一系列骗取（套取）贷款的行为中是否存在转贷牟利的目的，而不需要考察具体的时间节点，一旦认定存在转贷牟利的目的，即以高利转贷罪论处，否则，即以骗取贷款罪论处。

对此，车浩从刑法体系的角度上指出，如果不对转贷牟利目的产生的时间节点进行区分，实际上违背了刑法的体系性，诸如财产犯罪中的非法占有目的和转贷牟利目的结构是一致的，如果因为取证困难或者学说上的问题取消了这个基本构成要件的证明，那么将会造成整个刑法体系的混乱。另外，从犯罪发生的角度看，本罪的构成要件的行为方式为：（1）行为人与资金使用人建立联系达成高利转贷的合意；（2）产生高利转贷谋取不正当利益的主观故意；（3）向银行申请贷款；（4）贷款到账之后高利转贷给资金使用人收取利息；（5）最后向银行还款。如果在向银行申请贷款的时候，并没有转贷牟利的目的，事后再转贷牟利的，可以作为行政违法行为进行处罚，不宜认定为高利转贷罪。

因此在本案中，王某 2 的银行账户被王某 1 借用，他对王某 1 在胡某某的引诱下形成的以转贷牟利为目的的犯罪意图是没有任何参与的，他仅是在犯罪过程中，接受王某 1 的指示，完成王某 1、胡某某的高利转贷犯罪行为，如果不对转贷牟利目的产生的时间节点进行区分，那么就很容易将王某 2 的行为也做入罪处理。在人身犯罪中，如果某人受到他人指使，对受害人进行人身伤害的行为，那么无法排除其对人身伤害的犯意。但对于高利转贷罪而言，必须要求行为人有转贷牟利的目的，王某 2 受王某 1 委托进行的转贷牟利行为，实际上很难判定王某 2 在其中有转贷牟利之故意，因为王某 1 之前确实通过王某 2 在银行存了 200 万元左右，只是因为担心利息损失没有直接取出，最后王某 1 采用胡某某的方案通过借贷的方式获取将近 200 万元的存款。在这个过程中，王某 2 并未参与王某 1 和胡某某的共同犯罪故意的形成，如果没有胡某某的介绍，他是很难把通过借贷获取的贷款和此前 200 万元的存款区分开来，他很可能认为这只是通过其他方式把王某 1 的钱款取出来。因此，在缺乏证据证明王某 2 参与王某 1 和胡某某共同犯意的形成，从而能够明确区分 200 万元存款与 200 万元贷款之间的差别的情况下，不宜推定王某 2 在借贷之时就具有转贷牟利之目的，在这种情况下，王某 2 甚至有可能认为他的行为并不是借贷、转贷行为。最后，退一步说，就算认定王某 2 在借贷之时具有转贷的目的，由于他始终被隔绝在王某1和胡某某的共同犯意形成之外，故无法推定其具有牟利的目的，他很可能认为这只是一个单纯的借贷、转贷行为，按照主客观统一原则，这充其量只是一个行政违法行为，并不能被高利转贷罪所评价。

法院最后认定王某2亦构成高利转贷罪并和胡某某一样是从犯，但是免除刑事处罚的判决是值得商榷的。王某2从始至终都只有相关行为，在主观方面最多只有协助转贷的故意，甚至有可能连转贷之故意都无法构成，在没有证据证明其参与王某1和胡某某的共同犯意的形成的情况下，亦无法认为其具有获利之故意，无论是直接故意还是间接故意，因此不宜认定王某2构成高利转贷罪。

在我们面对高利转贷罪中类似情况时，应当优先考虑行为人关于转贷牟利的目的是否有充分的证据证明，如果没有充分的证据证明相关目的，且没有对金融机构造成利益的损失，亦无法构成骗取贷款罪，则可能只构成一般行政违法行为，从而具有出罪的可能。

4. 高利转贷罪与骗取贷款罪之间的罪名竞合问题

核心要点：高利转贷罪和骗取贷款罪之间的罪名竞合问题在司法实践中造成了一定的困难，在此两种罪名的讨论中，需要从法条竞合和罪名吸收的角度入手，从根本上探究两罪名之间的关系，从而实现有效辩护、精准辩护。

相关案例：龙某某、廖某某骗取贷款、高利转贷、合同诈骗、对非国家工作人员行贿案①

- **案情介绍：**

（一）骗取贷款罪

2014年4月至2015年7月，被告人龙某某为顺利地申请到贷款，夸大公司的经营能力，以恩施隆兴电子有限责任公司的名义分别与建始县全福商贸有限

① 湖北省恩施市人民法院（2019）鄂2801刑初179号。

公司、湖北兴达王工贸有限公司签订虚假的购销合同呈报给恩施州建设银行舞阳支行、汉口银行恩施分行、恩施农商行六角亭支行，致使恩施州建设银行舞阳支行为其发放贷款人民币750万元、汉口银行恩施分行为其发放贷款人民币200万元、恩施农商行六角亭支行为其发放贷款人民币1000万元。

（二）高利转贷罪

2015年7月，龙某某以恩施隆兴电子有限责任公司的名义向恩施农村商业银行贷款人民币1000万元，以营利为目的转借给廖某某550万元，自2015年9月至2016年9月获取利润78万元。

➢ **法院裁判：**

法院认为：（1）关于公诉机关指控被告人龙某某高利转贷，非法获利78万元，认定为数额巨大的问题。经查，龙某某和廖某某共同提供反担保抵押物后，由龙某某出面以隆兴电子公司的名义贷款1000万元，为顺利通过银行审核，龙某某向银行提供了虚假的购销、采购合同，廖某某提供虚假的反担保抵押物证件，骗取银行贷款1000万元。龙某某获得该笔贷款后改变资金用途，将其中的550万元贷款在中国人民银行规定的贷款利率幅度以上转贷给廖某某，并收取廖某某支付的第一个月利息24万元，系违背我国信贷资金发放利率管理秩序的高利转贷行为，对此有龙某某和廖某某的供述证实。此后，龙某某与廖某某为如何支付550万元利息问题再次协商，达成其中400万元按银行利率标准支付利息，150万元按超过银行利率标准支付利息的一致意见，但廖某某一直未向龙某某支付利息，在廖某某得到该550万元贷款后近一年时间，才通过三方抵债的方式给龙某某支付了50万元利息，该50万元系廖某某按银行利率应支付给龙某某的利息，不应将此款认定为龙某某的违法所得。故本案高利转贷违法所得应为19.5542万元，龙某某的行为构成高利转贷罪，公诉机关指控的罪名成立，但公诉机关指控龙某某非法获利78万元，超过部分，法院不予支持。高利转贷，违法所得数额巨大的标准没有相关法律规定，故认定龙某某高利转贷，数额较大。龙某某及其辩护人辩称其行为不构成高利转贷罪的辩护意见本院不予采纳。

（2）关于被告人龙某某的辩护人及被告人廖某某的辩护人提出骗取贷款罪是结果犯，龙某某、廖某某未给银行造成损失，其行为不构成骗取贷款罪的问题。经查，骗取贷款罪中的欺骗手段，是指行为人在取得银行或其他金融机构的贷款等信用资金时，采用的是虚构事实、隐瞒真相等手段，只要行为人在申请贷款过程中，提供假证明、假材料或者贷款资金没有按申请时的用途使用，就符合条件。骗取贷款罪的构成要件，除给银行造成重大损失以外，还包括具有其他严重情节，本案中，二被告人为申请贷款多次向银行提供与第三方公司签订的虚假商业合同，骗取贷款具有其他严重情节，应认定构成骗取贷款罪，辩护人的该辩护意见本院不予采纳。

法院判决如下：被告人龙某某犯骗取贷款罪，判处有期徒刑 1 年 4 个月，并处罚金人民币 2 万元；犯高利转贷罪，判处有期徒刑 1 年，并处罚金人民币 20 万元，合并后，决定执行有期徒刑 2 年 1 个月，并处罚金人民币 22 万元。

辩点分析及案例释解

高利转贷罪和骗取贷款罪之间的罪名竞合问题在司法实践中造成了一定的困难。在本案中，辩护人辩称龙某某的行为既不构成骗取贷款罪，也不构成高利转贷罪，因为高利转贷罪和骗取贷款罪均为结果犯，并且此结果主要在于是否给金融机构造成了相关经济损失。而龙某从银行取得的贷款均已在到期后按时归还，并未产生任何经济损失。所以从结果犯的角度上看，公诉人对龙某某的指控不应该得到法院的支持。

法院对辩护人的意见完全不认可。法院认为高利转贷罪是结果犯，但这一结果是以行为人是否取得数额较大的高额利息为认定的标准。骗取贷款罪并不是结果犯，除了给银行造成重大损失之外，还具有其他严重情节，如龙某某多次用伪造的虚假合同向银行申请相关的信用额度。

本案中，法院和辩护人关于高利转贷罪和骗取贷款罪的理解是如此的对立，这已经说明在司法实践中并未对两罪的性质以及它们之间的竞合关系达成广泛的共识。这对于我们而言一个机会，只要深入细致地辨析两罪的性质及其竞合关系，那么在相关案件中我们就能寻求到出罪的可能性。

首先，高利转贷罪和骗取贷款罪均为结果犯。从行为要件上看，所谓套取银行贷款然后高利转贷给别人的行为，实际上也就是一种骗取银行贷款的行为。两罪之间的区别在于，高利转贷以违法获取高额利息的数额较大为要件，而骗取贷款罪以给银行等金融机构造成重大损失为要件。

其次，在一般情况下，高利转贷罪和骗取贷款罪是有可能发生竞合关系的。即当一个骗取、套取银行贷款的行为，后续既通过转贷给他人获取了高额利息，又没有及时还清到期贷款而给银行等金融机构造成了重大的损失时，那么既构成高利转贷罪，也构成骗取贷款罪。但由于其构成要件具有部分的包含或者并列关系，不宜数罪并罚，而应该认定为法条竞合犯或者想象竞合犯。

再次，关于两罪的竞合时法条竞合还是想象竞合，存在两种观点，第一，尽管两罪的构成要件仅有部分的重合，但从体系上说，自从规定了骗取贷款罪之后，高利转贷罪实际上成为骗取贷款罪的特殊罪名，因此在两罪发生竞合时，应该优先使用特殊罪名，即高利转贷罪。第二，虽然两罪构成要件有重合，但并无相关法律规定或司法解释将两罪的关系规定为特殊罪名和一般罪名，因此它们之间应该认定为想象竞合的关系，在两罪发生竞合时，应该择一重罪进行处罚。我们认为，高利转贷罪尽管作为骗取贷款罪的一个特殊类型存在，但由于缺乏相关规定，且高利转贷罪的条文过于老旧和僵化，自1997年《刑法》以来就没有任何改动，应当尽量使用骗取贷款罪进行定罪，而非老化的高利转贷罪。但是，在辩护过程中，按照有利于行为人的原则，在有可能减轻或者免除刑罚的前提下，我们或可认为，自从骗取贷款罪被设立之后，两罪在体系上实际已经形成了特殊罪名和一般罪名的关系。总的来说，从法理上看，应该认定其为想象竞合，但从实践中看，如果有利于辩护，我们或可认定为法条竞合犯。

最后，在特殊情况下，高利转贷罪和骗取贷款罪也有可能构成吸收关系。我们之前讨论的两罪之间发生竞合的关系是以一般的高利转贷罪为前提，所谓一般的高利转贷罪，即在骗取贷款时即存在转贷目的。在特殊情况下，行为人在骗取贷款时并不存在转贷获利的目的，直到骗取贷款行为完结之后，才产生转贷获利的目的。此时高利转贷罪和骗取贷款罪不应当被认定为竞合，因为事后的转贷行为更类似一个后续处理赃物的行为，所以按照传统不可罚的事后行为，事后行为实际上会被先行的主行为吸收。这样一来，高利转贷罪实际上会被骗取贷款罪吸收。但吸收犯还是只能择一重罪进行处罚，也就是和想象竞合犯最终的处罚结果相同。

通过上述分析，我们对本案中辩护人和法院的观点均可提出相关的反驳，首先高利转贷罪和骗取贷款罪均为结果犯，但其结果要件有区别，高利转贷罪的要件为“违法所得数额较大”，骗取贷款罪的要件为“造成重大损失”。其次，高利转贷罪和骗取贷款罪之间构成想象竞合，并无法院所认为的数罪并罚的可能。最后，在特殊情况下，高利转贷罪和骗取贷款罪之间有可能构成事后行为被主行为所吸收的吸收犯关系。

十、违法发放贷款罪

◇ **违法发放贷款罪**

该罪名主要规制银行或者其他金融机构的工作人员违反国家规定发放贷款，数额巨大或者造成重大损失的行为。

（一）相关规定

《刑法》第一百八十六条【违法发放贷款罪】银行或者其他金融机构的工作人员违反国家规定发放贷款，数额巨大或者造成重大损失的，处五年以下有期徒刑或者拘役，并处一万元以上十万元以下罚金；数额特别巨大或者造成特别重大损失的，处五年以上有期徒刑，并处二万元以上二十万元以下罚金。

银行或者其他金融机构的工作人员违反国家规定，向关系人发放贷款的，依照前款的规定从重处罚。

单位犯前两款罪的，对单位判处罚金，并对其直接负责的主管人员和其他直接责任人员，依照前两款的规定处罚。

关系人的范围，依照《中华人民共和国商业银行法》和有关金融法规确定。

《商业银行法》第四十条 商业银行不得向关系人发放信用贷款；向关系人发放担保贷款的条件不得优于其他借款人同类贷款的条件。

前款所称关系人是指：

（一）商业银行的董事、监事、管理人员、信贷业务人员及其近亲属；

（二）前项所列人员投资或者担任高级管理职务的公司、企业和其他经济组织。

最高人民检察院、公安部《关于公安机关管辖的刑事案件立案追诉标准的规定（二）》第三十七条 〔违法发放贷款案（刑法第一百八十六条）〕银行或者其他金融机构及其工作人员违反国家规定发放贷款，涉嫌下列情形之一的，应予立案追诉：

（一）违法发放贷款，数额在二百万元以上的；

（二）违法发放贷款，造成直接经济损失数额在五十万元以上的。

（二）重要辩点及案例释解

1. 违法发放贷款罪中关于“发放贷款调查职责的责任范围”的认定问题

核心要点：一般工作人员的审查职责范畴具有一定限定性，即参照该金融机构内部对同类贷款的审核流程、标准，以及工作要求进行审查认定，因金融机构本身的工作流程或者制度设计存在缺陷导致审查不能的，不具有刑事违法性，不构成犯罪。

相关案例：邹某违法发放贷款案[①]

➢ **案情介绍：**

2012 年 2 月，恒某公司的法定代表人王某以采购货物为由，编制虚假的恒某公司“资产负债表”，并伪造抵押物钢材由恒某公司购买，数量 500 吨、价值 364 万元的产品购销合同及增值税专用发票等材料，通过中国某某银行股份有限公司某支行（以下简称某支行）向中国某某银行股份有限公司某某分行（以下简称某某分行）申请贷款人民币 200 万元，借款期限 6 个月。王某将该 200 万元借出后于同年 8 月 8 日还清。

此后，王某采取同样的手段，编制虚假的恒某公司“资产负债表”，并伪造抵押物镀锌钢管由恒某公司购买，数量共计 5365 吨、价值 3181 万元的产品购销合同及增值税专用发票等材料，通过某支行向某某分行申请贷款共

① 辽宁省丹东市中级人民法院（2019）辽 06 刑终 65 号。

计人民币1980万元，借款期限为6个月。后王某如期还清。

邹某作为恒某公司申请贷款的第一调查审核人，在该上述贷款的贷前审核中，违反《商业银行法》《贷款通则》等相关规定，对恒某公司提供虚假的质押物产品购销合同、增值税专用发票等相关材料及抵押物数量未进行严格审查，致使该贷款能够被顺利审批并发放。该贷款发放后，王某均采用贷新还旧的方式偿还前4笔贷款，最后一笔贷款系王某将其诈骗佟某的465.6万元赃款用于偿还该笔贷款。

2014年7月，某市公安局侦查员到某某分行将邹某传唤至某市公安局接受讯问，邹某到案后如实供述了其为王某发放贷款的事实。

➢ **法院裁判：**

一审法院判决邹某犯违法发放贷款罪，判处有期徒刑2年，缓刑3年，并处罚金人民币2万元，于判决生效后30日内缴纳。

对此，辽宁省某市人民检察院的抗诉意见是：一审判决对邹某判处的刑罚错误，适用缓刑不当。理由是：（1）邹某先后5次违法发放贷款，累计数额2180万元，罪行严重；（2）天津市规定了本罪“数额特别巨大”的标准为违法发放贷款500万元以上，虽然辽宁省尚未规定本罪“数额特别巨大”的标准，但比照天津的标准，显见原审判决的随意性和错误所在；（3）一审法院审理了与本案性质和事实完全相同的李某违法发放贷款案，李某违法发放贷款500万元，被判处有期徒刑2年，罚金2万元，邹某的罪行比李某严重，却获得了与李某相同的刑罚，并适用了缓刑，属于异罪同罚，严重破坏了法律尊严，严重违背罪刑相适应和执法同一性的司法原则；（4）邹某拒不认罪，本案中也不存在任何法定和酌定从轻的情节，不具备适用缓刑的法定条件。

二审法院认为，关于邹某涉嫌违法发放贷款的数额问题，恒某公司共向某某分行申请了5笔贷款，总额累计2180万元。其中，前4笔贷款均系采用贷新还旧的方式偿还，该种还款方式未被法律及部门规章所禁止。第五笔金额为480万元的贷款，即案涉贷款，系王某以骗取他人钱款的方式予以偿还，因有证据显示恒某公司此时已存在清偿不能的风险，此时邹某作为案涉贷款的第一调查人，仅应对该笔480万元的贷款负责。另外，因辽宁省尚未规定本罪“数额特别巨大”的标准，抗诉机关参照天津市的标准，认为本案属于“数额特别巨大”的抗诉意见并无法律依据。邹某作为银行工作人员，在向恒某公司发放贷款的过程中，虽然存在一定的瑕疵，但该瑕疵是由于银行工作流程、制度设计存在缺陷所导致，故邹某的行为本身不具有刑事违法性；而邹某主观上亦没有违法发放贷款的故意，故邹某的行为不符合违法发放贷款罪的构成要件。认定邹某的行为构成违法发放贷款罪，属于认定事实和适用法律错误，依法应予改判。某市人民检察院的抗诉意见二审法院不予采纳。经二审法院审判委员会讨论决定，判决邹某无罪。

辩点分析及案例释解

关于本案邹某发放涉案贷款的行为是否存在违法的问题，我国《刑法》规定构成违法发放贷款罪的，银行或者其他金融机构的工作人员应当违反国家规定，其中的“国家规定”则是指全国人民代表大会及其常务委员会制定的法律和决定，国务院制定的行政法规、规定的行政措施、发布的决定和命令。目前，我国涉及商业银行贷款的法律主要是《商业银行法》。

鉴于此，本案二审法院认为，其一，关于邹某是否存在违反《商业银行法》第35条第1款规定的行为，即“商业银行贷款，应当对借款人的借款用途、偿还能力、还款方式等情况进行严格审查”。事实上，邹某提交的某某银行某某分行文件《关于我行员工涉嫌违法发放贷款一案的情况说明》明确载明：邹某对质押物、票据、财务资料及其他项目的审核符合银行规定，在发放贷款中严格履行了相关职责，截至2016年6月，该行对同类贷款的审核流程、标准、工作要求均是如此。根据银行的规定，借款人恒某公司属于提供未经审计财务报表的小型企业，对此类企业财务报表的真实性，无须专业审计，而是由银行工作人员进行书面审查，并进行实地调查。王某提供的恒某公司《资产负债表》等财务资料形式合法、种类齐备，符合贷款银行的要求；邹某提交的《贷后管理谈话记录》《贷后管理检查情况表》及照片等证据，能够证实邹某与王某、股东方某进行了谈话，对恒某公司的税费情况进行了记录，对借款用途、偿还能力、还款方式等进行了调查，并将相关情况记录在卷。因此，邹某的上述行为符合法律和银行的内部规定，不具有违法性。

其二，关于邹某是否存在违反《商业银行法》第36条第1款规定的行为，即“商业银行贷款，借款人应当提供担保。商业银行应当对保证人的偿还能力，抵押物、质物的权属和价值以及实现抵押权、质权的可行性进行严格审查”。本案中，借款人恒某公司提供了《购销合同》、增值税发票等证据用以证实该公司账面上存有该批钢管。邹某作为第一调查人，应会同某某分行的第二调查人、监管公司某人员对质物进行现场勘察，对涉案质物是否账实相符进行审查。涉案质物是钢管，其重量直接影响其价值，但其重量无法通过直观方式获知，必须经过检斤称重。某某分行出具的《情况说明》证实，银行因不具有核实数量和监管的条件，特将此项业务委托给专业的监管公司。监管公司的工作人员证实，监管公司同样不具有检斤条件。由于发放贷款的专业机构和监管质物的监管公司均不具有检斤条件，确实使涉案钢管存在账不符实的风险，但该风险是由于相关工作制度、机制不完善所导致，不应归咎于邹某个人。换言之，在银行等机构不能提供检斤条件的情况下，邹某在现有工作制度、机制的框架下，对涉案质物进行核实，不具有违法性。

其三，关于邹某是否存在《商业银行法》第52条规定的违法行为，即商业银行的工作人员应当遵守法律、行政法规和其他各项业务管理的规定，不得利用职务上的便利，索取、收受贿赂或者违反国家规定收受各种名义的回扣、手续费，不得违反规定徇私向亲属、朋友发放贷款或者提供担保等。本案中，没有证据证实邹某存在利用职务上的便利，索取、收受贿赂或违反规定徇私向亲属、朋友发放贷款或者提供担保等行为。

笔者认为，判定金融机构的一般工作人员是否构成违法发放贷款罪，应当紧扣该罪的基本构成要件，坚持主客观相一致的原则，即明确该行为的本质、内容以及表现形式。对于行为人具有明知的主观故意的认定，应当具有确实、充分的证据予以证明，不能单纯因借款企业无法偿还，致使金融机构遭受直接经济损失就对违法发放贷款各个环节的参与员工予以客观归罪。因此，司法实践中，对于是否构成违法发放贷款罪，需要从两个客观维度进行判断，一是要求行为人的行为明确违反国家规定，二是该行为同样违反金融机构内部对同类贷款审核的规定和要求。

首先，关于如何认定“违反国家规定问题”。《商业银行法》第52条规定，商业银行工作人员不得有违反法律、行政法规和业务管理规定的其他行为。可见，法律对于严格审查的要求仅作原则性的规定，而并未对此细化。故认定行为人是否违反法律法规以及严格审查的标准，不应过于机械化理解，而需结合对上述原则性规定具体化的规章及各银行或其他金融机构的业务规则加以确定，即在《商业银行法》明确规定的情形下，规章、规则应视为对《商业银行法》具体化的“国家规定”。

其次，我国立法之所以对银行或其他金融机构的工作人员发放贷款的行为予以刑法规制，主要是由于该工作人员对贷款的发放具有严格的审查义务，其对借款人的审核和评价会对贷款的发放产生直接且重要的影响，同时，被赋予最基本审查义务的往往是金融机构的普通员工，包括调查人员、风控人员以及聘任、雇佣的文员，这些员工均被纳入追究刑事责任的主体范围。根据《商业银行法》以及相关规定，银行或其他金融机构的工作人员的审查职责主要围绕以下几个方面履行：其一，对借款人的身份信息进行审查，不得向商业银行的董事、监事、管理人员、信贷业务人员及其近亲属，以及其所投资或者担任高级管理职务的公司、企业进行借款；其二，对借款人的借款用途、偿还能力以及还款方式等情况进行审查，贷款期限应当根据借款人的资产情况、生产经营周期以及资金供给能力通过协商确定；其三，对抵押贷款的借款人所提供的房产、土地、车辆等抵押物、质物的权属和价值以及实现抵押权、质权的可行性进行审查；其四，对借款人的资信状况以及资产负债比例进行审查。本案中，对一般工作人员的审查职责范畴进行了具体限定，即参照该金融机构内部对同类贷款的审核流程、标准，以及工作要求进行审查认定，因金融机构本身的工作流程或者制度设计存在缺陷导致审查不能的，不具有刑事违法性，不构成犯罪。本案二审法院的判决结果充分体现了宽严相济的刑事司法政策精神，最大限度地实现了司法公正以及保障人权的制度要求。

需要注意的是，若有证据证实，金融机构的工作人员与借款人存在特殊关系，并形成意思联络，主观上明知借款人不具备贷款条件，客观上拒不履行严格的审查职责，并对借款企业的生产经营能力、抵押情况及公司财务状况向金融机构作出虚假陈述、制作虚假报告、提供虚假材料，或者明知借款人提供的是虚假材料，仍然帮助借款人通过审核获取贷款，由于双方具有共同的犯罪故意，因而该金融机构工作人员既构成违法发放贷款罪，同时构成骗取贷款罪的共犯，一般按照想象竞合犯从一重罪处罚。

此外，本案中，关于邹某构成违法发放贷款罪的证据是否确实、充分的问题，在一审过程中，抗诉机关提交了证人王某的证言等证据，用以证明邹某在质押物审查、财务资料审查及借款企业实际经营状况三个环节未尽严格审查义务，构成违法发放贷款罪。对此，二审法院认为：

其一，关于对质押物的审查方面的证据。本案中，原审采信的同一证人的不同证词之间、不同证人的证言之间、各证人证言与各书面证据之间，对某某分行与恒某公司签订商品融资合同时，质物的数量是否足值及邹某是否对质物进行现场核实等基本事实的叙述不一致，细节上也不能相互印证。

其二，关于对相关财务资料及票据真实性审查方面的证据。本案中，王某为取得贷款而提供的书面材料虽系伪造，但却具有形式上的真实性，邹某提交的贷后管理谈话记录、照片、《关于我行员工涉嫌违法发放贷款一案的情况说明》等证据证实邹某对上述材料进行了审查，并根据辽宁某行［2012］97 号文件的要求，对贷款所涉及的增值税发票进行网上查验。此外，一审判决认定涉案部分发票存在“84 位密码区密码相同”的问题，但无证据证实该密码区密码是核实发票真伪的法定要件或核实该 84 位密码是邹某的法定职责。

其三，关于对借款企业实际经营状况审查方面的证据。邹某提供贷后管理谈话记录 2 份、贷后管理检查情况表 2 份、照片等拟证明其对恒某公司生产、纳税、用电等生产经营情况进行了调查。该组证据均加盖了某某分行的公章和某某分行综合档案室的印章，抗诉机关虽在庭审中对上述证据的真实性持异议，但未启动调查程序予以核实。

综上，抗诉机关既未提交邹某主观方面具有犯罪故意的证据，从本案其他客观证据也无法推知邹某存在相应的犯罪故意。综合全案证据，抗诉机关指控及原审认定邹某构成违法发放贷款罪证据不足。

由此可见，本案二审法院对邹某是否构成违法发放贷款罪的判断，皆是在案被告人供述、证人证言，以及书证、物证、鉴定意见等证据的基础上进行的分析论证。由于不同的证人证言之间、证人证言与书面证据之间存在矛盾，与邹某本人的供述也不能相印证，不能因此证明邹某对质押物价值不足一事是明知的，且邹某提交的《贷后管理谈话记录》《贷后管理检查情况表》能够证实，其对借款企业的实际经营情况进行了审查，从而推翻了公诉机关指控邹某主观方面具有犯罪故意的逻辑，认定其指控无事实依据以及证据支持。笔者认为，刑事辩护律师在案件的每一个阶段中，细细研读卷宗材料、对证据材料进行梳理与剖析是辩护工作的重中之重。要善于运用证据规则，将证明犯罪嫌疑人、被告人有罪以及无罪的证据进行分类，通过横向和纵向的对比，分析证据与证据之间是否达到相应的证明标准，并提出准确、详尽的法律意见，从而争取当事人得到公正的处理。

2. 违法发放贷款罪中关于单位犯罪的认定问题

核心要点：只有受单位整体意志支配且能够体现单位意志的违法发放贷款行为，可以认定为单位犯罪，其他情况一般均不认为是单位犯罪行为。

相关案例：云某信用联社、毛某、廖某违法发放贷款案[①]

➢ **案情介绍：**

被告单位云某信用联社是1999年成立的从事金融服务的集体所有制法人单位。云某信用联社《信贷管理办法》及其他有关制度明确规定，200万元以上的贷款先由云某信用联社营业部进行调查并签署意见后报云某信用联社贷款审批领导小组，云某信用联社贷款审批领导小组审查同意后报其上级某市信用联社审批，某市信用联社审查同意并依法办理贷款担保手续后才可放贷。

2005年4月，某综合码头经理张某以该码头设备抵押向云某信用联社申

① 湖南省岳阳市中级人民法院（2006）岳中刑二终字第68号。

请贷款800万元，云某信用联社调查、审查同意后报某市信用联社，后因某市信用联社不同意发放此笔贷款而未放贷。同年7月，张某向云某信用联社法定代表人毛某提出要求贷款600万元，毛某同意后，张某未办理担保手续，通过云某信用联社经理廖某贷款600万元，约定同月26日到期，廖某在借据上签字同意贷款600万元。同月，张某又以同样的方式先后找毛某、廖某要求贷款220万元，廖某与毛某联系后，未办理担保手续即给张某贷款220万元，约定同月27日到期。贷款到期，张某没有还贷。

与此同时，张某于2005年7月在某区信用联社贷款共计5000万元，到期无法还款。同月，某区信用联社负责人请求毛某为张某贷款5000万元周转一下，并保证于8月还款。毛某同意为张某贷款5000万元，但要求某区信用联社打回800万元还张某7月在云某信用联社的贷款。谈妥后，云某信用联社向某综合码头贷款5000万元汇付到某区信用联社账上还张某在该社的贷款。某区信用联社在借据上盖章担保，并从5000万元贷款中划出800万元到云某信用联社营业部账上还张某的贷款。张某另还清了剩余的20万元本金和利息。至此，张某7月在云某信用联社的820万元贷款还清。

2005年8月，某区信用联社将4200万元打回云某信用联社营业部的账上，还了张某于同年7月以某码头名义贷款5000万元中的一部分，某码头尚欠云某信用联社贷款本金800万元。为了填补差额，经毛某、廖某同意，张某未办理担保手续，以某码头名义立据再贷款800万元，约定8月到期，用于还清上述贷款。同月，张某再次找到毛某，要求以某码头的名义再办临时贷款400万元。毛某同意后，没有办理担保手续，廖某即向张某发放贷款400万元，约定8月到期。张某将此款转至某区信用联社归还了在该社的贷款。

案发后，云某信用联社通过民事诉讼和其他手段，追回贷款本金3,738,610.51元，某码头尚欠云某信用联社贷款本金8,261,389.49元。

➤ **法院裁判：**

一审法院认为，毛某、廖某身为金融机构的工作人员，违反《贷款通则》及《商业银行法》的有关规定，越级向关系人以外的人发放贷款，且造成了特别重大损失，其行为已构成违法发放贷款罪；毛某、廖某的行为是以被告单位云某信用联社的名义实施，非法所得的利息亦归该单位所有，故被告单位云某信用联社亦构成违法发放贷款罪。毛某、廖某有自首情节，且认罪态度较好；在共同犯罪中起次要作用，对毛某、廖某可依法减轻处罚。根据毛某、廖某的犯罪情节和悔罪表现，适用缓刑不致再危害社会，可宣告缓刑。最终以违法发放贷款罪，判处被告单位云某信用联社罚金人民币 15 万元；判处毛某有期徒刑 3 年，缓刑 5 年，并处罚金人民币 5 万元；判处廖某有期徒刑 2 年，缓刑 3 年，并处罚金人民币 4 万元。

二审法院认为，在共同犯罪过程中，毛某擅自违法决定发放贷款，对本案的发生起了主要作用，是主犯；廖某盲目听从毛某的指示，明知违规而发放贷款，起了次要作用，是从犯。毛某、廖某在司法机关对其采取强制措施前已向某市信用联社和云某区纪委交代了本案的有关事实，属自首，对毛某、廖某可以减轻处罚。根据毛某、廖某的犯罪情节和悔罪表现，适用缓刑不致再危害社会，可宣告缓刑。毛某、廖某违规发放贷款是个人行为，不是云某信用联社意志的体现；云某信用联社从毛某、廖某违规发放的贷款中收取利息，并不违法，不是云某信用联社实施犯罪而攫取的非法利益。判决：维持一审法院对毛某、廖某的判决；撤销一审法院对云某信用联社的判决，判决云某信用联社无罪。

辩点分析及案例释解

我国《刑法》第 30 条规定，公司、企业、事业单位、机关、团体实施的危害社会的行为，法律规定为单位犯罪的，应当负刑事责任。同时第 31 条规定，单位犯罪的，对单位判处罚金，并对其直接负责的主管人员和其他直接责任人员判处刑罚。上述规定体现的我国对单位犯罪的处罚原则为：既处罚单位本身，同时亦对单位犯罪行为负责直接责任的自然人科处刑罚。结合我国《刑罚》分则的相关具体规定来看，在刑事司法实践中追究单位犯罪刑事责任的方式有单罚制和双罚制两种。其中，双罚制容易理解，而单罚制系指虽然是单位实施的犯罪，但仅追究对单位犯罪负有直接责任的相关人员。在我们传统的印象中，无可回避的是，无论是单罚制抑或双罚制，单位并不必然承担刑事责任，但其直接责任人员一般都要承担刑事责任。

具体到本案，二审法院认为，毛某、廖某身为金融机构的负责人员，滥用职权，在借款人没有提供担保并依法审查的情况下，违反《商业银行法》和有关规定，多次向关系人以外的人发放贷款，造成了特别重大损失，其行为构成违法发放贷款罪；毛某、廖某是以云某信用联社的名义实施的，违法发放的贷款所得利息是云某信用联社占有了，但云某信用联社发放200万元以上贷款须经该社贷款审批领导小组审批同意并报其上级某市信用联社批准后再依法办理相关手续予以发放，毛某、廖某不能以负责人身份直接决定发放200万元以上贷款，故毛某、廖某滥用职权决定发放200万元以上贷款并不是云某信用联社单位意志的体现，云某信用联社对毛某、廖某的个人行为不承担刑事责任，即云某信用联社不构成单位犯罪。

结合本案，笔者认为，判断单位是否犯罪，主要应当从三个方面分析，其一，单位是否是真实、依法成立，若行为人成立公司是为进行违法犯罪活动而设立，或是公司设立后，以实施犯罪活动为主要目的的，一般不以单位犯罪论处。其二，是否由单位集体决策，属于单位整体意志支配下的行为，且能够体现单位意志。所谓单位意志，最高人民法院《全国法院审理金融犯罪案件工作座谈会纪要》明确规定："根据刑法和最高人民法院《关于审理单位犯罪案件具体应用法律有关问题的解释》的规定，以单位名义实施犯罪，违法所得归单位所有的，是单位犯罪。以单位名义实施犯罪，是指单位的决策机构按照单位决策程序决定实施危害社会的行为，是单位意志的体现。"具体而言，单位意志的体现主要有两种表现形式：一是根据单位的规章管理制度，经有权作出单位行为的决策部门决定实施。二是由单位的主管人员决定实施。司法实践中，法定代表人、董事、监事、高级管理人员未经单位规定的法定程序而个人擅自决策，一般不认为是单位犯罪行为。其三，是否为单位谋取利益，即行为人的非法所得是由其个人占有还是归属于单位，若单位所得本身属于合法收入，或者违法所得未归单位所有，基于责任自负的原则，一般认为单位不负刑事责任。

由于《刑法》中并未对单位犯罪中个人承担刑事责任的具体内涵作出明确规定，以"直接负责的主管人员"为例，在刑事司法实务中通常认为单位的法定代表人、实际控制人、负责人、董事、部门主管，也即我们认识中的“高管”，即为“直接负责主管人员”。然而，高管就必须为单位犯罪承担刑事责任吗？对此，不能仅作呆板片面的认定，笔者认为，在单位犯罪中，即便是身居要职的高管，亦需根据其主观意志、客观行为具体判定是否应承担刑事责任。下面笔者以假定下列4种具体情形和条件为例，进一步深究单位犯罪可能出现的几种情况。

其一，由实际控制人决定、授意实施的单位行为构成单位犯罪，高管是否应承担刑事责任？我国民营企业公司目前的管理现状是公司的实际控制人往往掌控经营决策权，其绕过公司内部决策机构直接向基层员工下达指令的现象也屡见不鲜，实践中该情况也多被认定为单位犯罪。在此情形下，对于经公司实际控制人单独决定实施的单位犯罪行为，判断高管是否需要承担刑事责任，应重点考察其主观是否存在明知以及事后是否进行追认。假设某高管事前对公司实际控制人的决策不知情，但事后明确提出反对，或者事前、事中知情但明确提出反对，即便公司仍在实际控制人的决策、授意下实施了犯罪行为，该高管就不存在推动公司实施犯罪行为的主观意志和客观行为，不应当为此单位犯罪承担刑事责任。

其二，由单位内部决策机构决定、同意实施的单位行为构成单位犯罪，决策机构的成员是否应承担刑事责任？根据上文的分析，单位所采取的决策行动是其内部成员集体意志的体现，单位所实施的犯罪行为亦然，但该集体意志并不代表单位内所有成员的意志。以公司董事会决定、同意实施的单位行为为例，董事会对某一事项表决通常只需获半数以上或2/3以上成员同意即可通过。假设某董事会成员在表决时明确提出反对，但该事项最终仍因多数同意而通过，即便公司因此构成单位犯罪，该董事会成员也不应为此承担刑事责任。

其三，单位开展的某项业务构成犯罪，负责其他业务的高管是否应承担刑事责任？在单位组织机构日益庞大、业务多线开展、分工逐渐明晰的时代背景下，单位常会为其经营的不同业务分别配备相应的负责人。假设某公司所开展的A业务构成犯罪，而某高管为B业务的负责人，在日常工作中与A业务没有任何交集，因此，一般情况下，负责其他业务的高管无须为该单位犯罪承担刑事责任。

其四，单位犯罪，挂名法定代表人是否应承担刑事责任？挂名法定代表人，顾名思义即公司名义上的法定代表人。我国《刑法》将单位犯罪中直接负责的主管人员一般认定为在单位实施的犯罪中起决定、批准、授意、纵容、指挥等作用的人员，其中就包括单位的主管负责人，包括法定代表人。现实中，挂名法定代表人的情况十分常见，往往因其与公司实际控制人存在亲属血缘关系而担任公司的法定代表人。即便是挂名法定代表人，也存在为单位犯罪承担刑事责任的情形，具有较高的刑事法律风险。根据我国《刑法》的相关规定，未参加策划、组织、实施单位犯罪行为的单位法定代表人，不能因单位犯罪而被追究刑事责任。即该挂名法定代表人应当证明，无论从其涉案的地位作用抑或是其主观恶性、客观行为等方面，均能够有证据证明其没有实际参与公司的经营管理，未下达指令致使公司实施犯罪行为的情况下，挂名法定代表人才与单位的犯罪行为无关联，不能将其简单地认定为参与组织、策划非法集资行为的“直接责任人员”，其不承担单位犯罪的刑事责任。

十一、

伪造、变造金融票证罪

◇ **伪造、变造金融票证罪**

该罪名主要规制行为人伪造、变造汇票、本票、支票，伪造、变造委托收款凭证、汇款凭证、银行存单等其他银行结算凭证，伪造、变造信用证或者附随的单据、文件或者伪造信用卡的犯罪行为。

（一）相关规定

《刑法》第一百七十七条【伪造、变造金融票证罪】 有下列情形之一，伪造、变造金融票证的，处五年以下有期徒刑或者拘役，并处或者单处二万元以上二十万元以下罚金；情节严重的，处五年以上十年以下有期徒刑，并处五万元以上五十万元以下罚金；情节特别严重的，处十年以上有期徒刑或者无期徒刑，并处五万元以上五十万元以下罚金或者没收财产：

（一）伪造、变造汇票、本票、支票的；

（二）伪造、变造委托收款凭证、汇款凭证、银行存单等其他银行结算凭证的；

（三）伪造、变造信用证或者附随的单据、文件的；

（四）伪造信用卡的。

单位犯前款罪的，对单位判处罚金，并对其直接负责的主管人员和其他直接责任人员，依照前款的规定处罚。

最高人民检察院、公安部《关于公安机关管辖的刑事案件立案追诉标准的规定（二）》第二十四条 〔伪造、变造金融票证案（刑法第一百七十七条）〕伪造、变造金融票证，涉嫌下列情形之一的，应予立案追诉：

（一）伪造、变造汇票、本票、支票，或者伪造、变造委托收款凭证、汇款凭证、银行存单等其他银行结算凭证，或者伪造、变造信用证或者附随的单据、文件，总面额在一万元以上或者数量在十张以上的；

（二）伪造信用卡一张以上，或者伪造空白信用卡十张以上的。

最高人民法院、最高人民检察院《关于办理妨害信用卡管理刑事案件具体应用法律若干问题的解释》第一条 复制他人信用卡、将他人信用卡信息资料写入磁条介质、芯片或者以其他方法伪造信用卡一张以上的，应当认定为刑法第一百七十七条第一款第四项规定的“伪造信用卡”，以伪造金融票证罪定罪处罚。

伪造空白信用卡十张以上的，应当认定为刑法第一百七十七条第一款第四项规定的“伪造信用卡”，以伪造金融票证罪定罪处罚。

伪造信用卡，有下列情形之一的，应当认定为刑法第一百七十七条规定的“情节严重”：

（一）伪造信用卡五张以上不满二十五张的；

（二）伪造的信用卡内存款余额、透支额度单独或者合计数额在二十万元以上不满一百万元的；

（三）伪造空白信用卡五十张以上不满二百五十张的；

（四）其他情节严重的情形。

伪造信用卡，有下列情形之一的，应当认定为刑法第一百七十七条规定的“情节特别严重”：

（一）伪造信用卡二十五张以上的；

（二）伪造的信用卡内存款余额、透支额度单独或者合计数额在一百万元以上的；

（三）伪造空白信用卡二百五十张以上的；

（四）其他情节特别严重的情形。

本条所称“信用卡内存款余额、透支额度”，以信用卡被伪造后发卡行记录的最高存款余额、可透支额度计算。

（二）重要辩点及案例释解

1. 伪造、变造金融票证罪中关于“伪造信用卡”的认定问题

核心要点：伪造不具备信用卡信息及功能的卡片，不应当认定为伪造“信用卡”，在实际辩护中应当采取上述思路进行无罪辩护。

相关案例：沈某、周某伪造、变造金融票证案[1]

➢ **案情介绍：**

2017年3月起，沈某、周某、张某、吴某等人合作成一个小团队盗刷他人信用卡，其中沈某负责出资，租用场地，购买工具，周某负责联系持有他人信用卡信息的“料主”，联系有POS机可以盗刷的“出料人”，后又介绍张某加入团队，张某负责写卡及从网上购买他人的信用卡信息，吴某是沈某的助手，负责帮助沈某和张某买“料”，刷卡试验及找“出料人”。

2017年4月，张某通过“小不点”（信息不详）买来他人的信用卡信息，操作复制了两张伪造的银行卡交给周某，周某与沈某联系找到杨某提供的POS机进行刷卡套现，分别成功盗刷人民币4645元、4580元。同月，民警在某酒店房间内将沈某、周某抓获，随后又在沈某等人租住的出租屋内查获手机2部、银行卡4张、记账本1本；从吴某处查获手机2部、笔记本电脑1台、他人身份证2张、读卡器2台、POS机1台、空白银行卡9张、其他各类银行卡共计16张以及快递单据等；从张某处查获手机2部、笔记本电脑4台、POS机3台、他人身份证3张、空白银行卡200张、其他各类银行卡29张及读卡器等作案工具。而后，公安机关根据沈某提供的线索抓获张某、吴某。2017年9月，沈某、吴某的家属向深圳市某区人民检察院退赃人民币9225元。

---

① 广东省深圳市中级人民法院（2019）粤03刑终1384号。

➢ **法院裁判：**

一审法院认为，沈某、周某、张某、吴某无视国家法律，结伙伪造金融票证，通过将他人的信用卡信息资料写入磁条介质伪造信用卡25张以上，情节特别严重，依法应予以惩罚。沈某等4人通过伪造金融票证以实施信用卡诈骗，其行为同时符合信用卡诈骗罪、伪造金融票证罪，应认定为刑罚较重的伪造金融票证罪。关于量刑情节。第一，周某因主动向沈某提出通过伪造、盗刷银行卡赚钱来还款，在共同犯罪中起重要作用。第二，结合前述认定，沈某等4人的伪造金融票证行为已实际完成，属于犯罪既遂。第三，沈某、吴某的家属已代为退赃，量刑时酌情从轻处罚。沈某归案后协助公安机关抓捕同案犯张某、吴某，系立功，依法可以从轻或减轻处罚，综合全案对其减轻处罚。吴某在共同犯罪中起次要作用，依法应从轻、减轻处罚，综合全案对其减轻处罚。一审法院判决：（1）周某犯伪造金融票证罪，判处有期徒刑10年，并处罚金人民币10万元。（2）张某犯伪造金融票证罪，判处有期徒刑10年，并处罚金人民币10万元。（3）沈某犯伪造金融票证罪，判处有期徒刑8年，并处罚金人民币6万元。（4）吴某犯伪造金融票证罪，判处有期徒刑6年，并处罚金人民币2万元。

二审法院认为，沈某、周某、张某、吴某使用伪造的信用卡，进行信用卡诈骗活动，数额较大，其行为均构成信用卡诈骗罪，依法应予刑罚处罚。其中，沈某、周某、张某在共同犯罪中起主要作用，系主犯，应当按其参与或组织指挥的全部犯罪进行处罚。吴某系从犯且积极退赃，可以从轻处罚。沈某有立功情节并积极退赃，可以从轻处罚。二审法院判决：（1）周某犯信用卡诈骗罪，判处有期徒刑3年6个月，并处罚金人民币3万元。（2）张某犯信用卡诈骗罪，判处有期徒刑3年6个月，并处罚金人民币3万元。（3）沈某犯信用卡诈骗罪，判处有期徒刑3年，并处罚金人民币2万元。（4）吴某犯信用卡诈骗罪，判处有期徒刑2年6个月，并处罚金人民币1万元。

辩点分析及案例释解

从刑法的体例安排中可以看出，伪造、变造金融票证罪所保护的法益是国家关于金融管理的制度，故而其所侵犯的客体是金融管理秩序。事实上，我国刑法对于该罪名法定刑的量刑规制并不轻纵，情节特别严重的，可处10年以上有期徒刑或无期徒刑。究其原因，笔者认为，系因该罪所侵犯的客体不仅包括金融管理秩序，而且其本质和核心是因为侵犯了以信用为基础的金融交易秩序。

鉴于此，司法实践中关于伪造、变造金融票证罪认定标准的把握，不只局限于是否确实存在伪造、变造的行为，还需要衡量金融票证本身是否具有实际的可交易性及可操作性。具体到伪造信用卡上，则其伪造的卡片具有实际意义上有效的信用卡信息及功能。那么，如何鉴别"信用卡"，则是在具体案件中分析罪与非罪，区分此罪与彼罪的要点之一。

2004年全国人大常委会《关于〈中华人民共和国刑法〉有关信用卡规定的解释》，根据实践中遇到的情况，讨论了《刑法》规定的"信用卡"的含义问题，进一步扩大并统一了刑法意义上"信用卡"的范围认定，即刑法所规定的"信用卡"，是指由商业银行或者其他金融机构发行的具有消费支付、信用贷款、转账结算、存取现金等全部功能或者部分功能的电子支付卡。最高人民法院、最高人民检察院《关于办理妨害信用卡管理刑事案件具体应用法律若干问题的解释》规定，将他人信用卡信息资料写入磁条介质、芯片的，构成伪造金融票证罪。因而，从使用功能上看，所伪造的卡片至少需要具备消费支付、信用贷款等全部或部分功能；从信息格式上看，所伪造的卡片应当具备与卡面标识一致，且完整有效的二磁道介质信息，从而确保能够进行有效的交易行为。当然，伪造信用卡并不要求行为人在物理层面必须制造出可以使用的实体卡，在未搜查、扣押实体信用卡的情况下，若有证据证实行为人实际上已经具备了涉信用卡功能的磁道信息，可用来制卡进行交易，即其行为的社会危害性已经发生，构成伪造金融票证罪且犯罪既遂。

此外，2004年《关于〈中华人民共和国刑法〉有关信用卡规定的解释》所规定"信用卡"的含义看似将仅具有消费支付、存取现金功能的借记卡纳入其外延当中；2011年《商业银行信用卡业务监督管理办法》同时规定，信用卡是指记录持卡人账户相关信息，具备银行授信额度和透支功能，并为持卡人提供相关银行服务的各类介质。根据中国人民银行《银行卡业务管理办法》之规定，银行卡包括信用卡和借记卡，两者虽然在功能上互有交叉，但存在本质和功能性的差别，即信用卡是贷记卡，具有透支功能，发卡银行给予持卡人一定的信用额度，持卡人可在信用额度内先消费、后还款，因而对持卡人使用信用卡，发卡银行可能需要承担一定的风险；借记卡则不具有透支功能，持卡人使用借记卡一般情况下不会给发卡银行带来风险。因此，从立法目的及刑法用语的含义范围来看，信用卡与借记卡应当作出区分，伪造借记卡的行为不应做扩张解释而完全与伪造具有消费透支功能的信用卡相等价，而要从非法获取他人的磁道信息数量及功能等要素进行判别，遵循立法精神，优化法律的解释及运用，从规范意义上限缩“信用卡”的适用范围及判断标准的散发边际，防止调整对象的过度化。

具体到本案，二审法院认为，信用卡是指由商业银行或者其他金融机构发行的具有消费支付、信用贷款、转账结算、存取现金等全部功能或者部分功能的电子支付卡。本案鉴定意见显示，公安机关委托验证的 217 张涉案卡片，其中 42 张存在磁条数据。但鉴定机构对磁条数据的内容并未作出说明，存在磁条数据的卡片，是否具备信用卡的全部或部分功能，从鉴定意见中得不出结论。信用卡为贷记卡，涉案卡片中的磁条数据是贷记卡的磁条数据还是借记卡或其他类型卡的磁条数据，也无法从现有鉴定意见中得出结论。因此，一审法院将涉案 42 张存在磁条数据的卡片全部认定为信用卡依据不足，不能排除合理怀疑，达不到确实充分的证明标准。本案中，两张经沈某等人使用并实际诈骗到财物的卡片，应当认定为信用卡。另外，本案沈某等人的犯罪目的是使用伪造的信用卡诈骗他人财物，虽然其行为同时触犯了刑罚较重的罪名，但根据罪刑相适应原则和主客观相统一原则，综合考虑其犯罪目的、犯罪行为、危害结果和行为的危险性等多因素，为罚当其罪，本案宜按信用卡诈骗定罪量刑。

2. 伪造金融票证罪中关于牵连犯的认定问题

> 核心要点：对行为人所涉及的伪造金融票证罪和妨害信用卡管理罪两个罪名，根据牵连犯的一般处罚原则，应当从一重罪处罚。

相关案例：夏某伪造、变造金融票证案①

➢ **案情介绍：**

2016年1月起，夏某在上海市某区租借房屋，通过境外网站购买足以制造VISA银行卡信息33条和MASTERCARD银行卡信息99条。夏某利用上述信息让他人伪造信用卡至少41张。2016年9月，夏某持上述伪造的信用卡在A银行、B银行ATM上取现共计人民币101,800元。同月，夏某在上海市某区被公安机关抓获，侦查人员在其住处查获伪造的信用卡19张。

➢ **法院裁判：**

一审法院认为，夏某提供银行卡信息让他人伪造信用卡并使用取款，情节特别严重；明知是伪造的信用卡而持有，且数量巨大，其行为分别构成伪造金融票证罪和妨害信用卡管理罪。对于妨害信用卡管理罪的事实，夏某到案后能够如实供述，系坦白，依法从轻处罚。据此，对夏某犯伪造金融票证罪，判处有期徒刑10年6个月，剥夺政治权利1年，罚金人民币5万元；犯妨害信用卡管理罪，判处有期徒刑3年3个月，罚金人民币2万元；决定执行有期徒刑11年，剥夺政治权利1年，罚金人民币7万元；扣押在案的物品依法予以没收，尚未退出的违法所得应予继续追缴或责令退赔。

二审期间，夏某的家属代为退赔赃款101,800元。关于夏某的行为是否构成伪造金融票证罪的问题，二审法院认为，夏某的供述证实，其因做生意亏钱、赌博输钱，经朋友介绍，通过互联网结识了一批专门从事克隆制作境外银行卡的网友。2016年1月来上海后，夏某通过网友介绍在互联网上购买了克隆制作银行卡的程序、仪器等，并在互联网上通过视频学习了克隆制作银行卡的技术；之后，通过境外网站、网友购买境外银行卡的卡号、密码等资料信息，又另行购买他人废弃的银行卡旧卡，在上海市某区等暂住处制作克隆卡，最后，利用这些伪造的银行卡到暂住地附近的A银行、B银行等ATM上取款，所得款项被用于购买信用卡信息、个人消费等。司法鉴定检验报告、信用卡资料信息查验函均证实，在夏某处扣押的电脑内130余条涉信

① 上海市第一中级人民法院（2017）沪01刑终1863号。

用卡磁道信息均可用来制卡进行消费或取现，2016 年 9 月，夏某持 40 余张伪造的信用卡在 A 银行、B 银行的 ATM 取款 10 万余元。因此，现有证据相互印证，足以证实夏某购买信用卡信息后伪造信用卡 40 余张，并使用伪造的信用卡取现，其行为已构成伪造金融票证罪。一审法院认定夏某持有伪造信用卡的行为构成妨害信用卡管理罪，并据此对其数罪并罚不当，应予纠正。判决夏某犯伪造金融票证罪，判处有期徒刑 10 年 6 个月，剥夺政治权利 1 年，罚金人民币 5 万元。

辩点分析及案例释解

牵连犯一般是指犯罪的手段或结果行为，与目的行为或原因行为分别触犯数个不同罪名的犯罪状态。即在犯罪行为可分为手段行为与目的行为时，如手段行为与目的行为分别触犯不同罪名，便成立牵连犯；在犯罪行为可分为原因行为与结果行为时，若原因行为与结果行为分别触犯不同罪名，便成立牵连犯。牵连犯一般具有三个基本特征：其一，牵连犯必须有两个以上的危害行为，且其手段行为或结果行为又触犯了其他罪名，若行为人只实施了一个危害行为，该行为无法形成牵连关系，则不为牵连犯；其二，牵连犯的数个危害行为之间必须存在手段与目的，或是原因与结果的牵连关系；其三，牵连犯的数个危害行为所触犯的罪名不同，且不同罪名之间存在类型化的关联。同时，牵连关系的形成还要求行为人在实施数个危害行为时明确形成一个整体性、支配性的犯罪意图，这就要求认定牵连犯应当坚持主客观相一致原则，综合考虑行为人的主观心态与客观因素，既要求牵连意图，又要求实施的各个行为之间内在的因果联系。① 目前，我国《刑法》没有明文规定牵连犯的处罚原则，刑法理论上一般认为，对牵连犯应当从一重罪处罚，需要注意的是，牵连犯属于科刑的一罪，若《刑法》分则明文规定实行数罪并罚的情形，则应当排除在牵连犯之外。

根据上述分析，在夏某伪造金融票证罪一案中，关于夏某的行为是否构成妨害信用卡管理罪的问题，二审法院认为，其本质是看本案是否符合牵连犯的情形及如何处罚。本案中，夏某通过互联网购买信用卡信息，又伪造信

---

① 参见张明楷：《刑法学》（第 5 版），法律出版社 2016 年版，第 490、491 页。

用卡后使用，夏某先后实施了购买信用卡信息，伪造信用卡，持有伪造的信用卡、使用伪造的信用卡等行为，一审法院因此认定夏某的行为触犯了伪造金融票证罪和妨害信用卡管理罪两个罪名。但二审法院认为，从夏某的行为分析，使用伪造的信用卡是目的行为，购买信用卡信息、伪造信用卡、持有伪造的信用卡是手段行为，具有牵连关系，故本案符合牵连犯的情形。根据牵连犯的一般处罚原则，应当从一重罪处罚。本案中，所涉及的伪造金融票证罪和妨害信用卡管理罪两个罪名，应当以夏某行为所触犯的较重罪名，即伪造金融票证罪予以处罚。

笔者认为，首先，从法益侵害性来看，伪造金融票证罪与妨害信用卡管理罪均规定在《刑法》第三章第四节破坏金融管理秩序罪中，即同类法益相同，不需要进行重复评价；其次，从《刑法》条文之间的关系来看，伪造、变造金融票证罪规定在《刑法》第 177 条，而妨害信用卡管理罪规定在《刑法》第 177 条之一，由此可见立法者已经明确，二罪名在客观要件之间本身存在一定的关联关系；再次，非法购买信用卡信息是以伪造、变造金融票证为目的，而伪造、变造金融票证亦是以持有、运输、使用为目的，故而可以认定，事实上数个危害行为有其统一的犯罪意图和目的，前一行为往往是后一行为的必经阶段，且主客观相一致；最后，我国《刑法》对伪造、变造金融票证罪的法定刑规定得较为严厉，故根据案件具体情况而酌情从一重罪处罚，更有利于恪守刑法的谦抑性，充分保障罪责刑相适应原则的实现。

十二、非法吸收公众存款罪

◇ **非法吸收公众存款罪**

构成该罪需要同时满足非法性、社会性、公开性、利诱性。

（一）相关规定

《刑法》第一百七十六条【非法吸收公众存款罪】 非法吸收公众存款或者变相吸收公众存款，扰乱金融秩序的，处三年以下有期徒刑或者拘役，并处或者单处罚金；数额巨大或者有其他严重情节的，处三年以上十年以下有期徒刑，并处罚金；数额特别巨大或者有其他特别严重情节的，处十年以上有期徒刑，并处罚金。

单位犯前款罪的，对单位判处罚金，并对其直接负责的主管人员和其他直接责任人员，依照前款的规定处罚。

有前两款行为，在提起公诉前积极退赃退赔，减少损害结果发生的，可以从轻或者减轻处罚。

（二）重要辩点及案例释解

1. 日趋严格的金融监管对非法吸收公众存款罪在罪名体系中地位的影响

核心要点：随着时代的发展和进步，非法吸收公众存款罪在罪名体系中的地位有了显著的发展和变化，同时金融监管逐渐严格。行为人主观上是否具有非法占有他人财物的目的、在客观上是否向不特定的个人借款、借款用途如何、是否存在扰乱国家金融秩序的行为，均为在此罪初期常见的辩护要点；这些辩护要点也对当前背景下此罪的辩护有深远影响。

相关案例：黄某被控非法吸收公众存款宣告无罪案[①]

➢ 案情介绍：

北京某包装制品公司系1994年注册成立的股份合作制企业，黄某先后担任该公司总经理和法定代表人。1995年4月至1996年年底，为解决该公司经营资金紧张的问题，黄某决定采用承诺支付高额年息的方式，在陈某家中等地由其本人直接非法吸收北京某园林服务咨询公司经营部等单位及宋某、陈某等人的资金，或者通过陈某向马某、孙某等31人非法吸收现金，共计人民币216.7万元。后因该公司经营不善连续亏损及未能及时收回货款，致使113.7万元资金无法返还。

陈某于1998年3月13日以黄某诈骗其人民币133.8万元为由向公安机关报案，公安机关于同年4月14日将黄某抓获，5月22日对其取保候审。1998年10月13日北京市东城区人民检察院批准以涉嫌非法吸收公众存款罪对黄某决定逮捕，但黄某一直在逃，2004年12月24日在哈尔滨市松花江监狱服刑的黄某被解回北京市公安局东城分局。2005年，北京市东城区人民检察院以非法吸收公众存款罪对黄某提起公诉，同时提出，此案为单位犯罪，因华帝凯公司已注销，故只追究直接责任人黄某的刑事责任。

北京市东城区人民法院经公开审理查明，北京某包装制品有限公司成立于1994年3月，该公司法定代表人为张某，被告人黄某为总经理。1996年3月，该公司法定代表人变更为黄某。1995年4月至1996年年底，黄某以支付2%至5%月息的方法，向陈某及经陈某介绍向北京某园林服务咨询公司、郝某等借款，共计人民币163.8万元，用于生产经营。在此期间，陈某帮助黄某以自己名义向其同事、朋友、邻居、亲属等人借款，并允诺可支付高额利息。黄某因经营不善不能及时收回货款，致使大部分资金无法返还。

案件审理过程中，黄某的辩护人提出以下辩护意见：（1）黄某在主观上不具有非法占有他人财物的目的，其行为属于一般借贷行为，只能按债务纠纷处理，不能以犯罪论处；（2）在客观上，黄某没有向不特定的个人借款，

---

① 北京市第二中级人民法院（2007）二中刑终字第1677号。

不符合非法吸收公众存款罪的特征；（3）黄某借款均用于生产经营，且所约定的借款利息没有显著超出同期银行利率；（4）在客观方面，不存在扰乱国家金融秩序的行为。民间借贷关系法律是允许的，只是利率超过国家规定的限度后，对这种借贷关系法律不予保护。本案出借人在出借款项时就具有风险意识，没有给社会造成不良影响。

➢ **法院裁判：**

北京市东城区人民法院根据案件事实和在案证据认为，被告人黄某仅直接向陈某、郝某、北京某园林服务咨询公司等少数个人和单位借款，借款对象均与其具有相对特定的关系；且所借款项亦大部分用于生产经营，故黄某的行为不具备非法吸收公众存款罪的特征。北京市东城区人民检察院指控黄某犯非法吸收公众存款罪不能成立。黄某及其辩护人辩护意见中的合理部分，予以采纳。

2007 年 6 月，北京市东城区人民法院依照相关法律、法规的规定，判决被告人黄某无罪。一审宣判后，原公诉机关北京市东城区人民检察院以原判认定的事实有误，适用法律不当为由提出抗诉。在北京市第二中级人民法院审理过程中，北京市人民检察院第二分院认为抗诉不当，决定撤回抗诉。北京市第二中级人民法院准许北京市人民检察院第二分院撤回抗诉。

辩点分析及案例释解

（一）罪名出现前夕——初步开放的金融市场与空白的监管

非法吸收公众存款，或者说“非法集资”这一概念在我国《刑法》制定之初并不存在，其经历了一个从无到有、逐步扩大的立法与司法适用过程。在 1979 年《刑法》制定之时，我国改革开放刚刚起步，社会管理基本处于计划经济时代，商品经济与市场经济尚未建立，民营经济尚未起步和发展，这一时期，作为我国中央银行的中国人民银行既从事信贷业务，又负有金融监管职能，在其未按照产业分工设置四大专业银行时，我国几乎不存在金融市场，金融抑制是这一阶段金融市场的基本特征。与此同时，我国作为基本以国营企业为主的单一经济主体，流动资金及固定资产投资资金分别由财政部门和中国人民银行提供，也不需要在计划经济体制外融通资金，不存在发展金融市场的需求及环境。

此后，为实现经济发展，我国开始由计划经济体制向商品经济转轨，试点施行了包括农村家庭联产承包责任制等在内的新兴制度，使城乡经济飞速发展。在此过程中，农村承包户、私营个体经济、城乡集体企业等经济主体不断涌现并发展壮大，不同所有制成分的市场主体间开始面临对紧缺资金资源展开竞争的局面。从1979年起，国营企业的资金使用开始试行“拨改贷”改革；1985年2月1日，原国家计委、财政部、中国人民建设银行正式规定：凡是由国家预算安排的基本建设投资，全部由基本建设拨款改为银行贷款。为开辟新的融资渠道，国营企业、城镇集体企业纷纷以内部集资或者发行企业债券的方式，向社会融通资金。为解决地方经济发展面临的资金紧缺问题，浙江温州诞生了由政府部门批准设立的私人钱庄，在全国各地，以传统会社组织形式出现的从事资金融通活动的民间“标会”“合会”纷纷设立。该阶段，是我国民间资金融通活动快速发展的时期，同时也是金融监管立法空白的时期，虽然社会上各种类型的资金融通活动频繁且活跃，但是在法律上尚未形成“非法集资”的概念。

（二）罪名的雏形——逐步加强的金融监管

随着1986年《银行管理暂行条例》的出台，我国金融立法及金融监管体制变革揭开新篇章。该条例中，在规定禁止非金融机构经营金融业务的同时，确立了以国有专业银行为主体，其他金融机构包括有信托投资公司、农村和城市信用社，以及经中国人民银行批准设立的其他金融组织为辅的金融机构组织体系。依据该条例，中国人民银行获得了对利率管理、金融机构设立审批等权限的集中控制，开始对金融市场实施严格的管控。民间资金融通行为，在《银行管理暂行条例》实施后，私人钱庄被摘牌停业，各地“会社”等民间金融活动也由公开转入地下。1987年我国出台《企业债券管理暂行条例》（已失效），规定企业债券的发行须经中国人民银行批准，且发行主体必须是国有企业，机关团体、事业单位、集体所有制企业以及个人等不得发行债券筹集资金。1993年《企业债券管理条例》对上述规定进行修订，除具有法人资格的企业外，任何单位和个人不得发行企业债券；企业债券发行的年度规模和规模内的各项指标，受国家计委会同中国人民银行、财政部、证券委拟订的规模限制。该条例虽然扩大了企业债券发行的主体范围，但实际上被批准发行债券的大多为大型国有企业集团，融资规模有限，且由于资本市场尚处于起步阶段，欲借助设立股份有限公司在证券市场上公开发行股票进行融资筹集资金的，难度更大。

金融管控的加强，形成了国有银行对金融市场的高度垄断，由此导致非正规金融市场的产生和发展。我国 1986 年颁布的原《民法通则》中规定“合法的借贷关系受法律保护”，这一规定给民间金融市场的发展提供了法律依据。之后，尽管 1991 年最高人民法院发布的《关于人民法院审理借贷案件的若干意见》将“合法的借贷关系”局限于公民之间、公民与法人之间以及公民与其他组织之间的资金借贷活动，虽然规定超过银行同类贷款利率 4 倍部分的利息不予保护，但是民间金融仍得以开展并不断发展壮大。

1995 年，我国开始深化金融体制改革，集中出台了《中国人民银行法》《商业银行法》《保险法》《票据法》《货币政策委员会条例》等金融法律法规，我国由此形成了以国有商业银行为主体，多种金融机构并存、分工协作的金融体系。当时，银行业市场金融资产的 90% 以上由四家国有商业银行经营，大部分企业约 90% 的流动资金来自银行贷款。由于实行商业性银行业务和政策性金融相分离的模式，商业银行以“效益性、安全性、流动性”为经营原则，以中小企业为主体的非公有制经济因缺乏有效的可供抵押财产，以及财务状况不透明等因素，很难通过正规的银行渠道获取信贷资金。

正是在这样的时代背景、金融氛围下，民营企业的资金融通活动只能转入“地下”，随着这种不被认可的资金融通活动的越发兴盛，“非法集资”的概念应运而生。1993 年中国人民银行发布《关于集中信贷资金保证当前经济发展重点需要意见的通知》，指出要坚决制止和纠正非法集资行为，并在同年召开的全国金融工作会议上，对凡是超过银行规定利率的集资，包括各级地方政府允许开办的各种金融机构、钱庄、当铺的资金吸纳行为，规定一律认定为“非法集资”，严令停止，并申明：社会公众资金只能通过银行渠道吸纳。

之后，我国开始以刑事手段规制金融市场，旨在通过刑罚对金融集资乱象的蔓延予以压制，1995 年 6 月 30 日第八届全国人大常委会第十四次会议通过了《关于惩治破坏金融秩序犯罪的决定》，其中第7条规定：“非法吸收公众存款或者变相吸收公众存款，扰乱金融秩序的，处三年以下有期徒刑或者拘役，并处或者单处二万元以上二十万元以下罚金；数额巨大或者有其他严重情节的，处三年以上十年以下有期徒刑，并处五万元以上五十万元以下罚金。单位犯前款罪的，对单位判处罚金，并对直接负责的主管人员和其他直接责任人员，依照前款的规定处罚。”这是首次将非法吸收公众存款罪、集资诈骗罪、擅自设立金融机构罪列入我国刑法框架中，其与同年颁布的《关于惩治违反公司法的犯罪的决定》规定的欺诈发行股票、债券罪和擅自发行股票、公司、企业债券罪，构成了最初的非法集资犯罪罪名体系。自此，我国法律中正式出现了“非法吸收公众存款”的明文表述，构成犯罪的应当依法追究刑事责任，并确定了相应的形式处罚措施、范围，为后续我国1997年修订《刑法》将“非法吸收公众存款罪”独立成罪纳入刑法体系提供借鉴。

这一时期的《刑法》对该罪的描述属空白罪状，即条文中并未直接规定构成该罪的特征，实际认定成立该罪构成需要参照与此相关的法律、法规规定，这种空白罪状的立法模式具有超前性与前瞻性、包容性与稳定性、简洁性与严密性的功能优势，但缺点也显而易见，构成要件本身的不完备导致前置法的适用往往会成为争议的核心，在实践中极易出现无法将非法吸收公众存款行为与民间借贷等合法借贷行为界限区分清楚的情形，因此司法实务中对该罪的理解和适用存在广泛争议，司法机关实际查处的非法集资犯罪案件也寥寥可数。

（三）罪名的发展——监管继续加强与抗衡亚洲金融危机

就在“非法吸收公众存款罪”写入《刑法》的1997年，爆发了严重的“亚洲金融危机”。当时国际“金融大鳄”联手抛售“泰铢”，使包括像泰国、越南等国家，以及我国香港特区等地区都遭受了严重的“汇率”及金融重创。为了抗衡这场金融危机，时任国务院总理朱镕基提出“只要香港特别行政区政府对中央政府有请求，中央会不惜一切代价来保持香港的稳定，维持港元汇率的稳定”。这一宣言体现了我国保卫自身金融安全的决心意志，使国际金融大鳄深感畏惧而不敢再触动我国香港特区，只能转而游荡于日本、欧洲等地，而在这之后提供强大支撑的，则是我国特殊的社会主义市场经济体制、充足的外汇储备，以及在多重机制包括刑法监管之下的金融秩序。

1997 年《刑法》正式增设“非法吸收公众存款罪”之后，我国继续强化面向社会公众非法集资行为的监管、整顿态势，同时对该罪罪状空白的问题进行完善。1998 年 4 月，国务院颁布《非法金融机构和非法金融业务活动取缔办法》，明确了“非法金融机构”“非法金融业务活动”的含义及类型，指明集资诈骗罪所指的“有权机关”为中国人民银行，明确了“非法吸收公众存款”和“变相吸收公众存款”的含义，为非法吸收公众存款罪的认定明确了判断标准。1999 年 1 月，中国人民银行出台《关于取缔非法金融机构和非法金融业务活动中有关问题的通知》，从金融行政专业的角度明确“非法集资”的具体概念，并归纳出其 4 个显著特征为：未经有权部门依法批准、承诺还本付息、向社会不特定对象筹集资金、以合法形式掩盖其非法集资的性质。往后，这 4 项特征不断进行完善并沿用至今，成为判断非法吸收公众存款罪构罪与否的重要依据。2001 年 4 月，最高人民检察院、公安部出台《关于经济犯罪案件追诉标准的规定》，首次规定了非法吸收公众存款行为的具体立案追诉标准，即该犯罪行为达到“扰乱金融秩序”的程度要求。随着 2003 年银监会成立，金融业分业监管模式最终成形，“非法集资”概念中所指的“有权机关”扩大为“一行三会”四部门，上述职能机构均有权在各自的职责权限范围内认定相关行为是否构成金融行政法意义上的“非法集资”。至此，非法集资犯罪性质认定的重要前提条件，即合法审批集资人向公众筹集资金的“有权机关”得以明确。

这一系列的强化监管举措，与 20 世纪 90 年代各类非金融机构纷纷与银行争夺社会资金，严重威胁国有银行有效组织信贷资金执行国家产业政策任务的现象息息相关，是彼时金融形势下的一种必然选择。如此严格、有效的金融监管，不仅有力地对抗来势汹汹的亚洲金融危机，保护了我国本来就十分脆弱的改革开放之初的金融秩序和市场经济，稳定了我国社会主义市场之初的金融秩序与经济秩序，更推动和促进了改革开放的顺利进行及后续社会主义市场经济的迅猛发展。

2. 互联网金融对非法吸收公众存款罪在罪名体系中地位的影响

核心要点：随着时代的发展和进步，非法吸收公众存款罪在罪名体系中的地位有了显著的发展和变化。不同时代背景下，某一特定形式的资金融通行为可能随社会环境变化、政策调整，以及相关法律法规的出台，而在刑事法律上产生颠覆性的评价。

相关案例：上海某珠宝有限公司、吴某非法吸收公众存款宣告无罪案[①]

➢ **案情介绍：**

上海某珠宝有限公司系一家在上海经营多年的民营企业。2010 年 6 月至 2011 年 10 月，该珠宝公司法定代表人吴某以投资或者经营需要资金周转等为由，通过出具借据或签订借款协议等方式，分别向涂某等向 10 余位借款人借款共计 1.5 亿余元，其中大多承诺较高利息，部分提供房产抵押或珠宝质押。所借款项主要用于偿还他人的借款本息、支付公司运营支出等。至案发，吴某和上海某珠宝有限公司对上述款项尚未完全支付本息，故被公诉机关指控犯非法吸收公众存款罪。

➢ **法院裁判：**

上海市黄浦区人民法院经审理认为，首先，从宣传手段上看，吴某的借款方式为或当面或通过电话一对一向借款人提出借款，并约定利息和期限，既不存在通过媒体、推介会、传单、手机短信等途径向社会公开宣传的情形，也无证据显示其要求借款对象为其募集、吸收资金或明知他人将其吸收资金的信息向社会公众扩散而予以放任的情形；其次，从借款对象上看，吴某的借款对象绝大部分与其有特定的社会关系基础，范围相对固定、封闭，不具有开放性，并非随机选择或者随时可能变化的不特定对象。查明的出资中确有部分资金并非亲友自有而系转借而来的情况，但现有证据难以认定吴某系

① 上海市第二中级人民法院（2015）沪二中刑终字第 68 号。

明知亲友向他人吸收资金而予以放任，此外，其个别亲友转借的对象亦是个别特定对象，而非社会公众；最后，吴某在向他人借款的过程中，存在并未约定利息或回报的情况，对部分借款还提供了房产、珠宝抵押，故吴某的上述行为并不符合非法吸收公众存款罪的特征。

综上，一审法院认为公诉机关指控被告单位上海某珠宝有限公司及被告人吴某犯非法吸收公众存款罪的证据不足，指控罪名不能成立。依照相关法律、法规之规定，判决：（1）被告单位上海某珠宝有限公司无罪；（2）被告人吴某无罪。一审宣判后，公诉机关提起抗诉，上海市第二中级人民法院经审理认为，原判认定事实和适用法律正确，所作的判决并无不当，且诉讼程序合法，裁定驳回抗诉，维持原判。

辩点分析及案例释解

（一）逐步完善、扩张的罪名

为更加清晰规范非法吸收公众存款罪的特征，弥补罪名设立之初空白罪状引发的争议，2010 年，最高人民法院发布《关于审理非法集资刑事案件具体应用法律若干问题的解释》，对非法吸收公众存款罪的罪状进行了如下描述："（一）未经有关部门依法批准或者借用合法经营的形式吸收资金；（二）通过媒体、推介会、传单、手机短信等途径向社会公开宣传；（三）承诺在一定期限内以货币、实物、股权等方式还本付息或者给付回报；（四）向社会公众即社会不特定对象吸收资金。"当前司法实践中广泛运用"非法性""公开性""利诱性""社会性"4 个特征，实质是将《关于取缔非法金融机构和非法金融业务活动中有关问题的通知》中对"非法集资"的行政认定标准，经整理后转化为刑法关于非法集资犯罪的一般认定标准。同时，前述解释详细列数 10 项常见非法吸收公众存款的情形、立案追诉、量刑情节标准，以集资诈骗罪定性的特殊情形，以及向多数对象吸收资金但不可不认定为犯罪或免除处罚的例外情形，包括"未向社会公开宣传，在亲友或者单位内部针对特定对象吸收资金的，不属于非法吸收或者变相吸收公众存款"与"非法吸收或者变相吸收公众存款，主要用于正常的生产经营活动，能够及时清退所吸收资金，可以免予刑事处罚；情节显著轻微的，不作为犯罪处理"。此等规定无不体现当时《刑法》对非法吸收资金行为的规制，同时也代表了非法吸收公众存款罪进入显著的立法、司法扩张时期。

2014 年 3 月 25 日最高人民法院、最高人民检察院、公安部发布《关于办理非法集资刑事案件适用法律若干问题的意见》，对《关于审理非法集资刑事案件具体应用法律若干问题的解释》中规定的非法吸收公众存款行为的 4 个特征进行了解释说明。其中，认定“向社会公开宣传”进行扩张，包括以各种途径向社会公众传播吸收资金的信息，以及明知吸收资金的信息向社会公众扩散而予以放任等情形；对于认定“社会公众”问题，则列举了两种情况下对不特定对象的认定，同样呈现内涵扩充、放大的现象。

2019 年 1 月，最高人民法院、最高人民检察院、公安部发布《关于办理非法集资刑事案件若干问题的意见》，该意见主要是对一些司法实践中存在争议的问题进行了重点解释，包括认定非法吸收公众存款的“非法性”、行为人的主观故意问题，以及单位犯罪认定问题等。此外，该意见还详细规定了案件犯罪数额计算和集资参与人权益保护的问题，值得注意的是，该意见还提出了关于宽严相济刑事政策把握问题的相关内容，要求司法机关办理非法集资刑事案件时，应当贯彻宽严相济刑事政策，依法合理把握追究刑事责任的范围，综合运用刑事手段和行政手段处置和化解风险，做到惩处少数、教育挽救大多数。要根据行为人的客观行为、主观恶性、犯罪情节及其地位、作用、层级、职务等情况，综合判断行为人的责任轻重和刑事追究的必要性，按照区别对待原则分类处理涉案人员，做到罚当其罪、罪责刑相适应。

2020 年 12 月 26 日第十三届全国人大常委会第二十四次会议审议通过《刑法修正案（十一）》，将《刑法》第 176 条第 1 款“非法吸收公众存款罪”修改为：“非法吸收公众存款或者变相吸收公众存款，扰乱金融秩序的，处三年以下有期徒刑或者拘役，并处或者单处罚金；数额巨大或者有其他严重情节的，处三年以上十年以下有期徒刑，并处罚金；数额特别巨大或者有其他特别严重情节的，处十年以上有期徒刑，并处罚金。”与原条文相比，一是将第二刑阶“数额巨大或者有其他严重情节的，处三年以上十年以下有期徒刑”中的“并处五万元以上五十万元以下罚金”改为“并处罚金”，二是增加规定了第三刑阶“数额特别巨大或者有其他特别严重情节的，处十年以上有期徒刑，并处罚金”。无疑，该修正加重了对“非法吸收公众存款罪”的处罚。

2022年，最高人民法院发布《关于修改〈最高人民法院关于审理非法集资刑事案件具体应用法律若干问题的解释〉的决定》，对原司法解释中有关非法吸收公众存款罪、集资诈骗罪的定罪处罚标准进行重大修改，进一步修改和完善认定非法吸收公众存款罪的特征要件和非法吸收资金的行为方式，明确非法吸收公众存款罪、集资诈骗罪的罚金数额标准，明确非法吸收公众存款罪、集资诈骗罪与组织、领导传销活动罪竞合处罚原则，明确单位犯非法吸收公众存款罪、集资诈骗罪的定罪量刑标准等内容。

由此可见，我国从21世纪之初开始逐步完善非法吸收公众存款罪刑事立法相关规定，扩大打击范围、加大刑罚惩戒力度，但为何在相关部门出台的文件中要强调把握宽严相济刑事政策？这一方面与我国提倡的宽严相济的形势政策息息相关，另一方面，在我国社会经济飞速发展、金融活动蓬勃发展的环境下，随之而来的金融乱象亦越发密集、剧烈，不少人打着金融的旗号行非法集资之事，导致社会群体事件频发，对此，国家必然强化包括《刑法》在内的相应监管措施，同时针对非法集资乱象进行严厉打击。但在实践中，非法集资案件往往更容易引发群体事件，司法机关在面对现实维稳、办案压力时，在“严打”的态势之下，更容易出现以弹性标准甚至曲解条文等方式，缓和法条与现实变动性之间矛盾的情况，以迎合打击该类犯罪的需求。最终呈现的结果是司法实践中对非法集资类罪名的扩张适用，合法融资与非法集资难辨，集资行为的刑事违法与行政违法程度不分，入罪门槛越来越低，在不断“挤压”资金融通活动合法空间的同时，使该罪沦为解决金融活动一切问题的“口袋罪”。

那么，这一时期我国金融领域呈现何种态势？

（二）互联网金融的兴盛与衰亡

进入21世纪，这一时期的资金融通活动依旧延续以往态势，国内大型商业银行仍占据绝对垄断地位，市场主体的投资渠道受限，中小企业正常的资金需求无法得到满足，依旧受限于融资难的“瓶颈”。在这一时期，计算机与互联网飞速发展，各行各业都逐渐通过互联网优化生产要素、更新业务体系、重构商业模式，完成新一轮经济转型和升级，进入“互联网+”时代。同时，这一时期我国也针对社会“融资难”问题，提出大力发展普惠金融、鼓励金融创新的理念。在庞大资金需求刺激、新兴互联网技术依托，以及政府的极力号召下，以P2P网贷、股权众筹为代表的互联网金融开始蓬勃发展。

P2P网贷，最初在2007年从西方引入我国，在现在看来是步入消亡的行业，但在21世纪初，其则是随着互联网兴起而出现的一种新型网络借贷模式。其意为脱离银行等金融媒介，在互联网平台上直接实现点对点的借贷，实质是民间借贷的互联网化，因其有助于借款人和出借人在互联网平台上直接成交、点对点借贷，而节约了诸如商业银行这样的金融中介机构的运作成本，成为互联网金融脱媒化的典型代表。

一般而言，P2P网贷平台的本质是融资信息中介，传统的业务形式应表现为有P2P网贷平台提供交易的场所，借款人向平台提出借款需求发起交易邀请，借款需求经平台审核后在该平台放置并对外展示，由出借人根据其自身情况选择确定借款交易、提供借款，通过网络实现点对点借贷的交易模式。据统计，在我国P2P网贷的主要交易结构有三种：一是仅给投资者和融资者提供交易平台；二是除了作为交易平台之外，还对投资者承诺保障本金，甚至承诺保本付息；三是采用债权转让模式，先由第三人放贷，第三人再将债权在众筹平台上转让给投资人。

自2007年国内第一家P2P网贷平台“拍拍贷”成立以来，这类互联网金融新业态获得了爆炸式增长行情。根据不完全统计，至2014年我国P2P网贷公司数量已有近2000家，贷款规模超过人民币1000亿元，居世界第一，形成了一片繁荣的景象。如此现象，一方面说明其切合了当时社会各界的庞大融资需求，有其合理的社会基础；但另一方面，其飞速发展也潜藏着巨大的金融风险与刑事风险。由于当时我国大部分P2P网贷平台是由原来的民间融资机构转换而来，这些民间融资借助于网络平台降低了信息传播成本，触及了原先无法接触贷款的人群，而相对宽松的互联网空间则更便利于互联网金融犯罪的滋生和蔓延，无疑为通过互联网非法集资提供了无比舒适的

“温床”。不少P2P网贷平台逐步甚至在成立之时就已经脱离融资信息中介平台的应有定位，披上了“普惠金融”“金融创新”的外衣而更具有诱惑性。

3. 非法吸收公众存款罪中关于“非法性”和“公开性”的认定

> 核心要点：非法吸收公众存款罪的辩护应该遵循“前端出罪”的基本思路。此罪名的“非法性”在实务当中体现为融资活动有“瑕疵”，即大概率会被认定为“非法性”，而“公开性”体现在行为人主动公开宣传或明知集资信息扩散而予以放任两方面。

相关案例：某村村民委员会等非法吸收公众存款案①

➢ **案情介绍：**

2000年，浙江省苍南县人民检察院以非法吸收公众存款罪对被告单位某村村民委员会、被告人赵某、彭某提起公诉，指控内容为：1999年10月29日下午，赵某主持召开某村村民委员会会议，会议研究决定：某村村委以发放宅基地“集资卡”为名，向本村村民收取集资费用于村集体建设，并由彭某统计发放“集资卡”的具体数量。同年11月2日晚，在赵某、彭某等某村村委会委员的组织下，某村村委以“街道设施费”的名义向该村村民收取集资费计人民币438万元。公诉机关认为被告单位某村村民委员会妨碍金融管理秩序，以集资费的名义变相吸收公众存款，其行为已构成非法吸收公众存款罪；被告人赵某、彭某系该单位的主管人员和直接责任人员，依法对其应处以刑罚，两人均已构成非法吸收公众存款罪，公诉机关诉至浙江省苍南县人民法院提请法庭依照法律、法规之规定予以判处。

经浙江省苍南县人民法院审理查明，1999年10月，某村众多村民集体向村委提出要求发放“地基卡”。10月29日下午，某村村委在先前多次会议讨论的基础上，由村委会主任赵某主持召开村民委员会会议。会议研究决定，

① 浙江省苍南县人民法院（2000）苍刑初字第492号。

某村村委会以预收宅基地街道设施费的名义，向本村村民收取集资费用于村集体建设。规定某村 23 周岁以上男性村民均可认领一份，每份人民币 1 万元。会后经彭某统计，全村符合条件的共 438 人，并于同年 11 月 2 日晚，在赵某、彭某及其他村委会委员的组织下，向此 438 人收取集资费共计人民币 438 万元。案发后，被告单位已全部退清集资款。

案件审理过程中，被告单位诉讼代表人对指控的事实没有异议，辩称系受邻村影响和村民主动要求才发放“集资卡”，现已全部收回。其辩护人认为：（1）被告单位作为村民群众性自治基层组织，对涉及村建道路等村公益事业的经费筹集方案和宅基地的使用方案，应提请村民大会讨论决定，所以本案原村委会超越了职权范围，不能体现被告单位的意志，因此不符合单位犯罪的特征；（2）本案发放“集资卡”的对象是某村 23 周岁以上的男性村民，对象是特定的，不符合非法吸收公众存款罪的构成要件，故被告单位不应承担刑事责任。两被告人对指控事实均无异议。其辩护人均辩称：（1）被告单位没有非法集资，因为发放的是“购房卡”，且规定不能买卖；（2）两被告人没有犯罪的主观故意，最多是过失，是一种错误行为；（3）没有向社会发放，而是向单位内部发放，对象是特定的，故被告人的行为不构成犯罪。

➤ **法院裁判：**

法院认为，所谓非法吸收公众存款罪，是指违反金融法规规定，非法吸收或变相吸收公众存款，扰乱金融秩序的行为。其客观方面表现为行为人实施了向不特定的群体吸收存款的行为。本案被告单位某村村民委员会在村民的要求下，以预收街道设施费的名义向本村 23 周岁以上男性村民收取集资费，其集资对象是特定的，此行为的客观要件与非法吸收公众存款罪的客观要件不符。故被告单位的行为不构成非法吸收公众存款罪，被告人赵某、彭某的行为亦不构成犯罪。公诉机关指控罪名不能成立。各辩护人关于此点辩护意见予以采纳。根据相关法律、法规之规定，判决如下：（1）被告单位某村村民委员会无罪；（2）被告人赵某无罪；（3）被告人彭某无罪。

辩点分析及案例释解

通过前文介绍以及所引用的无罪案例可知，司法机关在认定非法吸收公众存款罪时，主要考察行为人的集资行为是否同时具有4个特征要件，即非法性、公开性、利诱性、社会性，因此如要在定性上为当事人提供有效辩护，则应在“前端”围绕该“四性”特征寻求出罪之路，但亦如前所述，非法吸收公众存款罪一直处于立法、司法扩张的态势，关于“四性”特征的具体内涵也不外乎此。

（一）本质特征——非法性

以其本质特征“非法性”为例，1996年，最高人民法院首次将“非法性”界定为“未经有权机关批准”，但当时这种单一形式的认定标准，存有诸多的局限性，不能满足打击新型非法集资活动的实际需求，如合法借贷、私募基金等融资活动，在程序上实则需经过有关部门的批准。为此最高人民法院在2010年，将“非法性”扩大规定为“未经有关部门依法批准或者借用合法经营的形式吸收资金”，为司法机关的实务认定提供了实质认定标准，由此形成了现在“非法性”认定的二元标准，不过此时所依据的前置法为“国家金融管理法律规定”，法律位阶较高。

2022年，最高人民法院修订的《关于审理非法集资刑事案件具体应用法律若干问题的解释》中“非法性”的描述仍为“违反国家金融管理法律规定”，看似将认定“非法性”需考察相应的前置法的法律位阶规定为“法律”，由于司法实务难以满足打击非法集资犯罪的需要，办案机关认定“非法性”的依据，实际是依照2019年最高人民法院、最高人民检察院、公安部出台的《关于办理非法集资刑事案件若干问题的意见》中的相关规定，即司法机关认定非法集资的“非法性”，应当以“违反国家金融管理法律法规”为依据，并且对国家金融管理法律法规仅作原则性规定的，可以根据法律规定的精神并参考中国人民银行、中国银行保险监督管理委员会、中国证券监督管理委员会等行政主管部门依照国家金融管理法律法规制定的部门规章或者国家有关金融管理的规定、办法、实施细则等规范性文件的规定予以认定。

但是，当前这种认定“非法性”的二元标准中，首先，“未经依法批准”的形式标准不仅无法涵盖金融实务中大量无须相关有权部门批准融资活动，而未获批准的融资活动也非一概具有实质的非法性，这一形式判断标准无法作出直接实然的判断，正因如此，司法实践中不分场合地严格执行该标准，也导致大量正常的资金融通行为被贴上“非法集资”的标签。其次，“借用合法经营的形式吸收资金”的实质判断标准，本意旨在提醒法官对集资行为性质作实质审查，警惕行为人借生产经营、商品销售、合法投资之名，行非法集资之实的行为，其要求法官发挥自由裁量作出判断，故理应为法官的实质判断设置更多的指引和条件，以防止该标准的滥用。但相关法律、法规、司法解释等文件并未进一步明确法官进行实质判断的要求，如应围绕本罪的立法目的、考察是否有正当的集资需求、集资款用途为何等，导致这一实质判断的边界不明，实际上成为认定集资行为“非法性”的“通用”理由，使司法实践中对非法集资的界定更加混乱。

在“非法性”的内涵、外延均被扩大，大大降低了认定集资行为满足“非法性”特征形式标准的同时，又未给予法官更为明确的实质判断标准，导致司法实践中仅对集资行为性质做“形式”判断，即只要融资活动有任何“瑕疵”即可认定为“非法”，也导致近年来非法吸收公众存款罪逐步成为通过刑事手段吸纳、解决一切金融问题的“口袋”。

（二）外部特征——公开性

非法吸收公众存款是典型的涉众型犯罪，行为人通过“向社会公开宣传”的方式，使集资信息在社会公众中大范围地快速传播、扩散，给予非法集资外在的推动力，以其强大辐射效应迅速吸收资金人的资金，加速非法集资资金规模的扩张。特别是在互联网技术的“加持下”，资金人往往来自全国各地，也是当前非法集资案件具有极大社会影响的原因之一。

根据当前法律、法规、司法解释等的相关规定，非法集资行为的“公开性”主要体现在两个方面，一是行为人主动公开宣传，即以各种途径向社会公众传播吸收资金的信息。2010 年《关于审理非法集资刑事案件具体应用法律若干问题的解释》将宣传方式列举为当时较为典型的利用媒体、推介会、传单、手机短信等途径，但司法实务中逐步认识到非法集资宣传方式日新月异，虽无法穷尽列举但无法摆脱其“公开”本质。随后，2014 年《关于办理非法集资刑事案件适用法律若干问题的意见》一改以往列举式的描述，而采用概括的方式，以便于后续容纳各种新兴的宣传手段。

二是行为人消极宣传，明知集资信息扩散而予以放任。这一方式原本并未规定，后增加于2014年的《关于办理非法集资刑事案件适用法律若干问题的意见》，主要是考虑到实践中存在行为人放任集资信息“口口相传”的消极宣传方式，这种方式所取得的实际效果与主动向社会公众传播吸收资金信息无本质差异。

虽然如今认定“公开性”是众所周知的认定非法吸收公众存款罪必备条件之一，但与之相反，在国务院和中国人民银行颁布的相关行政性法律法规中，非法集资的成立并不需要以“公开性”为必备要件；在认定“公开性”问题上出现法律规范的不统一局面。对于这种不统一问题，应当在刑法的谦抑性原则的指引下，坚守认定非法吸收公众存款罪需满足“四性”特征的标准，否则将使认定该罪逐步失去必备“门槛条件”，在一定程度上会扩大《刑法》的适用和打击范围。

4. 非法吸收公众存款罪中关于“利诱性”和“社会性”的认定

核心要点：非法吸收公众存款罪的辩护应该遵循“前端出罪”的基本思路。此罪名的“利诱性”需综合考量行为人在吸收存款这一过程中的手段行为与行为人集资目的是否统一、规范，“社会性”认定则需对集资参与人数、分布范围进行判断。

相关案例：张某、周某非法吸收公众存款罪案①

- **案情介绍：**

2010年，江苏省如东县人民检察院以张某、周某犯非法吸收公众存款罪，起诉至江苏省如东县人民法院，指控称张某、周某于1994年下半年合伙承包原如东县栟茶镇杨湾建材厂（1998年4月更名为如东县栟茶镇太杨建材厂），二人为厂里的生产筹集周转资金，1996～1999年，以高于同期银行利息为诱饵，非法向当地16户群众吸收存款人民币254,370元，至今仍有人民币117,870元未能归还。江苏省如东县人民检察院认为张某、周某非法吸收

① 江苏省高级人民法院（2016）苏刑再10号。

公众存款，扰乱金融秩序，应当以非法吸收公众存款罪追究其刑事责任，提请江苏省如东县人民法院依法判处。

本案一审法院认为，张某、周某均非法吸收公众存款，扰乱金融秩序，其行为已构成非法吸收公众存款罪，且系共同犯罪。判决认定张某犯非法吸收公众罪，判处有期徒刑 1 年，并处罚金人民币 2 万元；周某犯非法吸收公众存款罪，判处有期徒刑 9 个月，并处罚金人民币 2 万元。一审判决下达后，张某、周某不服向江苏省南通市中级人民法院提起上诉，其间张某申请撤回上诉。经审理，二审法院原审对上诉人张某、周某的定罪正确，量刑恰当，准许张某撤回上诉并裁定驳回上诉，维持原判。二审裁定下达后，周某不服，以“不构成犯罪”为由向江苏省高级人民法院提出申诉，江苏省高级人民法院审查认为，周某的申诉符合我国刑事诉讼法规定的重新审判情形，作出再审决定并由其进行提审。

➢ **法院裁判：**

江苏省高级人民法院认为，原审裁判认定张某、周某因承包窑厂的经营需要，1996～1999 年，以高于银行利息的方式，向当地 16 户群众借款 254, 370 元，至今仍有 117, 870 元未能归还的事实，有相关出借款人的陈述，证人证言及借条、还款说明等证据证实，事实清楚，证据确实、充分，予以确认。

张某、周某虽有违反国家法律规定，非法吸收资金 254, 370 元，且 117, 870 元尚未能归还的行为，但其借款的目的是用于承包窑厂的生产经营，而没有吸收存款扰乱金融秩序的主观故意，且借款的对象属于相对特定的厂内职工、部分亲友、当地村民，不符合《刑法》所规定的“向社会不特定对象吸收资金”，不具备非法吸收公众存款的“社会性”构成要件，依法不构成非法吸收公众存款罪。故周某提出其行为不构成非法吸收公众存款罪的申诉理由、检察员提出周某及张某的行为不构成非法吸收公众存款罪，原审人民法院适用法律确有错误，建议改判无罪的出庭意见成立，予以采纳。

综上，江苏省高级人民法院认为，江苏省如东县人民法院认定张某、周某犯非法吸收公众存款罪并予刑事处罚，系适用法律错误，应予纠正。经该院审判委员会讨论决定，判决撤销江苏省南通市中级人民法院及江苏省如东县人民法院所作出的相应裁判，改判张某、周某无罪。

辩点分析及案例释解

非法吸收公共存款罪还有利诱性和社会性特征。

（一）经济特征——利诱性

“利诱性”特征是指非法集资行为人，向集资参与人承诺在一定期限内以货币、实物、股权等方式还本付息或者给予回报，这种利益诱惑正是集资参与人积极投入资金，非法集资行为人成功吸收资金的最主要原因。但从经济学的角度来看，虽然资金融通活动分为有偿与无偿两类，但实践中正常的民间借贷、融资活动也基本伴随向投资人承诺给付利益、回报，这也是合法资金融通活动顺利金融的重要因素，因此向投资者承诺还本付息、给予回报并非金融机构的“专利”。

由于非法集资与正常融资活动的这一特征高度重合，司法实践中，法官一旦停留在仅关注是否采取承诺手段而不考察行为目的之时，当事人依照正常商业行为许诺还本付息、给付回报的情节，反而容易成为其涉嫌非法吸收公众存款无法出罪的“枷锁”。如果司法机关将“利诱性”认定与其他情节割裂，这一特征则不能反映法律禁止非法集资的原因，无法体现非法吸收公众存款罪的立法目的，也往往无法承担划分合法融资活动与非法集资之间界限的职能。因此，只有将承诺还本付息、给予回报这一手段行为与行为人集资目的相结合，才能准确地判断其行为是否扰乱国家金融秩序，须以非法吸收公众存款罪进行刑事制裁的程度。

（二）社会特征——社会性

“社会性”特征，是指向社会公众即社会不特定对象吸收资金。非法集资作为典型的涉众型金融犯罪，天然具有参与人数多、波及范围广、造成影响大的特性，这也最能反映其社会危害性的显著特征。同时，这一特征也使实践中，不能将非法集资刑事案件视作单纯的金融犯罪“简单”对待；其背后往往承载着维护社会稳定、人民群众利益的社会功效。

对于“不特定”这一表述，一般可以根据集资参与人数、分布范围进行判断，如果集资行为可以认定是在一定限度内，人数特定或范围特定，则其实际面向"特定"的社会公众，即便集资参与人最终亏本、损失重大，也是正常的投资结果，也不能对集资人以非法吸收公众存款罪论处。

5. 非法吸收公众存款罪中利用"非罪化"认定趋势进行出罪

核心要点：在一些情况下，非法吸收公众存款罪的辩护还应该遵循"后端出罪"的基本思路。若从非吸"四性"中无法找到合适的辩护要点，应从行为人能否及时清退、情节是否轻微、社会危害情况等多方面入手，寻找出罪的可能。

相关案例：易某非法吸收公众存款罪案①

➢ **案情介绍：**

2015年，中山市第一市区人民检察院以易某犯非法吸收公众存款罪，起诉至中山市第一人民法院，指控称易某原系中山进出口商品检验局的出纳员，于1996年7月至1997年4月，伙同甘某（原某银行储蓄所主任，另案处理）以办理高息存款为诱饵，先后多次向汤某、朱某、郑某等68名被害人非法吸收存款共计人民币1426.464万元。其中，甘某使用假银行存单等方式将1006万余元骗走，易某将剩余的420万余元以亲属易某的名义存于某银行办理高息存款，后在案发后被被害人郑某等人强行取走220万元，另200万元被中山市公安机关依法冻结。案发后，易某从甘某手中拿回人民币5万元、港元25万元交由公安机关扣押。中山市第一市区人民检察院认为易某非法吸收公众存款，扰乱金融秩序，应当以非法吸收公众存款罪追究其刑事责任，提请中山市第一人民法院依法判处。

中山市第一人民法院经审查认定，1996年至1997年4月，在原中山进出口商品检验局（现中山出入境检验检疫局）工作的易某以办理高息存款的名义，陆续收取单位同事、亲友等68人的存款共约人民币1600万元，并将其中的人民币420万元以易某名义存入某银行办事处；将人民币146万元以

---

① 广东省中山市第一人民法院（2015）中一法刑二初字第735号。

易某名义存入某银行储蓄所；将约人民币1000万元交给甘某（原某银行储蓄所主任，在逃）存入中山市某镇各银行办事处、储蓄所，后该款被甘某以假银行存单骗走。1997年5月17日，被害人郑某发现存单系伪造随即报案，后强行取走上述以易某名义存入某银行办事处的人民币220万元。案发后，易某从甘某手中拿回现金5万元人民币、25万港元交由公安机关扣押。

因此，中山市第一人民法院认为，公诉机关指控被告人易某犯非法吸收公众存款罪证据不足，罪名不能成立。被害人的诉讼代表人所提亦证据不足，不能成立。易某及其辩护人所提有理，予以采纳。一审判决易某无罪。

➢ **法院裁判：**

一审判决下达后，中山市第一市区人民检察院不服，认为一审判决认定事实错误，适用法律不当，导致定性错误，易某的行为构成非法吸收公众存款罪，向广东省中山市中级人民法院提起抗诉，提请依法判处。理由如下：（1）易某主观上具有非法吸收公众存款的主观故意，其明知自己的行为会发生危害社会的结果，与甘某有非法吸收公众存款的共同犯意；（2）易某吸收涉案资金时开具返本付息的收据给投资人，开立收据时非法吸存行为已经完成，之后再将该资金投入银行实现其利用资金从中牟利的目的，其并非银行的代理；（3）易某非法吸收公众存款的过程中通过口口相传的形式向社会公开宣传，且其明知单位内部人员和其他亲友向不特定对象吸收资金仍予以放任，应认定其吸收资金的对象具有不特定性。

针对本案控辩双方的争议焦点，广东省中山市中级人民法院综合评判如下：（1）对于抗诉机关所提易某构成非法吸收公众存款罪的意见，经查，现有证据证实在案发期间相关银行确实存在高息揽储业务，被害人知道易某可以办理高息存款，所以委托其帮忙办理，并非出借钱款给易某。易某亦将566万元涉案资金按照被害人的意愿存入具有揽储资格的银行，其余款项交由具有银行从业人员身份，此前亦成功帮其办理高息存款的甘某代为存入银行。据此，易某既无非法吸收公众存款的主观故意，亦无实施吸收公众存款的行为，不构成非法吸收公众存款罪。（2）对于被害人的诉讼代表人提出易某构成诈骗罪的意见，经查，易某的供述及证人甘某的证言一致证实，易某对甘某伪造公章、存单及并未将涉案款项存入银行的情况并不知情，现有证据不能证实易某与甘某共谋诈骗，故易某不构成诈骗罪。

最终，广东省中山市中级人民法院认为，原公诉机关指控易某犯非法吸收公众存款罪证据不足，罪名不能成立。抗诉机关所提抗诉意见，经查不能成立，对易某及其辩护人所提相关意见予以采纳。原审判决认定易某不构成非法吸收公众存款罪正确，予以支持。裁定驳回抗诉，维持原判。

辩点分析及案例释解

如前所述，在非法吸收公众存款罪立法、司法适用扩张的情况下，正常、合法的资金融通活动也难免受到波及，如果在“前端”难以从“四性”特征认定之中剥离，在已然定性构成非法吸收公众存款罪的情况下，行为人却并非绝对无法避免即将面临的刑事制裁。在刑罚权扩大的同时，为保护良好的民营经济发展环境，防止具备“四性”特征的融资行为被纳入非法吸收公众存款罪的打击范围，我国提出了在非法集资刑事案件中贯彻宽严相济的刑事政策，出台相应文件，旨在为行为人集资活动被定性构罪之后，并列设置考察其资金用途与清退效果的追究刑事责任的前提条件，为行为人“后端”轻罚、免罚乃至出罪留有一定空间。从笔者近年来办理的非法集资刑事案件来看，对于无定性之争的案件而言，从宽严相济的刑事政策方面入手，往往能有效地为当事人争取合法利益的最大化。

例如《关于审理非法集资刑事案件具体应用法律若干问题的解释》规定：“非法吸收或者变相吸收公众存款，主要用于正常的生产经营活动，能够及时清退所吸收资金，可以免于刑事处罚；情节显著轻微的，不作为犯罪处理。”《宽严相济在经济犯罪和职务犯罪案审判中的具体贯彻》提出“二要准确把握非法集资罪与非罪的界限。资金主要用于生产经营及相关活动，行为人有还款意愿，能够及时清退集资款项，情节轻微，社会危害不大的，可以免予刑事处罚或者不作为犯罪处理……”从集资活动的正当性，以及所造成的社会影响大小，共同从“后端”为认定构成非法吸收公众存款罪的行为人提供了一个“出罪口”，同时有助于防止非法吸收公众存款罪的扩大适用，防止刑事手段过度地干涉正常、合法的民间资金融通活动。

十三、贷款诈骗罪、金融凭证诈骗罪

◇ **贷款诈骗罪、金融凭证诈骗罪**

该罪的构成为行为人实施欺骗行为，金融机构工作人员产生认识错误，基于认识错误发放贷款，行为人或第三人取得贷款，金融机构遭受损失。

（一）相关规定

《刑法》第一百九十三条【贷款诈骗罪】 有下列情形之一，以非法占有为目的，诈骗银行或者其他金融机构的贷款，数额较大的，处五年以下有期徒刑或者拘役，并处二万元以上二十万元以下罚金；数额巨大或者有其他严重情节的，处五年以上十年以下有期徒刑，并处五万元以上五十万元以下罚金；数额特别巨大或者有其他特别严重情节的，处十年以上有期徒刑或者无期徒刑，并处五万元以上五十万元以下罚金或者没收财产：

（一）编造引进资金、项目等虚假理由的；

（二）使用虚假的经济合同的；

（三）使用虚假的证明文件的；

（四）使用虚假的产权证明作担保或者超出抵押物价值重复担保的；

（五）以其他方法诈骗贷款的。

第一百九十四条第二款【金融凭证诈骗罪】 使用伪造、变造的委托收款凭证、汇款凭证、银行存单等其他银行结算凭证的，依照前款的规定处罚。

（二）重要辩点及案例释解

1. 贷款诈骗罪与合同诈骗罪定性之区分

核心要点：贷款诈骗罪与合同诈骗罪的犯罪构成极为相似，容易造成混淆，解决此类案件的罪名混淆问题需从取得资金的性质、作案方式与采用诈骗材料等角度入手，判断其侵犯的法益，将两罪名进行区分，实现有效辩护。

相关案例：赵某等贷款诈骗罪、合同诈骗、职务侵占、洗钱、掩饰、隐瞒犯罪所得案①

➢ **案情介绍：**

2014年，王某胜、肖某兴（均已判决）与赵某等人经商议，以冒充中国银行股份有限公司（以下简称中国银行）山西分行工作人员、伪造公章以及提供虚假担保等方式，骗取上海银行股份有限公司（以下简称上海银行）北京分行资金。后上海银行北京分行通过渤海国际信托有限公司（以下简称渤海信托）与王某胜所在公司签订信托贷款合同，将4亿元资金通过渤海信托转至王某胜所在公司的账户。至案发，造成上海银行北京分行3.42亿余元损失。

2014~2015年，王某胜因无力偿还上海银行北京分行资金，遂与徽商银行股份有限公司（以下简称徽商银行）蚌埠固镇支行行长常某（已判决）共谋，利用常某的身份骗取其他银行资金。2015年9月，王某胜、常某等人虚构徽商银行有10亿元理财产品对外销售，赵某、肖某兴联系中信银行股份有限公司（以下简称中信银行）购买。后王某胜、常某等人冒用徽商银行蚌埠分行的名义，通过伪造印章等方式骗取中信银行资金10亿元。至案发，造成中信银行4.7亿余元损失。

2015年年初，赵某伙同马某、邹某（均已判决）通过伪造交通银行股份有限公司（以下简称交通银行）青岛分行公章以及冒充该行员工等方式，以天津中艺供应链有限公司作为融资主体，骗取民生银行股份有限公司（以下简称民生银行）上海分行发放的融资款6.8亿余元。所骗钱款被用于拆借、提供给天津中艺国际储运有限公司（以下简称中艺公司）使用及支付佣金等。中艺公司收到相应钱款后，赵某遂利用职务便利，虚构应支付民生银行

---

① 上海市高级人民法院（2019）沪刑终70号。

上海分行融资费用的事实，申请融资费用2500余万元。后该部分钱款被赵某提现。

2015年8月，赵某、马某、邹某骗取前述钱款后，因担心无法归还致罪行暴露，遂共谋再次采用前述方式骗取兴业银行股份有限公司（以下简称兴业银行）宁波分行信贷资金。之后，兴业银行宁波分行与上海兴×资产管理有限公司（以下简称兴×公司）签订资产管理合同。张某冒充唐山清泽房地产开发有限公司（以下简称清泽公司）副总经理与兴×公司及江苏银行股份有限公司（以下简称江苏银行）深圳分行签订对公客户委托贷款合同，约定兴×公司通过江苏银行深圳分行向清泽公司发放委托贷款7亿元。后兴业银行宁波分行将资金转至兴×公司的账户，再由江苏银行深圳分行作为委托贷款向清泽公司放款7亿元。至案发，造成兴业银行宁波分行6.7亿余元损失。

为转移犯罪钱款，2015年5月至2016年6月，赵某将源于合同诈骗骗取的中信银行资金以及贷款诈骗骗取的民生银行上海分行、兴业银行宁波分行资金共计1.6亿余元转入周某控制的公司账户，后被周转至指定账户并提现。所提现金中，绝大部分由赵某涌单独或伙同李某波从周某处取走。2016年7～8月，赵某然明知赵某涉嫌犯罪，仍收取赵某涌、李某波以现金或转账方式存入的涉案资金675万元。2016年8月，肖某兴准备自首并委托赵某然退缴赃款、聘请律师等。后赵某然与李某、高某某提取了肖某兴因参与诈骗中信银行资金所获取的巨额佣金1400万元，赵某然除将830万元退至公安机关外，余款用于购买理财产品、支付律师费用等。

辩点分析及案例释解

本案被告人同时被判处贷款诈骗罪与合同诈骗罪，此两种罪名在金融犯罪中的犯罪构成极为相似，容易造成混淆。本案将两罪名进行了清晰明确的区分。在上述被告人冒充中国银行工作人员，通过伪造公章以及提供虚假担保等方式，骗取上海银行北京分行资金的行为中，其以非法占有为目的，三次伙同他人骗取金融机构贷款，构成贷款诈骗罪，该部分较为明确。本案的核心焦点在于骗取银行信贷资金及购买理财产品资金的行为应当如何定性。

从罪名构成入手，在贷款诈骗罪与合同诈骗罪中侵犯的客体存在明显区别，可对被骗资金的具体来源和归属进行探究，在本案中被告人共骗取4笔银行资金：（1）上海银行北京分行通过信托贷款方式发放的信贷资金；（2）中信银行购买理财产品所支付的资金；（3）民生银行通过发售理财产品募集而来的资金；（4）兴业银行宁波分行通过委托贷款方式发放的信贷资金。

《刑法修正案（十一）》修改了骗取贷款罪，删减基本罪的部分构成要件，提高了入罪门槛，以达到限制处罚之目的。原因在于在立法之初，骗取贷款罪是为了填补贷款诈骗罪的处罚漏洞，共同与骗取贷款罪进一步巩固金融市场秩序与金融机构信贷资金的安全以及保障金融机构的信誉体系。在实践中，由于市场复杂多变，骗取贷款罪的构成要件与适用一直存在争议和疑问，也出现了不当或者扩大化处理等问题，客观上加剧了该罪因“民间融资难”而扩大为刑事犯罪处理的异常现象。

为考究罪名性质与案件切入的问题，辩护律师首先需要分析案件所涉资金的性质与情况。

本案中，赵某等人从上海银行北京分行、民生银行上海分行、兴业银行宁波分行骗取的资金属于信贷资金。原因在于：其一，从三家银行发放钱款的原因及形式看，赵某等人骗取的上海银行北京分行、兴业银行宁波分行的资金分别系两家银行通过信托贷款、委托贷款等形式发放；第三笔资金系民生银行上海分行约定借款给中艺公司。其二，通道公司的存在不影响贷款性质。本案中，尽管上海银行北京分行、兴业银行宁波分行分别与渤海信托、兴×公司签订了资产管理协议，但是渤海信托、兴×公司在发放贷款过程中仅起着通道公司的作用，对所放贷款并无实际管理权限，故通道公司的存在不影响贷款性质。因此，前述三笔被骗资金本质上系三家被害银行以贷款形式发放的信贷资金。

赵某等人从中信银行骗取的10亿元资金不属于信贷资金。原因在于：其一，从转款原因看，中信银行之所以向徽商银行蚌埠固镇支行转账10亿元，目的在于购买徽商银行发售的理财产品，双方亦签订了购买理财产品协议；其二，从造成损失的原因看，徽商银行理财产品完全系虚构，中信银行的损失系因购买虚假理财产品被骗，而非发放信贷资金造成，故该笔被骗资金本质上系中信银行因购买虚假理财产品所支付的钱款。

从取得资金方式看，三次融资所涉的借款保函等资料及相关印章均系伪造，面签核保中相关银行员工均系冒充。赵某作为长期从事融资业务的中介人员，参与了虚构事实、隐瞒真相的行为，其主观上对他人使用虚假手段骗取银行信贷资金理当明知；在骗取中信银行理财产品资金事实中，赵某明知徽商银行理财产品系虚构，王某胜等人意在通过欺骗手段套取银行资金后使用，仍联系中信银行出资购买虚假理财产品。从涉案资金去向及无法归还原因看，前述事实所涉钱款均被涉案人员任意使用、挥霍，导致无法归还，造成银行的巨额损失。上述一系列行为足以证明赵某等人主观上具有非法占有目的。

综上，赵某等人在骗取上海银行北京分行、民生银行上海分行、兴业银行宁波分行资金过程中，尽管实施了使用虚假证明文件、提供虚假担保、签订虚假合同等行为，但目的在于非法占有前述三家银行的信贷资金，本质上侵犯的系国家对银行贷款的管理制度与银行的财产所有权，故应认定为贷款诈骗罪；而骗取中信银行资金的行为侵犯的系经济合同管理秩序及银行的财产所有权，故应以合同诈骗罪定罪处罚。从案件所涉资金入手，就极易将两罪名进行区分，发现辩护要点。

2. 银行人员与借款人勾结骗取贷款的行为定性

> 核心要点：银行工作人员往往更易了解银行发放贷款的规则与漏洞，故银行工作人员与借款人相互勾结骗取贷款的情况频频发生。在实务审判中，此罪名行为人须具备“严重情节”，具体表现在两个方面：一是给银行或其他金融机构造成“重大损失”，二是具有“其他严重情节”。

相关案例：彭某、楚某、刘某骗取贷款、违法发放贷款案

- **案情介绍：**

彭某因做生意缺钱，便找到熟人信用社信贷主任刘某和信贷员楚某，要求贷款 20 万元用于经商。因彭某本人不符合贷款条件，楚某让彭某去找他人的身份证、林权证等资料，用于贷款20万元。彭某找到其父名下的林权证、身份证等资料，交给楚某。楚某与彭某通过篡改林权面积，利用他人的山场拍照等手段，伪造了贷款用于造林的资料。楚某按照贷款程序审批并提交主任刘某审批后上报，彭某成功贷款20万元，在广东省用于经商。此贷款授信36个月，约定一年一还，每月支付利息。在放贷第23个月时，信用社工作人员发现彭某未如期支付利息（之前一直如期缴纳），遂启动贷款审查程序，发现彭某已无还款能力。案发时，彭某欠银行本金20万元，利息3万余元。

辩点分析及案例释解

在票证业务、中间业务中，作为可能的被害人，商业银行可能遭受的犯罪侵害有票据诈骗罪、信用证诈骗罪、信用卡诈骗罪、妨害信用卡管理罪。作为可能的被告人，商业银行或其从业人员可能面对的刑事指控有违规出具金融票证罪，对违法票据承兑、付款、保证罪。还有，在现金管理业务中，作为可能的被害人，商业银行可能遭受的侵害有假币、盗窃、抢劫等犯罪。作为可能的被告人，商业银行从业人员可能面对的刑事指控有金融工作人员购买假币、以假币换取货币罪等。除了特定业务环节外，银行从业人员还可能实施贪污、贿赂等犯罪，或参与集资诈骗、非法吸收公众存款等非法集资方面的犯罪。

同时，《刑法》第175条之一规定，“以欺骗手段取得银行或者其他金融机构贷款、票据承兑、信用证、保函等，给银行或者其他金融机构造成重大损失……或者有其他严重情节的”行为，构成骗取贷款、票据承兑、金融票证罪。“严重情节”表现在两个方面：一是给银行或其他金融机构造成“重大损失”；二是具有“其他严重情节”。从文义解释的角度理解，“重大损失”与“其他严重情节”是并列关系，是“其他严重情节”的表现之一。

根据2010年5月7日最高人民检察院、公安部《关于公安机关管辖的刑事案件立案追诉标准的规定（二）》，“以欺骗手段取得贷款、票据承兑、信用证、保函等，给银行或者其他金融机构造成直接经济损失数额在20万元以上的，应予立案追诉”的规定，该案以20万元的数额达到立案标准，应当以彭某涉嫌骗取贷款罪立案。如果没有给银行造成“重大损失”，但由于行为人的欺骗行为，使银行或其他金融机构的“巨额资金陷入巨大风险”的情况下，能严重危及银行或其他金融机构贷款资金的安全，与造成“重大损失”的危险具有相当性，可界定为“其他严重情节”。因此，单纯的欺骗手段，而未给银行或金融机构造成“重大损失”或“其他严重情节”，不在刑法的讨论范畴。

骗取贷款罪的实质是以欺骗手段取得贷款且情节严重的行为，主观上申请贷款时有欺骗的意识，但并不以非法占有为目的，即有偿还贷款的意愿。客观上须具备三个要素：一是“欺骗手段”的实行行为；二是“欺骗手段”与“取得贷款”之间存在因果关系；三是对银行及其他金融机构造成严重危害的“严重情节”。

从此案情况与司法解释的结合可对“严重情节”有一定认知与了解，可从四个方面进行辩护切入。

1. 行为人必须是故意为之。本罪主观上须是借款人故意为之，即借款人认识到其提供的材料和陈述与客观事实不一致，是为取得贷款故意提供的。如果欠缺此认识要件，则属于客观归罪，不成立本罪。

2. 欺骗手段须足以危及金融管理秩序或资金安全，仅有欺骗手段，但不足以危及金融管理秩序或资金安全的，不构成本罪。在实践中，往往有使用虚假的材料和陈述，但投资项目真实、担保机构可靠或抵押物足额，不至于危及金融管理秩序或资金安全的，不能构成本罪。本案中，彭某使用虚假的林权证作抵押，又无担保，向信用社递交的投资项目是低风险的造林，从而骗取信用社贷款，实际上却拿这 20 万元到广东省某地做生意（高风险），致血本无归。其欺骗手段足以危及信用社资金的安全，最终导致信用社损失 20 余万元资金，应认定为本罪中的“欺骗手段”。

3. 犯罪行为须与犯罪结果之间存在因果关系。借款人使用虚假材料，须使银行或其他金融机构陷入错误认识，并基于这种错误认识发放贷款，借款人因此取得贷款，则认定存在因果关系。如果银行或其他金融机构并非基于这种错误认识发放贷款，则不构成本罪。在实践中，存在银行或其他金融机构明知借款人提供的是虚假材料，仍发放贷款，但不至于危及资金安全的情况，如借款人提供了可靠的担保人或机构、足额的抵押物等，此类应不属于银行基于错误认识发放贷款的情况，不能认定“欺骗手段”与“取得贷款”之间存在因果关系。

4. 严重情节。前文已述，本罪的“严重情节”包括造成“重大损失”和“其他严重情节”。2010年5月7日最高人民检察院、公安部出台的《关于公安机关管辖的刑事案件立案追诉标准的规定（二）》第27条明确规定了构成该罪的条件：以欺骗手段取得贷款100万元以上的；以欺骗手段取得贷款造成直接经济损失20万元以上的；或未达到上述数额，但多次以欺骗手段取得贷款，以及有其他严重情节的，应予立案追诉。从文义解释的角度来看，只要满足上述任何一款，均应追究刑事责任。但笔者认为这种解释是行不通的，本罪中最为关键的是“严重情节”，即给银行或其他金融机构造成直接经济损失或危及资金安全，缺少这一条件，不构成本罪。如借款人以欺骗手段取得贷款100万元或多次以欺骗手段取得贷款，但借款人如期缴纳本息，未给银行或其他金融机构造成任何损失和风险，也未利用贷款进行任何非法活动，应当认定为市场背信行为，不应以本罪追究刑事责任。但本案不同，借款人彭某以欺骗手段取得贷款后，造成信用社直接经济损失20余万元，属“严重情节”，应当以本罪追究刑事责任。

3. 金融凭据诈骗罪构成要件详解

核心要点：金融凭证诈骗罪尽管与票据诈骗罪规定在同一个刑法条文中，且二者共用一个法定刑，但其行为对象或称作案工具与票据诈骗罪完全不同。金融凭据诈骗罪的构成要件需要辩护明晰：何为结算凭证；如何定义伪造、变造的金融凭证；对客观对象的侵害达到何种程度才构成本罪等。

相关案例：刘某法金融凭证诈骗案[①]

➢ **案情介绍：**

1997年10月至1998年10月，被告人刘某法使用伪造、变造的银行存

① 山东省费县人民法院（2018）鲁1325刑初85号。

单，在原费县员外信用社、费县芍药山信用社办理质押贷款后潜逃，造成银行损失 39.5 万元。具体事实如下。

1. 1997 年 10 月，被告人刘某法将其名下的 15 万元银行存单及费县城西小区居民赵某臣、费县农业银行费城办事处自由储蓄所负责人刘某 2（均已判刑）变造的面额为 15.09 万元 0000×××45 号农业银行存单进行抵押，在原费县员外信用社贷款 29 万元。1998 年 10 月，该笔贷款到期后，被告人刘某法偿还了部分贷款后，以其名下的 1 万元银行存单和变造的 0000×××45 号农业银行存单作为抵押，在员外信用社贷款 15.5 万元用于归还尚未还清的贷款。贷款到期后，被告人刘某法拒不偿还，给银行造成损失 14.5 万元。

2. 1998 年 10 月，被告人刘某法将赵某 2、刘某 2 伪造的农业银行存单进行抵押，在原费县芍药山乡信用社贷款 25 万元后携款潜逃。

公诉机关认定上述事实的证据有：临沂市中级人民法院（1999）临刑初字第 159 号刑事判决书、贷款凭证、户籍证明等书证；证人曹某、王某 1、李某等人的证言；同案犯赵某 2、刘某 2 的供述等。

➢ **法院裁判：**

被告人刘某法使用变造的银行存单，进行质押贷款后逃匿，造成金融机构损失 14.5 万元，数额巨大，应当以金融凭证诈骗罪追究其刑事责任。本案指控的第二起事实，证据不足，法院不予认定。辩护人关于被告人构成从犯的辩护意见，与事实不符，法院不予采信。判决如下：（1）被告人刘某法犯金融凭证诈骗罪，判处有期徒刑 5 年，并处罚金人民币 5 万元。（2）责令被告人刘某法退赔被害人费县农村商业银行员外支行 14.5 万元（已缴纳）。

辩点分析及案例释解

（一）何为凭证

金融凭证诈骗罪尽管与票据诈骗罪规定在同一个《刑法》条文中，与票据诈骗罪共用一个法定刑，但是其行为对象或作案工具与票据诈骗罪完全不同，前者只指伪造、变造的金融凭证，而使用作废失效的金融凭证诈骗或冒用真实有效的金融凭证骗取财物不构成金融凭证诈骗罪。后者作案工具既有伪造、变造的金融票据，也有真实有效的金融票据，还包括作废的金融票据。关于伪造、变造金融凭证，《刑法》第194条列明了三项：一是委托收款凭证，二是汇款凭证，三是银行存单。学界对以上三项的含义并无争议，有争议的是该条第2款规定的作案工具中“其他银行结算凭证”的含义。

需要厘清的一是本罪的结算凭证是否仅限于银行的，二是何为结算凭证。由于《刑法》规定本罪的犯罪工具只有银行结算凭证，银行与非银行金融机构有着本质区别，无论从汉语语义还是从实质合理性看，银行结算凭证均不能也不应包括所有金融机构的结算凭证，将所有金融机构的结算凭证均纳入本罪的结算凭证违反罪刑法定原则。从应然层面看，立法对该罪的犯罪工具规定得过于狭窄，应扩大银行类金融机构结算凭证。银行类金融机构虽不具有银行称呼，但法律允许其办理只有银行才有权从事的业务，故其依法办理银行业务所使用的结算凭证也属于“其他银行结算凭证”，那么，信用社、邮政储蓄的结算凭证属于“其他银行结算凭证”。

（二）何为伪造、变造的金融凭证

如果非银行工作人员在空白的真实银行存单或存折上偷盖银行业务印章和金融机构经办人员印章并非法填写了内容是否属于伪造的金融凭证？有权制作的人填写不实的内容或违反规定制作的、形式要件真实的金融凭证是否系伪造的金融凭证？如果银行工作人员利用自己掌握的储户信息在空白的银行存单或存折上非法填写的存单或存折是否系伪造的银行存单、存折？对伪造、变造的金融凭证含义的理解直接影响案件是否应定本罪。

我国《刑法》中伪造类罪名有十几个，散见于《刑法》分则第三章破坏社会主义市场经济秩序罪、妨害社会管理秩序罪第一节扰乱公共秩序罪、危害国防利益罪一章中。刑法理论上存在有形伪造与无形伪造之说：有形伪造是指无制作权限的人非法制作文书的行为；无形伪造是指有文书制作权限的人，制作内容违反真实性的行为。有形伪造属于《刑法》中的伪造并无争议，但无形伪造是否属于《刑法》中的伪造就有争议：第一种观点认为应采狭义的伪造含义，即不应包括无形伪造；第二种观点认为应采广义的伪造含义，应包括无形伪造；第三种观点认为，在许多情况下，伪造行为往往同时兼备上述有形与无形伪造两种表现形式，同时对有形与无形的具体区分标准，还有不同主张，使理论研究人为复杂化，因此二者区分并无太大必要。笔者赞成广义伪造的观点，因为若采狭义的伪造观点，将会不当缩小伪造类罪名的打击范围，使无形伪造行为无法入罪。伪造行为本质特征一是虚假，二是违法，无形伪造完全符合伪造行为的上述两个本质特征，且无形伪造行为所具有的社会危害性不亚于有形伪造，应纳入犯罪打击范围。没有任何立法或司法解释将无形伪造排除于《刑法》的伪造之外，既然能为《刑法》用语的词义所包括，按实质合理性也该入罪，就应将无形伪造算入伪造之含义中，故将伪造理解为既包括有形伪造也包括无形伪造，并不违反罪刑法定原则。

（三）何为使用

金融凭证诈骗罪的客观行为是使用伪造、变造的金融凭证骗取财物，何为本罪的使用？纯从汉语语义分析，对本罪的使用可有广义和狭义之分，狭义使用只指用金融凭证直接兑现金融凭证记载的财产权利，如凭此划、转款、支付、抵债等；广义使用除上述直接兑现外，还包括用其进行质押、展示以显示其资金实力等间接运用。将伪造或变造的金融凭证冒充为真实的金融凭证进行交付、转让、兑现、抵债等兑现金融凭证所载财产权利的直接使用属于本罪的使用无争议，但间接使用骗财是否属于本罪的使用则有争议。笔者认为，本罪的使用只指直接使用行为，不包括间接使用行为，间接使用时，应根据其行为或其侵犯客体的具体情况构成普通诈骗罪或合同诈骗罪。因为只有将金融凭证进行交付、转让、兑现、抵债来实现凭证所记载的财产权利才会对银行金融结算活动造成侵害；而质押、展示伪造、变造的金融凭证等间接使用行为，并未使该伪造、变造的金融凭证进入金融流转程序，不可能侵害银行或银行类金融机构的结算活动，也就不可能侵犯本罪所保护的主要客体即金融结算管理秩序。故本罪的使用是指将伪造或变造的金融凭证谎称、冒充是真实的金融凭证进行交付、转让、兑现、抵债等既违反国家金融结算制度，又能骗取对价的财产性利益的结算行为。

4. 金融凭据诈骗罪争议行为定性

核心要点：金融凭据与诈骗、抢劫、抢夺、冒用等情形往往紧密联系，由此产生的行为定性往往存在一定争议。在实务中，冒用真实有效的金融凭证不能定性为金融凭据诈骗罪；盗窃记名债权凭证后并使用的行为，需按照两个行为数罪并罚；使用作废的金融凭证诈骗财物的，择一重罪定处。

相关案例：王某伟等诈骗、金融凭证诈骗等案①

➢ **案情介绍：**

被告人王某伟自2011年开始与他人一起经营煤炭生意，因经营不善致亏损2000余万元。2013年9月，为了从徐某处借款，王某伟伙同他人伪造了中国工商银行股份有限公司范县支行（以下简称范县工行）的印章。后为了归还他人欠款和筹得项目资金，经与被告人部某伟等人合谋，采取由部某伟注册设立的河南兴泰盛世实业有限责任公司（以下简称兴泰盛世公司）出具无资金保障且无真实贸易关系和债权债务关系的商业承兑汇票，由王某伟在范县工行其办公室内在保函上加盖虚假的范县工行印章进行所谓的“核行”，从而获得他人信任骗取他人财物。涉案的商业承兑汇票大部分是以其他公司的名义从银行购买的空白商业承兑汇票。截至案发，部某伟替王某伟还账共计160余万元。被告人周某文在该公司听从部某伟安排为部分客户开具商业承兑汇票，并带领部分客户到范县工行进行核行。

2013年9月，河南东×电子科技有限公司（以下简称东×公司）向徐某借款2000万元（实际汇款1034万元），徐某提出需要银行担保。王某伟为了使用该款，伙同他人伪造范县工行印章，以范县工行的名义为其出具了“借款保函”，约定如东×公司不能按期偿还借款本息，范县工行承担借款的担保责任，骗取徐某的信任。借款到期后东×公司未还款。2014年6月16日，

① 河南省濮阳市中级人民法院（2017）豫09刑终109号。

王某伟又以范县工行的名义为该笔借款出具“承诺函”，承诺2014年6月20日前由范县工行代为偿还借款本息，但到期后未履行。2014年9月4日，徐某向开封顺河回族区人民法院起诉，王某伟又以范县工行的名义与徐某达成“民事调解协议”，约定由范县工行于2014年10月5日前一次性还本付息。王某伟出具的“借款保函”“承诺函”“民事调解书”均加盖了王某伟伙同他人伪造的范县工行的印章。上述借款由王某伟、张某5等人使用。2014年4~11月，已归还徐某1042万元。

2014年4月，为归还徐某的欠款，王某伟伙同崔某、李某、刘某（均另案处理）预谋使用虚假的银行存单骗取他人钱财。后刘某以范县工行吸收储户资金作银行内部周转，定期利息高出国家2倍为由将程某1和程某2兄妹诱骗至范县工行，王某伟以范县工行行长的身份、李某冒充范县工行主任配合刘某的谎言。程某1兄妹因此于2014年4月24日存入范县工行500万元，王某伟等人为其出具伪造的工商银行储蓄存单和保兑函。500万元存入后，王某伟随即安排崔某将500万元全部转入崔某的卡内。程某1兄妹发现王某伟交予的储存单与柜台开出的不一致，便询问王某伟。王某伟又谎称再存200万元可以开出和银行柜台一样的储存单。2014年5月14日，程某1兄妹再次将存有200万元的银行卡及密码交予王某伟。程某1当天从网上转出100万元，剩余100万元当晚被王某伟消费99万余元。王某伟为程某1兄妹出具了金额为700万元的虚假范县工行储存单和600万元的虚假范县工行保函。到期后，程某1兄妹发现被骗，经多次索要，王某伟一方退还300万元。

2014年五六月，张某9通过贾某祥在部某伟的兴泰盛世公司开出5000万元的商业承兑汇票，交给部某伟15万元开票费，又通过王某1在部某伟处开具5000万元的商业承兑汇票，交给部某伟40万元开票费。后张某9出50万元给王某1用于融资，王某1退还10万元，袁小军（另案处理）从中拿走10万元，部某伟因之前欠王某1钱款，便将剩余的30万元和之前张某9给的钱进行汇总，给张某9打欠条85万元。部某伟以借钱为由向张某9借款10万元，未出借据。

2014年11月2日，部某伟为常某出具1亿元伪造的商业承兑汇票，骗取常某10万元，用于退还李某7被骗的钱财；2014年12月1日部某伟虚构伙计酒后驾车被抓的事实，骗取常某10万元。

2014年10月，郜某伟为宏大（睢县）置业有限公司开具总金额为2000万元的商业承兑汇票，伙同康某（另案处理）骗取梁某开票费50万元，郜某伟获得3.9万元。

➢ **法院裁判：**

二审法院认为，上诉人（原审被告人）王某伟、郜某伟、周某文以非法占有为目的，虚构事实、隐瞒真相，骗取他人财物，数额特别巨大，其行为均已构成诈骗罪。王某伟以非法占有为目的，使用伪造的银行存单及保函骗取他人财物，数额特别巨大，其行为已构成金融凭证诈骗罪。各上诉人在其参与的犯罪中与其他上诉人系共同犯罪。王某伟一人犯数罪，应数罪并罚。王某伟到案后能如实供述自己的主要犯罪事实，可以从轻处罚。周某文在诈骗共同犯罪中，获赃较少，又系从犯，对其减轻处罚。根据最高人民法院关于相关诈骗案件的电话答复以及全国法院审理金融犯罪案件工作座谈会纪要精神，原判认定犯罪数额不当，案发前归还的数额应当从犯罪数额中扣除，但该情况作为酌定从重情节在量刑时考虑。在涉商业承兑汇票的诈骗犯罪及金融凭证诈骗罪中，被害人与被告人虚构真实货物交易合同，违反相关法律法规购买商业承兑汇票及保函，未按银行正常存款程序办理手续交付存款，对被骗的后果发生负有一定责任，该情况作为从轻情节予以考虑。本案部分诈骗事实系未遂，量刑时予以考虑。原判认定部分事实不清、证据不足，适用法律有错误，量刑不当，应当予以改判。判决：（1）撤销范县人民法院（2016）豫0926刑初14号刑事判决。（2）上诉人（原审被告人）王某伟犯诈骗罪，判处有期徒刑13年，并处罚金人民币20万元；犯金融凭证诈骗罪，判处有期徒刑12年，并处罚金人民币20万元，数罪并罚，决定执行有期徒刑18年，并处罚金人民币40万元。（3）上诉人（原审被告人）郜某伟犯诈骗罪，判处有期徒刑13年，并处罚金人民币20万元。（4）上诉人（原审被告人）周某文犯诈骗罪，判处有期徒刑7年，并处罚金人民币10万元。

本判决为终审判决。

辩点分析及案例释解

本案中，王某伟等人案发前归还被害人徐某本金和利息共计847万元。

关于王某伟上诉称其仅构成违规出具金融票证罪的相关上诉理由，经查，王某伟出具虚假的银行保函及存单，骗取他人财物，并非仅仅违规出具金融票证，其行为已构成诈骗及金融诈骗犯罪，故该意见不能成立，法院不予采纳。

王某伟上诉及其辩护人辩护称，原判认定的三起诈骗罪不能成立，经查，原判认定的第一起诈骗罪中，王某伟为使用借款，使用伪造的范县工行的公章为1034万元借款提供担保，现有证据仅能够证明案发前已归还徐某847万元，剩余187万元无充分证据证明已归还，该起事实认定为诈骗罪；原判认定的第二起诈骗犯罪中，王某伟与滑某均有虚构事实的行为，但二人共同犯罪的证据不足，并且王某伟要求滑某提供抵押担保并做了公证，被害人也知情，王某伟并未使用诈骗所得，该起事实虽有虚构事实行为，但王某伟非法占有故意明显，不予认定；原判认定的第三起诈骗罪，现有证据仅能证明王某伟向何某借款200万元，无证据证明王某伟有向何某虚构事实、隐瞒真相的行为，该起事实成立诈骗罪证据不足，不予认定，故部分采纳上诉人及辩护人的相关上诉意见。

王某伟的辩护人辩护称，王某伟与部某伟、周某文预谋证据不足，王某伟在保函上加盖虚假公章证据不足，没有相关原件证明，经查，王某伟使用伪造的范县工行公章为部某伟开具的无真实贸易关系的商业承兑汇票出具虚假保函，骗取的财物均由部某伟收取后部分替王某伟还债，共同骗取他人财物的故意明显，以上事实有王某伟本人供述以及同案被告人部某伟、周某文供述、被害人陈述、多名证人证言以及相关书证与鉴定意见证明，足以认定，故该意见不能成立，不予采纳。

王某伟的辩护人辩护称，王某伟未参与预谋金融凭证诈骗罪，并未参与虚假存储单的制作，无该保函原件或复印件，该起犯罪证据不足，经查，王某伟供述、被害人陈述证、保函、存单复印件等证据能够证明，被告人王某伟作为银行行长对存单伪造应当明知，其仍伙同他人使用伪造的存单并出具虚假保函骗取他人财物，应当认定为金融凭证诈骗罪，故该意见不能成立，不予采纳。

关于部某伟上诉称其系从犯的相关意见，经查，部某伟在共同犯罪中积极主动，具体组织并实施了大部分诈骗行为，收取诈骗违法所得，应当认定为主犯，故该意见不能成立，不予采纳。

部某伟上诉及其辩护人辩护称，原判认定其诈骗罪部分应认定为票据诈骗罪一并处罚，经查，原判认定部某伟替王某1承担所欠张某930万元债务以及向张某9借款10万元构成诈骗罪与票据诈骗罪均证据不足，不予认定，其虚构朋友酒驾被抓的事实，骗取常某的10万元，符合诈骗罪构成要件，应当以诈骗罪定罪处罚。

周某文上诉及其辩护人辩护称，其没有诈骗的故意，其与他人不是共同犯罪，请求改判无罪，经查，周某文经手开具了数额巨大的商业承兑汇票并接受部某伟安排找王某伟为汇票出具了虚假的银行保函，周某文明知部某伟的河南兴泰盛世实业有限责任公司无其他实体业务，王某伟出具保函的过程明显不符合正常程序，并虚构自身身份，其对王某伟、部某伟系诈骗应当明知，仍帮助部某伟、王某伟实施诈骗行为，已构成诈骗罪的共犯，故该意见不能成立，不予采纳。

周某文辩护人辩护称，票据诈骗中没有真正意义的被害人，不应认定为犯罪；部某伟辩护人辩护称，根据汇票内容不能认定为汇票出票人签发无资金保证的汇票，骗取财物，经查，原判认定的票据诈骗罪事实中，被害人均对商业承兑汇票无真实贸易关系无资金保证的情况明知，被告人并没有虚构或隐瞒商业承兑汇票的相关事实骗取被害人财物，不符合票据诈骗罪的第五种情形，认定票据诈骗罪证据不足。但被告人共同向被害人出具虚假的保函，承诺能够出具银行正规保函，出具的商业承兑汇票能够兑出资金或融资，使被害人陷入错误认识，支付开票费与核行费，符合诈骗罪的构成要件，采纳上述部分辩护意见。

（一）冒用真实有效的金融凭证骗取财物定性

此处所称冒用，是指得到金融凭证行为本身不违法或不被刑法评价行为，如捡拾、代为保管、无因管理、不当得利等，通过上述方式得到他人真实有效金融凭证而使用。实践中常发生冒用金融凭证的行为，对此如何定性常发生争议。尽管行为人得到他人金融凭证的行为不属于刑法评价行为，但行为人明知不属于自己的凭证还冒用获财，主观故意违法而行为，则侵犯了他人的财产所有权，达到一定数额的应给予刑罚惩处，这是共识。《刑法》规定的本罪只有使用伪造、变造的金融凭证，对冒用真实有效的金融凭证不能定本罪，对行为人的行为定何罪争议很大，从司法实践中的案件判处情况看，有定诈骗罪的，也有一审法院定盗窃罪、二审法院定侵占罪的。

（二）盗窃、抢劫、抢夺获得真实有效金融凭证后使用获财行为的定性

前面已论述了冒用他人真实有效的金融凭证获取财物的定性为诈骗罪，如果盗窃、抢劫、抢夺或敲诈勒索获得真实有效金融凭证后使用获财如何定性？2013 年最高人民法院、最高人民检察院《关于办理盗窃刑事案件适用法律若干问题的解释》第 5 条规定：“……盗窃不记名、不挂失的有价支付凭证、有价证券、有价票证的，应当按票面数额和盗窃时应得的孳息、奖金或者奖品等可得收益一并计算盗窃数额；（二）盗窃记名的有价支付凭证、有价证券、有价票证，已经兑现的，按照兑现部分的财物价值计算盗窃数额；没有兑现，但失主无法通过挂失、补领、补办手续等方式避免损失的，按照给失主造成的实际损失计算盗窃数额。”尽管“两高”有明确解释，但无论在理论上还是实践中对此问题仍有争议，第一，上述规定可否适用于盗窃、抢劫、抢夺、敲诈勒索等行为？第二，真实有效的金融凭证本身就属于财产，还是属于财产性利益（广义财物）？如本身就属于财产，无论行为人是否使用均应按凭证记载的数额认定，取得了凭证就属既遂，行为人之后冒用就系销赃，不存在定数罪问题；如认为属于财产性利益，就存在是按凭证记载数额认定还是按兑现或造成被害人实际损失数额认定的问题，还有既遂标准认定、一罪数罪认定等问题。如有学者认为：“多次盗窃、入户盗窃、携带凶器盗窃、扒窃债权凭证后，向银行工作人员等自然人骗领现金的，应将盗窃罪与诈骗罪（或金融诈骗罪）实行并罚。《刑法修正案（八）》增加的几种盗窃行为类型已经表明，只要对所有人、占有人具有主观价值，即使其客观上没有经济价值，也可能成为盗窃罪的对象。即使盗窃人后来没有骗领现金，也没有销毁、丢弃债权凭证，也应当认定为盗窃罪。盗窃的对象只是作为有体物的债权凭证，而不包括票面数额。如行为人销毁债权凭证且因之使被害人丧失凭证所载财产权的，如果先前的行为构成盗窃罪，则应与后面的故意毁坏财物罪实行并罚。对于盗窃记名债权凭证后并使用的行为，仅认定为盗窃罪的做法并不妥当。对于这类案件，首先要肯定后面的行为成立诈骗罪

(包括票据诈骗罪)，然后再判断前行为是否成立盗窃罪，进而决定是否实行数罪并罚。”

（三）使用作废的金融凭证骗财的定性

作废的金融凭证不能被伪造、变造的金融凭证包括，按照罪刑法定原则要求，使用作废的金融凭证骗财不能定本罪。如行为人在市场交易过程中使用作废的金融凭证骗财扰乱了市场秩序应构成合同诈骗罪，如系日常生活当中使用骗财构成普通诈骗罪。上面的使用，是指得到作废的金融凭证行为手段不违法，如行为人捡拾明知作废的金融凭证而使用，或受他人委托使用明知是作废的金融凭证。如行为人并不明知是作废的金融凭证而对其盗窃、抢劫、抢夺并使用，则属于盗窃、抢劫、抢夺罪的对象，不构成金融凭证诈骗罪，二者之间系牵连犯，但不能数罪并罚，应从一重罪定处。如明知是作废的金融凭证而盗窃、抢劫、抢夺并使用，行为人并未触犯盗窃、抢劫、抢夺罪，因作废的金融凭证并不属于具体的财物或财产性利益，行为人只是想用其作道具诈骗财物，应只评价后面的诈骗财物行为。当然，如在抢劫、盗窃过程中故意伤害他人，则另当别论。

十四、欺诈发行证券罪

◇ **欺诈发行证券罪**

该罪被《刑法修正案（十一）》第8条修改，原条文指的是自然人或者单位在招股说明书、认股书、公司、企业债券募集办法中，隐瞒重要事实或者编造重大虚假内容，发行股票或者公司、企业债券，数额巨大、后果严重或者有其他严重情节的行为。

（一）相关规定

《刑法》第一百六十条【欺诈发行证券罪】在招股说明书、认股书、公司、企业债券募集办法等发行文件中隐瞒重要事实或者编造重大虚假内容，发行股票或者公司、企业债券、存托凭证或者国务院依法认定的其他证券，数额巨大、后果严重或者有其他严重情节的，处五年以下有期徒刑或者拘役，并处或者单处罚金；数额特别巨大、后果特别严重或者有其他特别严重情节的，处五年以上有期徒刑，并处罚金。

控股股东、实际控制人组织、指使实施前款行为的，处五年以下有期徒刑或者拘役，并处或者单处非法募集资金金额百分之二十以上一倍以下罚金；数额特别巨大、后果特别严重或者有其他特别严重情节的，处五年以上有期徒刑，并处非法募集资金金额百分之二十以上一倍以下罚金。

单位犯前两款罪的，对单位判处非法募集资金金额百分之二十以上一倍以下罚金，并对其直接负责的主管人员和其他直接责任人员，依照第一款的规定处罚。

最高人民检察院、公安部《关于公安机关管辖的刑事案件立案追诉标准的规定（二）》第五条　〔欺诈发行证券案（刑法第一百六十条）〕在招股说明书、认股书、公司、企业债券募集办法等发行文件中隐瞒重要事实或者编造重大虚假内容，发行股票或者公司、企业债券、存托凭证或者国务院依法认定的其他证券，涉嫌下列情形之一的，应予立案追诉：

（一）非法募集资金金额在一千万元以上的；

（二）虚增或者虚减资产达到当期资产总额百分之三十以上的；

（三）虚增或者虚减营业收入达到当期营业收入总额百分之三十以上的；

（四）虚增或者虚减利润达到当期利润总额百分之三十以上的；

（五）隐瞒或者编造的重大诉讼、仲裁、担保、关联交易或者其他重大事项所涉及的数额或者连续十二个月的累计数额达到最近一期披露的净资产百分之五十以上的；

（六）造成投资者直接经济损失数额累计在一百万元以上的；

（七）为欺诈发行证券而伪造、变造国家机关公文、有效证明文件或者相关凭证、单据的；

（八）为欺诈发行证券向负有金融监督管理职责的单位或者人员行贿的；

（九）募集的资金全部或者主要用于违法犯罪活动的；

（十）其他后果严重或者有其他严重情节的情形。

（二）重要辩点及案例释解

1. 欺诈发行证券罪中关于“实控股东、实际控制人”身份性质的认定问题

> 核心要点：在新《证券法》和《刑法修正案（十一）》出台的背景下，我们面对“控股股东、实际控制人”的认定问题时，应当充分地运用新规定，灵活地在注意规定和特殊规定中进行选择。从行为人作为公司的“控股股东、实际控制人”与真正实行犯罪的行为人之间是否存在隶属关系入手，判断其“组织、指使”行为属于共同正犯还是教唆犯，最终实现有效辩护。

相关案例：中某通机械制造有限公司、卢某旺等人欺诈发行债券、出具证明文件重大失实、非国家工作人员受贿案①

➤ **案情介绍：**

卢某旺、卢某煊、卢某光分别系中某通机械制造有限公司（以下简称中某通公司）的董事长、法定代表人和原财务总监；杨某杰、陈某明、王某宇和徐某分别系利某会计师事务所某分所副所长、项目经理、主任会计师授权签字人和部门经理；边某系某证券股份有限公司（以下简称某证券公司）固定收益融资总部业务部董事。

2013年下半年，中某通公司的流动资金不足，卢某旺为发行私募债券融资，经与卢某煊、卢某光合谋，虚增公司营业收入5.13亿余元、虚增利润总额1.31亿余元、虚增资本公积金6555万余元、虚构某银行授信额度500万元、隐瞒外债2025万余元。利某会计师事务所承接中某通公司的审计项目后，未按审计准则要求对中某通公司的账外收入和股东捐赠情况进行审计，在审计报告中虚增了上述营业收入、净利润和资本公积金。其中，杨某杰在出具重大失实报告中实施了组织、管理等行为；陈某明实施了现场审计和初稿起草行为；王某宇作为利某会计师事务所授权的签字注册会计师，在未按审计准则对中某通审计报告进行审核的情况下，草率签发审计报告；徐某作为注册会计师，在未实际参与中某通项目现场审计的情况下，应杨某杰的要求在审计报告上署名。承销券商某证券公司以此为基础出具了《中某通公司非公开发行2014年中小企业私募债券募集说明书》。经向上海证券交易所备案，中某通公司于2014年5～7月非公开发行两年期私募债券共计1亿元，被相关投资人认购。其中，两位投资人在边某的介绍下分别认购该私募债券，边某收受中某通公司给予的贿赂款150万元。2016年该私募债券到期后，中某通公司无力偿付债券本金和部分利息，造成投资人的重大经济损失。

➤ **法院裁判：**

上海市公安局以边某涉嫌非国家工作人员受贿罪，杨某杰、陈某明、王

① 参见最高人民检察院、证监会联合发布证券违法犯罪典型案例（2020年11月6日）。

某宇、徐某涉嫌出具证明文件重大失实罪，中某通公司、卢某旺、卢某煊、卢某光涉嫌欺诈发行债券罪向上海市人民检察院第一分院和上海市徐汇区人民检察院移送起诉。

2017 年 8 月 3 日，上海市徐汇区人民检察院以边某涉嫌非国家工作人员受贿罪提起公诉。2017 年 8 月 21 日、11 月 21 日，上海市人民检察院第一分院分别以杨某杰、陈某明、王某宇、徐某涉嫌出具证明文件重大失实罪，中某通公司、卢某旺、卢某煊、卢某光涉嫌欺诈发行债券罪提起公诉。

2017 年 8 月 21 日，上海市徐汇区人民法院作出一审判决，以非国家工作人员受贿罪，判处被告人边某有期徒刑 2 年 6 个月，没收违法所得。2017 年 11 月 21 日、2018 年 1 月 31 日，上海市第一中级人民法院分别作出一审判决，以出具证明文件重大失实罪，判处被告人杨某杰有期徒刑 2 年、缓刑 3 年，被告人陈某明有期徒刑 1 年 6 个月、缓刑 2 年，被告人王某宇拘役 6 个月、缓刑 6 个月，被告人徐某有期徒刑 6 个月、缓刑 1 年，并分别判处罚金 5 万元至 10 万元不等；以欺诈发行债券罪，判处被告单位中某通公司罚金人民币 300 万元，被告人卢某旺有期徒刑 3 年 6 个月，被告人卢某光有期徒刑 2 年 6 个月，被告人卢某煊有期徒刑 2 年、缓刑 2 年。一审宣判后，陈某明、王某宇、徐某提出上诉，上海市高级人民法院裁定维持原判，判决已生效。

2020 年 4 月，上海市人民检察院结合本案以及其他同类案件的办理情况，向中国注册会计师协会发出了加强会计师行业监管的检察建议书。中国注册会计师协会收到检察建议书后，积极采取措施加强中介机构职责重要性教育，完善注册会计师专业标准体系，加强法律知识培训和职业道德教育，研究完善会计师事务所质量管理相关准则，以便更好地发挥行业自律监管作用。

辩点分析及案例释解

在《刑法修正案（十一）》中，全新的欺诈发行证券罪增设了关于“控股股东、实际控制人”的相关规定，该规定称：“控股股东、实际控制人组织、指使实施前款行为的，处五年以下有期徒刑或者拘役，并处或者单处非法募集资金金额百分之二十以上一倍以下罚金；数额特别巨大、后果特别严重或者有其他特别严重情节的，处五年以上有期徒刑，并处非法募集资金金额百分之二十以上一倍以下罚金。”关于“控股股东、实际控制人”的认定，学界提出了不同的观点，刘宪权认为此规定旨在将共犯行为正犯化,[①] 张明楷则认为此规定并没有任何实质性内容，属于注意规定。[②] 这个争论涉及正犯和共犯的区分问题，在司法实践中具有重大意义，我们应当加以讨论。

在本案中，法院并未对路某旺等人的“控股股东、实际控制人”的相关身份进行辨析，因为此案于2018年上海高级人民法院裁定维持原判，并未等到《刑法修正案（十一）》的出台。但我们是否可以依此推定，即在关于“控股股东、实际控制人”的相关规定出台以后，仍无对这类身份进行辨析的必要，换句话说，张明楷的观点是对的，此规定仅是一个注意规定，并无实质性内容。但如果我们同意他的观点，那么就会面临另一个问题，关于欺诈发行证券罪新增设的第2款规定就完全丧失了增设的必要，成为所谓的冗余条款。因此，我们就不得不分析两种不同观点背后的理论立场。

张明楷的观点实质上是认为这里的“组织、指使”完全是正犯的行为，并不存在共犯正犯化的问题，刘宪权的观点实质上是认为这一规定实际上是将“组织、教唆”理解为教唆犯的“教唆行为”，因此将共犯行为正犯化了。

如果我们根据形式客观说来理解正犯和共犯之间的关系，则正犯和共犯的区别在于，是否亲自实施了犯罪，正犯是亲自实施了犯罪，共犯是参与实施了犯罪。如果按照这种观点，那么“组织、指使”只能是参与实施犯罪，而非“亲自”实施犯罪，因此第2款新增设规定就是一种共犯行为正犯化的特殊规定。

形式客观说并不能完整评价有一些实质的客观行为，它们尽管是以参与的形式呈现在整个共同犯罪行为之中，但是它们实质上已经决定性地影响了整个犯罪行为的实施，这种行为其实应当被评价为共同正犯行为。对此罗克辛教授认为，对这种具有实质性决定作用的客观行为，不应该以形式客观说的“亲自实施”或“参与”进行判断，而是应该以行为人是否在“参与”外壳下维持对正犯的“亲自实施”犯罪行为的支配性。如果行为人仅在“组

---

① 参见刘宪权：《金融犯罪最新刑事立法论评》，载《法学》2021年第1期。

② 参见张明楷：《增设新罪的原则——对〈刑法修正案十一（草案）〉的修改意见》，载《政法论丛》2020年第6期。

织、指使”行为结束之后，不再对正犯的行为具有支配地位，那么他只能够被评价为帮助犯。但是如果行为人在“组织、指使”行为结束之后，依然持续地对正犯的“亲自实施”行为具有决定性的支配作用，那么他就应当成立共同正犯。这就是所谓的功能性支配说。[①] 对上述两种观点林钰雄教授提出了一个折中说，[②] 即在判断行为人是否在“参与”的外壳下维持对正犯的“亲自实施”犯罪行为的支配性的时候，不应该过于考虑行为人时刻存在的支配性行为，而只需要考虑行为人和正犯之间是否存在日常的、结构性的上下级支配关系即可。换句话说，如果“组织、指使”的行为人与实行正犯之间具有日常化的、结构性的上下级隶属关系，那么该行为人应该被评价为共同正犯而非帮助犯。

关于欺诈发行证券罪新设第 2 款中的真正含义，应为如果行为人作为公司的“控股股东、实际控制人”与真正实行犯罪的行为人之间存在隶属关系时，那么行为人的“组织、指使”行为应该以共同正犯论处。如果行为人作为公司的“控股股东、实际控制人”与真正实行犯罪的行为人之间并不存在隶属关系时，那么行为人的“组织、指使”行为应该以教唆犯论处。这个第 2 款规定就是整个刑法体系中独一无二的双重规定，在前一种情况中，它是特殊规定，在后一种情况中，它是注意规定。这将会为《刑法》新罪名新条款的设立提供重大的参考意义。

回到本案，如果卢某旺对卢某煊、卢某光等人处于结构性的支配地位，那么卢某旺一并构成共同正犯，但如果其对卢某煊、卢某光并不处于结构性的支配地位，那么卢某旺就应当构成教唆犯。

在新《证券法》和《刑法修正案（十一）》的时代里，我们面对“控股股东、实际控制人”的认定问题时，应当充分运用具有双重含义的新设第 2 款的规定，灵活地在注意规定和特殊规定中进行选择，最终寻求出罪的可能性。

---

① 关于罗克辛的论述，参见柏浪涛：《欺诈发行证券罪的教义学分析》，载《中国刑事法杂志》2021 年第 4 期。

② 参见林钰雄：《新刑法总则》，台北，元照出版有限公司 2019 年版，第 445 页。

2. 欺诈发行证券罪中关于私募债券是否应当被认定为行为对象的若干问题

核心要点：随着新《证券法》的出台，“欺诈发行证券罪”所保护的客体或法益有了重大变化，因此对于私募债券的欺诈发行行为，不应当再采取肯定说入罪，而应当采取否定说出罪。

相关案例：江苏北极皓天科技有限公司、杨某甲欺诈发行股票、债券案①

➢ **案情介绍：**

被告单位北极皓天公司于2009年12月注册成立，注册资本5000万元，后增资至11,000万元。被告人杨某甲系北极皓天公司的法定代表人、执行董事，负责公司的全面工作。

2010年左右，杨某甲代表北极皓天公司与北京工业大学光电子技术实验室开展合作，由北极皓天公司出资购买LED生产设备及支付实验室相关费用，该实验室帮助北极皓天公司组建生产线、培训技术骨干，并提供生产技术、芯片产品样品等。2012年，杨某甲为解决融资问题决定发行私募债券，并由中山证券承销，拟向上海证券交易所申请非公开发行中小企业私募债券。其间，杨某甲的亲属杨某1（又名杨某，另案处理）负责公关接待、协调联络、业务谈判、联系律师出具法律意见书等事务。

2013年3月，被告单位北极皓天公司在中山证券负责的《江苏北极皓天科技有限公司2013年中小企业私募债券募集说明书》中隐瞒公司尚未建成投产、尚无销售收入和利润的重大事项，提交虚假的审计报告、纳税证明等材料，骗取上海证券交易所备案，备案金额不超过1亿元，债券期限为3年期，销售期限为6个月。2013年9月，在投资者认购意向不足，该债券面临发行失败时，由杨某1及被告人杨某甲出面借款6700万元，分别以江苏佳钇莹照明科技有限公司的名义虚假认购700万元、以深圳市华庭园投资发展有限公司的名义虚假认购6000万元，认购完成后随即归还出借人。最终实际募集到

① 江苏省无锡市中级人民法院（2018）苏02刑初49号。

嘉实公司认购的2700万元资金。

➢ **法院裁判：**

法院认为，被告单位北极皓天公司在公司债券募集办法中隐瞒重要事实、编造重大虚假内容，发行公司债券，数额巨大；被告人杨某甲作为被告单位北极皓天公司直接负责的主管人员，决定并实施上述犯罪行为，其行为均已构成欺诈发行债券罪。被告人杨某甲到案后如实供述自己的罪行，系坦白，依法可予以从轻处罚。江苏省无锡市人民检察院指控被告单位北极皓天公司及被告人杨某甲犯欺诈发行债券罪的事实清楚、证据确实、充分，指控罪名成立，法院予以采纳。

关于被告人杨某甲及其辩护人提出的"具有坦白情节"的辩解、辩护意见，经查，杨某甲到案后，如实供述了犯罪事实，认罪态度较好，依法可以从轻处罚。故该辩解、辩护意见成立，法院予以采纳。

关于辩护人提出的"可以适用缓刑"的辩护意见，经查，被告单位北极皓天公司、被告人杨某甲突破法律底线，违背诚信原则，实施欺诈发行债券的行为，造成投资人的重大经济损失，依法应当予以严惩，不符合适用缓刑的条件。故该辩护意见不能成立，法院不予采纳。

关于辩护人提出的"北极皓天公司发行的是私募债，系突破原有刑法框架的制度创新，量刑应当予以从轻"的辩护意见，经查，欺诈发行股票、债券罪属于《刑法》"妨害国家对公司、企业的管理秩序罪"范畴，对本罪中"公司、企业债券"的理解除应根据《刑法》的规定外还应根据《公司法》《证券法》等专门法律的规定。《公司法》规定，公司债券是指公司依照法定程序发行、约定在一定期限还本付息的有价证券。公司发行公司债券应当符合《证券法》的规定。《证券法》规定，公司证券可分为公开发行的证券和不公开发行的证券。私募债券虽然在发行方式、对投资者的要求、是否须经国家证券监管部门审核等方面与公开发行的公司、企业债券不同，但其本质仍是公司、企业债券，应受《刑法》相关规定的调整。因此，《刑法》第160条中规定的"公司、企业债券"应当包含私募债券。故该辩护意见不能成立，法院不予采纳。

综上，法院判决：（1）被告单位江苏北极皓天公司犯欺诈发行债券罪，判处罚金人民币100万元（罚金于本判决生效的第二日起30日内一次性缴纳）。（2）被告人杨某甲犯欺诈发行债券罪，判处有期徒刑1年3个月（刑期自判决执行之日起计算。判决执行以前先行羁押的，羁押一日折抵刑期一日，即自2018年2月28日至2019年5月27日止）。（3）责令被告单位江苏北极皓天公司向投资者退赔违法所得。

辩点分析及案例释解

新《证券法》和《刑法修正案（十一）》对《刑法》第160条关于“欺诈发行证券罪”的相关规定作出了重大修正，加大了对欺诈发行证券行为的打击力度和打击范围。尽管截至目前，裁判文书网涉及“欺诈发行证券罪”或“欺诈发行股票、债券罪”的案件数量相当少，但是司法实践中对此罪的一些理解，仍然有值得讨论和商榷的地方。

在本案中，欺诈发行证券罪中关于私募债券是否应该被认定为行为对象的问题，杨某甲的辩护人与法院产生了重大的分歧。因为根据《刑法修正案（十一）》的相关规定，本罪所谓的“证券”包括5种类型：（1）股票，（2）公司债券，（3）企业债券，（4）存托凭证，（5）国务院依法认定的其他证券。而私募债券并不在上述类型之中。所以杨某甲的辩护人辩称：“北极皓天公司发行的是私募债，系突破原有刑法框架的制度创新，量刑应当予以从轻。”当然这是一个较为保守的辩护意见，如果再激进一些就会以无罪为辩护核心。法院在判决中提出了相反的观点：“《证券法》规定，公司证券可分为公开发行的证券和不公开发行的证券。私募债券虽然在发行方式、对投资者的要求、是否须经国家证券监管部门审核等方面与公开发行的公司、企业债券不同，但其本质仍是公司、企业债券，应受《刑法》相关规定的调整。”法院的核心论点是，私募债券与公募债券具有相同属性，因此对私募债券的欺诈发行行为依然具有相同的社会危害性。这也就是学界和实务界盛行的肯定说。

随着新《证券法》的出台，欺诈发行证券罪所保护的客体实际上不再是金融市场的正常管理秩序，而变成了“广大投资者对证券审查机关的信赖”，因此司法机关不宜再如同旧《证券法》时期那样采取肯定说。在旧《证券法》的规定中，如果某公司想要发行证券，就必须通过审查机关的实质审查，即不仅考虑该公司提交的申请发行文件是否属实，还需要评估该公司的实际盈利情况。但是在新《证券法》的规定中，审查机关将不再评估申请发行证券的公司的实际盈利情况，而只考虑发行文件内容是否属实，即只进行形式审查。从实质审查到形式审查的变化，意味着刑法要保护的客体同样发生了变化。在实质审查下，审查机关不单单要保证申请发行公司的文件属实，还要保证实际发行的证券质量过硬；而在形式审查下，审查机关只需要保证申请发行公司的文件属实，不再对证券质量作出保证。换句话说，在形式审查中，只有发行公司和审查机关两个主体，而在实质审查中，则存在发行公司、审查机关和广大投资者三个主体。如果采用实质审查标准，刑法在保护审查机关利益的同时，还需要保护广大投资者的利益，这两者叠加起来对应的客体也就是所谓的“金融市场管理秩序”和“证券市场的公平性”。如果只采用形式审查标准，那么《刑法》只需要保护审查机关的利益，即“广大投资者对证券审查机关的信赖”，不再需要保护投资者利益。

在《刑法》所保护的客体或法益发生变动的情况下，2021 年 2 月 26 日中国证监会发布的《公司债券发行与交易管理办法》对私募债券的发行还追加了新规定，即私募债券的发行不再采取事前备案制，而是采取事后备案制，且要求发行公司向行业协会报备，而不是向审查机构报备。这意味着在事后报备制中，甚至连形式审查都不需要了，只有一个事后报备的程序性流程。从这个角度上看，欺诈发行私募债券的行为根本就不存在侵犯“广大投资者对证券审查机关的信赖”的问题，因为私募债券的发行已经与审查机关不存在直接关系了。

另外，即使退一步说，在这种情况下还要保护所谓“广大投资者投资的公平性”，那么我们可以再考察一下《公司债券发行与交易管理办法》的相关规定，其第 34 条明确规定了私募债券发行的对象不得超过 200 人。也就是说，其发行对象绝不是“广大投资者”而是特定的“专业投资者”。根据构成要件效力理论，某个构成要件只能保护某一种法益，而不能保护多种甚至所有的法益。在一个连续行为的犯罪中，如果前行为和后行为分别侵犯了不同的客体，即使它是针对同一对象，也无法根据相同的要件来评价两个行为。也就是说，一旦欺诈发行证券罪的构成要件是要保护“广大投资者投资的公平性”，它就不能再承担保护特定的“专业投资者”利益的功能。

最后，证监会的《证券期货投资者适当性管理办法》的第7条规定对普通投资者和专业投资者作出了明确区分，并强调：“普通投资者在信息告知、风险警示、适当性匹配等方面享有特别的保护。”从这个角度上，我们也能很容易明白《刑法》所保护的对象只可能是广大的“普通投资者”，而不是特定的“专业投资者”。

我们在新《证券法》的时代，在面对本案这种因私募债券被认定为欺诈发行债券罪的时候，应该坚决地采用上述的思路进行无罪辩护。本案或许也能给司法机关增长一些经验，即当面对“突破原有刑法框架的制度创新”之时，“量刑应当予以从轻”，否则随着新修正案和相关新规定的出台，其违背刑法谦抑性的嫌疑可能会被坐实。

3. 私募债券定性问题与辩护思路

核心要点：私募债券与公募债券一样，其本质均为约定还本付息的有价证券，均属于公司债券，判断其为私募还是公募，主要是由发行的方式来决定的，且欺诈发行证券罪当属于不成文之法定犯。

相关案例：中某通机械制造有限公司、卢某旺等人欺诈发行债券、出具证明文件重大失实、非国家工作人员受贿案①

> **案情介绍：**

2013年，中某通机械制造有限公司流动资金不足（以下简称中某通公司），公司董事长卢某旺为发行私募债券融资，经与公司法定代表人卢某煊、财务总监卢某光合谋，虚增公司营业收入5.13亿余元、虚增利润总额1.31亿余元、虚增资本公积金6555万余元、虚构某银行授信额度500万元、隐瞒外债2025万余元。

---

① 最高人民检察院联合中国证券监督管理委员会发布12起证券违法犯罪典型案例之二。

利某会计师事务所承接中某通公司审计项目后，未按审计准则要求对中某通公司账外收入和股东捐赠情况进行审计，在审计报告中虚增了上述营业收入、净利润和资本公积金。其中，其中副所长杨某杰在出具重大失实报告中实施了组织、管理等行为；项目经理陈某明实施了现场审计和初稿起草行为；主任会计师王某宇作为利某会计师事务所授权的签字注册会计师，在未按审计准则对中某通审计报告进行审核的情况下，草率签发审计报告；徐某作为注册会计师，在未实际参与中某通项目现场审计的情况下，应杨某杰要求在审计报告上署名。

承销券商某证券公司以此为基础出具了《中某通公司非公开发行2014年中小企业私募债券募集说明书》。经向上海证券交易所备案，中某通公司于2014年5~7月非公开发行两年期私募债券共计1亿元，被相关投资人认购。其中，两位投资人在证券公司固定收益融资总部业务部董事边某的介绍下分别认购该私募债券，边某收受中某通公司给予的贿赂款150万元。2016年该私募债券到期后，中某通公司无力偿付债券本金和部分利息，造成投资人重大经济损失。

➢ **法院裁判：**

2017年11月21日、2018年1月31日，上海市第一中级人民法院分别作出一审判决，以出具证明文件重大失实罪，判处被告人杨某杰、陈某明、王某宇、徐某有期徒刑6个月到2年，并处罚金；以欺诈发行债券罪，判处被告单位中某通公司罚金人民币300万元，被告人卢某旺有期徒刑3年6个月，被告人卢某光有期徒刑2年6个月，被告人卢某煊有期徒刑2年、缓刑2年。一审宣判后，陈某明、王某宇、徐某提出上诉，上海市高级人民法院裁定维持原判，判决已生效。

辩点分析及案例释解

2021年《刑法修正案（十一）》对《刑法》第160条关于“欺诈发行证券罪”的犯罪构成规定作出了重大修正，一是通过增加“等发行文件”的兜底条款，将隐瞒重大事实或编造重大虚假内容的载体范围予以扩大。二是在股票、公司、企业证券的基础上，新增存托凭证或者国务院依法认定的其他证券，扩大了发行对象的范畴，将欺诈发行证券罪的行为对象规定为“股票、公司债券、企业债券、存托凭证或者国务院依法认定的其他证券”。新的规定进一步加大了对欺诈发行证券行为的打击力度和打击范围。《刑法修正案（十一）》是对2019年新《证券法》的一次联动修订。《证券法》第2条规定：“在中华人民共和国境内，股票、公司债券、存托凭证和国务院依法认定的其他证券的发行和交易，适用本法……”

（一）将私募债券认定为《刑法》第160条规定的“公司债券”符合其本质认定

无论是修订前《刑法》的规定，还是《刑法修正案（十一）》对该罪的修订内容，“公司、企业债券”均应作为欺诈发行的对象。而公司私募债券能否被认定为公司债券，关键在于对“公司债券”的实质认定。

私募债券系相对“公开发行”的公司债券而言的概念，系非公开发行的公司债券。2012年为了解决中小企业融资难的问题，中央决定在深圳证券交易所和上海证券交易所部署实施中小企业私募债券业务试点，允许未上市中小微企业在两个证券交易所非公开发行债券。因此，我国最早关于私募债券的规范性文件为2012年5月22日和5月23日生效的《上海证券交易所中小企业私募债券业务试点办法》和《深圳证券交易所中小企业私募债券业务试点办法》。上述文件专门对公司私募债券进行了定义：“本办法所称中小企业私募债券，是指中小微型企业在中国境内以非公开方式发行和转让，约定在一定期限还本付息的公司债券。”

现行有效的2022年4月22日实施的《上海证券交易所非公开发行公司债券挂牌规则》和同日生效实施的《深圳证券交易所非公开发行公司债券挂牌规则》对非公开发行债券进行了界定：“非公开发行的公司债券在本所的挂牌转让，适用本规则……本规则所称公司债券是指公司依照法定程序发行、约定在一定期限内还本付息的有价证券。”

同时，2021年《公司债券发行与交易管理办法》第2条规定：“在中华人民共和国境内……非公开发行公司债券并在证券交易所、全国中小企业股份转让系统、证券公司柜台转让的，适用本办法……本办法所称公司债券，是指公司依照法定程序发行、约定在一定期限还本付息的有价证券。”

从上述法律规范关于私募债券即非公开发行的公司债券的定义可以看出，私募债券的特征：一是非公开发行；二是发行程序和步骤受国家监管和规制；三是约定在一定期限内还本付息。因此，私募债券与公募债券一样，其本质均为约定还本付息的有价证券，均属于公司债券。

（二）将私募债券认定为欺诈发行证券罪的对象符合《刑法》第160条规定之文义解释

笔者认为，债券是私募还是公募，主要是由发行的方式决定的。如此一来，关于欺诈发行私募债券是否属于欺诈发行证券罪的争议核心即在于对《刑法》第160条中“发行股票或者公司、企业债券”的解释。笔者认为，我国《刑法》规定之罪刑法定原则的首要含义是禁止类推解释，即对刑法的解释不能超出刑法条文文义的可能范围。就“发行公司、企业债券”文义而言，非公开发行显然亦是发行的一种形式。“债券”一词自然也不能仅限定为公开发行的债券，而应包括公开和非公开发行的债券。

（三）将私募债券认定为欺诈发行证券罪的对象符合该罪名之法定犯属性

虽然《刑法》第160条规定的欺诈发行证券罪的构成要件未明确构成该罪需要“违反国家规定”。但是根据法秩序统一理论，该罪的成立显然取决于《证券法》对欺诈发行证券行为的行政法律规定。要具备刑事违法性，首先要具备行政违法行为。2019年《证券法》第5条对欺诈发行证券行为进行了禁止性规定“证券的发行、交易活动，必须遵守法律、行政法规；禁止欺诈、内幕交易和操纵证券市场的行为。”因此，欺诈发行证券首先属于行政违法行为。在具备行政违法性的基础上，再根据欺诈发行证券行为的行政违法性是否达到第160条“数额巨大、后果严重或者有其他严重情节的”的程度，即2022年5月15日生效的最高人民检察院、公安部《关于公安机关管辖的刑事案件立案追诉标准的规定（二）》第5条之规定，判断是否具备刑事违法性。因此，欺诈发行证券罪属于不成文之法定犯。

我国《证券法》并未对股票、债券作出直接定义，但对非公开发行作了规定。《证券法》第9条第3款规定：“非公开发行证券，不得采用广告、公开劝诱和变相公开方式。”尽管该条文属于禁止性规定，但是足以表明证券法所规范的证券发行方式包括公开发行和非公开发行，相应的证券种类亦应包括公开发行证券和非公开发行证券。此外，证监会发布的《公司债券发行与交易管理办法》第 3 条明确规定：“公司债券可以公开发行，也可以非公开发行。”将公募和私募债券统称为公司债券。

综上，从该罪名行政犯的角度考量，将私募债券认定为公司债券是恰当的。

（四）将欺诈发行私募债券的行为认定为欺诈发行证券罪符合该罪的法益保护目的欺诈发行私募债券行为具有现实的法益侵害性

虽然从体系位置来看，欺诈发行证券罪被置于刑法分则第三章第三节“妨害对公司、企业的管理秩序罪”中，但结合我国证券发行的制度演变过程分析，该罪所保护的法益应当为复合法益，即除了公司、企业的管理秩序和证券市场的诚信机制之外，还应当包括投资人的合法权益。

2019 年证券法在总结科创板试点经验的基础上，取消证券发行核准制度，以立法的形式确立了注册制的法律地位。注册制坚持以市场为导向，以信息披露为中心，因此，更加体现了信息披露制度的重要性。发行人必须做到公开给投资者的信息完整、真实、精准、及时和有效，不得有虚假记载、误导性陈述或者重大遗漏，从而确保投资者凭借被披露的信息作出正确的投资决策。一旦发行人在披露信息时存在欺诈行为，必将误导投资者的决策使其因此蒙受损失，同时损害证券市场功能。

同时，《公司债券与交易管理办法》规定，私募债券的发行不再采取事前备案制，而是采取事后备案制。在这种制度下，若发行人通过隐瞒重要事实或者编造重大虚假内容的方式发行私募债券，诱导投资人基于错误的信息做出投资决策，那么势必将增加私募债券违约的可能。如此则会对整个私募债券市场的发展造成影响，同时会严重损害私募债券投资人的合法权益，造成社会危害性。

因此，基于上述考虑，《刑法》第 160 条中规定的“公司、企业债券”应当包含私募债券，这符合当前我国法律法规关于规范证券市场运行机制的相关规定。

十五、保险诈骗罪

◇ **保险诈骗罪**

该罪是指投保人、被保险人、受益人，以使自己或者第三者获取保险金为目的，采取虚构保险标的、保险事故或者制造保险事故等方法，骗取保险金，数额较大的行为。

（一）相关规定

《刑法》第一百九十八条【保险诈骗罪】 有下列情形之一，进行保险诈骗活动，数额较大的，处五年以下有期徒刑或者拘役，并处一万元以上十万元以下罚金；数额巨大或者有其他严重情节的，处五年以上十年以下有期徒刑，并处二万元以上二十万元以下罚金；数额特别巨大或者有其他特别严重情节的，处十年以上有期徒刑，并处二万元以上二十万元以下罚金或者没收财产：

（一）投保人故意虚构保险标的，骗取保险金的；

（二）投保人、被保险人或者受益人对发生的保险事故编造虚假的原因或者夸大损失的程度，骗取保险金的；

（三）投保人、被保险人或者受益人编造未曾发生的保险事故，骗取保险金的；

（四）投保人、被保险人故意造成财产损失的保险事故，骗取保险金的；

（五）投保人、受益人故意造成被保险人死亡、伤残或者疾病，骗取保险金的。

有前款第四项、第五项所列行为，同时构成其他犯罪的，依照数罪并罚的规定处罚。

单位犯第一款罪的，对单位判处罚金，并对其直接负责的主管人员和其他直接责任人员，处五年以下有期徒刑或者拘役；数额巨大或者有其他严重情节的，处五年以上十年以下有期徒刑；数额特别巨大或者有其他特别严重情节的，处十年以上有期徒刑。

保险事故的鉴定人、证明人、财产评估人故意提供虚假的证明文件，为他人诈骗提供条件的，以保险诈骗的共犯论处。

（二）重要辩点及案例释解

1. 保险代理人在保险诈骗罪中的责任问题

核心要点：在实务案例中，往往会出现保险代理人暗中帮助行为人并与其一同骗取保险金的情况。此种情况下，辩护要点是要搞清楚保险代理人的帮助行为如何界定、是否认定及达到何种程度时应认定为保险诈骗罪的共犯，以及在保险代理人被认定为共犯的情形下，如何区分主从犯关系等问题。

相关案例：陆某某保险诈骗案①

➢ **案情介绍：**

江苏省海门市正余镇建筑管理站（以下简称正余建管站）具有办理海门人寿保险公司镇村居民建房建筑施工人员意外伤害保险的代理权。被告人王某江系该站站长，具有管理、决策站内事务的职权。被告人陆某某系村镇建筑工匠，具有承建三层以下民房建筑的从业资格。

2004 年 12 月，被告人陆某某在未按海门市建筑工程管理局的规定办理镇村居民建房建筑施工人员意外伤害保险及民房建筑施工合同的情况下，承建了本村村民虞某高家的住宅楼房。2004 年 12 月 12 日下午，被告人陆某某雇佣的施工人员冯某生在二楼搬砖时不慎坠下，经抢救无效死亡。被告人陆某某为骗取保险金，于当晚与虞某高、范某群夫妻到正余建管站找到被告人

① 江苏省南通市中级人民法院（2006）通中刑二终字第 0111 号。

王某江，请求补办保险手续。王某江虽未同意，但仍向中国人寿保险股份有限公司海门支公司（以下简称海门人寿保险公司）报告了出险事故。13日上午，被告人陆某某与虞某高、范某群夫妻又到正余建管站找到被告人王某江商量补办保险手续的事，后被告人王某江吩咐会计张某芬为被告人陆某某补办了虞某高家建房的村居民建房建筑施工人员意外伤害保险，开具了中国人寿保险股份有限公司海门支公司№005623号保险理赔凭证，并将投保时间提前到2004年11月30日。海门人寿保险公司接受被告人陆某某的理赔申请后，于2005年1月28日支付保险金80,000元，由被告人陆某某出具收条，被告人王某江将其中1万元扣留作为补偿处理事故的费用，余70,000元交给被告人陆某某用于支付赔偿款。

➢ **法院裁判：**

2004年12月14日，陆某某、建房业主虞某高与死者家属在海门市正余镇人民调解委员会主持下，达成调解协议一份，约定：（1）陆某某、建房业主虞某高一次性赔偿死者家属赡养费、抚养费共计人民币83,800元，其中陆某某承担82,800元，虞某高承担1000元；（2）死者冯某生的保险费由陆某某受偿，死者家属有义务协助陆某某办理保险事宜。

辩点分析及案例释解

被告人王某江在本案中的身份是保险代理人海门市正余建管站的负责人，是其最终决定同意被告人陆某某的请求，吩咐本单位会计为陆某某补办保险手续，开具保险理赔凭证的。因此，会计开具保险理赔凭证的行为实际上就是王某江的行为，应由其承担相应的责任理由充分。然而，法院在审理中，对王某江究竟应承担怎样的责任，则存在更大的争议。

第一种意见是无罪说，认为王某江不符合保险诈骗罪共犯的主体资格，依罪刑法定原则，应宣告其无罪。理由是：《刑法》第198条明确规定了保险诈骗罪的犯罪主体，一类是第1款规定的特殊主体，即投保人、被保险人、受益人（以下简称投保方）；另一类是第4款规定的以共犯论的主体，即保险事故的鉴定人、证明人、财产评估人（以下简称鉴定人等）。王某江的主体身份只是保险代理人，与这两类均不符。

第二种意见是主犯决定说。该说站在陆某某的角度审视，将具有保险代理人身份的王某江依据海门人寿保险公司的委托，有与该公司工作人员办理保险业务相同的权限，视其为保险公司内部的工作人员（以下简称保方人员），认定其具有办理保险业务职务侵占的犯罪主体。其相对于陆某某而言属内，而陆某某则属外，那么陆某某与王某江相互串通骗取保险金，符合内外勾结共同犯罪的特征。但在定罪时，可依王某江与陆某某在共犯中的作用大小来划分主、从犯，以主犯来确定。具体来说，王为陆补办保险手续，是利用了海门人寿保险公司委托行使保险代理权的职务之便。没有该职务之便，陆的骗保行为不能得逞，故王的作用大于陆，王系主犯。至于犯罪所得由陆占有王并未占有的问题，这涉及对职务侵占罪非法占有的理解问题。根据理论上的通说，王为陆占有保险金的行为，可以认定其非法占有保险金后对赃款的处置问题。结论是王与陆共同构成职务侵占罪。

第三种意见是特殊身份说。该说在赞同主犯决定说的基础上，认为还要以王某江的特殊身份进行定性，即王是建管站的站长，而该建管站系国有事业单位，王则具有国家工作人员的主体身份。其之所以可以吩咐会计为陆补办保险手续，正是利用了该国家工作人员身份，故王与陆共同构成贪污罪。

第四种意见是作用相当说，认为陆某某是犯意的提起者，是教唆王某江犯罪的教唆犯，王某江是本案的主要实行犯，两人的作用相当，不划分主、从犯，应分别定罪，即王构成职务侵占罪，陆构成保险诈骗罪。

第五种意见是核心角色说。该说采用部分犯罪共同说，将实行犯作为共犯定性的首要标准考察谁是核心角色，以核心角色的性质来定罪，考察的方法是综合主体身份、主观内容、客观行为以及主要的被害法益等，同时兼顾共犯实行行为的相对性。认为：投保方为了骗取保险金而与保方人员相勾结时，投保方为核心角色，系实行犯，保方人员是帮助犯，应在保险诈骗罪的范围内成立共犯；反之，保方人员为了骗取本单位的财产而与投保方相勾结时，保方人员为核心角色，系实行犯，投保方是帮助犯，应在职务侵占罪的范围内成立共犯。基于陆某某是保险诈骗犯意的提起者，又是教唆王某江利用保险代理人的身份实行职务侵占的教唆犯，而且是保险金的非法占有者，应认定陆为核心角色。结论是两人均构成保险诈骗罪的共犯，陆为实行犯，王为帮助犯。

第六种意见是择一重处说，认为王、陆两人的共同犯罪行为分别构成诈骗罪和职务侵占罪，属想象竞合犯，应比较法定刑的轻重，择一重处。本案海门人寿保险公司损失了80,000元保险金，相对于保险诈骗而言，属数额巨大，法定刑是处5年以上10年以下有期徒刑；但相对于职务侵占而言，只能算数额较大，法定刑是处5年以下有期徒刑或者拘役。故陆与王都应以保险诈骗罪定罪。

笔者认为：上述诸多意见中，第一种意见无罪说的错误十分明显。其是将保险诈骗罪当作必要的共犯看待的，等于是抛弃了《刑法》总则关于共同犯罪的原则规定。我国《刑法》分则的各罪大部分是作任意共同犯罪规定的，即能够由一人实施的犯罪而由数人实施时，则成立《刑法》总则规定的共同犯罪。《刑法》第198条保险诈骗罪亦是如此，属一般共犯主体，即不仅本条第1款的投保方与第4款的鉴定人等相互之间可以构成本罪共犯，而且投保方相互之间也可以构成本罪共犯，还可以由除此之外的其他任意第三人构成本罪共犯。应当明确的是，第4款有关鉴定人等以共犯论处的规定，属于注意规定。注意规定的设置并没有改变相关规定的内容，只是对相关规定内容的重申或者具体化，是提示司法人员注意，以免司法人员忽略。

第二种意见主犯决定说的理论缺陷明显。因为在共犯中的作用大小是量刑的根据，而不是定罪的根据。主犯、从犯的划分是在确定了共同犯罪性质的情况下认定的，如果先量刑，后定罪，属于本末倒置。此外，此说在陆为主犯、王为从犯的情况下是可行的，但如果陆与王双方均是主犯，那么究竟依哪个为主犯来定罪，就难以自圆其说了。

第三种意见特殊身份说的理论错误与主犯决定说相同，不可取之处还在于只注意到了王某江是建管站站长，只有国家工作人员的身份，但忽略了其在本案中并未利用该身份，而是利用了其作为保险代理人负责人的身份，且建管站的保险业务代理权并非基于国有保险公司的委派而形成行政隶属关系，而是基于股份有限公司性质的海门人寿保险公司的委托，双方属于平等主体之间建立的民事法律关系。故而该理由牵强。

第四种意见作用相当说的错误是忽视了本案陆某某与王某江两者之间行

为的互动性、紧密性与完整性。没有王的帮助行为，陆的骗保不能得逞；没有陆的唆使，王也不会给予帮助。故该说肢解了一个完整的共犯行为，实不足取。

第五种意见核心角色说将共犯的定性求之于犯罪的诸多因素，相对于传统的根据行为人在共犯中的作用定性的主犯决定说是一个很大的进步。其中的部分共同说以及共犯实行行为的相对性，对于裁断内外勾结共犯中的主、次的见解颇为准确和有成效。

第六种意见的择一重处说，在考察保方人员作为身份犯在内外勾结的骗保中具有更大危害性的同时，运用想象竞合犯的理论择一重处，理论依据充分，较好地处理了罪与罚的衡平关系。因此，如果将核心角色说与择一重处说两种意见有机地整合在一起，是当前正确处理内外勾结的骗保案件最为理想的一种思路。

但是，上述第二、三、四、五、六种意见均是站在投保方的角度，将保险代理人视为保方人员对待的，以致对投保人与保方人员串通在一起进行骗保时，得出这种情形属于内外勾结共同犯罪的结论。这种见解是否正确，很值得商榷。其一，根据《保险法》第 125 条、第 127 条的规定，保险代理人是指根据与保险人签订委托代理协议，在授权的范围内代为办理保险业务，并向保险人收取代理手续费的单位或者个人。据此说明，保险代理人与保险人之间不具有隶属关系，而是平等主体之间的业务合作关系，双方有各自的权利与义务。其二，本案的被害人是保险人，正确的做法应当是站在被害人的角度审视这种情形。故相对于保险人来说，作为投保人的陆某某属于外，作为保险代理人的王某江也属外，能真正属于内的只能是保险人内部的工作人员。因此，保险代理人与投保方串通共同骗保，不可能构成职务侵占罪或者贪污罪之情形，只能成立保险诈骗罪的共犯。所以，法院最终根据这些理由，认定被告人陆某某、王某江的行为共同构成保险诈骗罪。然后在此基础上，吸收核心角色说中对共犯的实行行为具有相对性的理论，作为认定陆某某为实行犯、王某江为帮助犯的理论依据来确定主、从犯后所作出的量刑是恰当的。

2. 保险诈骗罪涉及基本医疗保险的辩护问题

核心要点：实务中，不乏行为人制作虚假材料获取保险赔付的情况，但对该行为应当评价为民事上的欺诈还是刑法上的诈骗，根据行为表现程度的不同，不能一概而论。保险诈骗罪有其特定的犯罪对象，在具体案件中，应当通过对行为对象的分析，判断行为人是否构成该罪。

相关案例：李某某保险诈骗案①

➢ **案情介绍：**

经审理查明，2017 年 11 月 2 日，被告人李某某在自家煤场装煤时，被同村的姜某驾驶铲车将其右腿铲伤，先后在宁城县中心医院、宁城县蒙医中医医院住院治疗。按规定，因他人伤害导致外伤住院治疗费用不纳入基本医疗保险的基金支付范围，被告人李某某为报销医疗保险，故意隐瞒其被姜某驾驶铲车铲伤的事故原因，于 2017 年 11 月 2 日至 2019 年 4 月 19 日三次在宁城县蒙医中医医院、宁城县中心医院报销医疗保障金共计人民币 38, 964. 66 元。

另查明，本院于 2019 年 5 月 15 日作出（2019）内 0429 刑初 97 号刑事判决，姜某犯故意伤害罪被判处有期徒刑 4 年 6 个月；赔偿被告人李某某经济损失 109, 885. 84 元。姜某未履行赔偿义务。

➢ **法院裁判：**

法院认为，被告人李某某以非法占有为目的，隐瞒发生医疗事故的真实原因，骗取国家医疗保险金，数额较大，其行为已构成诈骗罪。公诉机关指控的犯罪事实及罪名成立，本院予以采纳。被告人李某某如实供述自己的罪行，可以从轻处罚。辩护人就此提出的辩护意见本院予以采纳。被告人李某某犯罪情节较轻，没有再犯罪的危险，且被告人属残疾人，宣告缓刑对所居住社区没有重大不良影响，可以宣告缓刑。被告人的违法所得应继续追缴发

---

① 内蒙古自治区宁城县人民法院（2019）内 0429 刑初 371 号。

还被害人。根据被告人李某某犯罪的事实、犯罪的性质、情节和对于社会的危害程度，经本院审判委员会讨论决定，判决被告人李某某犯诈骗罪，判处有期徒刑1年6个月。缓刑2年，并处罚金人民币5000元。

辩点分析及案例释解

（一）医疗保险金是否属于保险诈骗罪的对象

对于本案行为人骗取医疗保险基金的行为如何定性存在两种意见。第一种意见认为，行为人与投保人相互勾结，制作虚假材料，编造未曾发生的保险事故，骗取医疗保险基金，进行保险诈骗活动，符合保险诈骗罪的构成要件。李某某等人着手实施了诈骗行为。第二种意见认为，医疗保险基金属于社会保险范畴，不是商业保险，不能成为保险诈骗罪的对象。笔者同意第二种意见。

基本医疗保险基金不属于保险诈骗罪的对象。社会医疗保险起源于19世纪80年代俾斯麦执政时期的德国，指的是广大社会劳动者因疾病或受伤害需要接受医疗诊治时，由社会提供必需的医疗服务和物质帮助的一种社会保障制度。根据我国社会保险法的规定，国家建立基本养老保险、基本医疗保险、工伤保险、失业保险、生育保险等社会保险制度，以保障公民在年老、疾病、工伤、失业、生育等情况下依法从国家和社会获得物质帮助的权利。城镇居民基本医疗保险实行个人缴费和政府补贴相结合的方法。享受最低生活保障的人、丧失劳动能力的残疾人、低收入家庭、60周岁以上的老年人和未成年人等所需个人缴费部分，由政府给予补贴。符合基本医疗保险药品目录、诊疗项目、医疗服务设施标准以及急诊、抢救的医疗费用，按照国家规定从基本医疗保险基金中支付。因此，基本医疗保险属于社会保险的范畴。

保险诈骗罪，是指投保人、被保险人或者受益人，以非法占有为目的，违反保险法规定，用虚构事实或者隐瞒真相的方法，骗取保险金，数额较大的行为。该罪的犯罪对象是保险金，客观方面表现为违反保险法规定，用虚构事实或者隐瞒真相的方法，骗取保险金，数额较大的行为。我国《保险法》中所称的“保险”，是指投保人根据合同约定，向保险人支付保险费，保险人对合同约定的可能发生的事故因其发生所造成的财产损失承担赔偿保险金责任，或者在被保险人死亡、伤残、疾病或者达到合同约定的年龄、期限等条件时承担给付保险金责任的商业保险行为。由此可见，我国《刑法》规定保险诈骗罪，惩处的是利用商业保险合同诈骗保险金的犯罪行为，保险诈骗罪侵犯的客体是社会主义市场经济秩序。由于基本医疗保险系一种社会保险，不是商业保险，因此，基本医疗保险基金不能成为保险诈骗罪的对象。

（二）诈骗罪、保险诈骗罪与民事欺诈

有观点认为，诈骗罪与民事欺诈不是对立关系，而是特殊与一般关系。所谓诈骗罪与民事欺诈的界限，实际上只能是诈骗罪与不构成诈骗罪的民事欺诈的界限。凡是符合诈骗罪的犯罪构成的行为，就成立诈骗罪。某一行为是否构成诈骗罪，可以从是否符合诈骗罪的犯罪构成要件入手，以是否符合诈骗罪的构成要件作为判断行为是否构成诈骗罪的唯一标准。也有观点进一步细化，民事欺诈与刑事诈骗可从欺骗内容、欺骗程度和欺骗结果等方面加以区分。在欺骗内容方面，民事欺诈是个别事实或者局部事实的欺骗，而诈骗罪则是整体事实或者全部事实的欺骗；在欺骗程度上，如果行为人采取的欺骗手段达到了使他人产生认识错误并处分财物的程度，则构成诈骗罪，如果行为人虽然采取欺骗手段，但并没有达到使他人无对价交付财物的程度，则只是民事欺诈；在非法占有目的上，诈骗罪具有非法占有目的，民事欺诈没有非法占有目的。

笔者认为，为避免将民事欺诈行为泛化为刑事诈骗，可以从 5 个方面进行区分。第一，行为人的主观动机不同。民事欺诈行为人用虚构、夸大或隐瞒部分事实的欺诈手段促成交易，诱使对方陷入错误认识并做出意思表示，以此谋取一定的利益，双方有交易行为；刑事诈骗行为人采取诈骗手段占有对方财物，往往不打算支付对价或付出极少的对价，其行为表现具有积极、主动性，主观方面一般是直接故意，这是两者最主要、最本质的区别。第二，行为人的行为指向不同。民事欺诈行为人通过欺诈行为增加交易对方的信任促成交易，继而通过双方履行民事行为间接获得非法利益；刑事诈骗行为人的欺骗行为直接针对的是对方财产，表面上的交易只是取得被害人财产的“手段”。可以说，前者强调的是行为的性质和方式，后者侧重的是行为的动机和结果。第三，行为人的行为效果不同。民事欺诈中行为人依然要履行民事约定，双方均支付、取得了相当的对价；刑事诈骗行为人旨在取得对方的财物，一般不付出任何对价或仅支付极少的对价，双方在牟利结果上不具有对称性。第四，侵害的客体、对象不尽相同。民事欺诈侵害的客体涵盖一切民事秩序，对象可以是物权、债权或者人身权，属于私法调整范畴；刑事诈骗侵害的客体是公私财物的所有权，对象是公私财物，属于公法调整范畴。第五，非法占有的内容不同。民事欺诈所达成的非法占有状态，属于所有权权能意义上的“占有”；刑事诈骗在于取得或者控制财物本身，包括排除意思和利用意思，而非简单理解为所有权中的某项或几项权能。

合同诈骗罪是诈骗罪的一种特殊形式，合同诈骗必然完全符合诈骗罪的构成要件，只不过合同诈骗罪要求利用合同实施诈骗行为，因而诈骗行为必须发生在签订、履行合同的过程中，被害人必须是合同对方当事人。合同欺诈行为到底是民事欺诈还是合同诈骗罪，主要区别在于行为人的主观动机不同，如何判断行为人的主观动机是认定合同诈骗罪的关键所在，“以非法占有为目的”不仅是合同诈骗罪的构成要件之一，更是区分合同欺诈行为是民事欺诈还是刑事诈骗的根本界限。

十六、金融从业人员贪污、受贿、背信行为

◇ **金融从业人员贪污、受贿、背信行为**

本部分主要包括贪污罪、非国家工作人员受贿罪、受贿罪、背信运用受托财产罪、违法运用资金罪的介绍。

（一）相关规定

《刑法》第一百六十三条【非国家工作人员受贿罪】公司、企业或者其他单位的工作人员，利用职务上的便利，索取他人财物或者非法收受他人财物，为他人谋取利益，数额较大的，处三年以下有期徒刑或者拘役，并处罚金；数额巨大或者有其他严重情节的，处三年以上十年以下有期徒刑，并处罚金；数额特别巨大或者有其他特别严重情节的，处十年以上有期徒刑或者无期徒刑，并处罚金。

公司、企业或者其他单位的工作人员在经济往来中，利用职务上的便利，违反国家规定，收受各种名义的回扣、手续费，归个人所有的，依照前款的规定处罚。

国有公司、企业或者其他国有单位中从事公务的人员和国有公司、企业或者其他国有单位委派到非国有公司、企业以及其他单位从事公务的人员有前两款行为的，依照本法第三百八十五条、第三百八十六条的规定定罪处罚。

第一百八十四条第一款【受贿罪】国有金融机构工作人员和国有金融机构委派到非国有金融机构从事公务的人员有前款行为的，依照本法第三百八十五条、第三百八十六条的规定定罪处罚。

第一百八十五条之一【背信运用受托财产罪】商业银行、证券交易所、期货交易所、证券公司、期货经纪公司、保险公司或者其他金融机构，违背受托义务，擅自运用客户资金或者其他委托、信托的财产，情节严重的，对单位判处罚金，并对其直接负责的主管人员和其他直接责任人员，处三年以下有期徒刑或者拘役，并处三万元以上三十万元以下罚金；情节特别严重的，处三年以上十年以下有期徒刑，并处五万元以上五十万元以下罚金。

【违法运用资金罪】 社会保障基金管理机构、住房公积金管理机构等公众资金管理机构，以及保险公司、保险资产管理公司、证券投资基金管理公司，违反国家规定运用资金的，对其直接负责的主管人员和其他直接责任人员，依照前款的规定处罚。

（二）重要辩点及案例释解

1. 虚增交易环节侵害国有单位应得利益构成贪污罪而不构成非法经营同类营业罪

> 核心要点：贪污罪和非法经营同类营业罪的差别在于以下三个方面：是否存在实质性的经营行为；中间环节是否有存在的必要性；是否存在经营性利润。实务中，可从这三个方面展开对两者的界限进行区分。

相关案例：王某然贪污案①

➢ **案情介绍：**

南京市中级人民法院经审理查明，2009 年 11 月至 2014 年 6 月，被告人王某然在担任南京广播电视集团（以下简称南京广电集团）信息频道财经资讯部主任、生活频道制片人、节目营销中心娱乐节目部副主任、电视传媒中心生活（娱乐）频道编辑部副主任期间，利用其从事、负责相应频道广告经营的职务便利，在代表南京广电集团与交通银行股份有限公司江苏省分行、宁波银行股份有限公司南京分行、光大银行股份有限公司南京分行、兴业银行股份有限公司南京分行、中国工商银行股份有限公司江苏省分行、上海浦东发展银行股份有限公司南京分行、江苏银行股份有限公司 7 家金融机构洽

① 江苏省高级人民法院（2016）苏刑终 304 号。

谈广告业务的过程中，虚增交易环节，谎称南京中×广告有限公司（以下简称中×公司）、南京博×广告有限公司（以下简称博×公司）系南京广电的代理公司，先以中×公司、博×公司等公司名义与上述7家金融机构签订广告发布合同，后向南京广电集团隐瞒合同的真实价款，再以中×公司、博×公司等公司的名义与南京广电集团签订广告发布合同，截留广告款共计1024.63万元。

➢ **法院裁判：**

南京市中级人民法院审理认为，被告人王某然作为国家工作人员，利用职务上的便利，通过虚增交易环节的手段非法占有公共财物，数额特别巨大，其行为已构成贪污罪。案发后，被告人王某然及其亲属退缴部分赃款，依法从轻处罚。法院以贪污罪判处被告人王某然有期徒刑10年9个月，并处罚金200万元；对贪污犯罪所得1024.63万元予以追缴，发还南京广电集团。

一审宣判后，被告人提出上诉。

江苏省高级人民法院经审理认为，原审判决认定的事实清楚，证据确实、充分，定罪准确，量刑适当，审判程序合法。江苏省高级人民法院裁定驳回上诉，维持原判。

辩点分析及案例释解

本案系一起新类型的职务犯罪案件，从犯罪的手段来看，是通过增设交易环节的方式达到占有单位财产的目的；从侵害的对象来看，是被害单位应得的确定利益而非既有财产；从犯罪的过程来看，存在民事合同关系和刑事犯罪的交叉。所以，在案件审理过程中，对被告人行为性质的认定及构成何种罪名存在较大分歧。

第一种观点认为，王某然构成贪污罪。理由为：以中×公司、博×公司等广告公司名义先与涉案银行签订广告代理合同，这是王某然为了达到非法占有单位财产的目的而虚增的交易环节。王某然利用本人的职务便利，在负责南京广电集团相应频道广告经营业务的过程中，通过虚增交易环节的手段侵占南京广电集团的应得利益，其行为构成贪污罪，被截留的广告差价款即为王某然贪污犯罪的数额。

第二种观点认为，王某然构成非法经营同类营业罪。理由为：王某然作为频道负责广告经营的人员，有义务为频道创收积极承揽广告业务，却将交易机会引向与其有利益关联的广告公司并从中获利，本质上是经营了与其岗位职责相竞争的同类营业（广告业务承揽），这与贪污罪利用职务便利占有单位财物的本质特征不符合。

第三种观点认为，本案中相关银行与南京广电集团之间没有形成广告发布合同，南京广电集团没有依据合同主张广告款的权利，1000余万元广告差价款不属于南京广电集团所有或应有，认定王某然构成贪污罪缺乏犯罪对象为公共财物这一要件。案涉银行之所以选择王某然处理广告发布事宜，是基于对王某然个人的信任，与王某然在南京广电集团的具体职务无关。故王某然的行为不构成犯罪。

（一）贪污罪与非罪的界限

贪污罪以单位所有的公共财物为侵犯的对象，不仅指已被单位实际掌握中的财物，如已经入账、入库的财物，而且包括单位所有权已经确定但尚未到手的财物，如单位已经订购的货物、尚未收回的债务等，也包括本应属于单位的收入。如果国家工作人员利用职务之便，占有上述财物，即构成贪污罪。

现代刑法理论通说认为，犯罪的本质在于法益侵害。虽然本案中，中×公司、博×公司与涉案银行均签订了民事合同，表面上看南京广电集团对各银行广告差价款不享有权利，但是从刑事犯罪的角度分析，这些广告差价款的产生与王某然作为南京广电集团广告从业人员的职权和职务行为具有密切关系，截留的广告款属于南京广电集团应得的收入。

第一，王某然利用南京广电集团广告从业人员的身份与涉案银行签订广告代理合同，形成广告差价款。虽然涉案银行与哪个相对方签订合同确为其自由意志的选择，但从相关银行的角度来看，其本意是与南京广电集团直接签订广告合同，以实现在南京广电发布广告的目的。王某然以南京广电集团工作人员身份与相关银行洽谈广告合同时，称中×公司、博×公司系南京广电集团的广告代理公司，需要以广告公司名义与银行签订合同，并根据相关银行要求提供了盖有南京广电集团相关印章的独家、指定代理证明。在此情况下，涉案银行认为王某然能代表广电集团，与中×公司、博×公司签订合同等同于和南京广电集团签订合同，才按王某然的要求选择与这两家广告公司签订合同。

第二，王某然利用南京广电集团广告从业人员的职权掌控合同优惠价格，导致部分银行自愿与广告代理公司签订合同。王某然在与部分银行商谈合同时，提出可以和南京广电集团直接签合同，但如和中×公司、博×公司签订合同，价格上有优惠。表面上看，银行因价格优惠而自主选择与广告代理公司签合同，但实际上，王某然在广告发布价格方面有相当大的自主权，南京广电集团和中×公司、博×公司的报价均由王某然给出。中×公司、博×公司之所以能给出报价上的优惠，并不是依靠自身的经营，而是王某然利用其南京广电集团的职权造成的差异。在不影响合同目的实现的前提下，银行为了降低成本，才选择与广告公司签订合同。

第三，王某然利用职务便利截留的广告差价款，属于南京广电集团的财产利益。本案中，南京广电集团不仅授权给王某然承揽广告业务的权利，且为王某然洽谈业务提供了具有公信力的背景支撑，还为王某然所承揽的广告业务提供了传播平台。基于单位对员工处理一定范围内事务的授权，南京广电集团与王某然之间本应形成一种信任关系。但王某然明知作为广告从业人员不能截留单位的广告利润，仍将中×公司、博×公司引入交易流程，通过增加交易环节，将本应属于南京广电集团所有且可确定的利益输送至中×公司、博×公司，后予以个人占有。王某然利用南京广电集团广告从业人员的职务便利，使用单位的广告传播平台，凭借单位的信用，通过承揽广告业务获得的广告收益应当属于南京广电集团。王某然的行为并非单纯违反员工的忠诚义务，其背信行为严重损害了南京广电集团的财产利益，其行为符合贪污罪的主客观要件，应当按照该罪定罪处罚。

（二）贪污罪与非法经营同类营业罪的界限

虽然获取购销差价的非法经营同类营业行为，与增设中间环节截留国有财产的贪污行为，在增设中间环节、获取购销差价上具有共同性，但仍在以下方面存在区别：第一，是否存在实质性的经营行为。贪污罪中，中间环节为非法占有公共财产而存在，往往并没有实质性的经营活动；非法经营同类营业罪中的中间环节投入了人力、财力，是有投资、有经营人员、有经营场所的实实在在的经营行为。第二，中间环节是否有存在的必要性。对于非法经营同类营业行为而言，因为存在实质性的经营行为，故中间环节客观存在并有价值、有意义；对于贪污行为而言，中间环节是为了达到非法占有的目的而虚增，故并无客观存在的价值。第三，是否存在经营性利润。非法经营同类营业行为中，增设的中间环节因存在实际经营行为并承担了一定的经营责任风险，所以经营利润属于经营行为人所有；在增设中间环节的贪污行为中，购销差价不再是经营行为的对价，单位有权对该部分利润主张权利。

从上述区别具体分析本案。第一，本案中，中×公司、博×公司并无实质性的经营活动。博×公司，王某然的供述与证人陶某的证言相互印证证实，博×公司仅是为王某然走账的，未参与实际经营。中×公司，王某然的母亲作为法定代表人，只是挂名，不参与公司管理。中×公司成立后，仅有两名业务员负责跑腿、打杂、送文件，并无从事经营活动的能力。从广告合同的实际履行情况来看，中×公司亦不存在制作广告节目的资质。

第二，本案中，中×公司、博×公司这个环节并无客观存在的必要性。上述两个公司是王某然在银行客户和南京广电集团之间的广告合同关系中增设的中间环节，并无实质性的经营行为。相关银行一直与代表南京广电集团的王某然商谈广告业务，本意是在南京广电集团相关频道发布广告，直至真正签订合同时，才被告知必须与中×公司、博×公司等广告公司签订合同，而非直接与南京广电集团签订合同，这个中间环节本不是客观存在的。

第三，本案中，被截留的利润并非经营行为的对价。王某然通过中×公司、博×公司截留的广告差价款大多相当于南京广电集团收到实际广告款的150%～250%。在合同义务完全由南京广电集团承担，中×公司、博×公司并未进行实质性经营的情况下，被王某然截留的“广告差价款”并非广告公司经营行为的对价，不属于中×公司、博×公司所有，而应属于南京广电集团的应得利益。

综上，区分获取购销差价的非法经营同类营业的行为与增设中间环节截留国有财产的贪污行为的关键，在于行为人采取何种方式获取了非法利益。

王某然的行为实际上将南京广电集团本可直接获得的应得利益截留至其掌控且未实际经营的中×公司、博×公司中，属于截留国有财产的贪污行为，构成贪污罪。

2. 金融贪污受贿的特点与辩点分析

核心要点：根据我国《刑法》相关规定，贪污贿赂犯罪的“起点”设定为人民币3万元，但是却与其他数额犯明显脱节。入罪金额提高提高模式并非良策，身份的特殊俨然成了法外开恩的利器，反而成了公职人员的“挡箭牌”，笔者认为可以从竞合、未遂、适用缓刑等方面入手，综合评价该罪名下的犯罪行为。

相关案例：钟某、宋某、杨某某挪用资金，公司、企业人员受贿，职务侵占，非法出具金融票证案①

➢ **案情介绍：**

（一）公司、企业人员受贿罪

2002年11月至2003年6月，被告人钟某收受朱某某等人以将资金转入其提供的账户购买部分股票，将剩余资金留在账户中的方式向其行贿的贿赂款合计人民币262万余元。

2002年11月，被告人杨某某的丈夫葛某某因购买爱使股票发生亏损，为弥补损失，杨某某向朱某某等人提出此事。朱某某等人为感谢杨某某为其融资提供的方便，指使他人为葛某某弥补炒股损失，让葛某某将当时市值人民币4,091,800元的41万股爱使股票撤销指定后，汇至东方路营业部黄某的资金账户上。随后，按照杨某某的要求，在东方路营业部黄某的资金账户上提取现金人民币500万元送给葛某某作为41万股爱使股票的购买款，使杨某某从中获取贿赂90余万元。

2002~2003年，被告人宋某以自己炒股亏损为由，收受朱某某等人贿赂计人民币62万元，共计价值人民币11.8万余元的欧米茄女式石英表一块、

① 载《最高人民检察院公报》2006年第6号（总第95号）。

百达翡丽牌男式机械手表一块。

（二）职务侵占罪

2002 年 11 ~ 12 月，被告人钟某应朱某某等人以存引贷的要求，利用职务之便指使汉口路、番禺路营业部在上海银行外滩支行开立客户保证金账户并存入人民币 2 亿余元的存款，朱某某支付给长江证券贴息费 310 万元。钟某将款项结付到个人控制的账户上，后在账户上取款购买轿车。钟某从中将单位资金 310 万元据为己有。

（三）非法出具金融票证罪

2003 年 5 月，被告人宋某策划以湖北亚威实业有限公司的名义向中国建设银行湖北省分行营业部申请人民币 3000 万元的贷款用于朱某某等人操作股票。宋某指使员工李某某在武汉大有网络服务投资有限公司的账户上虚增资金人民币 3400 万元，购入国债 33, 800 手后，在中基康泰账户上作国债回购获取资金人民币 3377 万元，并凑足人民币 3400 万元用于填补在大有网络账户上虚增的人民币 3400 万元。宋某以此购买国债的交割单为亚威公司作资信证明，向省建设银行出具承诺函进行担保，获得贷款人民币 3000 万元。后该款项用于炒股亏损约计人民币 6, 673, 420 元。

➢ **法院裁判：**

武汉市江汉区人民法院依法组成合议庭，公开审理了此案。法院经审理认为：

被告人钟某身为其他金融机构的工作人员，利用担任长江证券经纪业务部负责人的职务便利，违反国家和单位规定，挪用巨额资金借贷给朱某某个人及其控制的公司使用，使大部分资金被转出用于归还贷款、借款，造成资金流失无法追回，且在为朱某某非法筹款的过程中，个人非法获取利益，其行为符合挪用本单位资金借贷给他人使用的规定，钟某的行为已构成挪用资金罪。

被告人钟某利用职务便利为朱某某等人谋取非法利益，朱某某等人为表示感谢，采取将资金转入被告人提供的账户购买部分股票，将剩余资金留在账户中的方式，向钟某行贿。钟某已将行贿款实际控制、占有并转至自己所控制的账户上。钟某利用职务之便，在金融活动中非法收受他人贿赂计人民币 262 万元，数额巨大，为他人谋取了利益，其行为已构成公司、企业人员受贿罪。

被告人钟某非法侵占朱某某等人支付给长江证券单位应得的贴息费 310 万元，其行为构成职务侵占罪。

被告人宋某、杨某某明知钟某系擅自行为，仍分别与其相互纠合，在既无审批手续，也未履行审查抵押物及资金监管职责的情况下，利用职务之便，直接经手将本单位资金挪至朱某某及其个人控制的公司使用，且个人也从中获取非法利益，二被告人的行为构成挪用资金罪。

被告人宋某身为其他金融机构的工作人员，在金融活动中明知朱某某等人给予其财物的目的是利用其职务便利获取非法利益，仍非法收受他人贿赂共计价值人民币 73.8 万元，其行为已构成公司、企业人员受贿罪。

被告人宋某违反规定，在单位不知情的情况下，擅自以长江证券的名义为他人贷款出具资信证明，至案发时给所在单位造成人民币 6,673,420 元的较大经济损失，其行为已构成非法出具金融票证罪。

被告人杨某某身为其他金融机构工作人员，利用职务便利，在金融活动中为他人谋取利益，并通过其亲属从中收受他人贿赂人民币 90 余万元，数额巨大，其行为已构成公司、企业人员受贿罪。

2005 年 6 月 14 日，武汉市江汉区人民法院作出如下判决：

（1）被告人钟某犯挪用资金罪，判处有期徒刑 5 年；犯公司、企业人员受贿罪判处有期徒刑 6 年，并处没收个人财产 100 万元；犯职务侵占罪，判处有期徒刑 5 年，并处没收个人财产 100 万元。决定执行有期徒刑 11 年，并处没收个人财产 200 万元。

（2）被告人宋某犯挪用资金罪，判处有期徒刑 3 年；犯公司、企业人员受贿罪，判处有期徒刑 5 年，并处没收个人财产 20 万元；犯非法出具金融票证罪，判处有期徒刑 3 年。决定执行有期徒刑 8 年，并处没收个人财产 20 万元。

（3）被告人杨某某犯挪用资金罪，判处有期徒刑 2 年 6 个月；犯公司、企业人员受贿罪，判处有期徒刑 3 年 6 个月。决定执行有期徒刑 4 年。

一审宣判后，被告人钟某、宋某、杨某某提出上诉。武汉市中级人民法院经审理，于 2006 年 2 月 9 日作出终审判决，维持一审法院对三被告人的判决。

辩点分析及案例释解

挪用资金罪，是指公司、企业或者其他单位的人员，利用职务上的便利，挪用本单位资金归个人使用或者借贷给他人，数额较大、超过 3 个月未还，或者虽未超过 3 个月，但数额较大、进行营利活动的，或者进行非法活动的行为。公司的工作人员利用职务上的便利，挪用单位资金归他人进行经营活动的行为，侵犯了单位资金的使用收益权，构成挪用资金罪。根据我国《刑法》第 272 条规定，犯挪用资金罪的处 3 年以下有期徒刑或者拘役；挪用本单位资金数额巨大的，或者数额较大不退还的，处 3 年以上 10 年以下有期徒刑。从近些年司法机关查处的金融领域职务犯罪案件来看，贪污、受贿成为主要的行为类型，表现形式也较为单一，集中表现为在金融业务的开展过程中利用职务的便利侵吞、挪用资金或索取、非法收受他人财物等。因其工具化功能受到重视，金融领域职务犯罪的防治工作具有至关重要的社会作用。自 1997 年《刑法》将贪污贿赂犯罪的数额标准设定为 5000 元以后，我国经济也呈现了飞速发展的态势，原定起刑点显然过于苛刻，反而不利于司法资源的合理运用。最高人民法院、最高人民检察院《关于办理贪污贿赂刑事案件适用法律若干问题的解释》将定罪量刑数额提升至 3 万元，在一定程度上弥补了这一缺陷，但是与其他数额犯明显脱节。

1. 提高数额起点虽有理可循，但并不完美。盗窃罪的量刑起点根据各地方的经济水平不同规定为 1000～3000 元，诈骗罪为 5000 元，而最高人民法院、最高人民检察院《关于办理贪污贿赂刑事案件适用法律若干问题的解释》将贪污贿赂犯罪的“起点”设定为 3 万元。理由无外乎以下几点：首先，经济水平普遍提高，贪污贿赂案件 5000 元的量刑起点难以在司法实务中得到执行；其次，贪污贿赂罪的侵犯客体是职务的廉洁性和不可收买性，更值得被保护。

这样的理由显然并不足以使人信服，经济的快速增长不应该成为增加犯罪量刑的决定因素，而是一个辅助条件，是使资源配置合理化和高效化的判断标准之一。前文所述的贪污贿赂犯罪的主体界定问题说明，此类犯罪的主体属于国家机关工作人员，在权力的驱使下，窃取、骗取公私财物的更具备职务便利的先天性优势，身份不能成为凌驾于刑法的挡箭牌。如果普通公民使用偷盗的手段侵吞了公私财物3000元，我们将适用盗窃罪对其进行处罚，而一个集聚人民信任的国有金融企业工作人员利用职务的便捷，运用更为直接且合理的手段将自己掌管的账户资金3000元据为己有，却仅仅受到党内纪律的惩罚，身份的特殊俨然成为法外开恩的利器。

从长远的角度来看，这样的数额标准提高模式显然并非良策，当下我们需要讨论的就是较低数额的贪污贿赂案件是否应当纳入刑法规范的问题。

2. 未达量刑起点是否应当定罪。我们以金融领域中的银行业为例，柜台的设计往往面向公民存储和借贷，小额存储中若出现贪污问题，应当如何定性？也就是说，犯罪金额未达3万元时，我们应当如何处理？

第一种方案是将贪污罪与盗窃罪、诈骗罪看作是竞合关系。这样的话如果数额达到3万元，可以以特别法条贪污罪论处，如果犯罪数额未能达到3万元，则可以根据相关的司法解释规定，以当事人的行为方式视情况处以盗窃罪和诈骗罪。这样的设计可以满足小额贪污犯罪的刑事处罚问题，但同样带来了贪污罪未遂被认定为普通盗窃罪和诈骗罪的尴尬境地。如果说贪污罪所保护的法益重要性远大于普通财产罪，那么诈骗可能存在未遂，而更为严苛的贪污罪则难以未遂。

第二种方案是及时修改相关的司法解释。这看起来似乎是一个相对稳妥且极具可行性的处理模式，但是法律的修改会严重影响《刑法》的稳定性，尤其是频繁修改定罪量刑数额，反而难以达成维护社会稳定的效果。况且盗窃罪以及诈骗罪的起刑点升高适宜与否，仍需通过研讨得出结论。

第三种方案是直接对贪污罪的未遂宣告无罪，转而通过政策性的党内法规予以处理。刑法对贪污罪的行为模式作出了明确具体的规定，在行为数额未达标的情况下，只能对其宣告无罪。这样的论断显得颇为合理，也严守了罪刑法定原则的底线，但是却容易给人造成数额犯轻罪不处罚的假象，党内的规章制度成为刑法的替代产品，这样的评判也难免有失公正。

第四种方案是以贪污罪的未遂犯论处。看似合理，却经不起推敲，表面上来看，数额未达标，仿佛是一种未遂的状态，但是如果行为人意图窃取5000元，实际也窃取了5000元，并非基于行为人意志以外的因素而未得逞，我们也难以接受未遂的判定。

基于对上述4种方案的论述，我们不难发现每一种方案都存在一定的实用性和局限性，司法实践中也并未探寻到最佳的解决方案。

同时，实务中还存在赃款孳息数额的认定问题。孳息是指原物所产生的收益，民法上将孳息划分为天然孳息和法定孳息，前者特指依据财产的自然属性所产生的收益，后者则是依据法律规定或者当事人的约定而产生的收益。然而刑法上的孳息与民法上的孳息或有不同，其出发点存在些许差异，若按照行为人对于孳息所指向的不同，大致划分为以下几种类型：（1）原物与孳息同为犯罪对象的，如最高人民法院《关于审理盗窃案件具体应用法律若干问题的解释》中有明确规定，不记名、不挂失的有价支付凭证、有价证券，不论能否即时兑现，均按票面数额和案发时应得的孳息计算；记名的有价支付凭证、有价证券，票面价值已定并能即时兑现的，按票面数额和案发时应得的利息计算。（2）原物是属犯罪对象，而孳息不属。例如，行为人盗窃牲畜而在未出售前产生的天然孳息。（3）孳息为犯罪对象，而非原物。此种情况多发于金融领域。例如，行为人接受以分红为方式的贿赂，行为人与行贿人约定原物为借贷，只收取金融工具衍生出的利息。

违法孳息是否为犯罪直接或者间接指向的对象，笔者认为可以将评价分为两类，一是一般处理规则。具体来讲应当包括三类：（1）如果孳息系犯罪所指向的对象，那么这样产生的孳息无论是明确还是概括的，均应纳入孳息的计算；（2）如果孳息不是犯罪所指向的对象，而是产生于时候的赃款处置行为，如变卖或者存入银行，则不应计入犯罪数额；（3）如果孳息不是犯罪指向的对象，也不是基于行为人的赃款处置行为，且行为人也没有非法占有目的的，也不应计入犯罪数额。二是特别处理规则。此处的特别处理主要是针对最高人民法院与最高人民检察院联合出台的《关于办理受贿刑事案件适用法律若干问题的意见》中关于干股受贿的规定，其中“进行了股权转让登记，或者相关证据证明股份发生了实际转让的，受贿数额按转让行为时股份价值计算，所分红利按受贿孳息处理”的表述明确规定了红利不计入犯罪数额，但是与上述规律相悖，只能看作一般之上的特殊规定。

根据《公安机关办理刑事案件程序规定》第220条的相关规定，对于犯罪嫌疑人的违法所得和孳息均应当予以追缴，在一定程度上可以弥补犯罪带来的损失，强行认定为犯罪数额，反而适得其反，不利于公平正义的实现。但是由于金融领域的特殊性，可以对过分的孳息增长适用“内幕交易罪”等犯罪进行处罚，亦可维持罪责平衡。

3. 国有控股公司总经理在金融活动中斡旋背信行为的认定

核心要点：在此类案件中，认定要点通常有两个：一是行为人国有公司、企业工作人员身份的认定；二是行为人在业务中斡旋的行为如何评价。

相关案例：吴某军非法经营同类营业、对非国家工作人员行贿案①

➢ **案情介绍：**

被告人吴某军，男，1971年8月10日出生，曾任农银国联无锡投资管理有限公司总经理。2014年10月17日被逮捕。

江苏省淮安市人民检察院以被告人吴某军犯非法经营同类营业罪、对非国家工作人员行贿罪，向淮安市中级人民法院提起公诉。

淮安市中级人民法院经公开审理查明：

（一）主体身份的事实

农银国联无锡投资管理有限公司（以下简称农银国联）设立于2011年9月30日。其股东包括：（1）无锡国联资本管理有限公司（国有独资）股本占比30%。2012年12月无锡国联资本管理有限公司将30%的股份转让给国联信托股份有限公司（国有控股）。（2）农银无锡投资咨询有限公司（以下简称农银无锡）股本占比70%。农银无锡系农银国际（中国）投资有限公司

① 《刑事审判参考》2020年第2辑（总第120辑）第1298号案例。

（也被称为北京总部）的子公司。农银国际（中国）投资有限公司的股东为农银国际控股有限公司（在香港特区设立，以下简称农银控股）。农银控股的股东为中国农业银行股份有限公司和捷骏公司（1 份股份）。中国农业银行股份有限公司系国有控股金融企业。

吴某军原系中国农业银行江苏省分行（以下简称省农行）员工，2011 年 10 月 24 日，省农行聘任吴某军为投资银行部总经理（正处级）；省农行党委组织部经研究同意吴某军提任正处级干部；2011 年 12 月派至农银控股，任农银国联总经理（正处级）。吴某军于 2011 年 12 月 31 日与省农行解除劳动合同。2011 年 12 月 22 日吴某军赴农银国联任职，2012 年 12 月 5 日吴某军向农银控股提交了个人辞呈，2013 年 1 月 25 日吴某军签订了离职承诺书，2013 年 4 月 9 日农银国联董事会决议解聘吴某军的总经理职务。

（二）非法经营同类营业事实

1. 被告人吴某军在担任农银国联总经理期间，利用本公司与苏宁电器集团有限公司（以下简称苏宁集团）接洽并提供融资服务的便利，得知苏宁集团有 10 亿元的融资需求，遂安排工作人员以苏宁集团需融资 5 亿元立项上报北京总部。在北京总部作出暂缓决议后，吴某军个人决定私下运作苏宁集团的融资项目。吴某军联系中国农业银行秦皇岛分行作为资金托管行，大连银行作为出资行，安徽国元信托有限责任公司（以下简称安徽国元）作为信托通道。2012 年 7 月 19 日，苏宁集团与安徽国元达成 10 亿元借款合同；相关各方也分别达成资金信托合同。吴某军通过其朋友控制的江苏中港担保有限责任公司与苏宁集团签订财务顾问协议，收取顾问费，非法获利 7800 万元。

2. 2012 年 6 月，被告人吴某军经原农行同事引荐，结识了南京丰盛产业控股集团有限公司（以下简称丰盛集团）老总季某群。经商谈，初步认为可以用丰盛集团“六合文化城”项目融资。吴某军遂安排农银国联工作人员和丰盛集团对接，并完成项目尽职报告。2012 年 9 月，经北京总部审核，认为该项目有风险，未立即批准该项目。在与丰盛集团接触过程中，吴某军得知丰盛集团年底前还需融资 30 亿元。吴某军在未告知本公司的情况下，决定利用自己实际控制的南京来恩投资管理有限公司（以下简称来恩公司）完成该业务。吴某军主要联系宏源汇智投资有限公司（以下简称宏源汇智公司）落实项目的资金方、过手方。以安徽国元作为信托通道和放款单位，确定融资各方的利率。在吴某军的斡旋下，丰盛集团30亿元融资项目得以落实。为确保自己的收益，吴某军将自己的收益拆分为两部分，分别从丰盛集团及安徽国元收取财务顾问费。至案发，吴某军将本公司承揽的业务转给其个人经营的公司运作，非法获利共计23,119.779 453万元。

（对非国家工作人员行贿事实略）。

被告人吴某军对公诉机关指控的事实不表异议，但提出其不构成非法经营同类营业罪。主要理由有：（1）主体不适格。非法经营同类营业罪的主体是“国有公司、企业的董事、经理”，《刑法》中的“国有公司、企业”仅限于国有独资公司、企业，而其所任职的农银国联是国有控股公司；（2）其没有经营“同类营业”的行为，其任职的农银国联的经营范围中不包括“财务顾问业务”。

➢ **法院裁判：**

二审法院认为，上诉人吴某军身为国有公司的总经理，利用职务便利，自己经营与其所任职的农银国联无锡投资管理有限公司同类的营业，获取非法利益，数额特别巨大，其行为已构成非法经营同类营业罪；上诉人吴某军为谋取不正当利益，给予其他公司工作人员以财物，数额巨大，其行为已构成对非国家工作人员行贿罪。其一人犯数罪，依法应予数罪并罚。吴某军归案后如实供述自己的罪行，系坦白，可以从轻处罚。一审判决认定事实清楚，证据充分，定罪准确，量刑适当。检察员发表的意见成立，二审法院予以采信。据此，裁定驳回上诉，维持原判。

辩点分析及案例释解

一般而言，《刑法》中的国有公司、企业仅指国有独资公司、企业。但随着我国经济体制改革的深入推进，市场经济体制的完善，大量存在以“国有公司、企业人员”为特殊主体的罪名，如何认定国有企业与其人员就格外关键。在本案中经委派到国家出资企业中从事公务的人员，虽然其所任职的企业不能认定为《刑法》意义上的“国有公司、企业”，甚至委派他的单位也不是《刑法》意义上的“国有公司、企业”，但在符合特定情况时，仍可以被认定为“国有公司、企业员工”。根据2005年最高人民法院《关于如何认定国有控股、参股股份有限公司中的国有公司、企业人员的解释》明确“国有公司、企业委派到国有控股、参股公司中从事公务的人员，以国有公司、企业人员论”，同时2010年最高人民法院、最高人民检察院《关于办理国家出资企业中职务犯罪具体应用法律若干问题的意见》第6条规定，“经国家出资企业中负有管理、监督国有资产职责的组织批准或者研究决定，代表其在国有控股、参股公司及其分支机构中从事组织、领导、监督、经营、管理工作的人员，应当认定为国家工作人员”。在本案中淮安市中级人民法院认为，吴某军原系省农行员工，后被委派担任国有控股的农银国联的总经理，负责公司的全面工作，符合认定“国有公司、企业工作人员”所要求的“经委派”和“从事公务”的构成要件，可以被视为“国有公司、企业工作人员”。

在实务中共有三个角度可供参考：一是委派的主体是否是国有公司、企业，或者国有控股、参股公司中负有管理、监督国有资产职责的组织；二是是否体现国有单位、组织的意志，如在本案中“委派”的形式；三是行为人是否从事组织、领导、监督、经营、管理工作。

在本案中，淮安市中级人民法院认为，吴某军原系省农行员工，后被委派担任国有控股的农银国联的总经理，负责公司的全面工作，符合认定“国有公司、企业工作人员”所要求的“经委派”和“从事公务”的构成要件，可以被视为“国有公司、企业工作人员”。同时，吴某军又是国有控股的农银国联总经理，符合《刑法》第165条“国有公司、企业的董事、经理”的规定。吴某军的非法经营同类营业行为，是将本应属于农银国联的交易机会据为己有，损害了农银国联的利益，也损害了公司管理秩序、市场秩序，依法构成非法经营同类营业罪。

最终法院判决被告人吴某军以非法经营同类营业罪判处有期徒刑4年，并处罚金人民币200万元。那么吴某军的行为为什么构成非法经营同类营业罪而非其他犯罪？

认定行为人所实施行为是否构成犯罪，不仅要看该行为是否符合犯罪构成要件，还要审核该行为是否具有社会危害性，是否侵害刑法所保护的法益。

在本案中被告人吴某军及其关联公司在运作苏宁集团、丰盛集团融资项目的过程中，金融交易顺利履行，各方利益没有受损，达到预期目的。但是吴某军作为金融机构负责人，竞业禁止是市场经济的基本规则，吴某军在交易过程中存在诸多项背信行为，在此时《刑法》所保护的法益并非交易各方的利益，而是正常的市场秩序以及国有公司、企业的利益。而吴某军私下抢占农银国联的交易机会，其行为损害了农银国联的利益，危害了公司管理秩序和市场秩序，具有社会危害性，且获取非法利益数额特别巨大，应依《刑法》予以制裁。

在一审抗辩中，吴某军坚称自己为苏宁集团、丰盛集团提供融资服务，收受的费用为财务顾问费或者财务咨询费。但显然这样的抗辩是站不住脚的，在本案中吴某军实际是利用其农银国联总经理的职务便利，获取苏宁集团、丰盛集团融资项目的信息后，安排本单位工作人员完成了苏宁集团、丰盛集团融资项目的前期工作。两个融资项目上报北京总部，在融资项目被北京总部搁置、未能及时获批的情况下，吴某军再联系其他提供融资、托管、信托通道的金融服务单位，从中斡旋，确定各融资参与方的利率，共同完成苏宁集团、丰盛集团两个融资项目。自始至终，吴某军是以农银国联总经理的名义出面斡旋的，不是个人行为，自然与财务顾问费或者财务咨询费无关。

再者，吴某军进行后续融资活动时，在扣除提供融资服务的其他参与单位应得收益后，剩余部分应当上交农银国联财务部门入账。但吴某军采取收入不入账的手段，侵吞单位财物，客观上符合贪污罪的构成要件，数额特别巨大，依法应当判处10年以上有期徒刑或者无期徒刑，可以并处没收财产；情节特别严重的，处死刑，并处没收财产。最终一审认定其构成非法经营同类营业罪。笔者认为原因有两个，一是吴某军在进行后续融资活动中，利用自己和朋友的关联公司进行金融交易和斡旋，本质上是进行同类型的经营活动；二是吴某军并不是在一次交易当中“侵吞”了国有资产，而是在利用其在交易中的背信行为赚取了原本属于国有企业的资产，综上其行为更符合非法经营同类营业罪的构成。